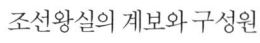

조선왕실의 계보와 구성원

조선왕실의 의례와 문화 5

조선왕실의 계보와 구성원

초판 1쇄 인쇄 2018년 3월 29일
초판 1쇄 발행 2018년 4월 5일
지은이 원창애
펴낸이 이방원
편 집 윤원진·김명희·이윤석·안효희·강윤경·홍순용
디자인 손경화·전계숙
마케팅 최성수
펴낸곳 세창출판사
출판신고 1990년 10월 8일 제300-1990-63호
주소 03735 서울시 서대문구 경기대로 88 냉천빌딩 4층
전화 (02) 723-8660   팩스 (02) 720-4579
이메일 edit@sechangpub.co.kr   홈페이지 http://www.sechangpub.co.kr

ISBN 978-89-8411-745-7 04900
      978-89-8411-639-9(세트)

_ 이 도서의 국립중앙도서관 출판시도서목록(CIP)은 서지정보유통지원시스템 홈페이지(http://seoji.nl.go.kr)와
  국가자료공동목록시스템(http://www.nl.go.kr/kolisnet)에서 이용하실 수 있습니다. (CIP제어번호: CIP2018009369)
_ 이 도서는 2011년도 정부재원(교육과학기술부 학술연구지원사업비)의 지원에 의하여 연구되었음(AKS-2011-ABB-3101)

조선왕실의
의례와 문화
5

조선왕실의
계보와 구성원

원창애

지음

세창출판사

우연히 장서각에 소장된 조선왕실의 보첩을 정리할 기회가 있었다. 4,000책이 넘는 보첩들을 2년여 동안 정리하면서 조선시대 유명한 가문의 인물이 다수 왕실보첩에 있다는 것을 알게 되면서 '어떻게 이 사람들이 여기에 있는 거지?'라는 의문을 가졌다. 조선왕실의 계보와 구성원 연구는 단순한 이 질문에서부터 시작되었다.

업적이 찬란했거나 기구한 삶을 살았던 조선왕실의 인물들은 지금도 자주 스크린이나 TV 화면으로 소환되지만, 그들의 후손들에 대해서는 관심 밖이다. 이러한 경향은 학계에서도 마찬가지다. 필자가 왕실보첩들을 보면서 가슴이 콩닥거렸던 것은 어디에서도 본 적이 없는 보첩의 체제와 내용 때문이었다. 그 내용들의 진위를 확인하기 위해서 『실록』과 『승정원일기』를 뒤적이고, 편찬 시기가 다른 이런 보첩, 저런 보첩을 비교해 가면서 알게 된 것을 이 책에 정리하였다. 종부시에서 왕실보첩을 3년마다 수정하였고, 또한 다양한 형식의 보첩들을 편찬하여서 왕실의 친족 의식이 변화해 가는 과정들을 상세하게 추적할 수 있었기에 왕실구성원의 정비와 그 변화, 종친 계보의 실태를 살필 수 있었다.

조선 초기에 왕실의 친족을 어떤 범위까지 수용할 것인지 그리고 왕실보첩의 체제는 어떻게 할 것인지를 확정하는 것은 왕실 친족만의 문제는 아니었다. 전통적인 친족 의식과 유교적 친족 의식 사이의 괴리가 왕실보첩에는 보이고 있는데, 이것은 당대 사회의 친족 의식을 그대로 반영한 것이다. 사회적인 친족 의식만이 아니라 왕위 계승 문제, 왕권 강화와도 무관하지 않다. 그렇기에 고려 원 간섭기에 달라지기 시작한 왕실의 친족 의식이 조선 후기 유학적 친족 의식으로 변화하기까지 어떠한 일들이 있었는지 되짚어 보았다. 태종의 왕권 강화 정책의 결과로 탄생된 조선의 왕실보첩에는 왕실이 500여 년간 겪었던 정치적 난국의 흔적이 고스란히 담겨 있다.

왕실보첩들을 보면서 가졌던 또 하나의 의문은 왕실의 봉작이 끝나는 국왕의 5대손 이하는 어떻게 되었을까? 하는 문제였다. 필자는 더 이상 종친이 아닌 왕실 후손의 지위를 과거-관직 진출이라는 기준을 가지고 살펴보았고, 외손·외척과도 비교해 보았다. 그 결과 대체적인 계층 변화의 흐름을 파악할 수 있었다. 이 책은 왕실 후손의 실체와 그들이 어떻게 살아갔을까를 여러 해 동안 고심한 결과이다. 조금이나마 조선의 왕실구성원 연구에 기여하는 바가 있기를 바란다.

왕실총서연구팀으로 인연을 맺고 3년 동안 함께 토의해 주고 고민해 주었던 선생님들에게 감사한 마음을 전한다. 또한 이해하기 어려운 글을 꼼꼼히 읽고 교정해 주었으며, 수많은 표의 숫자들을 점검해 주신 세창출판사 여러분에게도 고마움을 표하고 싶다.

2018년 3월
원창애

차례

제 1 장

서론

1 논의의 배경과 목적

왕실구성원은 역대 국왕의 왕자군, 공주·옹주, 종친 그리고 친진(親盡)되었으나 『선원록』에 실린 원친(遠親), 왕실과 혼인으로 맺어지는 인척이다. 왕자군, 공주·옹주, 종친 그리고 의빈 등이 1차 왕실구성원이라고 한다면, 외손과 복친(服親)의 범위를 넘어선 국왕의 원친 그리고 왕후의 친족 등은 2차 왕실구성원이다. 1차 왕실구성원은 국가로부터 봉작을 받고 다양한 특권을 부여받은 조선 핵심 지배층이다. 2차 왕실구성원은 봉작을 받지는 않았지만, 왕실구성원으로서 사회·경제적 혜택을 받았다. 이들은 문과와 무과를 통해서 혹은 음관으로서 관직에 나갈 수 있었다.

유복지친(有服之親)인 종친에게는 적서의 구분에 따라 차등적으로 봉작 등급이 적용되긴 했으나, 서자라 하더라도 신분적 제약은 없었다. 그러나 친진된 이후에 서자 계통은 모계의 출신에 따라 신분이 결정되었다. 엄격한 신분제 사회였기 때문에 왕실 후손의 사회적 지위가 한결같을 수는 없었다. 그러므로 왕실구성원도 가격(家格)에 따라 다양한 신분 계층으로 분화될 수밖에 없었다.

왕실 후손의 계층 분화 양상을 확연하게 확인할 수 있는 것은 각종 과거 합격자를 통해서이다. 조선 건국 후 시행된 문과, 무과, 생원·진사시, 잡과(역과·의과·율과·음양과) 등에 합격한 전주이씨가 많다. 조선시대에 설행된 각종 과거의 방목을 통해서 전주이씨 합격자를 조사하면, 4,652명에 달한다.[1]

---

1   원창애(2010), 「왕실구성원의 계층분화 양상—종친에서 관료가문으로」, 『장서각 소장 왕실보첩자료와 왕실구성원』, 민속원, 74~75쪽.

전주이씨는 각종 과거 합격자 순위에 있어서도 문과, 생원·진사시, 역과, 음양과에서 1순위이었으며, 무과, 주학에서 2순위, 율과에서 5순위였다. 조선시대 각종 과거에 합격한 전주이씨는 대다수가 왕실구성원에서 파생된 가문이다.[2] 이들 가문이 문·무과를 통해서 관직에 진출하여 양반가문으로, 혹은 잡과를 통해서 기술직 중인가문 등으로 자리 잡게 되었다. 문과를 통해 관직에 진출한 가문 가운데는 누대에 걸쳐 지속적으로 문과 합격자를 배출하고, 관료로서의 지위를 계속적으로 유지한 가문들도 있다. 문과는 조선의 핵심 정치 세력을 배출한 시험이다. 문과 합격자는 합격자의 약 90% 정도가 6품 이상의 관직에 진출하였다. 이들은 의정부·육조·승정원·삼사의 청요직을 거쳐 당상관에 진출하는 핵심 정치 세력의 모집단이라 할 수 있다.

따라서 이들은 지속적으로 관료 진출을 시도하고 관료가문으로 성장하여 자신들의 정치·사회·경제적 지위를 유지해 가기도 하였다. 반면에 지속적인 관료 배출이 여의치 않거나 정치적인 사건에 연루되는 등의 다양한 요인으로 지배 계층에서 퇴화되기도 하여, 역동적인 계층 분화가 나타난다.

친진된 왕실 후손의 일부 파계(派系)는 관료가문으로 성장해 가고, 어떠한 파계는 기술직 중인으로서 중인가문으로 정착하기도 하고, 평민 이하의 신분층으로 전락하기도 하였다. 봉작과 사회·경제적 특권을 누리던 1차 왕실 구성원이 구체적으로 어떠한 조건 속에서 핵심 지배층으로서의 지위를 유지하거나 다른 계층으로 분화되어 가는 모습은 조선 사회 계층 변동의 요인을 규명할 수 있는 좋은 사례이다.

전주이씨의 각종 과거 합격 인원을 표로 정리하면 다음과 같다.

시험 종류	문과	무과	생원·진사시	잡과				취재	합계
				역과	의과	율과	음양과	주학	
합격 인원(명)	849	430	2,838	185	79	19	83	169	4,652

2 전주이씨는 역대 왕자를 파조로 하는 선원파와 선원 방계인 시중공파·평장사파·주부공파 등으로 이루어져 있으나, 선원파가 전주이씨의 주류이다.

제1장 서론

왕실 인척은 왕실혼으로 맺어진 관계로서 왕후 집안인 외척과 왕자·공주들과 혼인한 집안 등이 여기에 속한다. 왕후가문은 당대에 검증된 현달한 가문이었다. 왕후가문은 왕실과의 혼인으로 정치적 문제에 연루되어 가문의 부침에 지대한 영향을 받기도 하였다. 조선의 왕후 43명은 경주 김, 안동 김, 청풍 김, 여흥 민, 나주 박, 청송 심, 파평 윤, 풍양 조, 청주 한, 곡산 강, 능성 구, 안동 권, 광산 김, 연안 김, 달성 서, 여산 송, 거창 신, 함종 어, 해평 윤, 덕수 장, 양주 조, 안변 한 등 22개 성관에서 배출되었다. 이들 성관에서 왕후가 2번 이상 배출된 성관도 9개나 된다.[3]

　　『돈녕보첩』 왕후편에 등재된 외척의 직역을 다른 왕실구성원의 직역과 비교하면, 당상관의 점유율이 가장 높다. 이것은 외척이 다른 왕실구성원보다 국가 정책을 입안·결정하는 데 많이 참여하였음을 보여 주는 것이다. 조선 초기에는 태종이 외척의 정치 개입을 막아서 외척가문 성장이 어려웠으나, 16세기 이후로 왕실 혼인이 외척가문의 성장 내지는 유지에 지대한 영향을 미치고 있다. 조선시대 왕실과의 혼인은 현달한 가문이 그들의 족세(族勢)를 지속적으로 유지시킬 수 있는 요인으로 작용하였다. 실제 왕실의 이성친(異姓親)이라 불리는 왕실의 외손과 인척들에게 구체적으로 미치는 예우가 가문의 부침에 어떠한 영향을 끼치는지가 논의된 적은 없다. 이러한 것이 밝혀질 때 양반가문과 왕실 혼인의 의미가 더욱 드러나게 될 것이다.

3　원창애(2009), 「조선 후기 『돈녕보첩』 연구」, 『조선시대사학보』 48, 조선시대사학회,

2 선행 논의 현황

　조선왕실에 관한 논의는 1990년대에 구체적으로 시작되어 많은 진척이
있었으나, 그 경향이 주로 왕실 문화에 치우쳐 있다. 왕실 문화를 형성하고
발전시킨 그 구성원에 대한 논의는 많은 편이 아니다. 왕실구성원에 대해
기존에 논의된 성과로는 왕실구성원의 윤곽이 확연히 드러나지 않는다.

　왕실구성원에 대한 기존 논의는 네 분야로 정리될 수 있다. 첫째, 종친과
의친에 대한 제도사적 고찰이다. 조선 전기 종친의 봉작제·의친제 정비에
대한 연구이다.[4] 이 분야의 연구는 조선 전기에 집중되어 있어 조선 후기의
변화는 알 수 없다. 그 외 세조대 종친과 왕실 특수군인 족친위 설립에 관한
연구가 있다. 세조는 왕위 계승의 정당성에 문제가 있어 왕권 강화와 유지
를 위해 친왕 세력 확보에 힘썼다. 세조의 친왕 세력은 공신과 종친이었다.
따라서 세조는 종친에 대한 규정을 완화하고, 그들을 자주 궁궐에 불러 위
로하였다. 종친의 과거 응시를 용인하여, 세조대에 문과 중시에 합격한 사례

4　한충희(1995), 「조선 세조대(1455~1468) 종친연구」, 『한국학논집』 22, 계명대학교 한국학연구원.
　신명호(1996), 「조선초기 팔의와 형사상의 특권」, 『청계사학』 12, 한국정신문화연구원 청계사학회.
　신명호(1997), 「조선조 왕실정비와 의친」, 『청계사학』 13, 한국정신문화연구원 청계사학회.
　한충희(1998), 「조선 세조대(1455~1468)의 내종친에 대하여」, 『경북사학』 21(김엽박사 정년퇴임기념
　특집호), 경북대학교 경북사학회.
　신명호(1999), 「조선초기 왕실 편제에 관한 연구―'의친제'의 정착을 중심으로」, 한국정신문화연구
　원 한국학대학원 박사학위논문.
　박진(2007), 「족친위(族親衛)의 설치와 성격―족친위를 통해 본 왕실 구성원 소속 특수군」, 『사총』
　65, 역사학연구회.
　박진(2009), 「조선 세조의 종친 양성과 군사적 역할」, 『군사』 72, 국방대학교 군사편찬연구소.
　강제훈(2010), 「조선초기 종친직제의 정비와 운영」, 『한국사연구』 151, 한국사연구회.

도 있다.[5] 세조대의 종친에 대한 논의는 정치사적 입장에서 병행되었다.

둘째, 왕실 친인척의 관서인 종친부와 돈녕부 설립 과정에 대한 논의이다.[6] 왕실구성원과 관련된 기구로는 종친부, 의빈부, 종부시, 돈녕부, 종학 등이 있다. 이 가운데 종친부와 돈녕부에 대해서만 논의되었다. 그 방향은 주로 두 관서의 설립에 초점이 맞추어져 있는데, 종친부에 대한 논의는 조선 초기 설립 과정뿐만 아니라 고종대의 종친부까지 다루었다. 고종대 종친부 논의는 고종대의 정치사와 맞물려 있다. 흥선대원군이 왕실의 권위를 회복하기 위해서 종친부를 강화하고, 종친부를 통해서 그의 정치활동을 하고자 하였다. 왕실구성원 관련 기구에 대한 논의가 이처럼 조선 초기와 고종대로 치우쳐 있는 데는 그럴 만한 이유가 있다. 조선의 왕실구성원은 정치로부터 차단되어 이들과 관련된 관서에 대한 관심이 적었다. 또한 이들 관서에 대한 직접적인 사료가 부족하기 때문이기도 하다. 그러나 왕실에 대한 연구가 심화되기 위해서는 왕실구성원과 관련된 이 관서들에도 관심을 가져야 한다. 이 기구들은 종친이나 의빈을 모아 둔 예우 관서이기는 하지만, 이 기구를 통해서 종친과 의빈이 어떻게 존재해 가는지를 살필 필요가 있다. 종부시와 돈녕부는 왕실구성원을 관리하는 기구로서의 면모, 그리고 왕실구성원의 교육 기관인 종학에 대해서도 세밀하게 분석해야 조선왕실구성원에 대한 이해가 깊어질 것으로 생각된다.

---

5   1466년(세종 12), 1468년(세조 14) 두 차례 중시에 광평대군의 아들인 순화군 이부(李溥)가 합격하였다.
6   김성준(1964), 「종친부고」, 『사학연구』 18, 한국사학회.
    남지대(1994), 「조선초기 예우아문의 성립과 정비」, 『동양학』 24, 단국대학교 동양학연구원.
    남미혜(1995), 「대원군 집권기(1864~1873) 종친부 진흥책의 성격」, 『동대사학』 1, 동덕여자대학교 국사학과.
    김병우(2002), 「흥선군의 종친 및 종친부 재건책」, 『조선사연구』 11, 조선사연구회.
    김병우(2003), 「대원군의 종친부 강화와 대원위분부(大院位分付)」, 『진단학보』 96, 진단학회.
    박진(2004), 「조선초기 돈녕부의 성립」, 『한국사학보』 18, 고려사학회.
    연갑수(2009), 「19세기 종실의 단절 위기와 종친부 개편」, 『조선시대사학보』 51, 조선시대사학회.

셋째, 역대 왕의 가족(왕, 왕후, 후궁, 왕자군, 공주·옹주)의 가계도를 만들고, 그 가족과 관련된 족보를 비롯한 연대기 자료 등 다양한 자료를 정리하여 왕실 친인척의 계보를 밝혔다.[7] 이 내용은 왕실보첩을 통해서 쉽게 접할 수 있는 국왕, 왕후 이외에 국왕의 후궁 가계를 정리하였다는 점에서 높이 평가될 만하다. 연대기 자료나 왕실보첩에 있어서도 후궁 출신이나 후궁에게서 태어난 국왕의 자녀에 대해서 기록이 명확하지 않은 경우가 간혹 있다. 명확하지 않은 자녀 관계에 대해 다양한 자료를 증거로 제시하여 왕실 계보를 밝힘으로써 앞으로의 왕실구성원 연구에 좋은 기초 자료로 활용될 수 있다.

넷째, 왕실보첩류에 대한 논의이다.[8] 이 분야는 왕실구성원 연구를 심화시키기 위한 기초 작업이다. 왕실가문에 있어 부계, 모계, 처계에 대한 정리가 동시에 이루어짐으로써 구체적이고 입체적인 친인척 관계를 파악할 수 있다. 게다가 조선시대에 간행되었던 왕실보첩인 『선원록』, 『선원계보기략』, 『돈녕보첩』 등이 DB화되고, 원문과 가계도를 동시에 확인할 수 있도록 정리되어 인터넷으로 제공되고 있다.[9] 이와 같은 기초 작업으로 태조부터 고

7 　정재훈(1996), 「조선초기 왕실혼과 왕실세력의 형성」, 『한국사연구』 95, 한국사연구회.
　　이범직(1998), 「조선후기 왕실 구조 연구」, 『국사관론총』 80, 국사편찬위원회.
　　지두환(1999~2009), 『조선의 왕실 1~27』 친인척시리즈, 역사문화.
8 　洪順敏(1990), 「조선후기 王室의 구성과 璿源錄: 1681년(숙종 7) 『璿源系譜紀略』의 편찬을 중심으로」, 『한국문화』 11, 서울대학교 한국문화연구소.
　　정재훈(1996), 「『선원록』의 편찬과 그 내용」, 『부산사학』 30, 부산사학회.
　　신명호(1998), 「조선전기 왕실정비와 족보편찬」, 『京畿史學』 2, 경기사학회.
　　김일환(2007), 「조선후기 왕실 '팔고조도'의 성립 과정」, 『장서각』 17, 한국학중앙연구원.
　　원창애(2007), 「조선 후기 선원보첩류의 편찬체제와 그 성격」, 『장서각』 17, 한국학중앙연구원.
　　원창애(2008), 「Royal Genealogical Records of the Joseon Royal Family」, 『The Review of Korean Studies』 Volume 11, 한국학중앙연구원.
　　원창애(2009), 「조선 후기 『돈녕보첩』 연구」, 『조선시대사학보』 48, 조선시대사학회.
　　원창애(2010), 「왕실구성원의 계층분화 양상―종친에서 관료가문으로」, 『장서각 소장 왕실보첩자료와 왕실구성원』, 민속원.
9 　한국학중앙연구원에서 2006년부터 2년간 『선원계보기략』과 『돈녕보첩』의 DB화를 위한 기초 작업을 하였고, 이것을 바탕으로 한국학자료센터구축사업의 일환으로 장서각에서 2008년 이후 『선원록』, 『선원계보기략』, 『돈녕보첩』의 DB를 구축하여 인터넷으로 제공하고 있다(http://royal.kostma.net/Ge/Main).

종에 이르기까지 체계적으로 국왕, 비빈, 그리고 왕자군과 공주·옹주 등 내외 계보가 정리되었다. 왕실 계보 연구는 짧은 기간 내에 큰 성과가 있었다고 하겠다. 이제는 이와 같은 기본적인 왕실 계보 자료를 활용하여 구체적인 분석과 해석을 덧붙여서 왕실구성원에 대한 논의를 심화시킬 단계에 와 있다.

기존 논의는 조선 초기 왕실 친인척과 이들을 관리하는 관서의 성립 과정, 정치사에 한정되었다. 시대에 따른 왕실구성원의 변화, 봉작된 왕실구성원의 구체적인 역할과 한계, 그리고 복친(服親)의 범위를 벗어난 원친들에 대한 처우 변화 등이 밝혀져 있지 않아서 왕실구성원의 계층 분화 양상 등을 파악하기에는 한계가 있다. 조선왕실의 이해를 위해서는 이들 왕실구성원의 잠재력과 실현 역량이 밝혀져야 한다.

3 논의 방법 및 내용

이 책에서는 왕실구성원을 파악할 수 있는 다양한 자료를 활용하여 왕실구성원의 실체와 계층 분화 양상을 밝히는 데 주력하고자 한다. 기초 자료는 장서각에 소장되어 있는 왕실보첩류로, 『선원록』·『돈녕보첩』·『열성왕비세보』 등이다. 『선원록』은 조선 전기 체제로 작성된 『종친록』·『유부록』이 있으며, 조선 후기 성리학적인 친족 개념이 도입되어 재편된 『선원록』이 있다. 선원보첩류를 통해서 종친의 성분을 확인할 수 있을 뿐만 아니라 복친(服親)의 범위를 벗어난 원친(遠親)과 외손에 대한 의식 변화 등을 살필 수 있다. 『돈녕보첩』은 왕친 이외에 왕후·세자빈 친족이 등재되어 있어 당시 왕실 인척으로 인식되고 있던 이들이 누구인지를 알 수 있다.

기본 자료인 왕실보첩류를 통해서 첫째, 왕의 종친, 원친, 외손, 인척의 실체를 파악한다. 종친이나 인척의 범위는 『경국대전』에 실린 것이 그대로 유지되었다. 왕의 원친과 외손의 범위는 『경국대전』 체제와 당시 현실에서 적용되는 범위가 다르며, 조선 후기에는 원친의 범위가 확대되었다. 왕실 친족 개념이 어떻게 변화되었는지, 그리고 그러한 변화를 가져오는 계기와 의미 등을 밝히려고 한다.

둘째, 왕실의 근친(近親)인 종친을 살펴볼 것이다. 조선왕실의 종친 계보와 그 실태, 종친의 역할 그리고 종친 교육에 대해서 언급할 것이다. 종친과 관련된 기구로는 종친부와 종부시가 있다. 종친부는 종친이 구성원이 되는 관서이다. 종부시는 종친이 왕실구성원으로서 사회적 지위를 유지할 수 있도록 그들의 입장을 대변하고 관리하는 기구이다. 종친 교육과 관련하여서는 종학(宗學)이 있었다. 세종대에 설립된 종학은 재정 부족으로 중종대 이후로 폐지되어 조선 후기에서는 종부시 관원에게 종친 교육을 전담시켰다.

종친과 관련된 관서 자료는 조선 후기의 것이 일부 남아 있는데,『종친부등록』과『종부시등록』등이 그것이다. 연대기 자료와 등록류 자료를 통해서 종친 관서인 종친부 운영, 종친 관리 기구인 종부시의 기능도 알아보려 한다.

셋째,『조선왕조실록』,『승정원일기』등의 연대기 자료,『종반행적』,『공사견문록』,『우곡일기』,「호구단자」와 같은 왕실 관련 전적과 고문서 등을 통해서 법제적 처우(봉작, 교육, 거주지)와 실제, 그리고 왕실 후손의 생활상 등을 규명하고자 한다.

넷째, 종친에서 원친으로 전환되면서 나타나는 계층 분화 양상과 왕실 외손이나 인척가문의 부침 양상을 밝히려고 한다. 이러한 작업을 하기 위해서는『국조문과방목』,『무과방목』,『사마방목』등을 통해서 과거 사적을 확인하고, 연대기 자료나『국조인물고』,『청선고』등의 자료를 통해서 관력을 추적하려고 한다. 이뿐만 아니라 왕실구성원은 혼인으로 거미줄과 같이 서로 연결되어 있는 경우가 많다. 즉 왕의 원친이면서 외손이기도 하고, 왕의 외손이면서 외척이 되기도 한다. 왕실구성원의 상호 관계는 왕실보첩만으로는 규명하는 데 한계가 있는데, 조선시대 양반가의 족보와 대조함으로써 보완하고자 한다.

이상의 집필 방향을 염두에 두고 네 장으로 나누어 본문 내용을 전개하려고 한다. 제2장에서는 왕실구성원의 정비와 변화를 다루고자 한다. 조선 건국 후『경국대전』체제로 확정되기까지의 종친, 원친, 외손 그리고 인척(의빈, 왕후 친족, 세자빈 친족)의 범위, 복친을 기본으로 한『경국대전』체제와 전통적 친족 개념의 충돌 해소 과정, 임진왜란 이후 친족 개념의 변화에 따른 왕실 구성원의 범위 확대, 고종대 선원파계의 확대 등을 통시적으로 서술한다.

제3장에서는 조선왕실 종친에 대해서 정리하고자 한다. 먼저 왕실보첩에

수록된 종친의 계보와 그 실태 그리고 종친의 역할에 대해서 알아보고자 한다. 특히 종친의 역할은 연대기 자료의 단편적인 기사 속에 나타난 내용을 정리하였다. 건국 초기 무관적인 성향이 강하였던 종친들을 성리학적으로 교화하고, 왕실구성원으로서의 신분을 유지하도록 종친들을 교육하기 시작하였다. 종친의 교육 기관인 종학의 성립과 변천 그리고 종친시예에 대해서도 다루고자 하였다. 역대 국왕의 왕자들을 파조(派祖)로 하는 종친들은 어떻게 관리되었는지를 알아보기 위해서 종친으로 구성된 관서인 종친부 그리고 종친을 관리하고 규찰하는 종부시의 기능과 역할에 대해 그 성립과 변천 과정을 다루어서 종친을 총체적으로 이해하고자 하였다.

제4장에서는 조선왕실의 인척과 외손을 다루었다. 혼인을 통해서 왕실구성원이 된 의빈, 왕후 그리고 외손의 실태와 관직 진출에 대하여 알아보고자 한다. 의빈은 국가로부터 공식적으로 관작이 수여되기 때문에 이에 맞는 역할이 따르게 된다. 이들의 역할이 구체적으로 무엇이었는지 그 실태를 파악하고자 한다. 의빈은 기본적으로 국가의 공식적인 의례에 참여해야 했다. 의빈은 오례 가운데 흉례(凶禮), 가례(嘉禮), 빈례(賓禮) 등에 참석하였다. 의례 참석 이외에도 외교사절로의 파견, 도총부·사옹원·종부시·내의원 등 관서의 제조 이하의 직책을 맡기도 하였는데 실제는 어떠하였는지 확인하고자 한다.

왕후의 친인척과 외손들은 법제적으로 제약은 없는 것으로 알려져 있다. 실제 이들이 관료로 진출하거나 사환(仕宦)에서 받은 혜택과 그 한계에 대해 선원보첩류와『돈녕보첩』을 바탕으로 구체적인 사례를 통해서 알아보고자 한다.『선원록』과『돈녕보첩』에 등재되어 있는 인물을 중심으로 과거 사적, 관직 실태 등을 조명하여 왕실 인척과 외손의 사환의 경로와 직임의 특성 등을 밝히고자 한다. 또한 왕실구성원의 관직 실태가 왕실과 전혀 관련이 없는 관료가문의 관직 진출 형태와는 구별되는지 확인하여 왕실구성원

사환의 특징을 밝히도록 하겠다.

　제5장에서는 종친의 계층 분화를 중점적으로 다루고자 한다. 특히 종친에서 원친으로 넘어가면서 계층이 분화되어 가는 양상에 주목하려고 한다. 친진 이전에는 적서의 차별이나 신분적 차별이 적용되지 않으나, 친진 이후에는 파계(派系)에 따라서 그들의 사회적 지위가 변화되었다. 과거나 음서로 관료가문으로 성장한 원친가문이 있는가 하면, 쇠락하는 파계도 존재한다. 이 장에서는 먼저 친진된 이후의 원친(遠親)의 관직 진출 양상에 대해서 알아보고자 한다. 조선시대 핵심 양반층은 문관 관료이었다. 왕실 원친 가운데 문관 관료의 진출 양상을 살펴보고, 계층 변화가 뚜렷한 파계의 사례를 알아보고자 한다. 문관 관료가문, 무관 관료가문, 기술직 중인가문으로 나누어서 그 변화가 뚜렷한 파계의 사례를 통해서 계층 분화의 요인을 밝히고자 한다.

제 2 장

조선왕실구성원의 정비와 변화

1 조선 초기 왕실구성원의 정비

조선을 건국한 태조는 자신의 아들, 사위 그리고 조카 등에 대한 봉군(封君)을 행하였다.[1] 이들 중 일부는 의흥진군위 절제사라는 관직도 함께 제수받았다. 태조가 행한 봉군은 고려 후기 제도를 따른 것이다. 1298년(충렬 24) 충렬왕은 종친제군(宗親諸君)과 이성제군(異姓諸君)의 봉작제를 개혁하여 정1품 대군(大君)·원군(院君), 종1품 제군(諸君), 정2품 원윤(元尹), 종2품 정윤(正尹)으로 등급을 나누었다.[2] 이 체제에 의거하여, 태조는 아들 이하 종친에게 종1품 군(君)을 제수하였다. 다만 일찍 죽은 태조의 6남 이방연(李芳衍)은 군이 아니라 원윤으로 추증되었다.[3] 고려 후기에는 봉군 대상자가 15세가 되면 원윤으로 제수되었다가 나중에 군으로 봉해졌다.[4] 이방연은 어린 나이에 사망하였기 때문에, 원윤으로 추증되었다.[5] 고려 후기 봉작제가 봉군제로 바뀐 후에 봉군자의 작위(爵位)가 그 자손들에게 승습되어, 봉군자의 수가 급증하였다.

고려시대 작위는 원래 승습되지 않았다. 왕실 내의 근친혼으로 봉작 대상이 아닌 왕실 후손도 작위를 받을 수 있었기 때문에 왕실 내에서 봉작 대상이 재생산될 수 있었다. 그러나 원 간섭기에 왕실 내 근친혼이 근절되자 왕실 내에서 봉작 대상자가 재생산되기 어렵게 되었다. 이러한 상황 속에서

---

1 『태조실록』 권1, 태조 1년 8월 7일(병진).
2 『고려사』 백관지2, 宗室諸君條.
3 『태조실록』 권4, 태조 2년 9월 18일(경신).
4 제1장 주 7 참조.
5 이방연은 태종이 즉위한 후 문안군(文安君)으로 추증되었다[『태종실록』 권17, 태종 9년 윤4월 10일(임자)].

고려의 봉작제는 봉군제로 전환되어, 봉군자가 자신의 작위를 자손에게 승습할 수 있게 하였다. 그러나 작위 승습에 대한 일정한 원칙이 없었다. 작위 승습자의 적서(嫡庶)와 친소(親疏)의 구분이 없었으며, 더욱이 봉군자가 생존해 있을 때에도 후손이 그 작위를 승습할 수 있었다.[6] 통상적으로 적장자가 작위를 승습하였으나, 원 간섭기라는 특수한 상황에서 이러한 원칙이 제대로 적용되지 않았다. 작위 승습자가 적자인지 서자인지, 혹은 종자(宗子)인지 중자(衆子)인지를 따지시 않아서 봉군 대상사가 확대되었다.[7]

또한 고려 후기에는 종친의 사환도 확대 시행되었다. 고려시대 종친은 원칙적으로 사환할 수 없었으나, 내사령(內史令)·상서령(尙書令)·검교상서령(檢校尙書令)·중서령(中書令) 등의 관직에는 제수될 수 있었다.[8] 그러던 것이 고려 후기에는 종친이 성중애마(成衆愛馬)의 관직이나 창고궁사(倉庫宮司)의 제조(提調) 등에도 진출하는 사례가 많았다.[9] 이러한 관서들은 궁궐 숙위와 근시(近侍), 왕실 사장고(私藏庫) 관리를 담당하고 있어서 종친들이 관여하였던 것 같다.

조선 건국 초에는 고려 후기 유습이 그대로 유지되었다. 태조가 자신의 아들·사위뿐만 아니라 방계인 국왕의 조카도 봉군하고, 종친에게 군직을 제수한 것 등이 그러한 예이다. 고려 유제가 그대로 적용되었던 왕실구성원 봉군 체제는 정종대에 비로소 정비되기 시작하였다. 정종은 1400년(정종 2)에 종친과 관련된 두 가지 조처를 내렸다. 첫 번째는 봉군 범위에 대한 것이

---

6 『고려사』권75, 지29, 선거3, 凡封贈之制, 공양왕 3년 8월조.
7 『고려사』에는 봉군자의 몇 대 손까지 승습되는지 밝히지 않았으나, 김기덕의 『고려시대 봉작제 연구』(청년사, 1999)에서는 실제 작위의 승습 양상을 조사하고, 관원의 추증과 가묘 설치 대수를 기준으로 봉군자의 3대손까지 작위가 승습된 것으로 보고 있다(201~203면).
8 김성준(1964),「종친부고」,『사학연구』18, 11~13쪽의 종친직사표를 참조하였다. 이 직사표에는 고려의 종친의 범위를 벗어난 후손들까지 정리되어 있으나, 여기에서는 종친에 해당되는 고려 국왕의 손자까지만 고려하였다.
9 김기덕(1999),『고려시대 봉작제 연구』, 청년사, 150~153쪽, 197~204쪽.

었고,[10] 두 번째는 종친 사환 금지에 관한 것이었다.[11]

　　정종이 규정한 봉군 대상은 국왕의 대공친(大功親)까지였다. 대공친은 오복제(五服制)에 있어 직계로는 국왕의 고조부에서 손자까지이며, 방계로는 국왕의 백숙(伯叔)과 4촌 형제까지이다. 정종이 봉군 대상을 정한 것은 대사헌 권근(權近)과 좌산기(左散騎) 김약채(金若采) 등의 상소로 인한 것이었다. 권근과 김약채는 사실 당시 종친과 부마에 대한 관직 제수의 폐단을 거론한 것인데, 정종은 봉군 대상을 정하였다. 1391년(공양왕 3) 사헌부에서는 봉군 남발을 막기 위해서 봉군 대상을 정하자는 의견을 내었다. 이때 사헌부가 제시한 봉군 대상은 선왕의 친아들 후손의 적파(嫡派) 적장(嫡長), 국왕의 백숙, 형제, 국왕의 모든 왕자로 한정하고, 작위의 승습은 장자로 제한하였다.[12] 정종 때의 봉군 대상은 공양왕 때보다 국왕의 3촌에서 국왕의 4촌까지로 확대되었으나, 작위 승습에 대해서는 언급하지 않았다. 이와 같은 봉군 대상의 확대는 내·외 6촌까지 친족으로 인식하고 있었던 당시 시대상이 반영된 것으로 추측된다.[13]

　　정종대 봉군 규정에 따르면, 봉군 대상은 정종의 아들과 손자, 정종의 백부·숙부인 이원계(李元桂)·이화(李和), 정종의 4촌이자 이원계의 아들인 이양우(李良祐)·이천우(李天祐)·이조(李朝)·이백온(李伯溫), 이화의 아들인 이지숭(李之崇)·이숙(李淑)·이징(李澄)·이담(李湛)·이교(李皎)·이회(李淮)·이점(李漸) 등이었다.

　　당시 정종은 자녀가 없었기 때문에 아들 봉작은 행하지 못하였고, 정종

10　『정종실록』권4, 정종 2년 4월 18일(계축).

11　『정종실록』권4, 정종 2년 5월 1일(을축).

12　『고려사』권75, 지29, 선거3, 凡封贈之制, 공양왕 3년 8월조.
　　三年八月 憲司上言 … 請令有司考覈宗籍 凡爲先王親子之後正派嫡長 及殿下之伯叔親弟及親衆子 乃許封君 其封君之後 許令長子襲爵 ….

13　이종서(2003), 「11세기 이후 금혼 범위의 변동과 그 의미」, 『사회와 역사』 64, 한국사회사학회, 60~61쪽.

의 4촌 봉작 사례는 실록에서 확인된다.[14] 이화는 공(公)으로, 이양우·이천우는 후(侯)로, 이조·이지숭·이숙은 군(君)으로, 이백온·이징·이교는 원윤, 이회는 정윤 등으로 봉작되었다. 이화·이양우·이천우 등이 공과 후로 봉작된 것은, 종친이긴 하지만 공신 책봉을 받았기 때문이다. 정종의 4촌이 군·원윤·정윤 등으로 봉작된 것은 어떠한 원칙이 적용된 것인지 알 수 없다.

종친의 사환은 고려 이후로 금기 사항이었다. 이것은 명분상 국왕과 왕실 종친 간의 돈목을 위한 것이었다. 국왕은 종친에게 봉작을 주어서 명예와 부를 누리게 하고, 관직에 제수하지 않아 종친이 책임질 일을 만들지 않아야 돈목을 이룰 수 있다는 것이다. 고려시대에는 종친 사환 금지령에도 불구하고 종친은 내사령이나 상서령과 같은 명예 관직에 제수되기도 하였다. 하지만 고려 후기로 갈수록 종친 사환의 범위가 확대되었다. 종친은 왕실 시위나 궁궐 숙위와 같이 국왕을 보호하는 군사 업무나 왕실의 사적인 재산을 관리하는 일까지 맡았다.

조선 건국 과정에서 중요한 역할을 담당하였던 이성계의 형제와 조카, 아들 등은 종친이면서도 개국공신·회군공신·정사공신·좌명공신 등에 책봉되었다. 병권을 장악하였던 이성계의 형제, 조카 그리고 아들 등은 개국 초에 변란을 대비하여 설치된 의흥삼군부에 사병을 거느리고 사환하였다. 이렇듯 조선 건국 초에는 종친이 공신이면서 또한 관료로서 정치 참여를 활발하게 하였다.

왕자의 난을 거쳐 정종이 즉위한 후 대사헌 권근 등은 계속 상소를 올려 종친 사환 금지를 청하여 왕의 재가를 얻어 냈다.[15] 종친 사환 금지에 앞서 사병 혁파가 먼저 단행되었다.[16] 물론 사병 혁파는 종친만을 대상으로 한 것

---

14 정종의 4촌 중에는 공신으로 책봉되어 이미 봉작명을 가진 경우도 있으나, 승지를 역임했던 이화의 아들 이숙은 이때 완천군(完川君)으로 봉작되었다[『태종실록』 권12, 태종 6년 10월 19일(을사)].

15 『정종실록』 권4, 정종 2년 5월 1일(을축).

16 『정종실록』 권4, 정종 2년 4월 6일(신축).

은 아니었다. 대사헌 권근 등은 훈신들과 종친의 사병을 그대로 남겨 두었기 때문에 방간의 난이 있었음을 들어서 사병 혁파를 청하였다. 병권을 상실한 훈신과 종친은 불만을 가지고 있었는데, 연이어 종친 사환 금지까지 확정되었다. 이러한 일련의 조처는 결과적으로 종친의 정치 영향력을 약화시키는 결정적 계기가 되었다.

태종은 좀 더 구체적으로 왕실구성원 정비를 진행시켰다. 그는 왕실구성원을 종친, 외척, 태조 방계 친족으로 세분하고, 이들에 대한 차별적인 처우 방안을 마련하였다. 태종은 우선 종친 봉작 대상과 봉작 등급을 구체적으로 정하였다. 봉작 등급은 대군(大君), 군(君), 원윤(元尹), 부원윤(副元尹), 정윤(正尹), 부정윤(副正尹)으로 구분되었다. 봉작 등급에 따라 태조의 자손으로 즉위한 국왕의 적비(嫡妃) 아들은 대군, 후궁 아들은 군, 후궁의 칭호를 받지 못한 궁인의 아들은 정윤에 봉하였다. 국왕의 방계 친족 중 국왕의 친형제는 대군, 친형제의 적실 장자는 군, 그 외의 아들은 원윤, 그리고 친형제의 양첩자는 정윤에 봉하였다.[17] 봉작의 등급에 따른 품계는 대군은 정1품, 군은 종1품, 원윤은 종2품, 정윤은 정3품, 부원윤은 정4품, 부정윤은 종4품으로 하였다.

태종이 마련한 종친 봉작은 모계 출신에 따라 봉작의 등급을 차등화하고, 국왕의 자녀들은 모두 봉작하였다는 것이 특징이다. 이것은 고려의 종친 봉작제와는 다르다. 고려시대에는 국왕의 소생이라 하여 모두 봉작되지는 않았다. 국왕의 자녀나 천류(賤類) 궁인 소생은 소군(小君)이라 하여 승려가 되었으며, 천류는 아니더라도 궁인 소생은 봉작받지 못한 경우가 있었다.[18]

종친 봉군법이 제정되자, 태종은 군이었던 왕후의 소생을 대군으로 봉하

17　『태종실록』 권23, 태종 12년 4월 25일(기묘).
18　이정란(2003), 「고려시대 서얼 연구」, 고려대학교 박사학위논문, 67~80쪽.

였고, 상왕 시절 정종이 낳은 아들도 등급에 따라 봉작하였다.[19] 그래서 효령
군과 충녕군은 효령대군과 충녕대군으로, 정종의 장남 이원생(李元生)과 차
남 이군생(李群生)은 부정윤(副正尹)에 제수되었다. 즉 정종의 1남 이원생과
2남 이군생은 국왕의 방계친으로 궁인 소생이기 때문에 종4품 부정윤에 봉
작되었다. 반면 가비(家婢) 출신[20] 태종 후궁 효빈김씨의 아들 이비(李裶)는 종
2품 원윤에 초수(初授)되었다.[21] 태종의 친아들인 이비의 봉작 등급은 정종
아들의 봉작 품계보다 세 등급이 높았다. 이것은 정종의 아들들이 국왕의
아들로서 봉작된 것이 아니라 국왕의 조카로서 봉작되었기 때문이다.

태종대 이후에도 정종의 후손은 다른 국왕의 후손보다 낮은 품계의 봉작
을 받았다. 성종이 즉위한 후 정종의 후손인 춘산수(春山守) 이귀손(李貴孫)이
봉작 문제에 대한 이의를 제기하였다.[22] 성종은 원상에게 이 문제를 논의하
게 하였다. 원상은 태종, 세종, 세조대에 정종의 아들이 다른 왕자와 차별되
었던 것을 지적하였다. 원상은 이러한 전례가 있기 때문에 정종 후손의 봉
작 문제를 쉽게 결정할 수 없으니 권도에 따라 품계가 낮은 자는 적당히 올
려 주는 선에서 마무리 짓자고 하였다.[23] 태종은 정종의 아들을 친왕자가 아
니라 태종의 서(庶)조카로서 봉작을 시행하였고, 세종이나 세조도 역시 선왕
의 정책을 그대로 유지하였다.

태종은 태조의 자손만 왕실구성원으로 제한하고, 이에 따라 왕실보첩을
새로 만들게 했다. 왕실보첩은 조계(祖系), 남계(男系) 자손, 여계(女系) 및 서
얼 자손으로 분류하여 제작되었다. 조계는 태조의 직계 선조만을 수록하고
있어서 이원계, 이화와 같은 태조의 방계 친족은 기재되어 있지 않았다.[24]

---

19 『태종실록』 권23, 태종 12년 5월 3일(병술).
20 『태종실록』 권30, 태종 15년 12월 15일(무인).
21 『태종실록』 권27, 태종 14년 1월 28일(계묘).
22 『성종실록』 권9, 성종 2년 3월 24일(정유).
23 『성종실록』 권9, 성종 2년 윤9월 7일(병오).
24 『태종실록』 권23, 태종 12년 10월 26일(무인).

표1 태종대 실시된 종실 봉작법

시행 시기 / 대상 봉작명	1412년(태종 12)			1414년(태종 14)			1417년(태종 17)		
	품계	국왕	국왕 형제	품계	국왕	국왕 형제	품계	국왕	국왕 형제
대군	정1품	적자 (비 소생)	본인	정1품	적자 (비 소생)	본인	정1품	적자 (비 소생)	본인
군	종1품	서자 (후궁 소생)	적장자	종1품	서자 (후궁 소생) 적손	적자 적중자	종1품	서자 (후궁 소생) 적손	적자
원윤	종2품		적중자	종2품	서자 (궁인 소생) 서장손 (양첩)	서장자 (양첩)	종2품	서자 (궁인 소생) 서장손 (양첩)	서장자 (양첩)
정윤	정3품	서자 (궁인 소생)	서자 (양첩)	정4품	서장손 (천첩)	서장자 (천첩)	정4품	서장손 (천첩)	서장자 (천첩)
부원윤	정4품			정3품	서중손 (양첩)	서중자 (양첩)	정3품	서중손 (양첩)	서중자 (양첩)
부정윤	종4품			종4품	서중손 (천첩)	서중자 (천첩)	종4품	서중손 (천첩)	서중자 (천첩)
					천첩의 여손도 4품직 수여			종실 명부 봉작법 제정	

1412년에 제정된 종친 봉작법은 1414년, 1417년 두 차례에 걸쳐 수정 보완되었다. 1414년의 종친 봉작법은 1412년의 종친 봉작법과 다른 특징이 있었다. 첫째, 궁인 소생의 국왕 아들에 관한 규정이 개정되었다. 1412년 정윤에 봉작되었던 궁인 소생의 봉작 등급이 원윤으로 높아졌다. 이것은 궁인 소생이어도 국왕의 아들이므로 비빈(妃嬪) 소생과 크게 격차를 두지 않겠다는 의미이다.

둘째, 1412년에는 언급되지 않았던 국왕의 손자에 대한 규정이 새롭게 첨가되었다. 국왕 손자의 봉작 등급은 아들보다 품계가 낮은 군에서부터 시작된다. 적손(嫡孫)은 장자와 중자를 구분하지 않고 모두 군으로 봉하였다.

그것은 국왕의 적자는 장자와 중자의 구분을 두지 않는 것과 같은 원리이다. 국왕의 적장자는 왕세자로서 봉작의 대상이 아니기 때문이다. 적손에게도 이러한 원칙이 적용되어 장자와 중자의 구분을 두지 않았던 것이다. 반면 서손(庶孫)은 양첩손과 천첩손 그리고 장자와 중자의 구분을 엄격히 하여 봉작하였다.

셋째, 국왕의 조카에 대한 규정이 개정 증보되었다. 1412년 봉작법에는 적자라도 장자와 중자의 구분을 두었는데, 이때에는 장자와 중자의 구분 없이 군에 봉하였다. 사실 국왕의 조카는 장자와 중자의 구분이 있는 것이 마땅하다. 그럼에도 굳이 구분하지 않은 것은 국왕 손자를 기준으로 해서 봉작했기 때문이었다.[25] 국왕의 조카가 서자인 경우는 국왕의 손자와 마찬가지로 양첩과 천첩 그리고 장자와 중자를 구분하여 봉작하였다.

1414년 개정된 종친 봉작법에서 주목되는 점은 국왕의 손자와 조카에 대한 규정이 상세하다는 것이다. 모계의 혈통에 따라 봉작 등급을 나눈 것은 변할 수 없는 원칙이었다. 1414년에 종친 봉작법을 개정하게 된 계기는 1412년 종친 봉작법에 없었넌 종친의 천첩 소생 봉작을 위한 것이있다고 판단된다. 그 근거는 1414년 1월 16일에 종친 봉작법을 정비하고, 12일 후인 1월 28일에 종친의 비첩 소생을 봉작한 것이다. 봉작 대상이었던 종친은 진안대군 아들 봉녕군(奉寧君)의 기첩(妓妾) 소생 아들 이석(李碩)과 익안대군의 비첩 소생 아들 이승(李昇)이었는데, 이들 모두 부정윤에 봉해졌다.[26]

또한 국왕 손자의 봉작에서는 천첩의 여손에 대한 언급이 있었다. 그 내용은 천첩의 여손에게 4품직을 수여한다는 것이다. 물론 손녀가 관직 제수 대상이 되었던 것은 아니고 아마도 손서(孫壻)에게 4품 관직을 수여한다는

---

25 이 당시 봉작 등급은 6단계로 나누었는데, 국왕 조카의 경우 장자와 중자로 구분하면 7단계의 등급이 필요하게 된다. 따라서 적자의 경우는 장자와 중자를 구분하지 않고 군에 봉한 것으로 보인다.
26 『태종실록』 권27, 태종 14년 1월 28일(계묘).

의미일 것이다. 태종대까지 국왕의 딸과 손녀에 대한 봉작은 한 번도 논의
된 적이 없었다. 이때에 특별히 천첩 소생 손녀에 대하여 언급한 것은 특정
사례를 염두에 둔 것으로 보이는데, 누구인지는 알 수 없다.

　1414년 종친 봉작법에는 봉작 등급의 변화가 있었다. 정3품이었던 정
윤이 정4품이 되고, 부원윤과 부정윤이 각각 정4품과 종4품이 되었다.[27]
1412년의 봉작법에는 대군, 군, 원윤, 정윤 등 4단계의 등급으로 구분되었
지만, 이때 봉작 대상이 확대되면서 등급이 더 세분화되어 부원윤과 부정
윤을 두었다. 그 때문에 봉작 품계의 혼란을 초래하게 되었다. 1414년 종친
봉작법은 봉작 품계를 대군, 군, 원윤, 부원윤, 정윤, 부정윤 순으로 체계화하
였다.

　1417년 종친 봉작법에는 봉작명의 변화는 없으나, 종친의 승진을 원윤으
로 한정하지 말게 하였다. 태종은 궁인 소생에 대한 한품제가 불합리하다고
여겼다. 대군·군이 없다면 원윤이 왕위를 계승할 수도 있다는 가정하에 한
품제의 적용을 폐지하고, 봉군될 수 있는 규정을 두었다.[28] 다만 국왕의 손자
와 조카 가운데 천첩 소생에게는 한품제를 그대로 적용하였다.

　모계의 혈통에 따라 봉작 등급이 낮았던 서자(庶子)의 지위가 지속적으로
향상된 것은 왕실이라는 특수성이 반영된 결과이었다. 그러나 하나 더 고려
되어야 할 것이 있다. 1417년 태종이 궁인의 소생도 군으로 봉작될 수 있게
한 것은 중국의 봉작제를 반영한 것이다.[29] 중국의 봉작제는 부계 혈통에 따
라 시행되어 적서의 차별이 없었다. 예조에서는 중국의 봉작제를 좇아서 적
서만을 구별하고 모계의 혈통에 따라 품계를 제한하지 말자고 청하였고, 태

---

27 『태종실록』권27, 태종 14년 1월 16일(신묘).
　乞以卽位之主 嫡妃諸子封大君 嬪媵子封君 宮人子爲元尹 親子及親兄弟嫡室諸子封君 良妾長子爲元尹
　衆子爲副元尹 賤妾長子爲正尹 衆子爲副正尹 元尹以上仍舊 正尹正四品 副正尹從四品 賤妾女孫亦許
　爲四品職 以爲定式.

28 『태종실록』권34, 태종 17년 8월 12일(을미).

29 『태종실록』권34, 태종 17년 9월 2일(갑인).

표 2 종친 명부 봉작명

품계	종실	명부
정1품	대광보국대군(大匡輔國大君)	삼한국대부인(三韓國大夫人)
	보국부원군(輔國府院君)	한국대부인(韓國大夫人)
종1품	숭록제군(崇祿諸君)	한국부인(韓國夫人)
정2품	정헌제군(正憲諸君)	택주(宅主)
종2품	가정제군(嘉靖諸君)	
정3품	통정원윤(通政元尹)	신인(愼人)
종3품	중직정윤(中直正尹)	
정4품	봉정부원윤(奉正副元尹)	혜인(惠人)
종4품	조산부정윤(朝散副正尹)	

종은 이를 허락하였다. 따라서 조선왕실에서도 부계 혈통을 모계 혈통보다 중시하여 궁인 소생을 봉군하기에 이른 것이다.

태종은 또한 1417년에 종실(宗室)의 명부(命婦) 봉작법을 새로 제정하였다.[30] 종실 명부의 봉작 대상은 정종이 정했던 국왕의 대공친으로 한정하였다. 종실의 작위 품계명에 따라, 명부의 봉작명이 정해졌다. 종친 명부의 봉작명을 정리하면 〈표 2〉와 같다.

〈표 2〉에 의거하면, 종친이 1품에 해당되는 경우에만 명부의 봉작명에 '국부인'이라는 칭호를 붙였다. 원래 국부인은 중국 당의 외명부 봉작 칭호로서 종실 제왕(諸王)의 모친과 처, 문무 1품과 국공(國公)의 모친과 처에게 내려졌다.[31] 고려시대에 국부인의 칭호는 '삼한국대부인', '변한국대부인', '국대부인', '소국부인' 등으로 사용되었다. 국부인의 칭호는 왕후 혹은 공신의 어머니 그리고 공신 처의 봉작 칭호로 사용되었으며, '국대부인'은 정3품

---

30 『태종실록』 권34, 태종 17년 9월 12일(갑자).
31 『통전(通典)』 권34, 職官16, 內官附命婦條.

외명부의 봉작 칭호로 사용되었다. 당나라 외명부 제도와 비교하면, 고려 국부인의 품계가 낮게 사용되었다. 고려시대 종실 명부의 봉작 칭호가 상세하지 않은 것은 종실의 명부가 주로 국왕의 딸이어서 '공주' 혹은 '궁주'라는 칭호를 그대로 사용하였기 때문이다. 그 외에는 원부인(院夫人) 혹은 부원부인(府院夫人)이란 칭호가 사용되었다.

조선 건국 초에 왕후의 모친은 '삼한국대부인'에 봉작되었다.[32] 태종이 종실 명부에 '삼한국대부인', '한국대부인', '한국부인'과 같은 봉작 칭호를 사용하고자 한 것은 아마도 종실 명부의 지위를 높이고자 한 것이 아닌가 한다. 『경국대전』에 실린 외명부 봉작명에는 국부인이 없으며, 부부인(府夫人), 군부인(郡夫人), 현부인(縣夫人) 등 격을 낮추어 정하였다.

태종이 시행한 왕실구성원 정비는 태조의 방계 친족을 포함한 방대한 왕실구성원의 위계를 분명히 하여 자신과 자신의 아들이 왕위 계승권자로서의 명분이 있다는 것을 확고히 하였다.

---

32 삼한국대부인의 칭호는 태조비부터 세종비까지의 왕후 모친 칭호로 사용되었으며, 그 이후에는 왕후 모친에게도 부부인(府夫人)의 칭호가 사용되었다.

2 『경국대전』 체제상의 왕실구성원

세종은 중국의 오복제(五服制)를 근거로 하여 종친 봉작 범위를 확대하고, 그에 따른 종친 봉작제 보완과 왕녀·부마의 봉작까지도 새롭게 제정하였다. 세종이 친족 범위에 오복제를 적용함으로써 종친 봉작 대상은 국왕의 손자에서 국왕의 현손(玄孫)으로까지 확대되었다. 고려시대에 이미 오복제가 시행되긴 했으나, 전적으로 중국의 친족 제도를 따르지는 않았다. 그러나 점차 친족 범위가 확대되어 고려 말에 이르러서는 동성·이성 6촌까지 친족으로 인식되었다.

이러한 친족 의식은 조선 초기에도 여전하였으나, 법제적으로 『대명률』이 적용되고 중국의 종법에 근거한 예제(禮制)가 추진되었다. 특히 세종은 중국의 예세를 현실에 반영하려고 시도하였다.[33] 세종은 종친 봉작법을 개정할 때에 『예기』를 참작하였다고 밝히고 있다. 세종이 개정한 종친 봉작법은 봉작 대상 범위의 확대와 함께 자품(資品)까지 고려한 것이다. 세종이 개정한 봉작법의 내용은 〈표 3〉과 같다.[34]

세종이 개정한 봉작법은 태종대의 것과 비교하면 몇 가지 특징이 있다. 첫째, 중국의 종법에 따라 국왕의 현손 즉 4대손까지 봉작 대상이었다. 또한 후손에게 승습되는 봉작도 명문화되었다. 고려의 종친 봉작제는 국왕의 자녀에 국한되고, 작위의 승습이 이루어지지 않았다가 고려 후기 봉작제

---

33 이종서(2003), 「11세기 이후 금혼 범위의 변동과 그 의미」, 『사회와 역사』 64, 한국사회사학회, 58~61쪽.
34 『세종실록』 권102, 세종 25년 12월 9일(기축).

표 3   세종대 종친 봉작법

품계	자명	봉작명	봉작 대상	품계	자명	봉작명	봉작 대상
정1품	무자품 (無資品)	대군	국왕의 적자	정4품	선휘대부 (宣徽大夫)	영	국왕의 중손
		군	국왕의 서자		광휘대부 (光徽大夫)		
	현록대부 (縣祿大夫)	군	적장손 (승습 후)	종4품	봉성대부 (奉成大夫)		국왕의 서손 (양첩) 국왕의 중증손
	흥록대부 (興祿大夫)				광성대부 (光成大夫)		
종1품	소덕대부 (昭德大夫)			정5품	통직랑 (通直郎)	감	국왕의 서손 (천첩) 국왕의 중현손
	가덕대부 (嘉德大夫)				병직랑 (秉直郎)		
정2품	숭헌대부 (崇憲大夫)	윤	적장증손 (승습 후)	종5품	근절랑 (謹節郎)		국왕의 서현손 (양첩)
	승헌대부 (承憲大夫)				신절랑 (愼節郎)		
종2품	중의대부 (中義大夫)		국왕의 적장손 적장현손 (승습 후)	정6품	집순랑 (執順郎)	장	국왕의 서현손 (천첩)
	정의대부 (正義大夫)				종순랑 (從順郎)		
정3품	명선대부 (明善大夫)	정	국왕의 적증손				
	창선대부 (彰善大夫)						
종3품	보신대부 (保信大夫)						
	자신대부 (資信大夫)						

* 단문친은 이성유복친의 예에 따라 서용
* 親이 다하면 관직에 나가되 문무관의 예에
  따라 서용

가 봉군제로 전환되면서 작위가 승습되기 시작하였다. 이러한 작위의 승습
은 왕실 근친혼의 금지와 관련이 있다. 원 지배기 이전에는 왕실 근친혼이

시행되었기 때문에 작위가 승습되지 않아도 종친이 계속 봉작될 수 있었던 것이다.

그러나 왕실 근친혼이 금지되자, 작위가 승습되지 않고서는 종친의 지위가 계속 유지되기 어려웠다. 결국 종친 작위의 승습이 허락되었는데, 이때의 작위 승습은 봉군자의 아들 전부를 대상으로 하고, 하한은 봉군자의 3대손까지로 하였다.[35]

조선 건국 초에도 봉작이 승습되었다. 1395년(태조 4) 태조의 1남 진안군(鎭安君) 이방우의 아들 이복근(李福根)을 진안군으로 습봉(襲封)했다는 기사가 보인다.[36] 진안군 이방우가 1393년(태조 2) 병으로 사망한[37] 2년 후 맏아들 원윤 이복근[38]이 작위를 승습하여 진안군이 되었다. 고려 말에는 봉군자의 모든 아들에게 작위가 승습되었으며 적서의 구별도 없었다고 한다. 그러나 이방우의 둘째 아들인 이덕근(李德根)의 봉작 칭호가 원윤[39]인 것을 볼 때, 모든 아들에게 아버지의 작위가 그대로 승습되었는지는 알 수 없다. 세종이 정한 종친 봉작법에서는 적장자에게만 승습이 가능하였다.

친진(親盡) 이후 5대 단문친은 봉작 대상이 아니지만, 이성유복친(異姓有服親)의 예에 따라 서용하며, 친진 이후 문무관의 예에 따라 관직에 나갈 수 있었다. 왕의 5대손이 되면 과거를 통하여 사환할 수 있도록 법제화되어 있었다. 그럼에도 세종은 단문친에게 특혜를 주어서 이성유복친의 예에 따라 돈녕부 관직에 제수될 수 있게 한 것이다. 돈녕부는 원래 태조의 방계 친족, 외척, 왕실 외손이 속한 관서이다.[40] 세종이 봉작 대상에서 제외된 단문친에게 관직 제수의 기회를 준 것은 원친(遠親)이긴 하나 왕실 후손으로서의 사회적

35　김기덕(1999), 『고려시대 봉작제 연구』, 청년사, 195~203쪽.
36　『태조실록』 권7, 태조 4월 2월 13일(정축).
37　『태조실록』 권4, 태조 2년 12월 13일(갑신).
38　『태조실록』 권4, 태조 2년 2월 18일(기축).
39　『태종실록』 권23, 태종 12년 4월 25일(기묘).
40　『태종실록』 권27, 태종 14년 1월 28일(계묘).

지위를 유지할 수 있는 통로를 열어 둔 것이다.

　세종은 왕실구성원의 체제를 정비할 때 송의 제도를 많이 참조하였다. 단문친에 대한 관직 제수 역시 그러한 측면이 있다. 송에서는 친(親)이 다한 5·6대 왕실구성원에 대한 배려로 단문친의 관직 제수와 종실 친시(親試)를 제도화하여 그들이 왕실 후손으로 지위를 유지할 수 있게 하였다.[41] 세종도 역시 단문친에게 돈녕부 관직 제수라는 통로를 열어 주어 왕실 후손이 사회적 기반을 마련할 수 있는 기회를 준 것이다.

　둘째, 세종은 종친 봉작 품계를 문무반 관계(官階)의 형식에 따르면서도 별도의 체제를 갖추었다. 그는 부왕이 정1품 대군에서 종4품 부정윤까지 두었던 봉작의 품계를 정6품 장(長)까지 확대하였다. 그에 따라 예전에는 없었던 정(正)·영(令)·감(監)·장(長) 등과 같은 새로운 봉작명이 등장하였다.

　세종은 종친과 관료제를 정비하고 나서 왕녀와 그의 배우자인 부마의 봉작 체제도 새롭게 구상하였다. 고려시대의 왕녀 봉작 칭호는 공주(公主)·궁주(宮主)·전주(殿主)·전부인(殿夫人)·궁부인(宮夫人) 등 매우 다양하였다.[42] 조선 건국 초에도 왕녀가 궁주로 불리어 내직(內職)의 명칭과 혼용되기도 하였다.[43] 또한 중국에서 제왕(諸王)의 딸을 지칭하는 옹주(翁主)는 조선 건국 초에 후궁 칭호로 사용되었다.[44] 왕녀 이외 종실녀(宗室女)에 대한 칭호가 따로 없었기 때문에, 새로운 봉작 칭호를 정해야 할 필요성이 제기되었다.[45]

　1440년(세종 22) 세종은 왕녀 이하 종실녀를 국왕의 적녀·서녀, 세자의 적녀·서녀, 대군·군의 적녀, 대군의 손녀, 그 외의 종실녀 등으로 구분하였

41　John W. Chaffee(1999), *Branches of Heaven —A History of the Imperial Clan of Sung China*, Harvard University Press, 73~80쪽.
42　『고려사』 권91, 열전4, 公主條.
43　『세종실록』 권15, 세종 4년 2월 16일(계묘); 권39, 세종 10년 3월 8일(경인).
44　『통지(通誌)』 권56, 직관략(職官略)6, 역대왕후봉작조(歷代王侯封爵條).
　　『태조실록』 권13, 태조 7년 1월 7일(을묘).
45　『세종실록』 권54, 세종 13년 10월 17일(무신).

다. 국왕의 적녀(嫡女)는 공주, 국왕의 서녀(庶女)와 세자의 적녀는 군주(郡主), 세자 서녀과 대군의 적녀는 현주(縣主), 군의 적녀와 대군의 손녀는 향주(鄕主), 그 나머지 종실녀는 정주(亭主)라고 하는 봉작 칭호가 만들어졌다.[46]

하지만 1440년에 제정된 종실녀 봉작법에는 석연치 않은 부분이 있다. 국왕의 적녀·서녀, 세자의 적녀·서녀, 대군·군의 적녀까지는 국왕, 세자, 대군, 군의 서열과 적서에 따라 등급이 낮아지고 있다. 그런데 대군·군의 서녀는 언급하지 않고, 대군의 손녀와 그 나머지 종실녀로 표현되고 있다. 왜 세자의 손녀나 군의 손녀는 거론되지 않고, 유독 대군의 손녀만 언급되었는지 그리고 그 나머지 종실녀는 누구를 의미하는지 명확하지 않다. 따라서 향주의 봉작 대상이 군의 적녀와 대군의 손녀로 되어 있는 것은 실록 원문의 오류일 가능성이 있다고 생각된다.

원문의 기사와 같이 대군의 손녀가 봉작 대상이 되면 대군 계통만 국왕의 증손까지 봉작 대상이 되는 셈이다. 오복제에서는 국왕의 외증손은 이성유복친에 속하지 않는다. 세종이 종친 봉작 체제를 오복제에 근거한 것과 달리 종실녀 봉작에 다른 원칙을 적용하였다고 보기는 어렵다. 그러므로 대군의 손녀는 혹시 대군의 서녀를 잘못 기록한 것은 아닌지 의심스럽다. 또한 그 나머지 종실녀는 군의 서녀를 뜻한 것이라고 추측된다. 이와 같다면, 국왕의 적녀는 공주, 국왕의 서녀와 세자의 적녀는 군주, 세자의 서녀와 대군의 적녀는 현주, 대군의 서녀와 군의 적녀는 향주, 군의 서녀는 정주로 정리될 수 있다.

세종이 정한 종실녀 봉작법에서는 국왕의 딸과 손녀가 봉작 대상이었다.

---

46 『세종실록』 권89, 세종 22년 4월 15일(병술).
  今依古制 正宮之女稱公主 嬪媵宮人之女 世子之女稱郡主 世子宮人之女及大君正室之女稱縣主 諸君正室之女及大君之子之女稱鄕主 其餘宗室之女 竝稱亭主.
  종실녀의 봉작 칭호가 군(郡)·현(縣)·정(亭)과 같은 지방 행정 단위로 되어 있는 것은 당의 제도를 적용한 것이었다.

이것은 오복제를 기준으로 하여 봉작법을 구상한 것으로 종친 봉작법과도 일치한다. 세종이 정한 종실녀 봉작법은 왕녀에게만 봉작하였던 고려보다 그 대상이 확대되었다. 다만 세종대에 종실녀의 봉작이 시행되었는지는 확인되지 않는다.

공주의 배우자인 부마는 조선 건국 초부터 군에 봉작되었다.[47] 고려시대 부마는 근친혼으로 한때는 왕자와 함께 왕위 계승권을 가질 수 있었다. 그러나 고려 문종대 이후 모계의 정치력이 축소되고 부계에 의한 왕위 계승이 공고해지자, 부마는 백(伯)으로 봉작되고 그에 따른 경제적 지원이 제공될 뿐이었다.[48]

조선 건국 초기에는 종친, 부마, 공신 등이 모두 봉군될 수 있었다. 종친 봉작법이 정종~세종대에 이르기까지 여러 번 개정되는 동안 국왕과의 친소 관계에 따라 1품에서 6품에 이르기까지 작위가 세분되었다. 반면 왕녀와 혼인한 부마는 모두 군(君)에 봉작되어, 결과적으로 종친보다도 높은 봉작을 받았다. 1444년(세종 26) 세종은 종친과 이성(異姓)인 부마가 '군'이란 동일한 봉작을 사용하는 것은 옳지 않다고 여겨 부마에게 다른 작위를 내릴 방법을 강구하라는 지시를 내렸다.[49] 몇 달 후 세종은 이조에게 전교하여 이성(異姓)에게 봉군하는 법을 폐지할 것이니 고전에서 부마의 작호를 상고하라고 명하였다. 이조에서는 부마의 봉군을 혁파하고 산관만을 제수하자고 건의하였다.[50] 이때 제시된 산관은 1품과 2품으로 하고, 각 품마다 4개의 자품(資品)으로 구성되어 있었다.[51] 부마의 봉군 혁파 문제는 문종대에 가서야 종결되

47　『태조실록』 권1, 태조 1년 8월 7일(병진).

48　김은영(2002), 「고려 중기의 부마」, 숙명여자대학교 석사학위논문, 50~51쪽.

49　『세종실록』 권103, 세종 26년 2월 21일(신축).

50　『세종실록』 권105, 세종 26년 7월 1일(무신).

51　부마에게 주고자 한 산관은 정1품 수록대부(綏祿大夫)·성록대부(成祿大夫), 종1품 광덕대부(光德大夫)·숭덕대부(崇德大夫), 정2품 봉헌대부(奉憲大夫)·통헌대부(通憲大夫), 종2품 자의대부(資義大夫)·순의대부(順義大夫)이다.

었다. 부마의 봉군을 혁파하고 산관만을 제수하면 칭호가 혼동될 수 있으니 주현의 명칭을 넣어서 "모위(某尉)"로 칭하도록 하였다.[52]

세종대에는 종친 봉작법, 종실녀 봉작법, 부마 봉작법 등을 다루어서 왕실구성원 체제 정비에 많은 진전이 있었다. 그 내용들은 『경국대전』의 근간이 되었다. 『경국대전』에는 봉작 대상뿐만 아니라 봉작에 포함되지 않는 국왕의 친인척까지 포함한 왕실구성원에 대해서 언급되고 있다.

『경국대전』의 종친 봉작법을 보면 봉작명·봉작 품계가 일부 변경되었고, 봉작 대상에 대해서는 더 상세하게 서술되어 있다. 첫째, 봉작 대상이 단순히 적서만 구분되어 국왕의 적자 대군과 서자 군으로만 나뉘었던 것이 왕세자, 대군, 군으로 세분되었다. 왕세자는 왕위를 계승할 왕자이므로 대군이나 군과는 구별하였다. 이에 따라 왕세자의 자손도 대군·군의 자손과는 달리 구별하였다. 그러므로 봉작 대상과 등급도 왕세자·대군·군 계통으로 나뉘어 기술되었다.

둘째, 왕자인 대군·군은 다른 종친과 확연히 구별되었다. 세종 종친 봉작법에 지품은 없지만, 정1품으로 규정되었던 대군과 군은 『경국대전』 종친 봉작법에서 무품(無品)으로 법제화하였다. 이것은 왕자가 왕세자, 대군, 군 등의 서열이 있긴 하지만 모계 출신에 상관없이 모든 종친과 관료와는 비교될 수 없는 지위에 있다는 것을 뜻하였다.

셋째, 종실녀 봉작법이 처음 명문화되었다. 『경국대전』에서 종실녀로서의 봉작 대상은 왕녀와 왕세자의 딸이다. 왕녀는 적녀를 공주로, 서녀를 옹주로 봉작하되 무품이었다. 위에서 언급한 것처럼 국초에는 옹주가 왕녀가 아니라 후궁의 칭호로 사용되었다. 1413년(태종 13) 종친의 딸을 옹주로 칭한다는 기사가 있다.[53] 아마도 그 이후로는 옹주라는 칭호가 후궁에게 주어지지

---

52 『문종실록』 권2, 문종 즉위년 7월 19일(신유).
53 『태종실록』 권26, 태종 13년 8월 20일(병인).

표 4 『경국대전』상의 종친 봉작[54]

품계	자명	봉작명	봉작 대상	품계	자명	봉작명	봉작 대상
		대군	국왕의 적자	정4품	선휘대부	수	세자서중증손(천첩) 대군중손(천첩) 대군중서증손(양첩) 군중자(천첩) 군중손
		군	국왕의 서자		광휘대부		
정1품	현록대부	군		종4품	봉성대부	부수	대군중서증손(천첩) 군중서손(양첩) 군적증손
	흥록대부				광성대부		
종1품	소덕대부	군	대군적장자	정5품	통직랑	영	군중서손(천첩) 군중증손
	가덕대부				병직랑		
정2품	숭헌대부	군	세자중자 대군적장손 군적장자	종5품	근절랑	부령	군중서증손(양첩)
	승헌대부				신절랑		
종2품	중의대부	군	세자중자(양첩) 세자중손 대군중자 대군적장증손 군적장손	정6품	집순랑	감	군중서증손(천첩)
	정의대부				종순랑		
정3품	명선대부	도정					
	창선대부	정	세자중자(천첩) 세자서중손(양첩) 세자중증손 대군서중자(양첩) 대군중손 군중자 군중자적장증손				
종3품	보신대부	부정	세자서중손(천첩) 세자서중증손(양첩) 대군서중자(천첩) 대군중손(양첩) 대군중증손 군중자(양첩) 군중손				
	자신대부						

않고, 왕녀나 종실의 딸에게 주어졌던 것 같다. 『경국대전』에 실린 것처럼 옹주라는 칭호가 언제부터 왕의 서녀에게만 주어진 것인지는 확실하지 않다. 1440년(세종 22) 왕녀의 칭호가 정해질 때에도 옹주는 왕녀의 봉작 칭호로 사용되지 않았다. 그러므로 옹주가 왕의 서녀의 봉작 칭호로 사용된 것은 1440년 이후로 추정된다.

왕세자의 딸은 적녀가 정2품 군주로, 서녀가 정3품 현주로 봉작되었다. 시마친인 국왕의 손녀까지 봉작되어야 하나, 대군·군의 딸은 봉작 대상에서 제외되었다. 대신 대군·군의 사위는 돈녕부 관직에 제수될 수 있었다.[55] 왕세자의 딸은 결국 공주나 옹주가 될 지위에 있기 때문에 봉작 대상이 되었으나, 대군·군의 딸은 봉작 대상에서 제외하는 대신 그 특혜가 남편에게 주어졌다. 결국 『경국대전』의 규정은 종실녀 봉작 여부를 왕녀가 될 수 있는가의 기준으로 삼은 것으로, 세종대에 논의되었던 종실녀 봉작법보다는 그 범위가 매우 좁다.

『경국대전』에는 종실녀의 봉작 등급에 따라 부마인 의빈 봉작명과 봉작 품계가 결정되었다. 따라서 의빈은 공주·옹주·군주·현주의 남편에 한정될 수밖에 없다. 의빈 봉작명은 '위(尉)' 하나로 통일되어 있으나, 종실녀의 지위에 따라서 처음 제수되는 봉작 관품은 차등을 두었다. 의빈에게 처음 제수되는 봉작은 배우자인 종실녀에게 제수되는 봉작 품계보다 1~2품이 낮았다.

넷째, 봉작 대상은 아니지만 관직 제수 대상이었던 왕실구성원이 있다. 국왕의 단문친, 국왕의 외손, 국왕의 이성친, 왕후·세자빈의 친족 등이다. 국왕의 이성친, 왕후·세자빈의 친족은 혼인으로 맺어진 외척이다. 국왕의

---

54 『경국대전』 도표에는 누락되어 있으나, 양첩 소생은 1등급 낮추고, 천첩 소생은 양첩 소생보다 1등급을 더 낮춘다는 규정을 적용하여 봉작 대상 모두를 수록하여 도표화하였다(『경국대전』 권1, 이전, 종친 부조).
55 『경국대전』 권1, 이전, 돈녕부조.

표 5 왕녀·의빈 봉작

관품	자품	부마 봉작	왕녀 봉작
			공주·옹주
정1품	수록대부(綏祿大夫)	위	
	성록대부(成祿大夫)		
종1품	광덕대부(光德大夫)	위 (공주 부마)	
	숭덕대부(崇德大夫)		
정2품	봉덕대부(奉德大夫)	위	군주
	통헌대부(通憲大夫)		
종2품	자의대부(資義大夫)	위 (옹주 부마)	
	순의대부(順義大夫)		
정3품	봉순대부(奉順大夫)	부위 (군주 부마)	현주
	정순대부(正順大夫)	첨위	
종3품	명신대부(明信大夫)	첨위 (현주 부마)	
	돈신대부(敦信大夫)		

이성친은 국왕의 어머니 친족이며, 국왕의 6촌까지 해당되었다. 왕후 친족 은 동성 8촌 이성 5촌이며, 세자빈 친족은 동성 6촌 이성 3촌까지로 촌수가 줄어들었다.

조선 건국 초에는, 왕후의 부친만 봉작하던 고려시대와는 달리 왕후의 부 친 이외에 왕후의 남자 형제도 봉작하였다.[56] 대표적인 사례가 태조의 계비 인 신덕왕후의 오빠 강계권(康繼權)이다. 강계권은 왕후의 오빠로 상산군(商 山君)에 봉해졌다.[57] 그 후 태종비 원경왕후의 형제들도 봉군되었다. 1403년 (태종 3) 민무휼(閔無恤)이 여원군(驪原君)으로, 1406년 민무회(閔無悔)는 여산

---

56 『세종실록』 권103, 세종 26년 2월 21일(신축).
57 『태종실록』 권18, 태종 9년 8월 27일(병인).

군(驪山君)으로 봉작되었다.[58] 원경왕후의 첫째 동생 민무구(閔無咎)와 둘째 동생 민무질(閔無疾)은 언제 봉작되었는지 확실하지 않다. 실록에는 1401년 민무질은 여성군(驪城君)으로, 민무구는 1402년 여강군(驪江君)으로 지칭되고 있다.[59]

왕후의 형제에 대한 봉군은 조선 건국 초에 있었던 일시적인 현상이었다. 특히 원경왕후의 형제 중에 민무구·민무질은 1398년(태조 7) 제1차 왕자의 난에 참여하여 정사공신 2등이 되었고,[60] 1400년(정종 2) 제2차 왕자의 난을 진압한 공으로 좌명공신 1등에 책록되었다.[61] 이 두 사람은 공신으로서 봉군되었을 가능성을 배제할 수 없으나, 민무휼·민무회의 경우를 볼 때 외척으로서 봉군된 것으로 보인다.

태종은 정국이 안정되자, 정치적 영향력이 비대해진 외척에 대한 제재를 가하기 시작하였다. 그 첫 단계가 외척의 봉작 대상 축소였다. 1409년(태종 9) 태종은 왕후 친족에게 봉군하는 것이 옳은 일인지, 그른 일인지를 대신에게 논의하게 하고, 왕후 친족 봉군법에 대한 역대 제도를 조사하여 아뢰라고 지시하였다.[62] 예조에서는 의정부를 통하여 중국 한나라 이래 왕후의 친족이 봉작되어 나라의 근심이 된 경우가 많았다고 전제하고, 왕후의 부친만을 봉작하고 그 외의 왕후 친족 봉작은 혁파하는 것이 좋겠다고 태종에게 보고하였다. 이에 태종은 왕후의 부친을 제외한 친족의 봉작을 혁파하라고 명하였다.[63]

그러나 태종은 1410년(태종 10) 외척이 관직에 나갈 수 없으니 봉군하는

58 『돈녕보첩』 왕후편(장서각 K2-1630), 태종비 원경왕후(元敬王后) 세계(世系).
　　『태종실록』 권6, 태종 3년 11월 9일(계미); 권12, 태종 6년 8월 19일(을사).
59 『태종실록』 권1, 태종 1년 1월 15일(을해); 권4, 태종 2년 9월 16일(병신).
60 『태조실록』 권16, 태조 7년 10월 1일(계묘).
61 『태종실록』 권1, 태종 1년 1월 15일(을해).
62 『태종실록』 권18, 태종 9년 8월 27일(병인).
63 『태종실록』 권18, 태종 9년 9월 9일(무인).

것이 옳다고 하면서 민무휼·민무회를 다시 봉군하였다.[64] 태종은 외척 봉작의 혁파와 회복을 번갈아 시행하다가, 1412년에 외척 봉작의 혁파로 종결지었다. 그 대신 외척들에게 왕실 관서의 관직과 군직을 제수하였다.[65]

두 번째 단계로 1414년(태종 14) 태종은 속사(屬司)와 직사(職事)가 없는 돈녕부를 설치하고, 태조의 방계 친족, 왕실의 외손, 외척 등을 소속시켰다. 봉작에서 제외된 외척 세력은 문무반 관직에 제수되는 길마저 차단되고 예우 관서인 돈녕부에 소속됨으로써 정치 세력으로 성장하기 어렵게 되었다.[66]

국왕의 외손도 돈녕부에 소속되어 관직에 제수될 수 있었다. 관직 제수 대상이 되는 국왕의 외손은 공주의 아들과 사위, 대군·군의 사위이다. 대군의 사위와 공주의 아들은 종7품직에, 공주·군의 사위, 옹주의 아들, 대군 양첩 사위는 종8품직에, 군 양첩 사위와 대군 천첩 사위는 종9품직에 처음 제수되었다.[67]

『경국대전』에서는 오복(五服)을 기준으로 국왕의 친족은 종친과 같이 봉작되는 근친과 돈녕부에 소속되는 원친, 외손, 외척 등으로 구분하여 대우하게 규정되어 있다. 그러나 중국 오복제에 근거한 왕실구성원에 대한 『경국대전』 규정이 당시에 완벽하게 적용되지는 않았다. 특히 이성친과 외손에 대해서는 중국 오복제를 그대로 적용하기 어려웠다. 오복제에 의거하면, 이성친은 시마복에 해당되는 이성 4촌까지이나,[68] 『경국대전』에서 규정된 이성친의 범위는 6촌까지이다. 복친에서 벗어남에도 이성친의 범위를 6촌까지로 규정한 것은 이성친을 동성친과 마찬가지로 중히 여겼기 때문이다.[69] 이러한 친족 의식에 의거하여 분경 금지나 혼인 금지도 이성 6촌까지로 정

64 『태종실록』권20, 태종 10년 12월 18일(경술).
65 『태종실록』권23, 태종 12년 5월 3일(병술).
66 『태종실록』권27, 태종 14년 1월 28일(계묘).
67 『경국대전』권1, 이전, 돈녕부조.
68 『경국대전』권3, 예전, 오복조(五服條).
69 『성종실록』권10, 성종 2년 6월 18일(기미).

한 것이다.[70]

이성친으로 시마친에 해당되는 것은 외사촌까지이다. 이성친 범위가 문제시된 것은 족친위 입속 문제 때문이었다. 족친위에 입속될 수 있는 이성친은 6촌까지인데, 외손은 소공친인 손자까지 규정되어 있고 외증손에 대한 규정은 없다. 복제로 보면, 외증손은 복이 없어 외손자 아래로는 친속으로 인정되지 않는다. 이것은 이성 6촌까지를 친족으로 인정하는 것과는 괴리가 있었다. 정의(情意)로 생각할 때 외증손·외현손이 친속에서 제외된다는 것은 간과할 수 없었다. 그러므로 이성 6촌의 전례에 따라 외증손·외현손을 족친위에 입속시키자는 청이 받아들여졌다.[71] 외증손·외현손에게 족친위 입속을 허락한 것은 외손도 동성친만큼 중히 여겼다는 증거이다.

외손을 동성친과 같이 중히 여긴 것은 왕실보첩에도 그대로 나타나고 있다. 태종대 이후로 작성된『종친록』·『유부록』의 수록 대수가 똑같이 국왕의 6대손까지이다. 아들 계통과 딸 계통의 기재 내용이 같으며, 6대손 내에서는 여계(女系)로만 이어진다 하더라도 모두 기재 대상이었다. 왕실보첩에 친(親)이 나한 국왕의 6대손까지 기재되는 원칙이 아들과 딸 계통에 모두 적용된 것은 당시 동성친과 이성친을 차별하지 않는 친족 의식을 그대로 반영한 것이다.

『경국대전』에 실린 내용은 성리학에 입각한 중국의 오복제와는 다소 거리가 있다. 비단 국왕의 친족은 중국의 오복제에 따라서 법제화되었더라도 법조문 해석이 중국과는 달랐다. 종친 봉작에서 언급되는 적장자 승습도 역시 당시 조선 사회에서 인식하고 있었던 종법 의식만큼만 진전된 것이었다.

봉군 승습이 모든 아들에게 이어졌던 것이 세종대에는 적장자 승습으로

---

70 『세종실록』권30, 세종 7년 12월 12일(정축).
    『성종실록』권95, 성종 9년 8월 10일(기해).
71 『성종실록』권104, 성종 10년 5월 29일(갑신).

전환되었다. 성리학적 명분론에 입각한 종법은 승습할 적장자에게 후사가 없으면, 양자를 세워 승중(承重)하게 되어 있었다. 반면 조선 전기의 종법에 대한 인식은 적장자의 후사가 없으면 중자가 계승하고, 중자 역시 후사가 없으면 첩자가 계승한다는 것이었다. 이것은 정통성이라는 명분이 아니라 혈연에 입각하여 종법이 시행되었다는 증거이다. 결국 『경국대전』에는 당대의 친족 의식이 반영되어 있었다.[72]

---

72 지두환(1984), 「조선전기의 종법제도 이해과정」, 『태동고전연구』 1, 한림대학교 태동고전연구소, 77~87쪽.

3   조선 후기 친족 의식의 변화와 왕실구성원

『경국대전』에 실린 친족 체계가 중국의 그것과는 일치하지 않으나 그렇다고 조선 전기의 친족 의식이 완전히 반영되지도 않았다. 앞에서 언급한 바와 같이 당대에 가장 수용되기 어려웠던 문제는 이성 친족에 관한 것이었다. 부계와 모계의 친속을 동등하게 여겼던 고려의 전통이 조선시대에도 계승되었다. 오복제에 근거하면 이성 4촌까지가 친족 범위에 들었으나, 조선에서는 이성 6촌까지를 친족에 포함시킨 것은 이성친도 동성친과 같은 비중을 가진다는 친족 의식의 발로였다.

동성친과 이성친을 크게 차별하지 않았던 전통적인 친족 의식은 17세기 이후로 변화되기 시작하였다. 16세기 이황·김장생 등이 예학을 연구하면서 주자의 『가례』에 의거한 종법 의식을 깊이 인식하게 되었다. 예학 연구가 심화될수록 전통적인 친족 의식이 점차 변화되어 갔다. 전통적인 친족 의식이 아예 사라진 것은 아니지만, 사대부가에서는 주자의 『가례』를 실생활에 적용하기 시작하였다.

예학에 관심을 가졌던 이황의 가문에서는 전통적으로 행하던 윤회봉사를 폐지하지는 않았지만, 가묘에서 시행되는 제례는 윤회가 아닌 종자(宗子)만이 봉사하게 되었다. 이러한 변화는 종법 의식이 심화된 결과였다. 종법에 대한 인식이 깊어짐에 따라 16세기 후반 이황의 가문에서는 형망제급(兄亡弟及)의 원칙을 지키지 않았고, 종자가 성인이 된 후 사망하면 입후하는 것을 상례화하였다.[73]

『상례비요(喪禮備要)』, 『가례편람(家禮輯覽)』, 『의례문해(疑禮問解)』, 『전례문

답(典禮問答)』등의 예학서를 저술한 김장생도 조선의 전통적인 습속을 배제하지 않으면서 종법을 중시하는 예법을 정립하고자 하였다.[74]

종법의 시행은 세계(世系) 정리와 궤를 같이하였다. 16세기 이후로 족보를 편찬하는 사대부가가 늘어 가고, 선조에 대한 봉사(奉祀)와 가계 계승 방식도 종자 중심으로 바뀌어 갔다. 종자가 가문의 구심점이 되자 『경국대전』의 입후 조항이 퇴색되었다. 그 결과 조선 전기와는 다른 의미에서 적서 차별이 이루어졌다. 혈연 중심의 종법 시행을 바탕으로 한 '형망제급'은 그 의미를 잃었다. 또한 선조의 봉사에 있어서 종자의 가계 계승이 중시되어 서자의 봉사는 있을 수 없게 되었다. 조선 전기의 적서 차별은 주로 관직 진출에 관련된 것에 한정되었다. 이 시기 가계 계승에는 종자 우선 원칙이 적용되었고, 친족 질서 속에서도 서자는 배제되었다.

종자 중심의 친족 의식은 다른 한편으로 외손에 대한 친족 비중을 약화시켰다. 아들이 없는 경우에는 외손봉사가 일반적이었다. 물론 조선 전기의 대성(大姓) 가운데서도 대가 끊겨서 가문이 계승되지 못한 경우가 종종 있었다. 후기에는 종자 중심으로 가계를 계승해 나가려는 의식이 강화되어, 외손봉사보다는 양자를 들이는 입후가 서서히 일반적인 경향으로 자리 잡게 되었다. 부계 중심의 친족 질서는 외손도 친손처럼 중시하던 전통적인 친족 의식의 변화를 초래하였다. 예학이 심화되면서 적서의 차별, 종성(宗姓)과 이성(異姓) 친족의 차별, 입후 등이 일반화되어 갔다.

17세기 이후 종법을 따르는 사대부가의 친족 의식은 왕실에도 영향을 끼쳤다. 1652년(효종 3) 관료들은 왕실 친족의 신역 면제에 대한 논의에서 변화된 사대부가의 친족 의식을 왕실에 적용하려 하였다. 1652년 종부시 도

---

73 박현순(1999), 「16세기 사대부가의 친족 질서 — 이황 집안을 중심으로」, 『한국사연구』 107, 한국사연구회, 90~91쪽.
74 한기범(1989), 「사계 김장생의 생애와 예학사상」, 『백제연구』 20, 충남대학교 백제연구소, 195~206쪽.

제조였던 능창대군은 효종에게 왕실의 적파(嫡派)에 비해서 서파(庶派)와 외손 후예들이 차별 대우를 받고 있으니, 서파와 외손 후예들의 대우를 개선해 달라고 하였다.[75] 그에 의하면 왕실의 적파는 세대를 한정하지 않고 충의위에 속하지만, 서파는 10대 이내에도 군보(軍保)에 편입되며 외손 후예는 그보다 더 못한 대우를 받는 상황이라는 것이다. 능창대군은 그에 대한 해결책으로, 왕실 서파는 환조·익조·도조·목조 등 사왕(四王)의 내·외손의 전례에 따라서 12대까지 신역을 면제해 주고, 외손의 후예는 6대까지는 면역과 면천을 허락하자는 것이었다. 종부시 도제조 능창대군의 해결책에서 당시 왕실의 친족 의식을 엿볼 수 있다. 그는 왕실의 적파, 서파, 외손 후예 등을 차등적으로 대우해야 한다는 인식을 전제하고 있었다.

왕실 내·외손에게 차별적인 예우가 행해진 예는 다른 곳에서도 찾을 수 있다. 천인으로 속신(贖身)하는 경우 종성은 6대손까지 속신하지 않고도 양인이 될 수 있고, 7대손 이하는 다른 노비로 대신하게 하고 양인이 될 수 있게 하였다. 외손은 속신 없이 양인이 될 수 없으며, 6대손 이상이라도 다른 노비로 대신하게 하여야 양인이 될 수 있다는 규정을 두었다.[76] 종성과 이성 자손에게 차등 적용된 속신 규정은 종성과 이성 친족은 구별되니 대우에 있어서 차등을 두어야 하며, 대수도 차등 적용해야 한다는 의식에 바탕을 둔 것이다. 종성과 이성 자손에 대한 차별 의식은 조선 전기의 상황과는 사뭇 달랐다.

더구나 『경국대전』에 의하면, 종친 시마친 이상, 이성 소공친 이상인 왕친의 천첩 소생은 양인의 신분을 따른다고 되어 있다.[77] 면천이 가능한 왕친의 범위는 종성인 경우 왕의 4대손, 이성인 경우 3대손에 한정되어 있다. 『경국

75 『효종실록』 권9, 효종 3년 12월 15일(계축).
76 『승정원일기』, 효종 8년 12월 4일(임신).
77 『경국대전』 권5, 형전, 천첩자녀조.

대전』의 규정대로라면, 외손은 3대손까지 천인이어도 속신 없이 양인의 신분을 가질 수 있었다. 그럼에도 효종대의 논의에서 외손이 반드시 다른 천인을 대신하게 해야만 면천할 수 있다고 규정화했다. 이로써 종성 후손은 『경국대전』의 규정과 상관없이 선원보첩에 수록된 6대손까지 확대 적용하고, 외손은 오히려 특혜 내용 자체를 축소했다.

왕실에 종법을 중심으로 한 사대부가의 친족 의식이 반영되는 결정적 계기는 1681년(숙종 7)『선원록』수정 편찬이었다. 임진왜란 이후『선원록』의 수정이 여러 차례 있었으나, 오류가 많았다. 1676년(숙종 2) 1월 선조의 손자 낭원군(郎源君) 이간(李偘)은『선원록』수정의 필요성을 거론하였다. 그는 왕실보첩에 이름이 잘못되거나 적·서가 뒤바뀐 사례가 많고, 심지어 누락된 친족도 있음을 지적하였다.

낭원군은 보학에 관심이 많아서 1679년(숙종 5)에는 역대 국왕의 가족과 선조 자손을 중심으로 왕실의 친족을 정리한『선원보략』을 편찬하여 숙종에게 올렸다. 이 보첩을 기화로 종친들은 다시『선원록』수정에 대한 필요성을 거론하였다. 숙종은 종친의 의견을 받아들여서『선원록』수정을 종부시 정 이만봉(李萬封)에게 전담하게 하였으나, 작업이 많아서 낭청 2인을 더 차정하도록 하였다.[78] 또한 종부시에서는 종친 중에서 도제조 2인을 차출하여 『선원록』수정을 전담하게 하자고 제의하였지만, 종친 1인과 관료 1인이 도제조를 맡게 되었다. 그 결과 종친으로는 낭선군(朗善君) 이우(李俁)[79]가, 관료로는 이조판서 이원정(李元禎)이 도제조를 맡게 되었다.[80]

도제조로『선원록』수정에 참여한 낭선군 이우는 창성군(昌城君) 이필(李佖), 해령군(海寧君) 이급(李伋)[81]과 함께 상소를 올려서『선원록』수정을 위해

---

78 『승정원일기』, 숙종 5년 6월 21일(갑신).
79 선조의 12남이며 정빈민씨(靜嬪閔氏) 소생인 인흥군(仁興君) 이영(李瑛)의 장남이다.
80 『승정원일기』, 숙종 5년 8월 13일(을해).
81 선조의 7남이며 정빈민씨 소생인 인성군(仁城君) 이공(李珙)의 장남이다.

서 종부시와 별도로『선원록』이정청의 설치를 요구하였다.[82]『선원록』이정청의 설치 근거는 70여 권이나 되는 보첩 수정을 한두 사람이 담당할 수 없다는 것이었다. 그들은 병자호란 때에도 보존되었던 태백산 사고의 보첩에도 잘못된 곳이 많으니 보학에 정통한 이들에게 맡겨서 여러 가문의 족보를 참고하여 상호 고증할 필요가 있다고 건의하였다.

숙종은 이정청 설치 문제를 대신에게 의논하게 하였다. 우의정 오시수(吳始壽), 좌의정 민희(閔熙)는 태백산 사고의 보첩을 참고하여 수정하는 정도에서 그치는 것이 바람직하니 이정청 설치까지는 필요없다고 하였다. 이에 반해 영중추부사 허적(許積), 판중추부사 정지화(鄭知和), 행판중추부사 권대운(權大運)은 이정청 설치를 찬성하였다. 숙종은 1679년(숙종 5) 10월에 이정청을 설치하고, 도제조에 허적, 제조에 병조판서 김석주(金錫胄)·이원정을 제수하였다. 또한 그는 보첩 수정 실무를 맡을 낭청과 서사관(書寫官)을 대폭 증원하였다.

그러나 한 달 후 도제조가 오시수로 교체되고, 제조도 1명을 더 충원하여 낭선군에게 맡겼다. 이정청 관원이 구성된 후 이정청에서는 보첩 수정 절목 11건을 마련하였다.[83]『선원록』수정은 남인 허적·권대운의 동조하에 왕실과 인척 관계에 있는 김석주·오시수와 종친들이 주도하였다. 남인이 주도한 보첩의 수정은 보첩에 등장하는 각 가문의 인물을 그 집안의 보첩에 근거하고, 선원단자를 받아서 기존 보첩의 정확한 사실을 파악하여 오류를 수정하는 데에 초점을 두었다. 즉 1680년(숙종 6) 2월 이정청에서는 오류와 누락이 많았던 내외 각파의 명자(名字)·작호(爵號)·혼취(婚娶)·성관(姓貫)을 확인하고 보완하였다. 또한『선원록』에 등재되지 않았으나, 종부시에서 식년

---

82 『승정원일기』, 숙종 5년 9월 12일(갑진).
  『선원록이정청의궤』上(장서각 K2-3834).
83 『선원록이정청의궤』上(장서각 K2-3834).

제2장 조선왕실구성원의 정비와 변화

마다 단자를 받아 정리한 7대 이하 자손의 기록[84]도 소략하여 다시 자손록 단자를 받아서 정리하고자 하였다.

1680년 경신환국으로 남인 정권이 서인 정권으로 교체되자, 『선원록』의 교정 역시 서인이 주도하게 되었다. 『선원록』이정청이란 명칭은 교정청으로 바뀌고 도제조였던 오시수와 교정청 관원 일부도 교체되었다. 교정청 도제조에 김흥수(金壽興), 제조에 김석주·이익상(李翊相)·낭선군 이우·창성군 이필, 부제조에 이선(李選)·조가석(趙嘉錫) 등이 제수되어 서인들이 다수 참여하게 되었다.[85] 서인은 『선원록』 교정을 담당하면서, 선원보첩의 체제에도 대폭적인 수정을 가하였다. 정권이 교체되기 전에도 보첩 체제에 대한 문제가 제기되기는 하였으나, 이정청에서는 결론을 내지 못하였다. 서인들이 주도한 교정청에서는 족보 체제에 대한 전반적인 문제를 거론하여 숙종의 윤허를 받았다.[86]

첫째, 구본(舊本)은 가로로 선을 긋고 내용은 세로로 내리쓰도록 되어 있었다. 수정된 보첩은 가로로 6단을 나누어 그 행간에 내용을 기록하였다. 남인이 주도하던 1680년 1월에 낭선군 이우가 세로로 보첩 내용을 기재하지 말고, 가로로 단을 나누어 그 행간에 내용을 기재하자는 의견을 내었다. 이 의견에 대해 우의정 오시수, 병조판서 김석주, 창성군 이필 등은 왕실보첩임을 내세워 구례를 따르는 것이 좋겠다고 반대하여 결정을 내지 못하였다.[87] 그러나 서인 정권으로 교체된 이후 교정청에서는 보첩의 가로로 단을 나누어 행간에 내용을 기재하는 것이 명백하고 일목요연하다는 이우의 의견을 받아들였다.

둘째, 보첩 명칭의 변화이다. 구본에는 『종친록』에는 종성 자손을, 『유부

84　『승정원일기』, 현종 11년 4월 23일(기유).
85　『선원록』(장서각 K2-1046) 목차.
86　『선원록이정청의궤』上(장서각 K2-3834), 경신 6월 4일.
87　『선원록이정청의궤』上(장서각 K2-3834), 경신 1월 20일.

록』에는 공주·옹주 계통인 이성 자손을 수록하여 서로 분리되어 있었다. 수정된 보첩은 종성 자손이든 이성 자손이든 모두 왕친이므로 따로 구분할 필요가 없다는 명분하에 대군 자손, 공주 자손, 군 자손, 옹주 자손 순으로 기록하고『선원록』이라고 칭하였다.『선원록』목차를 볼 때, 단순히 구본의 『종친록』을 먼저 기록하고,『유부록』을 그 뒤에 붙인 것이 아니었다. 새로운 보첩에는『종친록』의 대군 자손,『유부록』의 공주 자손,『종친록』의 군 자손, 『유부록』의 옹주 자손 순으로 배치되었다. 이것은 아들을 딸보다 우선한다는 규칙과 적서를 구별함을 동시에 드러낸 보첩 체제이다. 서자도 출생 순서와 상관없이 어머니의 신분에 따라 양첩의 자녀, 천첩의 자녀 순으로 기재하여 가족 내의 질서를 중시하였다.

셋째, 구본에는 내·외손을 동등하게 6대손까지 수록하였으나, 수정된 보첩에서는 내·외손을 차별하였다. 종성을 중히 여기고 외파(外派)와 구별하기 위해서 종성은 9대손까지, 외파는 예전처럼 6대손까지 기록하였다.[88] 또한 구본에는 딸의 이름, 생년, 사위의 이름과 관직이 적혔으나, 수정 보첩에는 딸의 경우 사위의 이름을 크게 쓰고 딸의 이름과 나이는 사위 이름 아래에 작은 글씨로 기록하였다. 사위의 기록이 딸의 기록보다 주가 되었다.

서인들에 의해서 확정된『선원록』편찬 체제는 사대부가의 족보 체제에 영향을 받은 것이다. 17세기까지 사대부 족보가 세로로 기록되는 사례는 거의 볼 수 없다. 일반적으로 횡으로 5단 혹은 6단으로 나누어서 행간에 기록하였다. 또한 조선 전기 사대부가 족보에는 아들과 딸, 적자와 서자를 구분하지 않고 출생순으로 기재하였으며, 생년월일이나 처계(妻系)를 기재하지 않는 것을 특징으로 하였다. 그러나 17세기에 이르러 가족·상속 제도의 변화와 성리학적인 유교 윤리의 심화에 따라 족보 편찬 체제도 달라졌다. 즉

---

88 『선원록』(장서각 K2-1046) 범례.

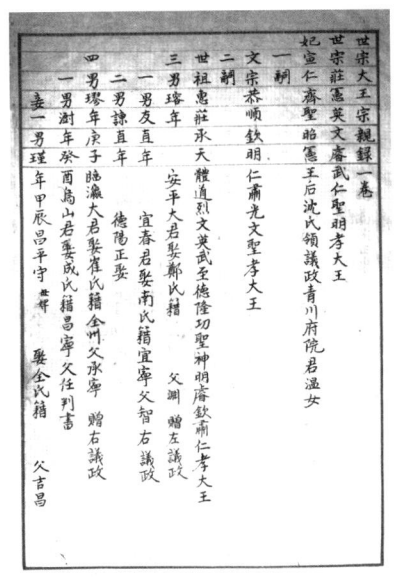

그림1 『세종대왕종친록』

그림2 『선원록』

부계 위주로 하여 '선남후녀(先男後女)', '상내약외(詳內略外)'라는 원칙에 의거하였고, 생년월일·처계·묘소 등을 상세하게 기재하였다.[89] 1681년(숙종 7)에 이정된 『선원록』의 편찬 체제도 '선남후녀', '상내약외'의 원칙을 따른 것이다. 이것은 왕실보첩도 일반적으로 통용되는 보례(譜例)를 따라야 한다는 의식에서 나온 것으로 서인의 보편주의적 예학 경향에서 나온 것이다.

『선원록』 편찬 과정에서 서인의 예학 경향이 왕실보첩에 반영되었고, 그 결과 왕실 친족 의식과 왕실구성원의 규모가 확대되었다. 중국의 친족 의식에 의하면, 5대가 지나면 친족이라 할 수 없다. 16세기 이후로 심화되는 예학의 바탕은 주자의 『가례』였다. 예학이 심화되어 갈수록 『가례』와 조선의 전통적인 관습과의 괴리를 정리해 가는 것이 과제였다. 당시의 예학자들

은 주자의 『가례』, 중국의 고례 그리고 조선의 전통적인 관습 등을 시의성에 맞게 합리적으로 설명하고자 하였다.[90] 17세기 서인과 남인의 예에 대한 논쟁을 통해서 서로의 의견 차이가 극명하게 드러나긴 했으나, 시의성과 합리성을 추구하는 기본적인 시각은 그대로 유지되었다.

서인들은 전통적인 왕실보첩의 체제가 합리적인 사대부 보첩 체제로 수정될 수 있다는 보편성을 바탕으로 한 예(禮) 의식을 가지고 있었다. 그러나 중국의 고례나 『가례』에는 어긋나지만, 전통적인 관습에 따라 6대 내·외손까지 실린 왕실보첩 체제에 대해서는 이의를 제기하지 않았다. 다만 왕실보첩에 수록되는 종성 자손의 대수를 늘려서 이성 자손과의 차별성을 드러내려 한 것은 전통적인 관습을 따르는 시의성과 합리성을 추구하는 예 의식을 보여 주는 것이라고 생각된다.

왕실보첩에 종성 후손을 9대손까지 수록한 근거는 대수를 촌수와 동일시할 수 있다는 의식에서였다. 이러한 친족 의식은 중국의 오복제에 준한 것은 아니다. 대수를 촌수에 준하는 의식이 언제 시작된 것인지 확인되지 않으나, 『전율통보』 별편의 돈녕단자식에도 대수는 촌수에 준한다고 명기되어 있다. 조선 후기까지 전통적인 친족 의식이 이어지고 있었다는 것을 서인들도 인정하였기 때문에 국왕의 종성 9대손까지 확대 수록될 수 있었던 것이다.

왕실보첩에 종성 후손이 국왕의 9대손까지 수록되면서 친진 이후의 원친에 대한 예우도 9대손까지 확대되어 시행되었다. 원친에 대한 예우에 있어 가장 큰 논란의 대상이 되었던 것은 군역이었다. 충의위나 족친위에 소속되어 군역을 면제받을 수 있는 대상을 『선원록』에 수록된 9대손까지로 법제화하기에 이르렀다. 『선원록』으로 왕실보첩이 수정 편찬됨에 따라 왕실구성

---

90 한기범(1998), 「조선중기 호서·영남 예가의 예설교류─『의례문해』의 분석을 중심으로」, 『조선시대사학보』 4, 조선시대사학회, 24쪽.

제2장 조선왕실구성원의 정비와 변화

원에 대한 예우 범위도 확대되는 결과를 가져왔다.

조선 후기의 변화된 친족 의식은 다른 왕실보첩 체제에도 적용되었다. 이를 잘 보여 주는 것은 『돈녕보첩』 왕후편이다. 『경국대전』에 왕후의 친족은 동성 8촌 이성 5촌으로 규정되어 있다. 『돈녕보첩』이 전란 이후 다시 작성되기 시작한 1649년(효종 즉위) 『돈녕보첩』 왕후편을 보면,[91] 조선 전기 왕후의 경우 왕후의 부친인 부원군으로부터 시작되어 직계손만 수록되어 있다.[92] 중종비 장경왕후 이후로는 왕후의 조부 혹은 증조부로부터 시작되어 부원군의 직계손뿐 아니라 8촌 이내에 드는 방계 친족도 함께 수록되었다.[93] 왕후에 따라 친족 수록 범위가 다른 것은 돈녕단자를 제대로 제출하지 않았거나, 왕후가문의 가세(家勢)나 보첩 자료가 한결같지 않았기 때문일 것이다.

그러나 1649년에 새로 작성된 효종비 인선왕후나 당시 대비였던 장렬왕후 보첩도 왕후의 조부로부터 시작되고 있다. 1660년(현종 1)에 작성된 보첩에서 현종비 명성왕후(明聖王后)의 보첩도 조부인 김육(金堉)으로부터 시작되어 부원군 김우명(金佑明)의 직계손과 백부인 김좌명(金佐明) 계통만 수록되었다.[94]

이러한 현상은 단순히 왕후가문에서 『돈녕보첩』 왕후세계단자를 작성하는 데 보첩 자료가 부족했기 때문으로만 보기는 어렵다. 왕후의 동성친이 8촌이므로 왕후의 고조부부터 기록되는 것이 마땅하다. 그러나 왕후의 조부 혹은 증조부에서 시작되는 왕후의 보첩은 보첩 작성 당시의 친족 의식을 보여 주는 것이다. 16세기까지는 조부·증조부·고조부에 대한 지칭이 대부

---

91 『돈녕보첩』(장서각 K2-1623).
92 15세기에 예외적으로 왕후의 조부로부터 시작되는 사례가 1건 있는데, 성종비 정현왕후(貞顯王后)이다.
93 왕후의 조부로부터 시작되는 경우는 선조비 의인왕후(懿仁王后)·인목왕후(仁穆王后), 원종비 인헌왕후(仁獻王后), 인조계비 장렬왕후(莊烈王后) 보첩이다. 왕후의 증조부로 시작된 경우는 명종비 인순왕후(仁順王后), 인조비 인열왕후(仁烈王后)이다.
94 『돈녕보첩』(장서각 K2-1557).

(한아비)로 통괄되어 있었다. 이러한 현상은 조부 항렬을 벗어난 증조부·고조부에 대한 인식이 적고, 조부나 외조부의 후손이 핵심을 이루었기 때문일 것으로 보인다.[95]

친족 의식의 변화가 뚜렷한 왕후보첩은 명성왕후 보첩이었다. 명성왕후 보첩은 두 가지 점에서 변화되기 시작하였다. 첫째로, 왕후 선조가 고조부에서부터 기록되었다. 둘째는 보첩 내의 친족 가운데 입후된 경우에는 생부 계통도 함께 기록하였다. 이러한 변화는 아마도 명성왕후 부친인 김우명이 입후된 사실을 밝히기 위해서였다고 생각된다.

1660년에 작성된 보첩에는 명성왕후의 조부이며 부원군 김우명의 생부인 김육에서부터 기재하였으며, 생부라는 표시도 없이 왕후의 조부로만 기재되었다. 그러던 것이 1670년(현종 10)에 작성된 명성왕후 보첩은 처음으로 왕후의 고조부인 김비(金棐)에서부터 기재되었으며, 입후된 부원군의 가계와 부원군의 생부 가계가 함께 기록되어 있다. 명성왕후 보첩이 고조부까지 소급되어 기록된 것은 아마도 부원군인 김우명이 왕후의 종증조부인 김홍록(金興祿) 계통으로 출계되었기 때문일 것이다. 명성왕후 보첩은 출계된 부원군의 계통을 밝히기 위해서 고조부까지 소급되어 기록되었다.[96] 이것을 계기로 『돈녕보첩』 왕후편에는 왕후의 고조부를 기점으로 8촌 이내 친족이 수록되었다. 숙종계비 인현왕후(仁顯王后) 보첩에는 증조부 민기(閔機)가 출계됨으로써 왕후의 생고조부 계통까지도 수록되고 있다.

왕후보첩에 고조부 이하 8촌 친족이 체계적으로 수록된 것은 17세기 중

---

95 이종서(2003), 「14세기 이후 친족용어의 변천과 친족관계」, 『역사비평』 63, 역사비평사, 220~248쪽.

96 金棐 ┬ 金興宇 ── 金埥 ┬ 金佐明
　　　　　│　　　　　　　　└ 金佑明(出系) ── 명성왕후
　　　　　├ 金興祿 ── 金金址 ── (繼)金佑明
　　　　　├ 金興孝
　　　　　├ 金興信
　　　　　└ (女)成穉

엽 이후의 친족 의식 변화에서 기인하였다. 이것은 친족 의식을 반영한 친족 명칭에 잘 나타난다. 17세기 중엽 주자의 『가례』에 입각한 예제와 의식이 정착되어, 내·외친이 망라되었던 양계(兩系) 친족에서 부계 친족 중심으로 친족 의식이 변화되었다. 조부 이상은 대부(한아비)로 지칭되던 것이 조부, 증조부, 고조부로 구별되고, 같은 고조부의 후손이 친족 관계로 결속되었다. 이러한 친족 체계를 바탕으로 문중화(門中化) 경향도 나타났다. 친족 의식의 변화는 왕후보첩에도 그대로 반영되었다. 17세기 중엽 이전 왕후보첩 수록의 기준점이 왕후의 고조부가 아니라 조부였던 것은 보첩이 미비된 것이 아니라 조부 이하의 자손을 친족으로 의식했기 때문이다.

왕실 친족 의식이 변화되기는 하였으나, 사대부가와는 다른 점이 있었다. 국왕 친족의 촌수와 대수를 일치시켜 종성 9대손, 이성 6대손까지 보첩에 수록한 것은 중국 오복제에 의거한 친족 의식이라고 할 수 없다. 18세기 영조대에 이르러서야 오복제에 의한 친족 의식이 왕실에도 나타났다. 영조는 왕실의 친족을 종성 4대손까지, 이성은 외손자까지로 인식하고 있었는데, 이것은 『선원계보기략』에 잘 반영되어 있다.

『선원계보기략』은 1675년(숙종 5)에 숙종의 명으로 이간의 『선원보략』을 수정하여 간행한 것이 단초가 되었다. 『선원계보기략』은 3년마다 정기적으로 간행되는 『선원록』이나 『돈녕보첩』과는 달리 수정 사항이 발생할 때마다 수정 증보되었다. 엄밀한 의미로 국가에서 공식적으로 간행되는 왕실보첩과는 구별되는 것이다. 숙종대에 간행된 『선원계보기략』은 선조(宣祖)자손록이라 해도 과언이 아니었다. 이 보첩은 선조의 자손인 이간의 『선원보략』을 수정한 것이므로 이간의 고조부에 해당되는 중종대로부터 시작된다. 중종의 자손록은 4대를 한하여 기록하고, 자신의 가계인 선조자손록은 상세하게 기록하였다. 『선원계보기략』은 이러한 체제를 그대로 수용하였기 때문에, 계속 수정 증보될수록 선조의 후손만이 기재되어서 선조의 왕자군과 공주·옹주가의 파보적인 성격이 강하였다. 1759년(영조 35)에는 7책이라는 거질의 선조자손록으로 증보되었다.

1759년 6월 영조는 『선원계보기략』이 가족보(家族譜)도 아닌데, 계속 보간되어 7책까지 되었다고 하며, 이후에는 대진자(代盡者) 즉 종성 5대, 외손 4대까지만 기록하라는 전교를 내렸다.[97] 종부시 제조 능창군(綾昌君) 이숙(李橚)은 『선원계보기략』에 중종 이전의 자손이 입록되지 않은 것은 보첩의 규칙에 어긋나니, 태조부터 시작하여 역대 국왕의 자손을 5대로 한정하여 입록하는 것이 좋겠다는 의견을 내놓았다. 이 의견에 대해 영조는 열성조 내·외손 4대까지만 기재하라고 하였다.[98]

수정이 진행되면서 문제가 된 것은 1760년 이전의 『선원계보기략』에는 중종의 외손이 국왕의 외손자까지만 기록된 것이다. 그러므로 중종만 외손자까지 기록할 수 없어서 중종 이전의 역대 국왕은 외손자까지 한정하기로 하고, 선조 이후로는 외손도 4대를 기록하기로 합의하였다.[99]

1760년에 와서 『선원계보기략』에 제외되었던 중종 이전의 역대 국왕 자손록을 붙이게 되면서 수록 대상이 종성은 4대로 축소되었다.[100] 외손도 선조 이후로는 4대로 축소되었으나, 실제 『선원계보기략』에 수록된 외손은 국왕의 손자까지로 더욱 축소되었다. 영조가 수록 대상의 대수를 축소시킨 근거는 보첩의 제목 "기략(記略)"에 있었다. 『선원계보기략』은 대략을 적는다는 의미이므로 가족보처럼 계속 늘어나지 않아도 된다는 것이다.

---

97 『승정원일기』, 영조 35년 6월 12일(신유).
  "上命尙淳書傳教曰 宗簿譜略 昔年朗原君撰進時 遠簡近備 故只二卷 其後復加二卷 今至七卷 若此不已 不知幾十卷 而今則稱某君派·某尉派 此言異於其家族譜也 已成者仍存 此後代盡者勿錄 所謂代盡者 內孫指五代 外孫指四代也."
98 『승정원일기』, 영조 35년 9월 28일(을해).
99 『승정원일기』, 영조 36년 2월 29일(갑진).
  "橚曰 中廟朝公·翁主子孫 只出一代 而太祖朝以下公·翁主子孫 限四代書之 似爲斑駁 其在遠簡近備之義 遠代則 只錄一代外孫 宜廟朝以下公·翁主子孫 限四代書錄 何如 上曰 依爲之."
100 왕의 종성은 친진되는 4대까지 수록하라고 하였으나, 실제 5대까지 수록되었다.

영조의 이러한 견해는 『선원계보기략』의 성격 변화를 초래하게 되었다. 등재 대상이 조선 역대 국왕의 자손록으로 확대되었으나, 등재 범위는 오복제에 근거한 친족, 즉 왕자군 계통은 단문친까지인 5대손, 공주·옹주 계통은 외손자까지만 기재하게 하였다. 영조의 친족 의식은 축소된 것처럼 보이지만, 왕실 후손에 대한 예우에 있어서는 관대하였다. 영조는 자신의 친족은 복친으로 한정하였으나, 왕실 후손으로 예우 대상이 되는 친족은 『선원록』에 의거하여 시행하고자 하는 이중적인 잣대를 가지고 있었다.

4   왕실 계보 의식의 확대와 왕실구성원

17세기 이후로 왕실도 부계 위주의 친족 의식을 확대해 갔다. 왕실보첩 역시 전통적인 친족 의식에 의거하여 내·외보를 편찬하던 것에서 외손의 수록 범위를 축소하고, 부계 수록에 중점을 두기 시작하였다. 부계 중심의 친족 의식은 지역적 한계와 출신 성분의 차별을 넘어선 동성(同姓) 수록에 힘을 기울였다. 서로 다른 본관으로 나뉜 동성 또는 계보가 제대로 연결되지 않은 계파까지도 모두 족보에 수록하고자 하였다.[101] 이러한 경향 때문에 17세기 말 이래 현조(顯祖)가 없는 신흥 세력들은 기존의 현달한 가문에 자신의 집안을 연결시키기 위해서 합보(合譜)를 만드는 사례가 많았다. 또한 이본이라고 하더라도 '동출어일조(同出於一祖)'라는 의식에서 동성이본(同姓異本)들의 합보인 내동보가 유행하였다.[102]

18세기 왕실 후손들도 대동보를 만들자는 제의를 하였다. 대동보의 성격을 가진 대보(大譜)에 대한 제의는 정조 연간부터 시작되었다. 1790년(정조 14)에 종부시가 왕에게 상주한 내용에서 확인할 수 있다.[103] 유학 이헌휘(李憲徽)가 어가 행차 앞에서 소를 올렸다. 이헌휘는 왕실 자손이 나라 안에 널려 있으나, 아직 대보가 간행되지 못하였으니, 자료를 모아 한 질의 대보를 만들자고 하였다. 그는 대보의 형식까지 제시하였다. 즉 1세 시조부터 16세까

---

101 권기석(2007), 「15~17세기 족보의 편제 방식과 성격—서발문의 내용 분석을 중심으로」, 『규장각』 30, 서울대학교 규장각, 68~70쪽.
102 이수건(1994), 「조선후기 성관의식과 편보체제의 변화」, 『구곡 황종동교수 정년기념 사학논총』, 416쪽.
103 『정조실록』 권31, 정조 14년 10월 19일(병인).

66   제2장 조선왕실구성원의 정비와 변화

지는 열서(列書)하고, 목조에서 열성조에 이르기까지는 각파 대군·군 이름 위에 묘호를 써서 목록을 만들며, 해당 권에는 대군·군만 첫머리에 쓰고 후손을 기록한다는 것이다. 종부시는 이헌휘의 소에 대하여 『선원록』이 있고, 귀중한 보첩은 보각에 있는데, 대보를 만들어 사사로이 보관할 수 없다고 하였다.

조선 후기에 계속 간행되었던 『선원계보기략』에는 각 왕의 성손(姓孫)이 5대손까지 기재되고, 『선원록』에는 각 왕의 성손이 9대까지 수록되어 있다. 왕실보첩에 수록된 이들은 '선원'으로, 10대 이하 자손들과는 구별되었다. 국왕의 친족으로 『선원록』에 기재된 부류는 대동보가 필요치 않으나, 10대 이하 자손들에게는 자신이 왕실가문의 일원이라는 것을 드러낼 수 있는 대동보가 필요했을 것이다.

그러나 정조 역시 대동보의 필요성을 인식하지 못하였다. 정조는 국왕으로서 탕평을 통해서 권력과 이념을 주도하려 하였으므로 왕실가문의 지원이나 영향력이 필요하지 않았다. 19세기에 들어서 권력의 주도권은 국왕에게서 세도를 장악한 관료들에게로 넘어갔다. 이러한 정국하에서 국왕은 공적으로는 국가 기구의 수장이나, 다른 한편으로는 왕실가문의 대표자로 전락되었다.[104]

더욱이 조선 후기의 왕실구성원은 계속 쇠락해 갔다. 선조대 이후로 종친의 수가 급격히 줄어들었다. 효종, 현종, 영조, 정조, 순조 등의 소생 왕자군은 왕위를 계승할 원자 1명만을 두었으며, 숙종이 낳아 장성한 왕자 두 사람은 모두 왕위를 계승하였다. 따라서 조선 후기에는 종친이 거의 없었다. 『선원계보기략』에 기록된 조선 후기 종친과 외손을 도표화하면 〈표 6〉과 같다.

---

104 한국역사연구회 19세기정치사연구반(1990), 『조선 정치사 1800~1863 (상)』, 청년사, 232~233쪽.

표 6 조선 후기 종친과 외손

왕대	종친	외손	왕대	종친	외손
선조	245	111	영조	1	49
원종	13	9	장조(사도세자)	25	35
인조	45	27	정조	1	5
효종	·	43	순조	1	10
현종	·	11	헌종	·	1
숙종	12	15	철종	5	6
경종	·	·			

〈표 6〉에서 종친이 형성된 왕대는 선조, 원종, 인조, 숙종, 영조, 장조, 정조, 순조, 철종대이다. 이들 국왕이 왕위를 계승할 왕세자를 제외한 왕자를 낳은 것은 사실이지만, 왕자들 중에는 장성하여 혼인하고도 후손을 남기지 못한 경우가 많았다. 숙종은 6남을 두었으나 세 아들은 태어나서 이름도 짓기 전에 사망하였다. 나머지 세 아들은 왕위를 계승한 경종과 영조, 그리고 연령군(延齡君)이다.

연령군은 김동필(金東弼)의 딸과 혼인하였으나, 자손을 두지 못하고 사망하였다. 숙종은 소현세자의 4대손인 이상대(李尙大)를 연령군의 계후로 삼고, 이름을 인(絪)으로 개명한 뒤 상원군(商原君)에 봉하였다.[105] 1733년(영조 9) 상원군이 죽자, 영조는 상원군을 연령군의 계후에서 파양하였다.[106] 그 후 영조는 선조의 9남 경창군(慶昌君)의 6대손인 이온(李縕)을 연령군의 계후로

---

105 『승정원일기』, 숙종 45년 10월 20일(기미).
　　『영조실록』 권14, 영조 3년 12월 7일(무자).
　　소현세자 ─ 慶善君(조졸)
　　　　　　 ├ 石磷
　　　　　　 └ 慶安君 ── 臨昌君 ── 密豊君 ── 尙大
106 『영조실록』 권34, 영조 9년 6월 28일(정축).

정하고 낙천군(洛川君)으로 봉작하였다.[107] 낙천군도 후사가 없어서 계후를
정하였으나 결국은 파양되었다.[108] 정조가 즉위한 후 영조의 유명(遺命)으로
연령군의 계후는 정조의 동생인 은신군(恩信君)으로 다시 정해졌다.[109] 그러
나 은신군 역시 후사가 없어서 인평대군의 6대손인 이채중(李寀重)을 구(球)
로 개명하고 남연군으로 봉작하였다.[110] 남연군이 흥녕군(興寧君), 흥완군(興完
君), 흥인군(興寅君), 흥선군(興宣君) 등의 아들을 두었고, 이 집안에서 철종의
후사를 이은 고종이 나왔다.[111]

인평대군은 원래 인조의 3남이지만, 원종의 아들 능창대군의 양자로 들
어갔기 때문에 『선원계보기략』에는 원종자손록에 실려 있다. 남연군은 엄밀
하게 말하면 원종의 후손이나, 연령군의 계후가 되었기 때문에 〈표 6〉에는
숙종의 종친에 포함되었다.

영조대 1명의 종친은 사도세자였다. 정조는 『선원계보기략』을 편찬하는
과정에서 사도세자자손록을 따로 설정하였다. 정조는 영조의 유명으로 자
신의 백부인 효장세자의 계후가 되어서 효장세자를 진종으로 추숭하였다.
그러나 국왕 자손록만을 싣는 『선원계보기략』에 생부인 사도세자의 자손을
영조자손록에서 떼어 내어 사도세자자손록을 따로 만들었다.

정조, 순조, 철종의 종친은 모두 일찍 사망하였다. 정조의 종친 1명은 정
조의 장자인 문효세자로 3세에 사망하였다. 순조의 종친 1명은 효명세자로
헌종이 즉위한 후 익종으로 추숭되었다. 철종은 5명의 아들을 두었으나, 이
들 모두 이름을 지어 주기도 전에 사망하였다.

---

107 『영조실록』 권42, 영조 12년 11월 29일(무오).
　　慶昌君 ─ 昌原君 ─ 淸平君 ─ 西川君 ┬ 廷煜
　　　　　　　　　　　　　　　　　　　└ 廷爐 ─ 緼
108 『영조실록』 권71, 영조 26년 2월 7일(경진).
109 『정조실록』 권1, 정조 즉위년 4월 10일(신해).
110 『순조실록』 권18, 순조 15년 12월 19일(기사).
111 『선원계보기략』(장서각 K2-1034) 권17, 숙종자손록.

조선 후기 종친은 선조, 원종, 인조, 사도세자의 자손이 전부였다. 조선 후기에는 왕자군이 맡게 되어 있던 종부시의 도제조직 운영이 순조롭지 않았다. 1679년(숙종 5) 인조의 아들인 숭선군(崇善君)이 종부시 도제조에 제수되었다. 그가 1690년(숙종 16) 사망한 이후 1712년(숙종 38) 연잉군이 도제조에 제수될 때까지 그 자리는 공석이었다. 또한 1715년(숙종 41) 연령군이 도제조로 제수된 이후로 그 직을 맡을 왕자군은 없었다.[112]

숙종이 이러한 문제를 감안했는지 알 수는 없지만, 이미 1679년에 제조 2명 중 1명은 종친이 맡게 하였다.[113] 숙종은 왕자군이 아니면 종친이 종부시 제조에 제수될 수 없음을 고려해서, 제조직에 국왕의 손자 이하 종친이 임명될 수 있는 길을 열어 놓았다. 연령군 이후로 종부시가 혁파되기까지 총 153명의 제조 가운데 종친으로서 제조를 역임한 경우는 16명으로, 10%에 지나지 않는다. 두 명의 제조 가운데 한 명은 반드시 종친이 맡게 되어 있으므로 제조의 50%가 종친이어야 한다. 그러나 실제 종친의 제조 점유율이 10%에 지나지 않는 것은 종친의 부족 현상을 여실히 보여 주는 것이라 하겠다.

이와 같은 종친의 쇠락 속에서 19세기 철종대에 왕실 대동보의 간행이 시작되었다. 왕실의 권위가 약화되고, 종친도 거의 없어 5명[114]에 지나지 않았던 이 시기에 왕실에서 대동보 간행을 거론하게 된 것을 단순히 동족 의식의 확대라고 해석하기에는 무리가 있다.

왕실과 관련된 부서인 종친부, 종부시는 종친과 관련된 업무를 담당하고, 돈녕부에서는 국왕의 9촌 이내의 원친과 이성친을 관할하였다. 따라서 9촌을 넘는 왕실 후손들을 관리할 수 있는 기구는 법적으로는 존재하지 않았다.

112 『종부시제조선생안』(장서각 K2-594).
113 『종부시등록』(규13006-1), 직장조(職掌條).
114 영평군, 홍인군, 홍선군, 익평군, 경평군 등 5명이다.

『종친부등록』에 의거하면, 헌종과 철종대에 종친부에서 10대손 이하의 왕실 후손들의 군역과 잡역 침탈에 대한 일에 관여하여, 각 지방 관아에 조사하여 일을 처리해 줄 것을 요구한 행정 문서들이 빈번하게 보이고 있다.

1855년(철종 6) 종친부에서는 왕실 후손들의 군역과 잡역 침탈 문제의 해결책을 제시하였다. 종친부에서는 왕실 후손의 군역 및 잡역 침탈 문제를 해결하기 위해서 왕실의 세계(世系)를 정확히 파악해 두는 것이 급선무라고 생각했다. 따라서 종부시에서 식년마다 받아들이는 선원단자를 종친부에서 우선 받아서 상세히 살핀 후에 종부시에 이첩하여 왕실보첩을 편찬하는 것이 좋겠다는 의견을 철종에게 올렸다.[115] 철종은 관서가 서로 알아서 시행하라는 윤허를 내려 종친부에서는 이 사실을 각 도에 알리면서 선원세계단자의 신정식 사목을 보냈다.[116]

이 당시 종부시에서는 식년마다 선원세계단자를 받아들여서 『가현록』, 『선원십대록』, 『선원십대가현록』 등을 편찬하였다. 『가현록』은 『선원록』에 입록되어 마땅한 역대 국왕의 9대손 이내에 누락된 인원을 추가로 기록한 책이며, 『선원십대록』은 『선원록』에 입록될 수 없는 역대 국왕의 10대손 이하의 자손록이며, 여기에서 누락된 인물을 추가로 기록한 것이 『선원십대가현록』이다.[117] 그러므로 왕실 친족의 범위를 넘었다고 하더라도 왕실 후손들은 식년마다 선원세계단자를 종부시에 제출하였다. 종친부에서는 이 세계단자를 통해서 종친부에 올라오는 왕실 후손의 군역과 잡역 침탈 문제를 해결하고자 하였던 것이다.

그러나 이 문제는 순조롭게 진행될 수 없었다. 1856년(철종 7) 종부시 제

---

115 『종친부등록』 제3책, 을묘 11월 10일 초기(草記).
　　『각사등록』 권56, 국사편찬위원회, 1992, 348~349쪽.
116 『종친부등록』 제3책, 정사 1월 각도료(各道了).
　　『각사등록』 권56, 국사편찬위원회, 1992, 349~350쪽.
117 장서각에는 1606년(선조 39)부터 철종대까지 작성된 『가현록』이 소장되어 있다.

조인 조병준(趙秉駿)이 왕실 후손의 군역과 잡역 침탈 여부를 왕실보첩에 의거하여 조사하는 일은 종부시 고유의 업무이므로 종친부에서 관여할 일이 아니며, 종부시 업무를 종친부에서 관여하는 것은 두 관서를 분리해 놓은 선대 국왕의 뜻을 거스르는 일이라 하여 종친부 유사당상의 파직을 청하였기 때문이다.[118]

종부시의 반대로 왕실 후손의 세계를 고찰할 수 없게 된 종친부에서 1860년(철종 11)에 내세운 명분은 선원 각파의 세보를 수정한다는 것이었다. 이러한 명분으로 선원세계를 종부시를 통하지 않고 종친부에서 독자적으로 받아서 왕실 후손의 군역과 잡역 침탈 문제를 해결하고자 한 것이다.

1860년 국역 침탈 문제를 기화로 시작된 왕실 대동보 편찬은 당대에 완성을 보지 못하였다. 전국에 흩어진 선원 제파(諸派)의 단자가 제대로 수합되지 못하였기 때문이었다.[119] 철종은 대동보의 편찬이 늦어지자, 우선 덕흥대원군 이하 13파의 세보가 편찬되기를 원하였다. 1861년(철종 12) 12월 덕흥대원군 이하 13파 세보가 가장 먼저 교정되었다.[120] 고종은 덕흥대원군 이하 13파 세보만이 편찬되고 중단되었던 대동보 편찬을 1864년(고종 1)에 다시 시작하여[121] 1867년(고종 4)에 전주이씨 대동보인 『선원속보』를 처음 간행하였다.

철종대 선원 각파의 세보를 편찬하는 일은 홍선군이 주도하였는데, 고종이 등극한 후에는 종친부 유사당상의 지위가 아니라 대원군으로서 더욱 적극적으로 대처하였다. 그 결과 『선원속보서(璿源續譜序)』라는 선원선계와 선원세계를 실은 서문, 태조 이하의 왕자 81파, 추존된 사왕(四王)의 자손 20파

118 『종친부등록』 제3책, 정사 1월 22일 상호군(上護軍) 조병준소주(趙秉駿所奏).
  『각사등록』 권56, 국사편찬위원회, 1992, 350~351쪽.
119 『승정원일기』, 고종 1년 4월 21일(신묘).
120 『종친부등록』 제3책, 계해 9월 평양부료(平壤府了).
  『각사등록』 권56, 국사편찬위원회, 1992, 421~422쪽.
121 『승정원일기』, 고종 4년 11월 30일(기묘).

의 파보 등 350권이 『선원속보』라는 이름으로 간행되었다.[122]

1867년 『선원속보』의 간행은 왕실 후손의 국역 침탈을 해결하려는 의지에서 시작된 것이었지만, 대원군의 종친부 강화 정책과도 궤를 같이한다. 대원군은 종친부를 중심으로 가문 의식을 확대하고, 이를 바탕으로 왕권 강화의 기반을 확립하고자 하였다.[123] 1864년 흥인군 이최응(李最應)이 종부시와 종친부를 통합하자는 상소를 올렸다. 종부시와 종친부를 통합하자는 의견은 이미 철종대에도 있었으나, 1864년에 그 결실을 보게 되었다. 종친부는 관제와 재정이 확대되어 독자적인 기구로 변화되었다. 위상이 격상된 종친부는 선원 제파에 대한 통제가 가능하였다.

이 시기에 선원 각파의 통제가 가능했다는 단적인 증거가 되는 것은 왕실 대동보의 간행이다. 철종이 왕실 대동보의 편찬을 시작했으나, 선원 각파에서 선원자손단자가 제대로 수합되지 않아서 당대에 족보의 완성을 보지 못했다. 그러던 것이 1864년 위상이 격상된 종친부를 통해서 대동보인 『선원속보』가 간행될 수 있었다.

대동보인 『선원속보』의 특징은 태조 이하 역대 국왕의 왕자를 파조로 한 선원파보뿐만 아니라 추존된 사왕의 자손파보도 포함되었다는 점이다. 이것은 추존된 사왕의 자손을 정식으로 '선원(璿源)'으로 인정하였음을 나타내는 것이다. 태종은 의도적으로 조선 건국에 공이 컸던 태조의 방계 친족이 왕권에 도전하지 못하게 왕친보(王親譜)에서 제외시키고자 하였다. 태종은 영의정 하륜, 좌정승 성석린, 우정승 조영문 등에게 선원의 세계 수정 문제를 논의하였다.[124]

태종이 구상한 왕실보첩은 전주이씨 시조로부터 태조의 직계 선조만을

---

122 『璿源續譜序』(장서각 K2-1149).
123 김병우(2003), 「대원군의 종친부 강화와 대원위분부」, 『진단학보』 96, 진단학회.
124 『태종실록』 권23, 태종 12년 4월 21일(을해).

기록한『선원록』, 국왕의 종성 자손을 수록한『종친록』, 국왕의 외손을 수록한『유부록』으로 구분되어 있어[125] 태조의 방계 친족은 전혀 왕실보첩에 수록되지 않았다. 조선의 역대 국왕과 그의 가족을 수록한『선원계보기략』이나『국조어첩』등에도 추존된 태조의 사조인 목조, 익조, 도조, 환조와 그의 왕후만을 기록하고, 자녀들은 전혀 기록되지 않았다.

태조의 방계 친족인 사왕 자손은 왕실보첩에 수록되지 못했지만, 종부시에서 사왕선원족도(四王璿源族圖)를 만들어서 별도로 관리하였다.[126] 사왕 자손의 족도를 따로 관리한 것은 이들을 특별히 예우하였기 때문이다. 중종은 사왕 자손은 12대손에 이르기까지 군역을 면해 주고,[127] 천인이라고 하더라도 면천될 수 있게 조처하였다.[128]

조선 전기에는 종부시에서 사왕선원족도를 만들어서 관리하였으나, 임진왜란으로 자료가 모두 소실되었다.[129] 전란 이후에는 종부시에서 선원세계단자와 마찬가지로 식년마다 사왕자손단자를 받았다. 사왕 자손의 세계단자는 선원세계단자와 비교할 때 내용이 매우 소략하였다. 그들의 단자에는 적·서 지파, 형제 차서, 모계의 성씨 등이 기재되지 않았다. 인조대에 이러한 문제점을 보완하기 위해서 각 도의 감사와 수령으로 하여금 사왕 자손의 각 지파의 문장(門長)과 향소(鄕所)에게 적·서, 형제 차서, 모계의 출신이 사족·양인·천인인지의 여부 등을 상세히 물어서 보고하게 하였다.[130] 또한 영조대에는 수합된 단자를 정리하여 책으로 만들어서 필사해 두도록 하였다.[131]

125 『태종실록』권24, 태종 12년 10월 26일(무인).
126 『성종실록』권158, 성종 14년 9월 4일(갑오).
127 『승정원일기』, 숙종 1년 3월 26일(갑신).
128 『승정원일기』, 효종 6년 8월 25일(병자).
129 『인조실록』권22, 인조 8년 2월 6일(병진).
130 『승정원일기』, 인조 4년 3월 27일(경오).
131 『승정원일기』, 영조 17년 5월 11일(갑술).

왕실 후손으로 인정받지 못하였던 사왕 자손이 대동보인 『선원속보』에 포함되었다. 『선원속보』 서(序)에는 『선원속보』에 포함된 사왕의 자손 파보는 20개 계파라고 하였다. 그러나 실제 사왕의 계파는 목조의 아들 계통 5계파,[132] 익조 아들 계통 7계파,[133] 도조의 아들 계통 4계파,[134] 환조의 아들 계통 2계파[135]로 모두 18개의 계파이다. 나머지 2개 계파는 사왕의 자손이 아니다. 전주이씨 14세손 이궁진(李宮進)의 장남 이용부(李勇夫)를 파조로 하는 평장사파(平章事派)와 2남 이단신(李端信)을 파조로 하는 시중공파(侍中公派)파보가 여기에 속하였다.[136]

전주이씨 대동보라는 관점에서 『선원속보』를 이해하면 이 족보에 사왕 자손 계파와 선원 선파인 시중공파와 평장사파가 포함되는 것은 당연하다. 이때 간행된 『선원속보』 350권이 전부 남아 있지 않아서 사왕 자손과 선원 선파의 파보가 모두 『선원속보』에 들어갔는지는 확인되지 않는다.[137] 『선원속보』의 오류를 수정하여 1900년(광무 4)에서 1902년(광무 6)까지 중간(重刊)된 『선원속보』를 참조하면, 사왕 자손의 파보는 『선원속보』란 이름으로, 시중공파파보와 평장사파파보는 『선원합보』란 이름으로 되어 있다. 이것으로 볼 때, 1867년에 초간된 『선원속보』 역시 이와 같은 체제였을 것으로 짐작된다.

---

132 목조의 아들은 모두 6남이다. 4남 익조를 제외하고 1남 이어산(李於山), 2남 이진(李珍), 3남 이정(李精), 5남 이매불(李梅拂), 6남 이구수(李球壽) 등 5개 계파의 파보가 『선원속보』에 포함되었다.

133 익조의 아들은 모두 8남이다. 4남 도조를 제외하고 1남 이안(李安), 2남 이장(李長), 3남 이송(李松), 5남 이원(李源), 6남 이태(李泰), 7남 이전(李腆), 8남 이응신(李應臣) 등 7개 계파의 파보가 『선원속보』에 포함되었다.

134 도조의 아들은 모두 5남이다. 2남 환조를 제외하고, 1남 이흥(李興), 3남 이선(李宣), 4남 이평(李平), 5남 이종(李宗) 등 4개 계파의 파보가 『선원속보』에 포함되었다.

135 환조의 아들은 모두 3남이다. 태조 이성계를 제외한 1남 이원계(李元桂), 2남 이화(李和) 등 2개 계파의 파보가 『선원속보』에 포함되어 있다.

136 『승정원일기』에 의하면, 『선원속보』에 실린 것이 시중공파 이하 102개 파라고 되어 있어 사왕 자손 파계 이외에 전주이씨 파계가 포함되어 있음을 알 수 있다[『승정원일기』, 고종 4년 11월 30일(기묘)].

137 1867년(고종 4)에 간행된 『선원속보』로 현재 장서각에 소장된 것은 『무안대군파보』(장서각 K2-1149)뿐이다. 이 파보는 『선원속보서』와 무안대군자손록으로 구성되어 있다. 『선원속보서』는 『선원속보』의 서문의 성격을 가진 것으로 열성선계와 열성세계로 이루어져 있다.

사왕자손파보가『선원속보』에 실린 것은, 태종이 왕실보첩에서 사왕 자손을 배제한 이후로 고종대에 와서야 비로소 왕실에서 이들을 선원 자손으로 인정한다는 의미이다. 사왕 자손에 대한 법제적 조처는『선원속보』가 간행된 지 5년이 지나서 있었다. 이들에 대한 법제적 조처란 왕실구성원에 걸맞은 봉작이 이루어지는 것과, 대동보가 아닌 각종 왕실보첩에도 이름이 등재되는 것이다.

1872년(고종 9) 왕실보첩인『선원계보기략』을 수정 보간할 때 사왕의 4대손까지 일괄 봉작되고 관직이 증직되었다.[138] 이에 따라서 사왕의 아들은 대군으로 봉작하고 관직은 영종정경(領宗正卿)으로, 사왕의 손자부터 현손까지 군으로 봉작하고 관직은 종정경(宗正卿)으로 증직하였다.[139] 또한 태조자손록으로 시작되는『선원계보기략』에 사왕의 자손록을 따로 간행하여 덧붙이게 하고, 대전, 내전 그리고 사고에도 봉안하도록 하였다.[140] 역대 국왕의 가족만을 담은『국조어첩』에도 사왕의 어첩에 자녀조를 새로 두어 자녀를 기록하였다.[141]

사왕 자손은 일련의 조처를 통해서 완벽하게 왕실구성원이 되었다. 태종이 이들을 선원세계에서 배제했던 정책이 이때 논란 없이 폐지될 수 있었던 데에는 그만한 이유가 있었다. 첫째는 사왕 자손이 더 이상 왕위 계승권 경쟁 대상이 아니었기 때문이다. 사왕의 4대손까지 종친으로 봉작하더라도 고종대에 와서 사왕 자손들에게 크게 달라지는 것은 없었다. 사왕 자손들에 대한 군역이나 천역 면제는 12대손으로 제한되어 있었다. 그러나『종친부등록』에 사왕의 자손들이 올린 국역 침탈에 대한 소가 실려 있는 것으로 보아 사실상 12대손까지라는 제한이 큰 의미가 없었다. 이들은 선원의 지파로

---

138 『승정원일기』, 고종 9년 12월 4일(갑인).
139 『선원보략수정의궤』(규14121), 임신 12월 3일 사왕자손봉작별단(四王子孫封爵別單).
140 『선원보략수정의궤』(규14121), 임신 11월 29일.
141 『국조어첩』(장서각 K2-917).

서 이미 대수에 상관없이 국역에서 면제되고 있었기 때문이다.

둘째, 이들을 왕실구성원으로 받아들임으로써 쇠락한 왕실을 재건하는데 도움이 될 수 있다고 판단하였기 때문이다. 사왕 자손을 포함한 왕실 후손이 하나의 거대한 가문임을 보여 줌으로써 왕실이 허약하다는 인식을 불식시키고 왕권의 위엄을 드러내고자 한 것이다.

제 3 장

조선왕실의 친족, 종친

1 종친 계보와 실태

1) 종친의 계보

조선왕실 친족은 왕위를 계승한 국왕의 친인척으로 구성되어 있다. 당시 조선에서 인식하고 있었던 왕통 계승은 『선원계보기략』의 '열성계서도(列聖繼序圖)'에 잘 나타나 있다.[1] 〈그림 3〉에서 보는 것처럼 왕위에서 쫓겨난 연산군·광해군은 왕위 계승 순서에 없으며, 대신 추존왕인 덕종·원종·익종이 들어가 있다. 왕실보첩에서 연산군·광해군은 왕위 계승자가 아니라 성종·선조의 왕자로 등재되어 있다. 목조·익조·도조·환조의 아들에서 현손에 이르는 4대 자손은 1872년(고종 9) 봉작이 추존되어 왕실보첩에 들어가기 전까지는 왕실계보에 속하지 못하였다. 조선시대에 왕실구성원으로 봉작되고 예우를 받은 것은 태조의 자손부터이다.

왕실 지친(至親)인 종친은 국왕의 현손까지이다. 1908년(융희 2)에 편찬된 『선원계보기략』을 기준으로 보면,[2] 태조 종친은 6명의 왕자 계통에서 100명, 정종 종친은 15명의 왕자 계통에서 499명, 태종 종친은 11명의 왕자 계통에서 460명, 세종 종친은 15명의 왕자 계통에서 322명, 세조 종친은 2명의 왕자 계통에서 123명, 덕종 종친은 1명의 왕자 계통에서 8명, 예종은 왕자 1명, 성종 종친은 15명의 왕자 계통에서 419명, 중종 종친은 7명

1　『선원계보기략』(장서각 K2-1022).
　　이 보첩은 1864년(고종 1)에 편찬된 것으로, 사도세자가 장조로 추존된 사항은 없다.
2　1908년 편찬된 『선원계보기략』을 기준으로 한 것은 고종의 자손 사항을 확인하기 위한 것이다. 이 보첩은 1872년 이후에 편찬되었기 때문에 태조자손록 앞에 목조·익조·도조·환조의 자손록이 붙어 있으나, 여기서는 논외로 한다. 그것은 四王의 자손들이 고종대에 봉작이 추증된 것이며, 실제 왕실의 지친으로 활동한 것은 아니기 때문이다.

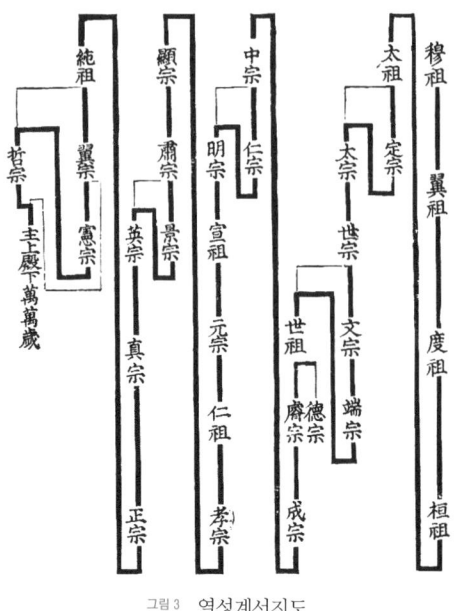

그림 3 　열성계서지도

의 왕자 계통에서 234명, 선조 종친은 13명의 왕자 계통에서 297, 원종 종친은 2명의 왕자 계통에서 22명, 인조 종친은 4명의 왕자 계통에서 36명, 숙종 종친은 1명의 왕자 계통에서 13명, 영조 종친은 1명의 왕자 계통에서 22명, 고종은 왕자 2명 등으로 총 96명의 왕자 계통에서 2,558명의 종친이 배출되었다.

　태조는 신의왕후 한씨에게서 진안대군·영안대군·익안대군·회안대군·정안대군·덕안대군 등 6명의 아들과 신덕왕후 강씨에게서 무안대군·의안대군 두 아들 등 8명의 대군을 두었다. 신의왕후 한씨에게서 난 영안대군과 정안대군은 정종과 태종으로 왕위를 계승하였고, 덕안대군은 일찍 사망하였다. 신덕왕후 강씨 소생으로 왕세자에 책봉되었던 의안대군 그리고 그의 형 무안대군은 제1차 왕자의 난으로 사망하였다. 태조의 아들로 왕위를 계승한 두 대군을 제외하고 태조의 종친은 원래 진안대군·익안대군·회안대군과 그 자손이었다.

신덕왕후에게서 난 무안대군[3]과 의안대군[4]은 제1차 왕자의 난으로 사망하였기 때문에 자녀가 없었다. 세종은 자식이 없는 무안대군 부인과 의안대군 부인에게 수신전을 지급하였으며,[5] 자신의 아들들로 계후를 삼아 주었다. 무안대군의 계후는 광평대군으로, 의안대군의 계후는 금성대군으로 정하였다.[6] 그러나 의안대군의 계후는 나중에 금성대군에서 밀성군의 아들 춘성군 이당으로 바뀌었다.[7]

세종이 자신의 아들을 숙부의 계후로 삼은 것은 두 가지 문제를 가지고 있었다. 첫째는 손자가 조부의 계후가 된 것은 예제에 어긋나는 일이었으나, 당시에는 전혀 문제 삼지 않았다.[8] 둘째, 왕자가 왕자의 계후가 되면 친진 대수를 조정해야 한다는 점을 고려하지 않았다. 광평대군이 무안대군의 계후가 되면 광평대군의 손자가 태조의 4대손이 되어 친진된다. 그렇게 되면 태조의 5대손이 되는 광평대군의 증손은 사실상 봉작 대상이 될 수 없었다. 광평대군이 무안대군의 계후가 되지 않았다면 광평대군의 증손은 종친으로서 봉작되었을 것이다. 이러한 문제를 해결하기 위해서 왕자가 왕자의 계후가 된 경우에는 4대가 아니라 5대 친진이 되도록 배려했다. 세종 때 무안대군과 의안대군의 후사가 세워짐으로써 태조의 종친에 무안대군·의안대군과 그의 자손이 추가로 들어갔다. 그러므로 최종적인 태조의 종친은 진안대

---

3 무안대군 이방번의 최초 봉작명은 무안군이었으나, 1406년(태종 6) 무안군을 공순군으로 고쳐서 추증되었다[『태종실록』 권12, 태종 6년 8월 3일(기축)]. 그 후 무안대군으로 다시 추증된 것은 1689년(숙종 6)이었다[『숙종실록』 권9, 숙종 6년 7월 27일(갑인)].

4 의안대군 이방석은 왕세자로 책봉되었다가 사망한 후 봉작명이 없었다. 1406년(태종 6) 태종은 이방석의 봉작명을 소도군으로 추증하였고, 1689년(숙종 6)에 무안대군과 함께 의안대군으로 다시 추증되었다.

5 『세종실록』 권53, 세종 13년 7월 30일(임진).

6 『세종실록』 권77, 세종 19년 6월 3일(신유).

7 『성종실록』 권54, 성종 6년 4월 7일(을유).

8 손자가 조부의 계후가 된 것이 잘못된 것이라는 논의는 『경국대전』이 시행된 이후인 성종대에 비로소 제기되었다[『성종실록』 권166, 성종 15년 5월 26일(임자)].

군을 비롯한 여섯 왕자와 그 자손이다.

정종은 왕비인 정안왕후에게서는 후사가 없었으나, 후궁에게서 15명의 왕자를 두었다. 그들 중에서 3남 이의생과 5남 이귀생 두 왕자는 후사가 없었다. 이의생은 서녀(庶女) 한 명만을 두었을 뿐이었고, 계후를 세우지 않아서 후사가 없었다. 이귀생도 서녀 한 명뿐이었으나, 6남 이종생의 아들을 후사로 삼았다. 정종의 종친은 이원생을 비롯한 15명의 왕자와 그들의 후손이다.

정종이 태종에게 왕위를 양위하였으나, 사망한 이후에는 묘호 없이 중국에서 받은 시호에 의거하여 공정대왕이라 하였다. 정종의 아들은 부왕이 재위할 때 어느 누구도 봉군되지 못하였고, 태종대부터 종반직에 봉작되기 시작하였다. 실록에 의거하여 15명 왕자의 봉작 시기를 정리하면 〈표 7〉과 같다.

〈표 7〉을 보면, 1남과 2남을 제외하고는 세종대에 가서야 종반직을 받았다. 1남 이원생과 2남 이군생은 1412년에 처음 종4품 부정윤에 제수되었다가, 1417년 1남 이원생은 의평군, 2남 이군생은 순평군으로 봉군되었다.[9]

---

9   『태종실록』 권77, 태종 17년 9월 12일(갑자).

표7 정종의 왕자 봉작 시기

차서	이름	실록에 처음 보이는 봉작명	시기
1	이원생	부정윤	1412년(태종 12) 5월
2	이군생	부정윤	1412년(태종 12) 5월
3	이의생	원윤	1422년(세종 4) 10월
4	이무생	정윤	1425년(세종 7) 1월
5	이귀생	정윤	1425년(세종 7) 1월
6	이종생	원윤	1430년(세종 12) 4월
7	이덕생	원윤	1430년(세종 12) 4월
8	이녹생	원윤	1430년(세종 12) 4월
9	이복생	정윤	1427년(세종 9) 5월
10	이후생	정	1444년(세종 26) 7월
11	이호생	정	1444년(세종 26) 7월
12	이말생	정윤	1432년(세종 14) 10월
13	이보생	정	1444년(세종 26) 7월
14	이융생	정	1444년(세종 26) 7월
15	이선생	정윤	1475년(성종 6) 2월 19일 졸기

3남 이의생 이하는 세종대에 비로소 종반직에 제수되기 시작하였다. 이의생 이하의 종반직 제수 양상은 원윤, 정윤, 정 등 다양하다. 〈표 7〉은 실록에 처음으로 보이는 종반직을 기재한 것이나, 이것이 처음 받은 종반직인지는 확실하지 않다. 예를 들면 12남 이말생이 1432년(세종 14)에 정윤에 제수되었는데, 10남인 이후생이 1444년(세종 26)에야 처음 정에 제수되었다고 보기는 어렵기 때문이다.

세종대에 종반직을 받기 시작하여 봉군된 왕자는 4남 이무생이 1454년(단종 2) 선성군에,[10] 6남 이종생이 1453년(단종 1) 진남군에,[11] 10남 이후생

---

10 『단종실록』 권10, 단종 2년 3월 9일(경신).
11 『단종실록』 권7, 단종 1년 7월 28일(계미).

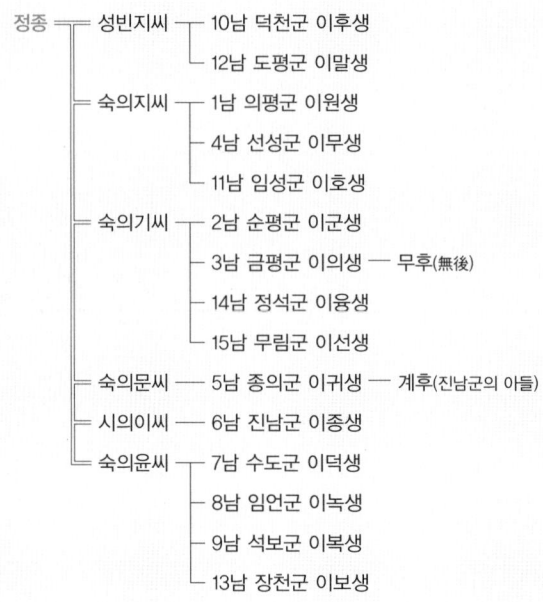

```
정종 ┬ 성빈지씨 ┬ 10남 덕천군 이후생
     │         └ 12남 도평군 이말생
     ├ 숙의지씨 ┬ 1남 의평군 이원생
     │         ├ 4남 선성군 이무생
     │         └ 11남 임성군 이호생
     ├ 숙의기씨 ┬ 2남 순평군 이군생
     │         ├ 3남 금평군 이의생 ─ 무후(無後)
     │         ├ 14남 정석군 이융생
     │         └ 15남 무림군 이선생
     ├ 숙의문씨 ─ 5남 종의군 이귀생 ─ 계후(진남군의 아들)
     ├ 시의이씨 ─ 6남 진남군 이종생
     └ 숙의윤씨 ┬ 7남 수도군 이덕생
               ├ 8남 임언군 이녹생
               ├ 9남 석보군 이복생
               └ 13남 장천군 이보생
```

은 1460년(세조 6) 덕천군에,[12] 1468년(예종 즉위)에 12남 이말생이 도평군에, 15남 이선생은 무림군에[13] 제수되었다. 15명의 왕자 가운데 8명이 봉군되지 못하고 사망하였다. 1872년(고종 9) 3월 태조의 4조인 사왕(四王)의 자손을 『선원계보기략』에 포함시키면서 그간 봉작되지 못했던 왕자의 봉군도 함께 시행되었다. 이때 정종의 아들 중 7남 이덕생, 8남 이녹생, 9남 이복생, 11남 이호생, 13남 이보생, 14남 이융생이 군에 추증되었다.[14] 같은 해 12월에 3남 이의생도 금평군으로 추증되었다.[15] 이처럼 봉군되지 못하고 사망한 정종의 왕자 8명 가운데 7명은 고종대에 군으로 추증되었다. 5남 이귀생은

12 『세조실록』 권22, 세조 6년 11월 10일(임오).
13 『예종실록』 권2, 예종 즉위년 11월 7일(계해).
14 『고종실록』 권9, 고종 9년 3월 23일(정미).
   이덕생은 수도군, 이녹생은 임언군, 이복생은 석보군, 이호생은 임성군, 이보생은 장천군, 이융생은 정석군으로 추증되었다.
15 『승정원일기』, 고종 9년 12월 4일(갑인).

제3장 조선왕실의 친족, 종친

종의군으로 추증된 것은 확실하나, 추증 연대가 확인되지 않는다.[16]

정종의 아들들이 봉군되지 못하고, 하나같이 가장 낮은 품계의 종반직에서부터 승진되는 양상을 보이는 것은 정종 재위 시절에는 자식이 없었기 때문이었다. 제1차 왕자의 난을 주도한 정안군은 자신이 스스로 왕위에 오르지 않고, 형을 왕으로 추대하였다. 즉 정종이 왕으로 즉위하였으나, 실권을 쥐고 있었던 것은 정안군이었다.

정종은 정안군을 왕세자에 책봉할 때까지도 친자 여부가 확실하지 않았던 가의옹주의 아들 불노 이외에는 자식이 없었다. 정종은 동생을 왕세자로 책봉한 후 반포한 사유문(赦宥文)에서도 자신의 왕위를 이을 적자는 없고 서얼만 있다고 하였다.[17] 여기서의 서얼은 불노를 말하는 것이었다. 그러나 불노는 나중에 정종이 자식으로 인정하지 않아서 궁궐에서 쫓겨났다. 1400년 (정종 2) 정종이 왕세자 정안군에게 양위하고 상왕으로 있었던 약 20년 동안 후궁들에게서 15남 8녀를 두었다.[18]

정종의 장남 이원생(李元生)은 언제 태어났는지가 확실하지 않다. 정종의 자녀 출산 시기를 가늠할 수 있는 단서는 정종의 15남 무림군(茂林君) 이선생(李善生)의 졸기이다. 이선생은 1475년(성종 6) 57세의 나이로 사망하였으니,[19] 그가 태어난 해는 정종이 사망하였던 1419년(세종 1)으로 추정된다.[20]

---

16 『선원계보기략』에는 1872년(고종 9)에 군으로 추증되었다고 하나, 오류인 것같다. 이미 영조대에 '從義君派'라는 표현이 사용되고 있으며[『승정원일기』, 영조 38년 2월 11일(을해)], 『연려실기술』에서도 종의군이란 군호가 보이고 있다. 1681년(숙종 7)에 편찬된 『선원록』에는 從義正이라 되어 있어 숙종 당시에는 군으로 추증되지 않았음을 알 수 있다. 따라서 1681년 이후 1762년(영조 38)에 이르는 시기에 종의군으로 추증된 것이 아닌가 한다.

17 『정종실록』 권2, 정종 2년 2월 4일(기해).

18 정종의 지문에는 아들 15명, 딸이 10명이라고 하나, 1679년(숙종 5)에 편찬된 『선원계보기략』에 기록된 것은 아들 15명, 딸 8명이다[『선원계보기략』(장서각 K2-966), 열성세계(列聖世系), 4~5면]. 2명의 딸이 어려서 사망하여 보첩에 기재되지 않은 것인지 아니면 실록의 지문이 잘못된 것인지 알 수 없다.

19 『성종실록』 권52, 성종 6년 2월 19일(무술).

20 『세종실록』 권5, 세종 1년 9월 26일(무진).

졸기에 의하면 이선생은 1430년(세종 12)에 정윤(正尹)에 제수되었다. 종반 직에 처음 제수된 나이가 11세이었다. 이것을 기반으로 정종의 1남 이원생 의 생년을 추론해 볼 수 있다. 1412년(태종 12) 제1남 이원생과 제2남 이군 생에게 처음으로 부정윤(副正尹)이란 종반직이 주어졌다. 이선생처럼 11세 쯤 종반직이 처음 수여되었다면, 이원생은 1402년(태종 2) 전후에 태어난 것 으로 생각된다. 이러한 추론이 맞다면, 1400년(정종 2) 정종이 동생인 정안 군을 왕세자로 책봉하고 왕위를 전해 줄 때에는 명실상부한 정종의 친자는 없었다.

정종의 자녀를 출산한 후궁들에 대한 기록은 자세하지 않다. 정종의 지 문(誌文)에는 단지 정종의 1남과 4남 등을 낳은 지씨(池氏)와 2남과 3남 등을 낳은 기씨(奇氏)만이 언급되었으며, 어린 자녀들은 이름도 기재되지 않았다. 정종의 자녀를 낳은 후궁 중에 기씨만이 실록 기사에 보인다. 1409년(태종 9) 태종이 상왕인 정종을 찾아갔을 때, 정종이 공안부(恭安府) 여종 하나를 양 인으로 방면해 주기를 원하였다. 그 여종의 이름은 자재(自在)로 상왕의 자 녀 8명을 낳았는데, 이군생(李群生)이 맏이였다고 한다. 태종은 상왕인 정종 의 청에 따라서 왕패(王牌)를 주어서 영원히 양인으로 살도록 해 주었다.[21] 정 종의 총애를 받은 자재라는 여인이 바로 정종의 2남 이군생을 낳은 기씨이 다. 1428년(세종 10) 기씨가 사망하였을 때에 세종이 부의로 관곽·곡식·종 이 등을 하사하였다.[22]

왕실보첩을 참조하면, 정종이 후궁에게서 낳은 자녀들을 어느 정도 구분 하여 정리할 수 있다. 국왕의 자녀를 정리한 대표적인 왕실보첩은 『선원록』 과 『선원계보기략』이다. 1681년(숙종 7) 수정 편찬된 『선원록』의 공정대왕 자손록과 1679년(숙종 5)부터 편찬되기 시작한 『선원계보기략』에서 정종의

---

21 『태종실록』 권17, 태종 9년 4월 7일(기묘).
22 『세종실록』 권41, 세종 10년 8월 28일(정미).

아들 15남의 모계는 모두 확인할 수 있으나, 8녀 중에서는 3녀의 모계를 알 수 있을 뿐이다.

정종의 후궁은 1872년(고종 9)에야 처음으로 봉작되었다. 당시 『선원계보기략』을 수정 보완하여 편찬할 때 열성조의 후궁 중에서 옹주 혹은 궁주로 봉작되었던 사람은 모빈(某嬪)으로 고쳐서 봉작하였는데,[23] 이 당시 정종의 후궁들이 처음으로 봉작되었다.

정종의 자녀들은 정종이 상왕이었던 시절에 태어났기 때문에, 왕자 혹은 공주로서 봉작받지 못하였다. 정종의 아들들은 1412년(태종 12) 태종이 만든 봉작법에 의거하여 처음으로 부정윤에 봉해졌다. 원윤·정윤이란 봉작명은 고려의 것을 그대로 사용한 것이다. 다만 고려의 원윤·정윤은 봉군 대상자에게 우선적으로 제수되는 관직이었다. 고려적인 관점에서 보면 정종의 아들들은 부정윤에조차도 제수되기 어려웠다. 왜냐하면 실록에서는 정종의 자녀들을 거론할 때마다 궁인 소생이라고 하였기 때문이다. 고려시대에는 궁인의 소생들을 소군(小君)이라 하여 봉작하지 않았다. 이들은 대부분 출가하여 승려가 되어야만 하였다.[24]

그러나 태종은 1412년의 봉작법에서 왕실의 궁인 소생도 봉작될 수 있도록 길을 열어 주었다. 이 때문에 정종의 장남 이원생과 차남 이군생이 1412년에 비로소 봉작될 수 있었다.

태종은 왕비인 원경왕후에게서 4명의 대군을, 후궁에게서 8명의 군을 두었다. 원경왕후가 낳은 4명의 아들 가운데 4남 성녕대군은 후사 없이 사망하여서 효령대군의 아들인 이의(李宐)를 계후로 삼았다. 후궁 신빈(信嬪)이 낳은 2남 함녕군(諴寧君)의 아들 덕성정(德城正) 이민(李敏)에게 후사가 없어서

---

23 『승정원일기』, 고종 9년 11월 29일(경술).
    備忘記 今此璿源譜略修正時 列聖朝後宮中 以翁主·宮主封爵者 竝以某嬪 改封爵 以單望書入事 分付宗府吏曹.
24 이정란(2003), 「고려시대의 소군과 국서」, 『한국사연구』 122, 한국사연구회, 65~69쪽.

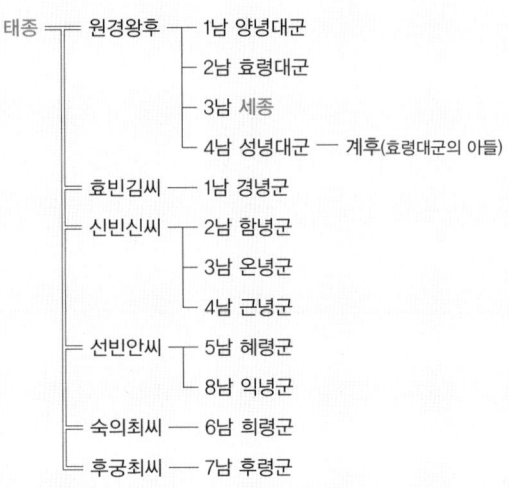

태종 ┬ 원경왕후 ─┬ 1남 양녕대군
　　　　　　　　├ 2남 효령대군
　　　　　　　　├ 3남 세종
　　　　　　　　└ 4남 성녕대군 ── 계후(효령대군의 아들)
　　├ 효빈김씨 ── 1남 경녕군
　　├ 신빈신씨 ─┬ 2남 함녕군
　　　　　　　　├ 3남 온녕군
　　　　　　　　└ 4남 근녕군
　　├ 선빈안씨 ─┬ 5남 혜령군
　　　　　　　　└ 8남 익녕군
　　├ 숙의최씨 ── 6남 희령군
　　└ 후궁최씨 ── 7남 후령군

세종의 4남 임영대군의 아들인 팔계군 이정(李淨)을 계후로 삼았지만, 이정
에게도 후사가 없어 다시 임영대군의 아들 정양군(定陽君)이 자신의 아들 이
부(李敷)를 계후로 삼아 주었다.

　함녕군의 아들 덕성정 이민과 임영대군의 아들 팔계군 이정은 5촌지간이
었으므로 소목상 계후가 되는 데는 문제가 없었다. 여기에서 쟁점이 되는 것
은 이민과 이정은 종친 계열이 달라 친진되는 대수가 다르다는 점이다. 이
민은 종친의 계열로 보면 태종의 손자이어서, 그의 계후 이정은 태종의 증
손이 된다. 그러나 이정은 세종의 손자이다. 또한 이정의 계후가 된 이부는
태종 입장에서 보면 4대손이지만, 세종의 입장에서는 3대손이다. 따라서 계
후가 된 이정의 자손은 다른 임영대군 자손의 친진 대수와는 맞지 않는다.
그러므로 임영대군 자손의 친진 대수에 맞추어서 함녕군의 5대손까지 종반
직을 제수받았다. 태종의 종친은 11명의 아들과 그 자손이다.

　세종은 소헌왕후에게서 7명의 대군, 후궁에게서 10명의 군을 두었다.
7명의 대군 가운데 수양대군은 훗날 왕위에 올랐으며, 5남 광평대군은 태

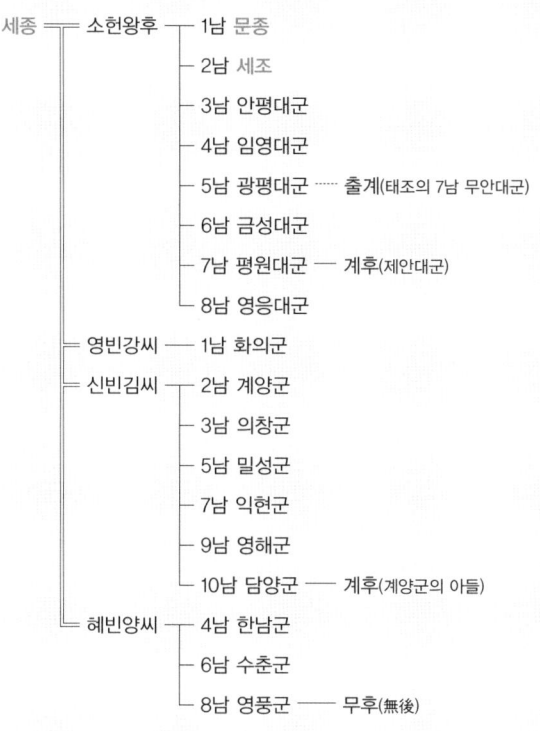

```
세종 ┬ 소헌왕후 ┬ 1남 문종
     │          ├ 2남 세조
     │          ├ 3남 안평대군
     │          ├ 4남 임영대군
     │          ├ 5남 광평대군 ┄┄ 출계(태조의 7남 무안대군)
     │          ├ 6남 금성대군
     │          ├ 7남 평원대군 ── 계후(제안대군)
     │          └ 8남 영응대군
     ├ 영빈강씨 ── 1남 화의군
     ├ 신빈김씨 ┬ 2남 계양군
     │          ├ 3남 의창군
     │          ├ 5남 밀성군
     │          ├ 7남 익현군
     │          ├ 9남 영해군
     │          └ 10남 담양군 ── 계후(계양군의 아들)
     └ 혜빈양씨 ┬ 4남 한남군
                ├ 6남 수춘군
                └ 8남 영풍군 ── 무후(無後)
```

조의 아들인 무안대군의 계후가 되었다. 7남 평원대군은 후사 없이 사망하여, 1474년(성종 5) 성종이 예종의 아들 제안대군을 계후로 삼게 하였다.[25] 3남 안평대군은 계유정난 때에, 6남 금성대군은 단종 복위운동과 관련되어 사사되었다. 소헌왕후가 낳은 대군들은 대부분 삶이 순탄하지 못하였으나, 4남 임영대군과 8남 영응대군만이 무사하였다. 후궁이 낳은 10명의 군 가운데 6남 수춘군은 딸만 한 명이 있었고, 8남 영풍군은 후사가 없었다. 세종의 종친은 국왕이 된 두 아들과 무안대군의 계후로 간 광평대군을 제외하고, 15명의 왕자와 그들의 자손이다.

25 『성종실록』 권48, 성종 5년 10월 18일(경자).

세조는 정희왕후에게서 아들 2명, 후궁에게서 아들 2명을 두었다. 정희왕후에게서 난 장남은 왕세자 시절 사망하여 의경이란 시호가 내려졌다. 차남 해양대군은 왕세자가 되어 왕위에 올랐으나 일찍 사망한 예종이다. 후궁에게서 난 두 아들 가운데 창원군은 후사가 없어서 그의 형인 덕원군의 아들을 계후로 삼았다.[26] 따라서 세조의 종친은 후궁에서 난 덕원군·창원군과 그의 자손인데, 실질적으로는 덕원군의 자손이다.

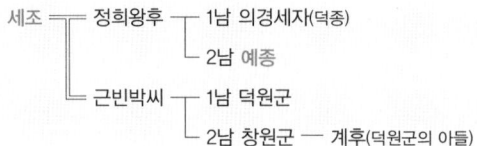

덕종은 성종의 생부인 의경세자이다. 의경세자에게는 월산군과 자을산군 두 아들이 있었다. 의경세자의 뒤를 이어 왕위에 오른 예종이 즉위한 지 1년 만에 사망하자, 대왕대비인 세조비는 왕위 계승지로 의경세자의 차남 자을산군을 낙점하였다. 자을산군인 성종이 왕위에 오르자, 자신의 생부 의경세자와 생모 수빈(粹嬪)의 칭호를 어찌해야 할지 고제(古制)를 살피도록 전교하였다.[27] 예조에서는 성종이 예종의 뒤를 이었으니 사친인 의경세자의 제사는 장남인 월산군이 지내야 하고, 의경세자 추숭 문제는 예종의 대상(大祥)이 지난 후에 논의하자는 의견을 내었다.[28]

1470년(성종 1) 1월 성종의 생부 의경세자 추숭과 생모 수빈 칭호에 대하여 논의를 하였다. 여러 관료들이 다양한 의견을 제시하였으나, 신숙주의 의

---

26 『성종실록』 권169, 성종 15년 8월 16일(경오).
27 『성종실록』 권1, 성종 즉위년 12월 2일(신해).
28 『성종실록』 권1, 성종 즉위년 12월 15일(갑자).

견에 따라서 추숭의례를 시행하기로 하였다. 이때 결정된 사항은 다음과 같다. 첫째, 성종은 예종의 뒤를 이었으므로, 생부를 돌볼 수 없다. 둘째, 의경세자는 이미 왕세자이었으므로 추숭하여 '왕'이라고 칭하고 시호를 올린다. 그러나 별묘를 세워서 묘호와 능호는 시호에 따라 칭호를 붙이되 '종(宗)'을 사용하지는 않는다. 셋째, 세자빈인 수빈은 의경세자가 왕으로 추숭되었으니 그에 따라 '비(妃)'에 책봉하지만, 대비라고 칭할 수 없다.[29] 이에 따라서 생부 의경세자의 시호는 온문의경왕, 묘호는 의묘(懿廟), 능호는 경릉(敬陵)이라 하고, 생모 수빈의 휘호는 인수왕비로 하였다.[30] 연경궁 후원에 세운 의묘가 완성되자, 장자인 월산대군에게 그곳에 살면서 봉사하게 하였다.[31]

1471년(성종 2) 명나라 태감 김흥(金興)이 의경왕의 고명 문제를 거론하였다. 이에 성종은 생부인 의경왕에 대해서 명의 추시(追諡)를 받는 문제를 논의하게 하였다. 명의 황제가 의경왕을 왕으로 인정하여 추시를 내린다면, 종묘에 부묘를 시행할 근거가 될 수 있었기 때문이었다. 관료들은 이 문제에 대해서는 소극적이었다. 1474년에 성종이 다시 의경왕 추시 문제를 거론하였다. 성종은 주청사를 보내어 의경왕에 대한 추시를 요청하고자 하였다. 예문관 부제학 임사홍은 이에 대해서 이미 성종 즉위 초에 의경세자에게 시호·묘호·능호를 올려서 왕으로서 추숭했는데, 중국의 추시가 왜 필요한 것인지 의문을 제기하였다. 추시를 반대하는 이유는 첫째, 중국에 추시를 요청했다가 허락하지 않으면 현재 사용되고 있는 시호조차도 사용할 수 없게 되는 난감한 상황이 초래될 수도 있기 때문이다. 둘째, 대통을 이은 국왕이 사친을 돌보는 것은 효가 아니라는 것이었다.[32]

---

29 『성종실록』권2, 성종 1년 1월 18일(정유).
30 『성종실록』권2, 성종 1년 1월 22일(신축).
31 『성종실록』권34, 성종 4년 9월 20일(무신).
    의경왕의 묘호는 의묘로 정하였으나, 의경묘로도 불렸다. 의경세자가 의경왕으로 추숭됨으로써 그의 장자인 월산군도 월산대군으로 승격되었다.
32 『성종실록』권46, 성종 5년 8월 24일(병오).

성종은 이러한 반대에도 불구하고 1474년 9월 김질(金礩)을 주문사로 명에 파견하여 의경왕의 작위와 시호를 내려 줄 것을 청하였다.[33] 다음 해인 1475년 1월에 주문사 김질은 명 황제의 고명을 받아 돌아왔다. 명에서는 의경세자를 왕으로 추봉하고 시호는 회간(懷簡)이라 하고, 의경세자의 부인 한씨를 회간왕비에 봉하였다.[34] 조정에서는 주문사 김질에 앞서서 돌아온 통사의 보고로 의경왕의 추봉이 허락되었다는 것을 알고 의경왕에게 '회간 선숙 공현 온문 의경 대왕(懷簡宣肅恭顯溫文懿敬大王)'이란 시호를, 인수왕비에게는 인수왕대비라는 존호를 올렸다.[35] 성종의 생모는 명나라의 고명으로 왕비에서 비로소 왕대비로 승격되었다.

대왕대비인 세조비는 인정상 인수왕비의 차서를 예종비인 왕대비보다 위에 두게 하였었다. 형제의 차서로 볼 때, 인수왕비의 차서가 예종비인 왕대비보다는 위인 것이 사실이나, 봉작 칭호에 있어서는 왕비가 왕대비보다 앞설 수는 없는 일이었다. 그러나 의경왕과 인수왕비가 명나라의 고명을 받은 후에는 인수왕대비로서 예종비인 왕대비보다 차서를 위에 두는 것은 더이상 문세가 되지 않았다. 또한 1475년(성종 6) 9월에 의경왕의 부묘 문제를 논의하면서 묘호를 덕종으로 정하였다.[36] 덕종의 종친은 월산대군과 그의 후손뿐이다.

```
덕종 ┬ 1남 월산대군
     └ 2남 성종
```

예종은 장순왕후에게서 인성대군을, 안순왕후에게서 제안대군을 두었다.

---

33 『성종실록』 권46, 성종 5년 9월 15일(정묘).
34 『성종실록』 권51, 성종 6년 1월 29일(기묘).
35 『성종실록』 권51, 성종 6년 1월 12일(임술).
36 『성종실록』 권60, 성종 6년 10월 9일(을유).

예종의 장남 인성대군은 세조가 재위할 당시 봉작되지 못하고 사망하여 인성군으로 추증되었다가, 왕세자였던 예종이 즉위함으로써 인성대군으로 추증되었다.[37] 세조는 인성군의 후사를 이어 주고자 논의하였으나, 결론은 내지 못하였다.[38] 예종이 즉위한 후에도 인성군의 계후를 세우고자 하였지만 인성군의 계후가 될 만한 자손이 없었다. 예종은 자신의 형인 의경세자의 아들 월산군과 자을산군의 지자(맏아들 이외의 아들)가 태어나면 계후를 삼게 하고자 했다.[39] 하지만 월산군에게는 지자가 없었고, 자을산군은 왕위에 올랐기 때문에 계후 문제는 무산되었다.

예종이 사망하자, 세조비인 정희왕후는 의경세자의 둘째 아들 자을산군이 왕위를 잇도록 결정하고, 예종의 차남인 원자를 왕자로 칭하도록 하였다.[40] 자을산군이 왕위에 오르자, 예종의 차남 이현(李琄)을 제안대군으로 봉작하였다.[41] 제안대군은 세종의 아들 평원대군의 계후가 되었으나, 제안대군 역시 후사가 없었다.

예종 ┬ 장순왕후 ── 1남 인성대군 ── 무후(無後)
　　 └ 안순왕후 ── 2남 제안대군 ⋯⋯ 출계(세종의 7남 평원대군)

성종은 폐비윤씨에게서 장남 연산군을, 정현왕후에게서 진성대군(중종)을, 후궁에게서 14명의 군을 두었다. 성종의 적자에 대한 기록은 『성종대왕종친록』과 『선원계보기략』의 것이 다르다. 『성종대왕종친록』에는 연산군을 적자 1남으로 본 반면, 『선원계보기략』에서는 정현왕후에게서 난 진성대

37　『성종실록』권15, 성종 3년 2월 23일(경인).
38　『세조실록』권31, 세조 9년 11월 5일(기미).
39　『예종실록』권7, 예종 1년 9월 28일(무신).
40　『성종실록』권1, 성종 즉위년 11월 29일(기유).
41　『성종실록』권2, 성종 1년 1월 15일(병오).

군만을 적자로 보고, 폐비윤씨에게서 난 연산군은 서자로 보아서 연산군을 서자 1남으로 기록하였다. 연산군은 1476년(성종 7) 11월 6일에 태어났다.[42] 이 시기는 성종비 공혜왕후가 사망하고 숙의윤씨(폐비)를 왕후로 책봉한 지 세 달이 지난 후로,[43] 숙의윤씨는 임신 중에 왕후로 책봉되었다.

　연산군은 명실공이 성종의 적자로서 태어나자마자 바로 원자(元子)로 칭해졌다. 연산군은 적자이지만 폐출된 왕으로서 훗날 군으로 강등되었다. 이러한 사실을 그대로 반영하여 『성종대왕종친록』이 편찬되었다. 조선 후기에 편찬된 『선원계보기략』에서는 연산군이 폐비의 아들이므로 그를 서자로 생각한 것인지 혹은 강등된 군호로 인하여 서자로 혼동한 것인지 알 수 없다.

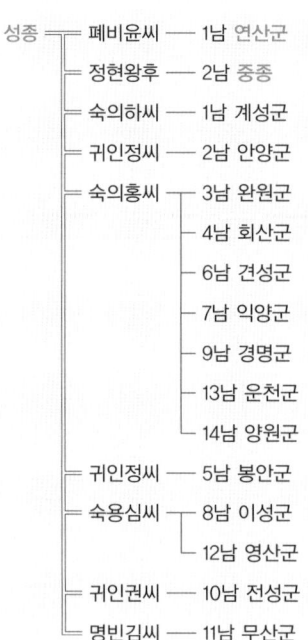

42 『성종실록』 권73, 성종 7년 11월 7일(정미).
43 『성종실록』 권70, 성종 7년 8월 9일(기묘).

『성종대왕종친록』의 자녀 차서를 따라서 계보도를 작성하였다. 성종의 종친은 왕위를 계승한 진성대군(중종)을 제외하고, 연산군을 포함한 15명의 왕자와 그들의 후손이다.

연산군이 폐위되고 반정을 통해서 즉위한 중종은 장경왕후에게서 인종을, 문정왕후에게서 경원대군(명종)을, 후궁들에게서 7명의 군을 두었다. 장경왕후의 소생으로 왕위에 오른 인종은 후사가 없이 사망하여, 그의 이복동생인 경원대군이 명종으로 즉위하였다. 중종의 종친은 국왕이 된 두 아들을 제외하고, 7명의 왕자와 그의 후손들이다. 중종의 종친 가운데 창빈안씨에게서 난 덕흥군의 아들 하성군이 명종의 뒤를 이어 왕위에 오름으로써 아버지인 덕흥군은 덕흥대원군으로 추증되었다.

명종은 인순왕후에게서 순회세자를 낳았으나, 후사가 없이 사망함으로써 덕흥군의 3남인 하성군(선조)이 왕위에 오르게 되었다.

명종 ═ 인순왕후 ─ 순회세자

선조는 인목왕후에게서 1명의 대군을, 후궁에게서 13명의 군을 두었다. 인목왕후에게서 난 대군은 광해군이 왕위에 오른 후 6세 때에 영창대군으로 봉작되었다.[44] 그는 1613년(광해군 5) 역모로 연루되어 강화로 유배되었다가 사망하였다. 13명의 군 가운데 인빈김씨에게서 난 3남 의안군, 4남 신성군 그리고 온빈한씨에게서 난 10남 흥안군은 후사 없이 사망하였다. 의안군의 계후는 동모제(同母弟)인 정원군(원종)의 아들 능원대군이었다. 신성군과 흥안군에게는 계후를 세우지 않았다.

왕위에 올랐던 광해군이 축출되고 정원군의 아들인 능양군(인조)이 왕위에 올랐다. 인조가 왕위에 오른 후 사친인 정원군은 선조의 사친 덕흥대원군의 예에 따라서 정원대원군이라 칭하였다. 그러나 손자인 인조가 조부인 선조의 왕통을 바로 잇는 것은 있을 수 없으므로 인조의 사친인 정원대원군

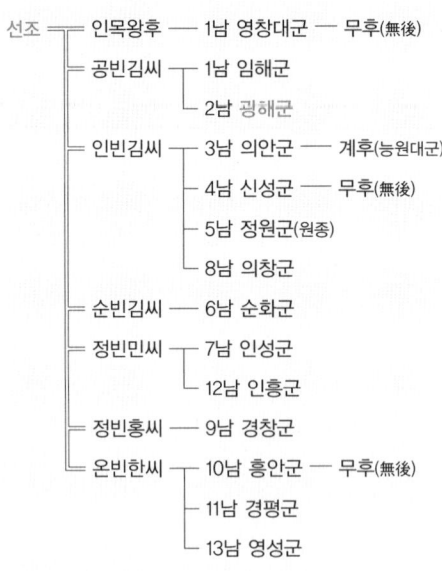

44 『광해군일기』 권48, 광해군 3년 12월 26일(신묘).

을 추숭해야 한다는 논의가 있었다. 인조의 사친 추숭 논의는 쉽게 끝나지 않았다. 정원대원군은 1635년(인조 13)에서야 원종으로 추숭되었다. 따라서 선조의 종친은 14명의 왕자 가운데 왕으로 추숭된 정원군을 제외하면 13명의 왕자와 그의 자손들이다.

인조의 사친인 정원대원군은 연주부부인(連珠府夫人)에게서 능양군(인조), 능원군, 능창군을, 김씨에게서 이명(李佲)을 두었다. 정원대원군이 1635년 원종으로 추숭되자, 능원군과 능창군은 대군으로 봉작되었다. 능창군은 1615년(광해군 7) 역모에 연루되어서 교동에 위리안치되었다가 사망하였다.[45] 인조는 자신의 아들인 인평대군을 능창대군의 계후로 삼아 주었으며 능원대군은 선조의 아들 의안군의 계후가 되었다. 김씨에게서 난 이명은 왕실보첩에 '조졸(早卒)'로 되어 있는 것으로 보아 어릴 때 사망하였다. 그는 고종대에 가서 능풍군(綾豊君)으로 봉작되었다. 사실상 종친은 능창대군의 계후가 된 인평대군과 그의 후손뿐이다.

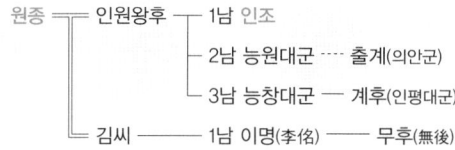

인조는 인열왕후에게서 소현세자와 4명의 대군을, 귀인조씨에게서 2명의 군을 두었다. 소현세자는 왕세자 시절 사망하여서 차자인 봉림대군(효종)이 왕위를 계승하였다. 셋째 대군인 인평대군은 인조의 동생 능창대군의 계후가 되었고, 넷째 대군인 용성대군은 혼인 전에 사망하여 후사가 없었다.

---

45 『광해군일기』 권97, 광해군 7년 11월 17일(기축).

다섯째 대군 역시 어려서 사망하여 봉작명조차 없었다. 귀인조씨에게서 난 2명의 군 가운데 차자인 낙선군 역시 후사가 없다. 인조의 종친으로는 소현세자 및 용성대군·숭선군·낙선군 등 네 명의 왕자와 그 후손이다.

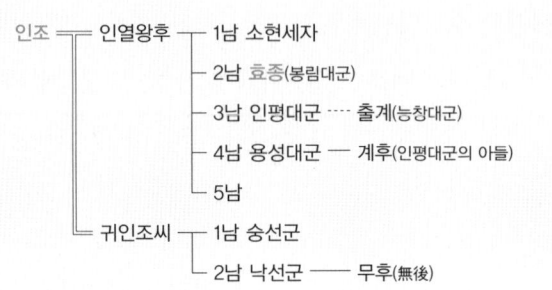

효종과 현종은 왕후에게서 왕세자만을 낳아 왕위를 계승했기 때문에 종친이 없다. 숙종은 희빈장씨에게서 2명의 군을, 숙빈최씨에게서 3명의 군을, 명빈박씨에게서 1명의 군을 두었다. 희빈장씨가 낳은 장남은 왕세자에 책봉되었다가 왕위에 올랐으며, 둘째 성수(盛壽)는 일찍 사망하였다. 숙빈최씨가 낳은 셋째 영수(永壽)와 다섯째 아들은 일찍 사망하였고, 넷째 연잉군은 형인 경종의 뒤를 이어 왕위에 올랐다. 명빈박씨에게서 난 여섯째 연령군도 후사 없이 사망하였다.

숙종은 소현세자의 증손인 밀풍군 이탄(李坦)의 차자 이상대(李尙大)를 연령군의 계후로 삼고, 이름을 이공(李紝)으로 개명해 주었다.[46] 1727년(영조 3) 영조는 봉작할 나이가 되지 않은 이공을 상원군(尙原君)으로 봉작하였다.[47] 상원군이 1733년(영조 9)에 사망하자, 영조는 종친부에 명하여 상원군을 파양하고 다시 연령군의 계후를 세우도록 하였다.[48]

46 『숙종실록』 권64, 숙종 45년 10월 20일(기미).
47 『영조실록』 권14, 영조 3년 12월 7일(무자).

그 후 영조는 경창군의 6대손인 이온(李縕)을 연령군의 계후로 삼아 낙천
군(洛川君)이라 하였다. 낙천군 역시 후사가 없어 달성군 이영(李泳)을 계후로
삼았으나, 낙천군의 부인인 서씨가 달성군과 그의 처 신씨를 괴롭혀서 달성
군이 자살하였다. 영조가 달성군 이영을 파양하여 본가로 돌려보냄으로써[49]
연령군의 후사가 없게 되었다. 정조는 조부의 유언에 따라 자신의 배다른 동
생 은신군을 연령군의 계후로 삼았다.[50] 결국 숙종의 종친은 없다고 해도 과
언이 아니다.

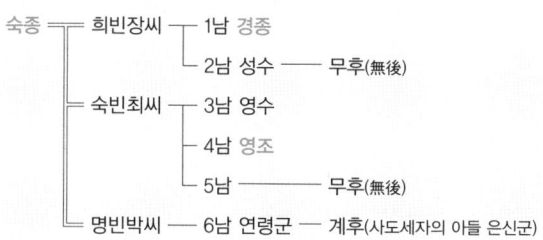

경종 역시 후사가 없이 사망하였다. 그의 뒤를 이은 영조는 정빈이씨에게
서 효장세자를, 영빈이씨에게서 사도세자를 보았으나, 이들은 모두 세자 시
절에 사망하였다. 사도세자에게는 왕손(王孫)들이 있었다.[51] 그는 혜빈홍씨에
게서 3세에 사망한 의소세손과 정조를, 양제(良娣)임씨에게서 은언군과 은
신군을, 수칙(守則)박씨에게서 은전군을 두었다. 은신군은 죄를 입어서 제주
로 유배되었다가 그곳에서 사망하였다. 순조는 1815년(순조 15)에 인평대군
의 6대손 이채중(李寀重)을 은신군의 계후로 정하고 이름을 이구(李球)로 고

48 『영조실록』 권34, 영조 9년 6월 28일(정축).
49 『영조실록』 권71, 영조 27년 2월 7일(경진).
50 『정조실록』 권1, 정조 즉위년 4월 10일(정해).
51 사도세자는 대한제국 시기인 1899년에 고종의 고조부로서 장종으로 추숭되었다가 그 후 황제로 추
  숭되어 장조가 되었다. 사도세자를 여기서는 영조의 종친으로 다루었다. 사도세자의 아들이 후사가
  없기 때문에 굳이 따로 다루지 않았다.

쳐 남연군이라 봉작하였다.[52] 은전군 역시 후사가 없어 은언군의 아들을 계후로 삼아 주었다. 사도세자는 왕위를 계승하지 못하였으나, 그의 자손들은 정조에서 고종에 이르기까지 왕위를 계승한 셈이다.[53]

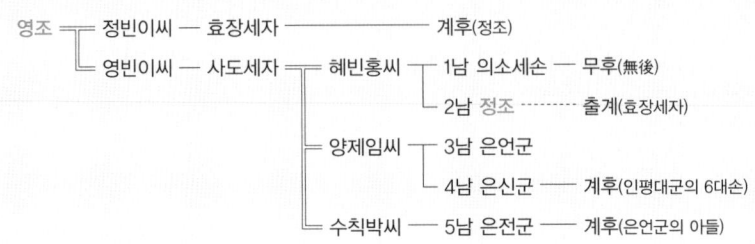

정조에게는 수빈박씨가 낳은 왕세자뿐이었으며, 순조 역시 왕후가 낳은 왕세자가 왕위를 이었을 뿐 종친이 없었다. 순조의 아들 효명세자가 세자 시절 사망함으로써, 손자인 헌종이 왕위를 계승하였다. 헌종은 즉위 후 자신의 생부인 효명세자를 추증하여 익종이라 하였다. 헌종에게는 숙의김씨가 낳은 딸 하나뿐이었는데, 이 딸 역시 일찍 사망하였다. 헌종이 사망하자, 헌종의 조모인 순원왕후는 은언군의 손자(철종)를 왕위 계승자로 지명하였다. 철종 역시도 장성한 자녀가 하나도 없어서 은신군의 계후였던 남연군의 손자인 익성군으로 하여금 왕위를 계승하게 하였는데, 이가 곧 고종이다.

이렇듯 영조 이후에는 종친이 전혀 배출되지 못하였다. 종친이 조선 후기에 급격하게 줄어드는 원인은 첫째, 비빈의 왕자군 출산율이 현저하게 감소했기 때문이다. 숙종·경종·영조·정조·헌종 등의 왕후가 자녀를 전혀 출산

52 『순조실록』 권18, 순조 15년 12월 19일(기사).
53 정조가 즉위한 이후에 생부인 사도세자의 자손록을 영조자손록에서 떼어 내어 권수를 달리하여 '사도세자자손록'이라고 이름 붙였다. 고종대에 사도세자를 장종(莊宗)으로 추숭했다가 다시 장조(莊祖)라는 황제 칭호를 올렸다. 따라서 1899년 이후에는 사도세자자손록은 장조자손록으로 독립되었다.

제3장 조선왕실의 친족, 종친

하지 못하였으며, 후궁에게서조차 자녀 출산이 순조롭지 못하였다.

둘째, 얼마 되지 않는 종친도 역모에 연루되는 자가 많아서, 종친이 살아남기가 쉽지 않았다. 특별히 조선 후기에 종친의 정치적 희생이 많았던 것은 왕통의 정통성이 약하였기 때문으로 해석된다. 조선 후기에 왕후에게서 난 적장자가 왕통을 이은 예는 현종과 숙종뿐이었다. 반정으로 왕위에 오른 인조대부터 왕위 계승 문제를 놓고 왕실 내부의 갈등이 빚어지기 시작하였다. 소현세자가 일찍 죽은 후에 소현세자빈은 시아버지인 인조를 독살하려 했다는 죄를 받았고, 그 결과 소현세자의 세 아들은 제주로 유배되었다.

당쟁이 격화되었던 숙종대에는 인평대군의 세 아들 복창군·복선군·복평군 등이 허견(許堅)과 역모를 꾀했다는 죄를 입었다. 이들 종친은 효종의 조카들로서 형제가 없었던 숙종에게는 매우 가까운 친족이었으나, 1680년(숙종 6) 남인들이 정계에서 축출될 때 역모 사건에 연루되었다. 또한 왕권의 정통성 문제로 고심하였던 영조대에 영조에게 죄를 받았던 사도세자의 아들로서 왕위에 오른 정조 역시 재위 중에 종친들이 연루된 역모 사건을 계속 겪었다. 이러한 정치적 상황 속에서 왕실구성원의 수는 더욱 줄어들 수밖에 없었다.

2) 종친의 실태

조선왕실의 종친은 96명의 왕자 계통에서 배출된 2,558명이었다. 종친 관제는 관료와는 달리 1품에서 6품까지 20개의 자품(資品)을 가진 품계로 구성되어 있으며, 품계가 없는 왕자를 제외하고 모든 종친에게는 자품에 따른 종반직이 수여되었다. 종반직은 국왕과의 촌수와 적서의 구분에 따라 차등적으로 초직(初職)이 주어졌다. 서자 내에서도 모계의 출신에 따라 양첩 자손과 천첩 자손은 초직의 품계를 차등 적용받았다.

왕실보첩에도 종친은 나이순으로 기재된 것이 아니라 처에게서 태어난 적자 내의 차서, 양첩에게서 태어난 서자 내 차서, 천첩에게서 태어난 서자 내 차서로 기재되어 있다. 그러므로 『종친록』·『유부록』·『선원록』에는 서자라도 모계의 신분이 양녀(良女)인지 혹은 비(婢)인지를 정확히 밝히고 있다. 혹시 천인에서 속량된 경우에는 속양녀(贖良女)라고 구별하여 표기하고, 비(婢)도 관비(官婢)와 구별하여 표기하였다.

『선원록』과 『선원계보기략』 등의 보첩에 기재된 종친들을 도표화하면 〈표 8〉과 같다.

〈표 8〉에 나타난 종친 인원 2,558명 가운데 처에게서 난 적자는 1,622명으로 63.4%이며, 양첩과 천첩에게서 난 서자는 936명으로 36.6%이다. 『선원록』에는 종친 모계가 기록되어 있으나, 완벽하지는 않다. 보첩이 작성되기 시작한 것이 태종대이므로, 태조 종친은 모계가 거의 기록되어 있지 않다. 또한 『선원록』의 편찬 시기가 1681년(숙종 7)이어서 현종자손록까지만 수록되어 있으며, 선조(宣祖) 이하 국왕의 종친은 계속 형성되는 중이었기 때문에 기록이 미흡하다. 또한 모세의 신분이 다수 누락되어 936명의 서자 중 74.7%인 699명의 모계 신분만을 확인할 수 있다. 699명 가운데 모계가 양녀로 기록된 종친은 254명(36.3%)이며, 비(婢)로 기록된 종친은 438명(62.7%)이다. 서자 출신 종친은 양첩 자손보다 천첩 자손이 주류를 이루고 있었다.

천첩 자손이 많은 서자 계통 종친은 명문 양반가문과 혼인하기가 쉽지 않았던 것 같다. 실록에 보면, 종친과의 혼인을 기피하기 위해서 나이를 속이거나 이미 정혼했다고 거짓말을 하여 문제가 되는 사례들이 있다. 양반가에서 종친과의 혼인을 기피하는 데는 다양한 이유가 있겠으나, 서자 출신 종친 역시 기피 대상이었을 것으로 여겨진다. 종친들은 서자 출신이라도 서자 집안과 혼인하는 것을 원치 않았다. 성종대에 임영대군의 장남 오산군(烏山

표8 조선왕실 종친 실태

왕대	종친	인원	적자	서자	비고(배우자의 신분)
태조 (100명)	진안대군	12	6	6	서녀 1
	익안대군	40	27	13(비 3)	
	회안대군	24	24		
	덕안대군	1	1		
	무안대군	16	16		
	의안대군	7	5	2	
정종 (499명)	의평군	32	22	10(양녀 3, 비 6)	
	순평군	9	4	5(비 3)	
	금평군	1		1	
	선성군	80	36	44(양녀 2, 비 40)	서녀 1, 서얼녀 2
	종의군	7	6	1	
	진남군	21	19	2(비 1)	
	수도군	32	19	13(양녀 2, 비 1)	
	임언군	29	17	12(양녀 3, 비 7)	서녀 2
	석보군	25	15	10(양녀 5, 비 4)	
	덕천군	117	70	47(양녀 12, 비 24)	서녀 2, 서얼녀 1
	임성군	31	17	14(양녀 3, 비 10)	
	도평군	7	5	2	
	장천군	22	20	2(양녀 1)	
	정석군	67	30	37(양녀 11, 비 19)	서녀 1
	무림군	19	15	4(양녀 2)	
태종 (460명)	양녕대군	86	57	29 (양녀 8, 비 19, 첩녀 1)	
	효령대군	130	98	32(양녀 8, 비 22)	서녀 1
	성녕대군	24	15	9(양녀 2, 비 7)	
	경녕군	74	49	25(양녀 7, 비 14)	
	함녕군	5	4	1	
	온녕군	20	18	2(비 1)	
	근녕군	35	21	14(양녀 3, 비 10)	
	혜령군	13	8	5(비 4)	

	희령군	24	20	4(비 3)	
	후령군	26	13	13(양녀 8, 비 4)	서녀 2
	익녕군	23	14	9(양녀 3, 비 4)	
	안평대군	3	3		
	임영대군	137	80	57(양녀 20, 비 31)	서녀 2, 서얼녀 4, 역관 2
	금성대군	12	7	5	
	평원대군	1	1		
	영응대군	17	12	5(비 4)	
	화의군	32	18	14(양녀 2, 비 11)	
세종	계양군	10	7	3(양녀 1, 비 1)	
(322명)[54]	의창군	6	5	1	
	한남군	12	8	4(비 3)	
	밀성군	12	10	2	
	수춘군	10	7	3(양녀 1, 비 1)	
	익현군	6	3	3(비 2)	
	영풍군	1		1	
	영해군	35	28	7(양녀 2, 비 4)	서녀 3(양첩녀 2), 서얼녀 1
	딤양군	28	13	15(양녀 4, 비 10)	
세조	덕원군	111	67	44(양녀 13, 비 30)	서녀 13(양첩녀 6), 서얼녀 8, 역관 1
(123명)	창원군	12	5	7(양녀 1, 비 5)	서녀 1
덕종(8명)	월산대군	8	7	1(양녀 1)	
예종(1명)	인성대군	1	1		
	연산군	5	3	2	
	계성군	18	9	9(양녀 6, 비 1)	서얼녀 1, 의관 1
	안양군	15	11	4(양녀 1, 비 2)	
성종	완원군	13	12	1	
(419명)	회산군	17	11	6(비 3)	서녀 1
	봉안군	10	2	8(비 7)	허통 1, 허통서녀 1
	견성군	16	12	4(비 3)	
	익양군	63	44	19(양녀 9, 비 8)	서녀 5, 서얼녀 2, 역관 1

	이성군	44	31	13(양녀 2, 비 10)	서녀 2(양첩녀 1), 서얼녀 3, 관상감 정 1, 내수사 별좌 1
	경명군	17	13	4(양녀 3)	
	전성군	22	13	9(양녀 3, 비 5)	서녀 4, 서얼녀 2
	무산군	67	47	20(양녀 8, 비 10)	서녀 5, 관상감 정 1
	영산군	60	37	23 (양녀 3, 비 18, 서녀 1)	서녀 17, 역관 1
	운천군	24	11	13(양녀 6, 비 6)	허통 1, 서녀 3, 서얼녀 1, 역관 1, 관상감 정 1
	양원군	28	13	15(양녀 10, 비 4)	허통 1, 서녀 9, 서얼녀 2, 역관 1
중종 (234명)	복성군	5	4	1	
	해안군	105	48	57(양녀 31, 비 23)	서녀 25(양첩녀 11), 서얼녀 3, 내수사 별좌 1, 내의원 정 1, 역관 1
	금원군	7	4	3(양녀 2)	
	영양군	13	11	2(양녀 1)	역관 1
	덕양군	42	19	23 (양녀 6, 비 13, 관비 2)	서녀 3, 관상감 정 1, 역관 1
	봉성군	9	7	2(양녀 1)	역관 1
	덕흥대원군	53	25	28(양녀 17, 비 9)	서녀 3
선조 (297명)	영창대군	1	1		
	임해군	5	3	2(양녀 1)	
	광해군	2	1	1	
	의안군	76	47	29(양녀 1, 속양녀 4)	서녀 2
	신성군	1		1	
	순화군	18	10	8(양녀 3, 비 3)	서녀 2
	인성군	51	38	13(양녀 4, 비 2)	서녀 1
	의창군	14	11	3	
	경창군	48	35	13(양녀 3, 속양녀 1)	서녀 1
	흥안군	1		1	
	경평군	40	20	20(양녀 4)	서녀 2
	인흥군	30	24	6(양녀 1)	

원종 (22명)	영성군	10	8	2(비 1)	서녀 1
	능창대군	21	19	2	
	능풍군	1		1	
인조 (36명)	소현세자	14	14		
	용성대군	12	3	9	
	숭선군	9	5	4	
	낙선군	1		1	
숙종 (13명)	연령군	13	11	2	
영조 (22명)	사도세자	22	12	10	
고종 (2명)	왕자	2		2	
합계		2,558	1,622	936	

君) 이주(李澍)가 자신의 서녀를 서자의 아들에게 시집보내자, 종친들이 이를
불편하게 여겼다. 이에 대해서 성종은 종친이라도 천첩 소생을 명문가에 억
지로 혼인시키기는 어렵다는 입장을 밝혔다.[55]

그러나 당시에 이미 종친의 적서를 막론하고 반드시 사족과 혼인하도록
규정되어 있었다. 이것은 종친이 지체 낮은 집안과 함부로 혼인하여 왕실의
권위를 실추시킬 것을 우려하였기 때문이다.[56] 종부시에서는 종친의 혼사가
원만히 이루어질 수 있도록 단속하고, 종친과의 혼사를 거부하는 타당한 이
유가 없을 경우에는 처벌까지 하였으나, 당시 사회적 통념을 무시하기는 어
려웠던 것 같다. 『선원록』·『선원계보기략』을 참조하면, 종친의 처부(妻父)와
처의 신분을 밝힌 경우가 있다. 〈표 8〉의 비고에 있는 것으로 모두 168건인

---

54 광평대군은 태조의 7남 무안대군의 계후가 되었기 때문에 세종의 종친에는 포함시키지 않았다.
55 『성종실록』 권68, 성종 7년 6월 7일(무인).
56 『성종실록』 권68, 성종 7년 6월 28일(기해).

데, 처부와 처의 신분을 정리하면 다음과 같다.

첫째, 처부가 서얼 혹은 허통인 경우이다. 허통은 자신이 서얼은 아니지만, 서얼 자손인 경우로 16세기 후반부터 사용된 직역이다. 종친이 서얼 당사자나 서얼 자손 집안과 혼인한 것은 168건 중 34건으로 약 20.2%를 차지한다. 서얼 집안과 혼인한 종친은 반드시 서자 출신의 종친만은 아니다. 혼인 당사자가 처의 소생이라고 하더라도 서얼 또는 허통 집안과 혼인한 사례가 5건이 있다.

예를 들면 성종의 13남 운천군(雲川君)은 후사가 없어 성종의 3남 완원군(完原君)의 아들 이수례(李壽禮)를 양자로 삼았다. 이수례 역시 처에게는 후사가 없고, 천첩에게서 서자를 두었다. 이수례의 장남 이전(李傳)은 기술직 중인으로서 관상감 정을 지낸 집안과 혼인하여 처에게서 다섯 아들을 두었는데, 그중 5남인 이진(李珍)이 허통 집안과 혼인하였다. 이러한 경우는 혼인 당사자는 처의 소생이지만 부친이 천첩 소생이기 때문으로 여겨진다.

성종의 14남 양원군(楊原君)의 서자 이옥명(李玉命)은 명종대에 참판까지 지낸 김광진(金光軫)의 서녀와 혼인하였다. 이옥명의 처에게는 후사가 없고, 양첩에게서 세 아들을 두었는데, 장남 이효생, 차남 이충생, 3남 이만수이다. 장남 이효생은 서얼 집안과 혼인하였고, 차남 이충생과 3남 이만수는 관료의 서녀와 혼인하였다. 장남 이효생의 처 소생 이흔(李昕)은 허통 집안의 딸과 혼인하였다. 차남 이충생의 처 소생 이소(李昭)도 서얼 집안과 혼인하였다. 이흔과 이소는 모두 처의 소생이지만, 가계(家系)가 서자 계통이다. 이렇듯 서자인 종친이 서얼이나 허통 집안과 혼인한 것은 말할 것도 없고, 혼인 당사자가 처 소생이라 하더라도 가계가 서자 계통이면, 서얼이나 허통 집안과 혼인 관계를 맺기도 하였다.

둘째, 처의 신분이 서녀(庶女)인 경우가 있다. 처의 신분이 서녀인 사례는 168건 중 116건으로 약 69%에 달한다. 116건 가운데 서자와 서녀의 혼인은 94건으로 81%이다. 서자 집안 사이의 혼인은 충분히 가능하다. 그런데 116건의 19%인 22건은 적자로서 서녀와 혼인하였다. 적자이면서 서녀와 혼인한 경우는 부친이 서자이어서 그러한 경우가 많다. 즉 가계가 서자 계통이기 때문에 본인은 적자라고 하더라도 서녀와 혼인한 경우이다.

이와는 다른 특별한 사례가 있다. 세종의 9남 영해군(寧海君)과 한성부윤을 지낸 신윤동(申允童)의 딸 사이에서 난 차남 이의(李義)는 적자이었다. 이의는 송자강(宋自剛)의 딸과 혼인하였으나 사망하여서 한명회의 서녀와 다시 혼인하였다. 이의는 아들 여섯을 두었는데, 장남은 송씨 부인 소생이고, 차남부터 6남까지는 한명회의 서녀 소생이었다. 이의의 3남 이중숙(李仲叔), 5남 이종숙(李終叔), 6남 이필숙(李畢叔) 세 사람은 관료의 서녀와 혼인하였다. 특히 3남 이중숙은 두 번째 처도 서녀를 맞아들였다. 이 경우는 본인의 가계가 서자 계통이 아닌데도 서녀와 혼인한 것이었다. 이중숙은 방유령(方有寧)의 서녀, 이종숙은 윤희평(尹熙平)의 서녀, 이필숙은 유담년(柳聃年)의 서녀와 혼인하였다.

양반가에서도 처의 사망으로 여러 번 혼인힐 경우에 혼인 대상의 가격(家格)이 조금씩 낮아지는 경향이 있다. 이의가 두 번째 처로 부원군을 지낸 한명회의 서녀를 맞이한 것은 그러한 결과일 것이다. 장인은 공신이며 당대 고위 관료이지만, 처가 서녀이었기 때문에, 이의의 자손들 중에 서녀와 혼인하는 이들이 나오게 되었다.

셋째, 기술직 중인 집안과의 혼인이다. 중인 집안과의 혼인은 168건 중 16건으로 약 9.5%이다. 기술직 중인은 역관이 11건, 관상감 정이 4건, 의관이 1건이다. 관상감 정은 천문학 전공자로 추정된다. 중인 집안과의 혼인은 16세기 이후로 나타난다. 천첩 소생 종친이 중인 집안과 혼인을 맺는 경우가 대부분이었다. 16건의 사례 중에서 2대에 걸쳐 중인 집안과 혼인한 종친이 있다. 중종의 2남 해안군의 양첩 소생 이건(李鍵)은 구민원(丘敏元)의 서녀와 혼인하였으나 후사가 없어 이복동생인 이금(李錦)의 아들 이효성(李孝誠)을 계후로 들였다. 이효성의 생부인 이금은 천첩 소생으로 서얼인 홍조(洪造)의 딸과 혼인하였다. 가계가 서자 계통인 이효성은 내의원 정에까지 이른 의관 집안과 혼인하였고, 그의 2남인 이의천(李義天)은 역관 집안과 혼인하였다. 이효성과 이의천은 첩의 소생이 아니었으나, 가계가 서자 계통으로 중인 집안과 혼인을 하였다.

서자 출신 종친이 허통·서얼가문, 서녀, 그리고 기술직 중인과 혼인한 경우는 936명 중 약 17.3%정도였다. 이러한 정도의 혼인율로는 서자 출신 종친이 대부분 서자 혹은 중인가문과 혼인한다고 보기 어렵다. 그렇다고 하여 종친은 적서와 상관없이 사족과 혼인해야 한다는 규정이 반드시 지켜진 것도 아니었다. 신분제 사회의 혼인에 있어 가격(家格)은 무시할 수 없다. 가계가 서자 계통인 경우 그 집안의 가격이 점차 낮아지기 마련이다.

그렇다면 종친 가계 중에서 적자만으로 이어지는 경우는 혼인 상대 집안의 가격이 어떠하였는지 몇몇 사례를 통해서 알아보자. 세종은 자신의 아들 광평대군을 후사가 없는 태조의 7남 무안대군의 계후로 삼았다. 광평대군도 일찍 사망하여 아들이 이부(李溥) 한 명밖에 없었다. 이 가계에는 광평대군에서 그의 증손까지 15명 가운데 서자 출신이 전혀 없었다. 광평대군계 종친과 혼인한 가문은 13개 성관으로 평산 신·전주 최(2명)·청송 심 ·교하 노·풍천 임·하동 정(2명)·밀양 박·청주 한·고령 신·파평 윤·거창 신·진주 유·진주 강 등이다. 15명의 처부 관직 분포는 당상관 9명, 참상직 6명이다. 이들 중 4명은 봉군된 인물로, 문성군 노공필, 장경왕후의 부친인 파평부원군 윤여필, 하남군 정숭조, 영의정까지 지낸 거창부원군 신승선 등이었다. 광평대군을 비롯한 그의 자손은 당대 명문가들과 혼인하였다.

정종의 6남 진남군계 종친은 총 21명이다. 21명 중 서자는 단 1명으로 진남군의 손자 이윤(李潤)인데 딸만 있어서 거의 적자로만 구성되었다고 볼 수 있다. 진남군 집안과 혼인한 가문으로 확인된 것은 12가문으로[57] 남평 문·문화 유·진천 송·여흥 민(2명)·청송 심(2명)·무송 윤(2명)·장수 황·풍양 조·의령 남(3명)·경주 김·청주 정·안동 김 등이다. 17명의 처부 관직 분포는 당상관이 3명, 참상관 12명, 참하관 1명, 충의위 소속 1명 등이다.

성종의 3남 완원군계 종친은 총 12명으로 모두 적자로만 구성되어 있다. 완원군 집안과 혼인한 가문으로 확인된 것은 9가문으로, 전주 최(2명)·청주 한(2명)·청송 심·경주 정·죽산 안·광산 김·의성 김·진주 유·창원 황 등이다. 11명의 처부 관직 분포는 당상관이 2명, 참상관 7명, 참하관 1명, 생원 1명이다. 11명의 처부 중 한순(韓恂)은 정국공신으로서 봉군된 인물이었다.

세 종친가문의 사례를 통해서 볼 때, 적자 계통 종친 가계는 혼인 관계를 맺은 가문이 참상관 이상의 관료를 지낸 집안이 주류를 이루었다. 세 종친 가계 가운데 무안대군의 계후인 광평대군계 종친과 혼인한 가문이 당상관 점유율이 높았으며, 공신과 국구가 있는 명문가와 혼인 관계를 맺고 있었다. 광평대군의 아들 이부는 광평대군의 양모인 무안대군 처 왕씨 부인의 손에 사랐나. 세종도 부친을 일찍 잃은 이부를 불쌍히 여겨 궁궐로 불러들여 양육하였으며, 이부가 8세가 되던 해에 영순군(永順君)으로 봉작하였다.[58]

영순군은 세조대에 중시(重試) 응시를 허락받아 1466년(세조 12) 등준시와 1468년(세조 14) 중시에 합격하였으며, 정난익대공신에 책봉되었다. 영순군은 문종, 세조, 예종대에 걸쳐 정계에서 활동하였다. 영순군의 활발한 정치 활동은 그의 자손들이 명문가와 혼인을 맺을 수 있는 기반이 되었다. 결국 종친으로 가격(家格)이 높은 가문과 혼인하고 그 후손들이 번성할 수 있으려면, 첫째, 종친이지만 정계와의 긴밀성을 지속적으로 유지하고, 둘째, 서자 가계 출신보다는 적자 가계 출신이어야 했다.

---

57 혼인한 가문이 확인되지 않은 종친이 네 사람 있다.
58 『宗班行蹟』권1, 廣平大君 贈謚章懿公神道碑銘.

2 종친부와 종친의 역할

1) 종친부[59]

　왕자군 이하 국왕의 4대손에 이르는 종친은 종친부에 소속되어 그들의 사회적 지위를 유지하고, 국가에서 부여한 직역을 수행하였다. 고려시대에는 이러한 성격의 종친 관서는 없었으며,[60] 친왕자의 관서인 제왕자부(諸王子府)가 있었다.[61] 제왕자부는 원래 친왕자 개개인에게 설치해 주는 관서이다. 제왕자부의 관제는 고려 문종대에 제정되었는데, 종8품 전첨 1명, 종9품 녹사 1명, 서예 1명으로 구성되었다. 제왕자부의 소속 관원은 관직명에서 나타나듯이 주로 문서 작성과 관리를 담당하였다. 고려 후기 1308년 충선왕이 즉위하여 왕자부의 관제를 정5품 익선 1명, 정6품 반독 1명, 종6품 직강 1명, 정7품 기실참군 1명으로 개혁하였다.[62]

　고려 제왕자부의 관제 개혁은 중국 제왕부의 관제 변화와 궤를 같이한 것이다. 고려시대 제왕자부에 문서 관리를 담당하는 관원이 배치된 것은 당나라 관제를 수용한 것이었다. 중국에서는 당에서 송으로 교체된 이후 제왕부 관제가 변화되었다. 송대에는 당의 세자궁에 있었던 관원 익선을 왕자부에도 두었고, 제왕부에 종학의 반독과 직강을 증치하였다. 즉 제왕부의 기능이 문서 기록과 보관에 그치지 않고, 그에 더하여 제왕(諸王)의 교육을 담당하

59　이 절의 내용은 「조선 종친부의 체제 및 기능과 그 변천」으로 2014년 『사학연구』 114호에 발표했다.
60　고려의 왕부는 公·候·伯·司徒·司空을 총칭하여 제왕이라 하며, 친왕자만 置府할 수 있는 것은 아니라는 견해도 있다[김성준(1964), 「종친부고」, 『사학연구』 18, 한국사학회, 3쪽].
61　『고려사』의 諸妃主府條에는 제왕자부로 되어 있으나, 일반적으로는 제왕부라 불렸다고 한다[이정란(2006), 「고려시대 후비부에 대한 기초적 검토」, 『한국중세연구』 20, 한국중세사학회, 56쪽].
62　『고려사』 권77, 지31, 諸妃主府條.

는 관원을 증치함으로써 교육적 측면을 강화하였다. 이러한 송대의 제왕부 관제가 충선왕 때에 그대로 수용되었다. 충선왕이 송나라의 그것처럼 제왕 자부의 교육적 기능을 강화하고자 한 것은 아니었다. 충선왕은 오랫동안 원나라에 있으면서 그 영향권에 있었다. 그는 원나라 세조의 외손자로서 외조부의 정책을 보고 배우게 되었다. 원나라 세조는 중국 구제(舊制)를 바탕으로 하여 제도 문물을 집대성하였다. 충선왕 역시 고려왕으로 즉위한 후 제도 개혁을 추구하였는데, 중국의 당송 제도와 고려 초기 제도를 고려한 것이었다.[63] 제왕자부 관제 역시 이러한 맥락에서 송나라의 제도를 도입하게 된 것으로 보인다.

조선이 건국된 이후 모든 왕자에게 개별적으로 부를 설치해 준 기록은 보이지 않는다. 다만 왕위를 계승할 원자나 세자에게 부를 설치해 준 사실을 확인할 수 있다. 1400년(정종 2) 정종이 세자를 위해서 인수부(仁壽府)를 설치해 주었으며,[64] 태종 또한 1402년(태종 2)에 원자를 위해서 경승부(敬承府)를 설치해 주었다.[65] 원자부였던 경승부는 원자가 세자로 책봉됨에 따라 세자부가 되었다. 경승부는 1418년(태종 18) 순승부(順承府)로 명칭이 바뀌었다가[66] 세종이 즉위한 이후에 인수부로 개칭하여 상왕이 된 태종에게 소속시켰다.[67] 세자부가 다시 부활된 것은 태종비인 원경왕후가 사망한 이후인데, 대비전의 부였던 인녕부가 세자부로 변경되었다. 세자부였던 인녕부는 경순부(慶順府)로 개칭되었다가 다시 인순부(仁順府)로 이름이 바뀌었다.[68] 세자부인 인순부는 1465년(세조 11) 무렵까지 존속하다가 혁파된 것으로 보인다.[69]

63 이강한(2008), 「고려 충선왕의 국정 및 '구제' 복원」, 『진단학보』 105, 진단학회, 95쪽.
64 『정종실록』 권3, 정종 2년 2월 4일(기해).
65 『태종실록』 권3, 태종 2년 4월 28일(경진).
66 『태종실록』 권35, 태종 18년 6월 6일(을유).
67 『세종실록』 권1, 세종 즉위년 8월 15일(임진).
68 『세종실록』 권13 세종 3년 10월 26일(을묘); 권14 세종 3년 12월 4일(계사).
69 실록에서 인순부가 혁파된 날짜는 확인되지 않는다. 다만 인순부 소속 관원 명칭이 1465년 11월까지 보이고 있다. 이미 혁파되어 있었다는 사실은 1468년(세조 14) 5월 9일(무진)의 기사에서 확인된다.

고려시대에 왕자에게뿐만 아니라 후비, 부마, 왕후 부친 등에게 개별적으로 설치해 주었던 '부(府)'는 조선 건국 초에 태조 이성계를 위한 태상왕부, 상왕이 된 정종과 태종을 위한 상왕부, 왕대비부, 중궁부 등으로 존재하였다. 이들 부 역시 고려시대 왕실구성원에게 개별적으로 설치해 주었던 '부'와 같이 재산 관리의 성격이 강하였다.[70] 그러나 조선왕실구성원의 개인 재산을 관리하던 부는 점차 국가 기구에 흡수되어 갔다. 왕실의 부가 도태되기 시작한 것은 1403년(태종 3) 용관(冗官)의 혁파에서부터이다.[71] 가장 먼저 혁파 대상이 된 것은 국왕의 사적 재산을 관리하던 창고와 궁이었다. 즉 덕천고(德泉庫)는 내섬시로, 의성고(義成庫)는 내자시로 개편하였다. 또한 사수감(司水監)을 사재감에, 의순고(義順庫)는 예빈시에, 흥신궁(興信宮)은 장흥고에, 연경궁(延慶宮)은 군자감에, 연복궁(延福宮)은 의영고에 합쳤다. 태종은 국왕의 사적 재산을 관리하던 관서의 일부는 국가의 새로운 공적 관서에 편입시켰고, 일부는 국가 기관에 합속시켰다. 그 외에 내장고(內藏庫)는 태상왕부인 승녕부에, 보화고(保和庫)는 상왕부인 공안부에 합쳤다.

태상왕부였던 승녕부의 전지와 노비는 태조가 사망한 뒤에 태종이 세자부인 경승부에 합하였다.[72] 경승부는 앞에서 언급한 것처럼 순승부, 인수부로 개칭되어 세종대 상왕이 된 태종을 위한 관서가 되었다. 인수부는 상왕인 태종이 사망한 후에도 그대로 존속하면서 내지시, 내섬시와 함께 왕실의 비용을 담당하였다가, 1465년(세조 11)경에 혁파되었다. 인수부가 혁파된 후 소속 잡물은 여러 관사에 나누어 주고, 관리와 노비는 군자감으로 보냈다.[73]

70 이정란(2010), 「고려·조선전기 왕실부의 재정기구적 면모와 운영방식의 변화」, 『한국사학보』 40, 고려사학회, 319~328쪽.
71 『태종실록』 권5, 태종 3년 6월 29일(을해).
72 『태종실록』 권30, 태종 15년 8월 29일(계사).
73 『세조실록』 권35, 세조 11년 2월 22일(기해).

정종을 위한 상왕부인 공안부는 정종이 사망한 이후에 대비전의 인녕부에 통합되었다.[74] 대비인 원경왕후가 사망하자 대비부였던 인녕부는 1421년(세종 3) 동궁에 속하게 하였다. 인녕부는 사실 당초에는 왕비부였으나, 세종이 즉위한 후에 인녕부를 왕대비부로 이전하고, 왕비전에는 그 대신 경창부(慶昌府)를 두었다.[75] 경창부의 관속은 1436년(세종 18)에 지인(知印)을 혁파한 것을[76] 기점으로 점차 관속이 축소되다가 1460년(세조 6)에 혁파되어 사선서(司膳署)에 합속되었다.[77] 이처럼 왕실 각 전에 설치되었던 부는 대개 국가의 공적 기구로 변모되거나 합속되었다.

고려의 왕실구성원에게 설치해 주었던 관서 가운데 조선시대에 설치되지 않은 것은 왕자 혹은 부마 등의 제왕자부이다. 연대기 자료에는 왕자나 부마 개인에게 관서를 설치해 주었다는 기록이 없다. 다만 설치 시기가 확인되지 않으나, 종친·부마·공신으로서 봉군된 이를 모두 제군부(諸君府)에 소속시켰던 것으로 추측된다.[78] 제군부란 용어는 실록에 1407년(태종 7)에 단 한 번밖에 등장하지 않아서 그 실체를 정확하게 알 수는 없다. 그러나 승려들이 시었나는 세군부는 종친·부마·공신 등이 소속된 관서라고 어거진다. 왜냐하면 건국 초 조선의 관제는 고려의 관제에 의거한다고 하였기 때문에 종친·부마 등이 소속된 관서는 제군부로 지칭했을 가능성이 있다. 또한 태상왕, 상왕, 왕대비, 왕비 등을 위한 관서명이 부(府)인 것으로 보아 제군부이었을 것으로 생각된다. 제군부가 제왕자부와 다른 것은 종친이나 부마의 개별 관서가 아니라는 점, 요속이 없다는 점, 이 관서에 공신들도 소속되었다

---

74 『세종실록』 권7, 세종 2년 3월 16일(갑신).
75 『세종실록』 권1, 세종 즉위년 8월 15일(임진).
76 『세종실록』 권72, 세종 18년 5월 25일(경인).
77 『세조실록』 권20, 세조 6년 5월 22일(정유).
78 실록을 살펴보면 諸君府라는 용어는 1407년(태종 7) 4월 8일(임진) 기사에 보인다. 이 기사는 태종이 승려들을 사직단, 창고, 관사 건설에 동원한 것에 대해 언급하는 내용이다. 태종은 제군부와 조방은 비를 피하는 정도면 되는데 승려들을 동원하여 너무 화려하게 지을 필요는 없다고 언급하고 있다.

점이다. 제군부는 관서명에서 보는 바와 같이 종친·부마·공신으로 군호(君號)가 있는 이들이 소속되었기 때문에, 태조대에 여기에 소속된 부류는 태조의 아들, 태조의 형제와 그 아들, 태조의 사위 그리고 개국공신이었다.

종친·부마·공신 등이 함께하였던 제군부가 국가의 공적 기구로 틀을 갖추게 되는 시기는 태종대이다. 태종은 두 차례 왕자의 난을 통해서 왕위를 계승하였다. 그는 왕실 친인척의 왕위 계승 쟁탈전을 막기 위해서 종친·부마·외척 등에 대한 일련의 조처를 취하였다. 태종은 즉위하고 우선은 사병 혁파를 통하여 종친·부마·외척의 병권을 박탈하였다. 그 후 태종이 이들에 대한 견제책을 본격적으로 시행한 것은 1408년(태종 8) 태상왕인 태조의 사망 이후이다. 태종은 왕실과 공신이 소유한 사반당(私伴黨)에 대해서 해마다 두세 번의 점고를 시행하고자 하였는데[79] 이것을 통해서 왕실과 공신의 수하를 면밀히 통제하려 했다. 이러한 정책과 궤를 같이하여 태종은 이들이 소속된 제군부를 제군소로 격하시켰다.

실록에 제군소(諸君所)라는 명칭이 처음 보이는 것은 1410년(태종 10) 제군소에 공해전을 지급했다는 기사에서이다.[80] 태종의 왕실구성원 통제책이 강화되었던 이 시기에 제군부 대신 제군소라는 명칭이 새롭게 등장하였다. 기록상에는 제군부를 제군소로 격하했다는 내용은 없지만, 부(府)에서 소(所)로의 명칭 변화는 관서의 위상이 변화되었다는 증거이다. 제군소는 그 위상은 격하되었지만 국가의 공적 기관으로 공해전을 지급받았다.

제군소라는 명칭은 1411년까지만 보이고,[81] 그 이후에는 제군소보다 이성제군소 혹은 재내제군소[82]라는 구체적인 명칭이 주로 사용되고 있다. 이

79 『태종실록』 권17, 태종 9년 2월 10일(계미).
80 『태종실록』 권20, 태종 10년 8월 20일(갑인).
81 『태종실록』 권22, 태종 11년 12월 25일(신해).
82 在內諸君所를 대궐 내에 있는 諸君所로 보는 견해도 있으나[남지대(1994), 「조선초기 예우아문의 성립과 정비」, 『동양학』 24, 단국대학교 동양학연구원, 136쪽], 在內諸君이라는 말은 異姓諸君 혹은 駙馬諸君이라는 말과 대칭되는 것으로 同姓을 의미하여 종친을 일컫는 것으로 宗室諸君과 같은 뜻이

성제군소 혹은 재내제군소는 제군소와 별개의 관서가 아니라, 제군소가 두 개의 관서로 분치된 것으로 여겨진다. 태종은 종친·부마·공신 등이 함께 소속되었던 제군소를 종친과 부마·공신으로 분리하였다. 종친으로 군호(君號)를 받은 재내제군은 재내제군소에, 부마·공신으로 군호를 받은 이성제군은 이성제군소에 소속되었다. 이것은 태종이 종친·부마·공신 가운데 왕권을 위협할 수 있는 세력들을 약화시키기 위한 조처였다고 생각된다.

태종은 그다음 단계로 재내제군 가운데 태조의 방계 친족인 이원계의 자손을 왕실에서 배제하고자 하였다. 재내제군소에 소속된 종친은 태조계 자손과 태조의 방계 친족이었다.[83] 그중에는 당시 왕위 쟁탈에 나설 가능성이 있는 종친이 다수 존재하였다. 태조의 자손 중에 봉군된 자는 태조의 아들과 태종 자신의 아들이었으나, 조선을 건국하는 데 공이 있었던 태조의 방계 친족들도 무시할 수 없었다. 그럼에도 태종은 제내제군소에 소속되었던 종친 가운데서 태조의 방계 친족을 배제하였다. 그는 1412년(태종 12) 태조의 방계 친족의 봉군을 혁파하고,[84] 새롭게 편찬되는 왕실보첩에서도 이들을 세외시켰다.[85] 재내제고소에 소속될 자격을 잃은 태조의 방계 친족은 1414년(태종 14)에 설치된 돈녕부에 소속되었다.[86]

태종은 태조계 자손으로만 구성된 재내제군소의 관제를 구체적으로 정하고 속사(屬司)를 두어서 다른 관서와 마찬가지로 관서로서의 형태를 갖추었다. 재내제군소 내에 도제조, 제조, 제거 등의 관직 체계가 마련되고, 봉작의 등급에 따라 합당한 관직이 제수되었다. 대군은 도제조, 원윤 이상은 제조, 정윤 이하는 제거라 하였다. 관제에 따라 태종의 적자는 도제조에,[87] 그 외의

다. 실록을 참고하면, 조선 건국 초기에는 종실제군이란 용어와 재내제군이란 용어가 혼용되어 나오고 있으나, 종실제군보다 재내제군이 더 많이 사용되었다.

83 『태종실록』 권23, 태종 12년 5월 3일(병술).
84 『태종실록』 권23, 태종 12년 5월 3일(병술).
85 『태종실록』 권24, 태종 12년 10월 26일(무인).
86 『태종실록』 권27, 태종 14년 1월 28일(계묘).

종친은 등급에 따라 제조 혹은 제거에 제수되었다. 또한 이조에 소속되었던 종부시는 재내제군소에 예속시켜서 소용되는 경비를 관장하게 하였다.[88] 그 후 재내제군소를 재내제군부로 승격시켰다. 이 조처는 돈녕부를 새로 설치하여 비태조계 자손, 외척, 외손을 소속시킨 며칠 후에 이루어진 것으로 돈녕부와 관서의 격을 맞추기 위한 것이다.[89]

1430년(세종 12) 이조에서는 세종에게 재내제군부를 종친부로 개칭하도록 건의하였다. 세종은 종친을 규찰하는 업무를 맡고 있는 종부시가 재내제군부의 요속인 것은 모순이라고 지적하였다. 세종의 생각으로는 종부시를 독립시키고, 인수부나 인순부를 재내제군부의 요속으로 삼는 것이 좋겠다고 여겨서 이조에 대책을 강구하라는 명령을 내렸다.[90] 인수부는 상왕의 재산을 관리하던 관서이고, 인순부는 왕세자의 재산을 관리하던 관서였다. 상왕과 왕세자의 재산 관리 부서의 존치 명분이 뚜렷하지 않았던 무렵 세종은 이 부서를 종친부의 요속으로 삼고자 한 것 같다. 몇 개월이 지난 후에 이조는 종친부의 요속으로 전첨사를 두고 재내제군부라는 명칭을 종친부로 개칭하는 방안을 제시하였다. 이조에서는 종친부에 재산 관리 기구를 요속으로 두면 종친부의 기능이 강화될 것이라고 여겼던 것 같다. 그러므로 문서 관리와 기록 등의 사무 기능만 갖는 전첨사를 요속으로 배치하려 하였다.

이조의 건의에 따라 종친부는 이중적인 체제로 구성되었다. 종반직이 주어지는 종친부와 문서 관리와 기록 등 사무를 담당하는 동반(東班) 관원이 배치되는 전첨사로 되어 있다. 종친부에는 종친의 지위에 따라 주어지는 종

---

87 大君이란 군호가 국왕의 적자에게 주어지기 시작한 예는 1412년(태종 12) 5월 효령군과 충녕군을 효령대군과 충녕대군으로 삼은 것이다[『태종실록』 권23, 태종 12년 5월 3일(병술)]. 그 이전에 대군이란 군호를 받았던 부류는 국왕의 형제들이다. 예를 들면, 의안대군 이화는 태조의 이복동생으로서 대군으로 봉군되었다. 태조는 왕자들을 君이라 하였으며, 정종의 아들은 태종대부터 봉작되기 시작했다. 따라서 국왕이 자신의 적자를 대군으로 봉한 것은 1412년이 그 시초이다.

88 『태종실록』 권27, 태종 14년 2월 7일(신해).

89 『태종실록』 권27, 태종14년 6월 20일(신유).

90 『세종실록』 권49, 세종12년 8월 21일(기축).

반직의 구분만 있을 뿐이었다. 재내제군소일 당시에는 도제조, 제조, 제거라는 직제가 있었으나, 『경국대전』 체제에는 그러한 직제는 언급되지 않았다. 다만 종친부에 소속된 종친들을 관장할 수 있는 2품 이상의 종친 3명을 선택하여 유사당상(有司堂上)이라 칭하였다.[91]

유사당상은 『경국대전』에 명문화된 것은 아니었다. 그러나 종반직을 받는 종친을 통솔하고 관장할 직임이 필요했다. 종친부에서는 1~2품으로 봉군된 종친 세 사람을 유사로 정하였다. 『종친부유사당상선생안(宗親府有司堂上先生案)』에는 『경국대전』에 법제화되지 않은 유사당상과 유사당상의 의무에 대하여 언급하였다. 유사당상은 국왕이 내린 명령을 수행하고, 종실 예우를 담당하였다. 여기서 종실 예우란 종친 봉작을 관장하는 것이었다.[92]

유사당상은 다양한 국가의례에 참석하는 종친을 통솔하였다. 유사당상은 기본적으로 대군·군 그리고 2품 이상의 군 즉 왕세자의 중손(衆孫), 대군·군의 중자(衆子)와 승습 적장 증손이 대상이며, 그 이외의 종친이라도 승진되어 2품 이상의 군이 되었다면 대상이 될 수 있다. 1532년(중종 27) 중종이 『여지승람』에 의정부와 충훈부의 제명기(題名記)는 있는데 종친부만 제명기가 없는 것을 보고 종친부 낭관에게 종친부 제명기를 작성하도록 명하였다.[93] 이것으로 보아, 적어도 중종대부터는 선생안이 존재했을 것으로 생각된다.

『종친부유사당상선생안』[94]은 인조 연간에 동양위(東陽尉) 신익성(申翊聖)이

---

91 법전에는 유사당상에 대한 언급이 없다. 『종친부유사당상선생안』(장서각 K2-599)을 통해서 종친부에 유사당상을 두었음을 확인할 수 있다. 연대기 자료에는 종친부 유사당상이란 명칭이 중종대에 처음 보인다[『중종실록』 권1, 중종 1년 9월 29일(을사)].

92 『종친부유사당상선생안』 序(장서각 K2-599).
    設宗親府 擇秩一二品 稱君子三人號有司 而 御批授之號令 庶司禮遇宗室 而實掌宗人封地之典 兼行統率之義事 寄與古之宗正同.

93 『중종실록』 권72, 중종 27년 1월 30일(기묘).

94 신익성이 서문을 쓴 시기는 綏祿大夫가 된 이후이다. 즉 1637년(인조 15) 8월 29일 이후부터 신익성이 사망한 1644년(인조 22) 8월 2일 사이이다.

서문을 쓰고 1688년(숙종 14)에 전평군(全坪君) 이곽(李澕)이 발문을 썼다. 유사당상선생안은 중종의 명에 따라 작성되었을 것이나, 현존하는 유사당상선생안은 인조대에 다시 작성되기 시작한 것이다.[95] 서문에서도 밝히고 있듯이 전란 이후에 새로 선생안을 작성하면서 기억할 수 있는 이전 유사당상을 필두로 하여 조선 후기에 유사당상을 지낸 종친의 선생안이 작성되어 있다.

『종친부유사당상선생안』에 실린 유사당상은 모두 71명이다. 선생안에서는 누락되었으나, 실록에서 유사당상을 지낸 종친 2명을 더 확인하였다. 중종이 대군 시절 종친부 유사당상을 역임했으며,[96] 세종의 손자이며 밀성군(密城君)의 아들인 운산군(雲山郡) 이계(李誠)도 유사당상을 지냈다.[97] 선생안에 등재된 71명과 실록에서 확인한 2명을 포함한 73명은 세종의 손자이자 임영대군의 아들인 정양군을 필두로 하여 고종대 흥선대원군의 손자인 이준용까지이다. 유사당상을 지낸 종친을 역대 국왕 자손별로 정리하면 〈표 9〉와 같다.

〈표 9〉를 참조하면, 유사당상을 역임한 인물은 왕의 아들, 손자, 증손, 현손 등이었다. 국왕의 아들 즉 왕자로 유사당상을 지낸 인물은 17명으로 성종·중종·선조·원종·인조·숙종·영조의 아들이다. 이들 가운데 왕자로 있을 당시에 유사당상을 겸한 사례는 드물다. 숙종의 아들 연잉군·연령군은 당대 왕자로서 유사당상을 지냈으나, 그 외에는 종친으로서 유사당상을 맡았다. 선조의 아들은 주로 인조대에, 인조의 아들은 효종에서 숙종대에 걸쳐서 직임을 수행하였다. 왕의 손자로 유사당상을 지낸 경우는 12명(〈표 9〉)으

---

95 『종친부유사당상선생안』(장서각 K2-599)은 세 건의 선생안이 합쳐진 것이다. 인조대의 서문과 1688년 신익성의 발문이 있고 숙종의 아들 연령군까지 기록된 선생안 1건, 서문·발문은 그대로이나 영조가 즉위한 이후 숙종대에 작성된 선생안에서 연잉군이란 표기를 지우고 그 위에 '當宁'로 표기하고 연령군 이후 유사당상을 역임한 6명의 이름을 첨기한 선생안 1건, 서문·발문은 그대로이나 고종대까지 유사당상을 역임한 인물을 수록한 선생안 1건이다.

96 『중종실록』 권1, 중종 1년 9월 29일(을사).

97 『중종실록』 권8, 중종 4년 7월 9일(기해).

표 9 종친부 유사당상을 역임한 종친 명단

종친 / 왕	자	손	증손	현손
세종		定陽君 淳(임영대군 자) 江陽君 潚(담양군 자) 雲山君 誠(밀성군 자)		
성종	晋城大君 懌 益陽君 懷 景明君 忱	永川君 眉壽(무산군 자)		順寧君 景儉(이성군 증손)
중종	錦原君 岭 德陽君 岐	豊山君 宗麟(덕양군 자) 文城君 健(봉성군 자)	龜川君 睟(덕양군 손) 豊海君 潛(영양군 손)	
선조	仁城君 珙 義昌君 珖 慶昌君 珘 仁興君 瑛 慶平君 玏	嶺陽君 儇(경평군 자) 平雲君 俅(경창군 자) 朗善君 俁(인흥군 자) 檜原君 倫(영성군 자) 全城君 混(인흥군 자)	淸平君 洤(경창군 손) 全坪君 澥(인흥군 손) 瀛昌君 沉(순화군 손) 花陵君 洮(인성군 손)*	西川君 梶(경창군 증손) 礪原君 柱(순화군 증손) 林原君 杓(임해군 증손) 靈原君 檍(인성군 증손) 西平君 橈(인성군 증손)* 海春君 栐(영성군 증손)* 陽平君 檣(인성군 증손)* 密昌君 樴(인성군 증손) 綾昌君 橚(인성군 증손)* 長溪君 棅(인성군 증손)* 洛昌君 樒(인성군 증손)* 海運君 橞(영성군 증손) 海溪君 燋(능원대군 증손)[98] 順義君 烜(능원대군 증손) 鶴城君 楡(경평군 증손) 安春君 烿(능원대군 증손)
원종	綾原大君 俌			安興君 埱(인평대군 증손)[99] 全恩君 墩(인평대군 증손)
인조	麟坪大君 湁 崇善君 澂 樂善君 潚	福寧君 栯(인평대군 자)	臨昌君 焜(소현세자 손)	
숙종	延礽君 昑 延齡君 昍			興宣君 昰應(은신군 손)*[100] 興寅君 最應(은신군 손)
영조	敬義君 緈		恩彦君 裀(사도세자 자)* 恩全君 禶(사도세자 자)	益平君 羲 (사도세자 증손) 完平君 昪應(사도세자 증손) 永平君 景應(사도세자 증손)

(*는 두 번 이상 유사당상 역임한 경우)

로, 세종·성종·중종·선조·인조의 손자이다. 세종의 손자는 성종대에, 성종의 손자는 명종대에, 중종의 손자는 광해군대에, 선조의 손자는 인조대에서 경종대까지, 인조의 손자는 현종대에 직임을 수행하였다. 국왕의 증손으로 유사당상을 역임한 경우는 9명으로, 중종·선조·인조·영조의 증손이다. 중종의 증손은 인조대에, 선조의 증손은 현종대에서 경종대까지, 인조의 손자는 숙종대에, 영조의 손자는 영조대에서 정조대까지 유사당상을 지냈다. 왕의 현손으로 유사당상을 지낸 경우는 24명으로 가장 많은데, 성종·선조·원종·숙종·영조의 현손이다. 이들 가운데 원종의 현손이나 숙종의 현손은 계후가 된 이들로, 실제로는 인조의 후손이다. 왕의 현손이 유사당상을 지낸 경우가 많은 것은 조선 후기 종친의 수가 매우 적었던 때문이다. 성종의 현손은 광해군대에, 선조의 현손은 숙종대에서 정조대까지, 숙종의 현손은 헌종대에서 철종대까지, 영조의 현손은 철종대에 유사당상을 지냈다. 선조의 현손들이 조선 후기 종친으로서의 역할이 가장 컸다. 선조의 14남 중임해군·순화군·인성군·경창군·경평군·영성군 등의 자손이 번창하여 유사당상의 역할을 수행하였다. 특히 인성군 가계에서 7명의 유사당상이 배출되었다.[101]

---

98 능원대군은 선조의 아들 義安君의 계후가 되었다. 즉 해계군은 선조의 5대손으로, 원칙으로는 종친이 아니다. 그러나 왕자가 왕자의 계후가 되었을 경우에는 계후가 된 왕자의 증손까지를 종친으로 본다.

99 인평대군은 원종의 아들 綾昌大君의 계후로 들어갔다. 인평대군은 인조의 아들이므로 인평대군의 증손은 인조의 현손으로서 종친이다. 그러나 인평대군이 능창대군의 계후가 되면 인평대군은 원종의 손자가 되어 인평대군의 손자까지만 종친이 될 수밖에 없다. 이러한 점을 고려해서 왕자가 왕자의 계후가 된 경우에는 국왕의 5대손까지 종친으로 인정하였다. 안흥군은 원종의 5대손이 되는 셈이지만, 해계군과 같은 경우로 종친이다. 이와 비슷한 예가 조선 전기에도 있다. 세종이 자신의 아들 광평대군을 태조의 아들 무안대군의 계후가 되게 하였다. 그러므로 광평대군의 증손까지를 종친으로 인정하였다.

100 은신군은 사도세자의 아들로 영조의 손자이다. 은신군은 숙종의 아들 연령군의 계후가 되었기에 숙종의 자손록에 포함시켰다. 이것은 1892년(고종 29)에 편찬된 『선원계보기략』의 체제에 따른 것이다.

101 인성군 ┬ 해평군
　　　　 └ 해안군 ― (繼)화산군

조선 후기에는 왕의 현손이 유사당상을 역임하였던 경우 이외에도 같은 인물이 2번 이상 유사당상에 제수되었던 사례가 있다. 이러한 현상이 집중적으로 나타난 시기는 영조대 이후이다. 2번 이상 유사당상을 맡은 종친 역시 선조의 증손과 현손에 집중되어 있다. 이것은 효종·현종·경종·순조·헌종·철종 등이 왕위를 계승할 왕세자 이외 다른 왕자를 두지 못해서 종친이 거의 없기 때문이었다.

고종대 유사당상을 역임하였던 11명은 〈표 9〉에 표시되지 않았다. 그 이유는 고종대 유사당상을 지낸 인물 중에는 종친이 아닌 경우도 있었기 때문이다. 철종과 고종의 친족은 숙종이나 영조의 자손으로 보면 친진되어 종친일 수 없으나 철종과 고종의 방계친으로서 유사당상을 역임하였다. 그중 일부는 종친이 아니라 선파(璿派) 인물로 유사당상을 맡기도 하였다. 고종대의 변화도 역시 종친의 부족 현상에서 연유된 것이다.

종친부 전첨사의 관원은 동반직으로 당초에 전첨 1명, 부전첨 1명, 녹사 1명, 부록사 1명이었다. 전첨과 부전첨은 다른 관청의 실직 관원이 겸임하였으며, 녹사와 부록사는 공신두감의 승과 녹사가 이곳으로 직을 옮겨 모든 사무를 관장하게 하였다.[102] 특별한 직사가 없는 종친부에 속사가 갖추어진 것은 일시적인 현상이었다. 종부시가 종친부에서 독립 관청이 되고 종친부

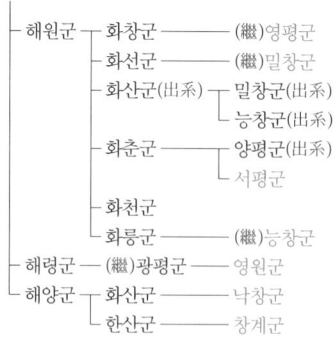

102 『세종실록』 권50, 세종 12년 11월 29일(병인).

속사로 전첨사를 두었으나, 체제상 문제가 있었다. 전첨사의 전첨과 부전첨은 겸직이고, 녹사와 부록사만이 전임 관원이었는데, 이들을 포폄할 주체가 없었다. 전첨사가 종친부의 속사이긴 하나 종친이 문관직의 포폄을 담당할 수 없었다. 그 때문에 이조가 전첨사의 포폄을 담당하였다. 이러한 구조 속에서 전첨사와 육조 낭관과의 문서 행정에 혼란이 야기되었다. 이는 종친이 전첨사에서 육조에 보내는 문서를 타 기관에 보내는 것으로 인식하는 반면 포폄 기관인 이조에서는 소속 관사라고 인식하는 데서 오는 혼란이었다.[103]

또한 전첨사의 기능이 종친의 규찰을 주 업무로 하는 종부시와 상당 부분 중복되었다. 전첨과 전부(典簿)의 업무는 종친이 그들의 역할을 순조롭게 감당하도록 돕는 것이었다. 실록에 등재된 전첨사의 업무는 첫째, 종학 출석 상황과 성적을 관리하는 것이었다. 그들은 종친의 종학 출석을 점검하여 10일간의 종학 출석 상황, 월말 종학 출석 상황을 종부시에 보고하였다. 또한 종친이 종학에서 읽은 글의 통부(通否)와 소소한 일을 관장하였다.[104] 둘째, 국가의례에 대한 통지이다. 종친이 사망하면 복제(服制) 일수를 살펴서 종친들에게 알리고, 소대를 나누어 주거나,[105] 종친의 문소전 입번을 통지하는 일도 담당하였다.[106] 셋째, 종친에게 주어지는 반당과 조예를 확보하여 배분하는 일이다.[107] 전첨사가 종친부의 속사로서의 독자적인 기능이 약하자, 1466년(세조 12) 세조가 관제를 정비할 때 속사를 혁파하고, 전첨과 전부(典簿)만을 남겨 두었다.[108] 이 관제는 『경국대전』 체제 이후에 전혀 변화되지 않고 조선시대 내내 그대로 유지되었다.

103 『세종실록』 권52, 세종 13년 6월 23일(을묘); 권53, 세종 13년 7월 27일(기축).
104 『세종실록』 권51, 세종 13년 1월 21일(병술).
105 『세종실록』 권51, 세종 13년 1월 24일(기축).
106 『세종실록』 권97, 세종 24년 8월 10일(정유).
107 『세종실록』 권79, 세종 19년 11월 11일(정유).
   『문종실록』 권4, 문종 즉위년 10월 17일 (정해).
108 『세조실록』 권33, 세조 12년 1월 15일(무오).

고종이 즉위하자, 흥인군 이최응(李最應)의 건의로 종부시가 종친부에 통합되었다. 흥인군 이최응은 조선 후기로 갈수록 종친이 쇠잔해져서 관제가 축소되어 이성(異姓) 경재(卿宰)가 제조로 차임되는 종부시를 종친부에 통합하는 것이 마땅하다고 보았다. 그는 종친과 관련된 업무를 보는 종부시를 별개의 관서로 두는 것은 부당하니 통합하자고 하였다.[109] 고종은 종친부와 종부시를 통합하는 것은 관제에 관계된 일이므로 묘당에서 의논하여 처리하도록 명령하였다. 의정부에서는 흥인군 이최응의 상소를 긍정적으로 검토하여 종부시를 종친부에 통합하고, 관제를 다시 정리하였다.

종부시가 종친부에 통합되기 이전에는 종실을 관장하는 종친의 직임은 유사당상 세 사람뿐이었다. 1864년(고종 1) 정비된 관제에는 유사당상 세 사람 이외 영종정경, 판종정경, 지종정경, 종정경을 두었으며, 동반 관원도 증치되었다. 종부시의 관직이었던 정(正),[110] 주부, 직장 이외에 부직장, 봉사, 부봉사, 참봉 등이 더 설치되었다. 종부시가 종친부에 합속되면서 변화된 종친부 관제를 『경국대전』의 관직와 비교하여 정리하면 〈표 10〉과 같다.

〈표 10〉을 참고하면, 종반지은 당상관인 영종정경·판종정경·지종정경·종정경 등이 증설된 반면, 당하관인 정·부정·수·부수·영·부령·감 등은 폐지되었다. 종반직은 원래 종친에게만 제수되는 것이었으나, 『종친부조례』의 규정은 달랐다. 영종정경의 제수 대상이 세 가지 경우로 설명되어 있다. 첫째, 영종정경은 왕자가 의례히 겸한다. 둘째, 영돈녕 국구도 영종정경에 제수될 수 있다. 만약 국구가 없다면, 왕자의 적손도 특교로 단망으로 올린다. 셋째, 종성(宗姓) 대신도 영종정경에 제수될 수 있다. 판종정경·지종정경·종정경은 왕자의 승습자가 의례히 겸하지만, 대원군의 봉사손과 종성도

---

109 『승정원일기』, 고종 1년 4월 11일(신사).
110 1864년 종부시를 종친부에 합속할 당시에 종부시 정은 폐지되었으나, 그다음 해인 1865년에 다시 설치하였다[『宗親府條例』(장서각 K2-2039), 官職條].

표 10　법전에 실린 조선시대 종친부 체제

	품계		『경국대전』	『종부조례』
종반직	무품	대군·군	○	○
	정1	군	○	○
	종1	군	○	○
	정2	영종정경·판종정경		○
		군	○	○
	종2	군	○	○
		지종정경·종정경		○
		유사당상	○	○
	정3	도정	○	○
		정	○	
	종3	부정	○	
	정4	수	○	
	종4	부수	○	
	정5	영	○	
	종5	부령	○	
	정6	감	○	
동반직	정3 당하	정		○
	정4	전첨	○	○
	정5	전부	○	○
	정6	주부		○
	정7	직장		○
	종7	부직장		○
	정8	봉사		○
	종8	부봉사		○
	정9	참봉		○

제수될 수 있다.

『경국대전』에 국왕의 직계 4대손에 한하여 주어지던 종반직이 고종대에는 국왕의 방계, 선계대신(璿系大臣) 심지어는 영돈녕 국구도 제수될 수 있도록 하였다. 『종친부조례』의 규정은 당시의 시대상을 그대로 반영한 것이었다.

순조대 이후 종친이 거의 없는 상황에서 종친부는 유명무실하게 되었고, 종부시 역시 종친에게 주어졌던 제조직(提調職)이 부원군을 포함한 외척에게 돌아가게 되었다. 고종이 종친부와 종부시를 통합하였으나, 종전의 규정대로라면 그 직임을 수행해야 할 종친 부족 현상은 해결할 방법이 없었다. 그 대안은 종친부 관원을 종친으로 한정하지 않는 것이었다. 영종정경은 왕자가 겸해야 하지만, 그렇지 못할 경우를 대비하여 왕자의 직계손, 친진된 종성 대신, 국구도 제수될 수 있게 하였다. 판종정경 이하 종정경에 이르는 종반직은 왕자의 승습자나 대원군의 봉사손, 종성도 제수될 수 있게 하였다. 당대 왕자의 승습자가 없는 것을 감안하여, 흥선대원군의 봉사손이나 종성 자손도 종반직에 제수될 수 있게 하였다. 또한 종반직은 원래 모계의 신분을 따져서 무품에서 정6품직까지 구분되었지만, 이때 당상관만 남긴 것은 쇠잔한 왕실의 위엄을 회복하기 위한 조처였다.

『종친부조례』에서는 동반 관료가 차임되는 종친부 참상직도 종친부에서 독자적으로 차출할 수 있게 규정화되었다. 전첨 한 명은 대군이 4품을 지낸 생원·진사 출신 관원 중에서 차출할 수 있었다. 전부(典簿) 한 명은 대군·왕자군·적왕손·적왕손 군 등이 음관 중에서 차출할 수 있었다. 주부 한 명은 대군·왕자군·적왕손·적왕손 군·의정 종정경 등이 차출할 수 있었다. 참봉 한 사람은 종성인 진사·생원·유학 중에서 나이가 30세인 경우 차출할 수 있었다. 충의(忠義) 한 명 역시 종성으로 차출할 수 있었으며, 낭청 한 사람도 종성의 서파 중에서 차출할 수 있었다. 또한 건원릉·안릉·혼전·산릉의 참봉이나 충의군은 그 중요도에 따라 왕실 후손들이 담당할 수 있게 규

정하였다.[111]

종친부는 원래 예우 관서로서 직사도 권한도 없었지만, 고종대에는 종친부·종부시를 통합 운영하면서 직사에 따른 권한까지도 부여하였다. 즉 종친의 인사권을 어느 정도 허용하고, 왕실 후손이 음관으로 관직에 차정될 수 있는 통로를 마련하였다.

2) 종친의 역할

종친은 공식적으로 길례·가례·빈례·군례·흉례 등 각종 국가의례에 참석하고 국왕을 시위하였다.[112] 나라의 제사를 지내는 길례에는 국왕이 친히 참석하는 사직·종묘 제사에 참여하였다. 만백성을 친하게 하는 가례에는 정조·동지, 중국 황제와 황태자 생일에 행하는 망궐례 의식, 중국 칙서를 받거나 중국으로 표문을 보내는 의식, 국가 제사를 위한 전향(傳香) 즉 대사(大祀)의 경우는 사직·종묘·영녕전 제사의 전향, 중사(中祀)의 경우는 풍운뇌우·선농·선잠·우사·문선왕 제사의 전향 의식, 정조·동지 그리고 왕세자와 왕세자빈의 생일을 축하하는 의식, 정조·동지 조회, 오일 조참의, 책비의, 책왕세자의, 왕세자 납빈의, 왕자·공주 혼례, 문·무과 전시의, 문·무과 방방의 등에 참석한다. 가례에서 종친의 역할이 돋보이는 것은 특히 왕실 혼례에서이다. 종친은 왕세자·대군·군·공주·옹주의 혼례에서 혼주 역할을 담당하였다.

다른 나라와 교류하는 빈례에는 조정에서 중국의 사신에게 연회를 베푸는 의식, 종친이 사신에게 연회를 베푸는 의식에 참여하였다. 나라를 화평하게 하는 군례에는 국왕이 사단(射壇)에 나가서 활쏘기를 하거나 활쏘기를

---

111 『종친부조례』(장서각 K2-2039), 자벽조(自辟條).
112 종친의 각종 의례 참석은 『세종실록』 오례의를 참조하였다.

관람하는 의식, 국왕이 참관하는 대규모 군사 훈련으로 진법과 전투 훈련을 검열하는 열병 의식인 대열(大閱) 등에 참석하였다. 종친의 역할이 가장 많았던 것은 흉례였다. 국상이 나면 습전(襲奠)에서부터 졸곡제까지 장례의 모든 절차에 참석했으며, 졸곡제 이후 삼년상을 거쳐서 부묘례를 행할 때까지의 모든 제사에 참석했다.

종친은 이와 같이 다양한 국가의례에 참석해야 하기 때문에 원칙적으로는 도성 내에서 거주하여야 한다. 그러나 임진왜란 이후에 지방으로 피난 갔던 종친들이 도성으로 돌아오지 않는 사례가 많았다. 사헌부에서는 종친으로서 본분을 망각하고 지방에 거주하며 종반직의 녹봉만을 챙기는 이들을 제대로 규찰하지 않는 종부시와 종친부를 비난하였다.[113] 도성으로 돌아와 왕실을 시위하는 등 자신들에게 주어진 역할을 수행하지 않는 종친들이 지방에서 횡행하고 역마를 함부로 타고 다니는 폐단을 일으키기도 하였다.

종친은 국가의례에 참석하는 것 이외에도 중국 사행을 하거나 중국 사신을 접대하는 선위사 혹은 원접사로서 활동하기도 하였다. 조선 전기에 종친은 주로 선위사로서 사신을 접대하는 일을 맡았다. 중국에서는 세종이 즉위한 이후 왕자들의 중국 사행을 촉구하였다. 그러나 조선에서는 왕자의 사행을 탐탁하게 여기지 않아서 왕자 대신 의빈을 사신으로 보내고자 하였다. 그러한 가운데서도 중국 사행에 나섰던 왕자는 태종의 아들 경녕군, 수양대군 등이다.[114] 종친 사행이 활발하게 이루어진 것은 조선 후기였다.

1642년(인조 20) 인조의 아들 인평대군이 진하 정사로 파견된 것을 기점으로 왕자를 비롯한 종친들의 중국 사행이 빈번해졌다.[115] 인평대군은

---

113 『선조실록』 권140, 선조 34년 8월 5일(경오).
114 경녕군은 1419년(세종 1) 사은사로 중국에 다녀왔으며[『세종실록』 권3, 세종 3년 1월 16일(신유)], 수양대군은 단종이 즉위한 후 고명에 대한 사은사로 중국에 다녀왔다[『단종실록』 권3, 단종 즉위년 9월 10일(기해)].
115 조선 후기 중국 사행 명단은 김문식의 『조선왕실의 외교의례』(세창출판사, 2017) 제2장에 수록된 것을 참조하였다.

1642년부터 1657년(효종 8)에 이르는 16년 동안 11회나 사신으로 중국에 갔다. 그는 거의 매년 한 번은 중국을 갔는데, 그가 가지 않았던 1649년에는 인조가 사망하였기 때문에 그를 대신하여 종친인 선조의 아들 인흥군이 고부사로 파견되었다.

1657년 이후에는 왕자의 중국 사행이 없었는데, 효종 이후에는 왕위를 계승할 왕세자 이외의 왕자가 거의 없었기 때문이다. 따라서 종친들이 왕자를 대신하여 중국 사행을 담당하였다. 1663년(현종 4) 인흥군의 아들 낭선군 이우(李俁)가 진위사로 중국 사행을 간 것을 시작으로 종친 사행이 보편화되었다. 숙종대에서 영조대에 이르는 시기 동안 종친은 한 해에 1회 이상 중국 사행에 나서게 되었다. 종친의 중국 사행은 1780년(정조 4) 이후로는 거의 보이지 않는데, 이것은 사행에 나설 종친이 없었기 때문이다.

종친들은 중국 사행 이외에도 동반 경관 관서의 도제조나 제조 혹은 오위도총부의 도총관을 겸임하였다. 종친이 동반 경관 중에서 제조직을 겸임한 관서는 사옹원·상의원 그리고 종부시였다. 종친이 사옹원의 제조를 겸임한 것은 사옹원이 중국 사신의 접대를 담당하므로 종친들이 이에 관여하게 된 것을 의미한다. 특히 종부시 도제조·제조의 겸임은 『경국대전』에 법제화되어 있다.

종친은 국가에서 거행하는 의례에 배행하고, 왕실 지친으로 사신 접대에 깊이 관여하였다. 그러므로 중국 사신의 접대와 중국 사행에 주도적인 역할을 담당하였다. 이 외에 국정과 상관이 없는 경관 관서의 장을 겸임하였는데 그 활동 범위 역시 국왕의 배행, 사신 접대, 종친과 관련된 부서에 한정되어 있었다.

3 종친의 교육과 장려책

1) 종학의 운영

세종은 왕실 지친의 교육을 위하여 1428년(세종 10)에 종학을 설치하였다.[116] 1427년 예조에서 세종에게 종학 설치를 건의하였다. 예조에서는 중국한·당·송의 왕실 교육 제도를 들어서 종친 교육의 필요성을 역설하였다. 구체적인 방안으로는 건춘문 밖에 학사(學舍)를 세워서 종친 자제의 나이 8세가 되면 입학시켜 교양하자는 것이었다.[117] 세종도 종친 교육의 필요성에 대해 긍정적으로 받아들였으나, 종학을 설치한 것은 1년여가 지난 후였다. 종학에 가서 수업을 받아야 할 대상은 대군 이하 종실 자제로 규정하여서, 왕세자를 제외한 왕자 이하 종친은 누구든지 종학에서 수업을 받게 하였다. 이러한 원칙에는 합의가 이루어졌으나, 종학 설치 제반 사항은 바로 진행되지 않았다.

종학에 대한 구체적인 논의는 1429년에 이루어졌다. 우선 왕자 이하 종친의 종학 입학 나이는 8세로 정하고, 성균관 거재 유생의 전례에 따라서 종학을 뒷받침하게 하였다.[118] 이해에 비로소 경복궁 건춘문 밖에 종학 건물을 새로 지었다.[119] 1430년 예조에서 종학 입학 절차[120]와 교관에 대한 규정을 마련하였다. 종학의 교관은 송의 제도를 따라 모두 박사라고 하되, 성균

116 『세종실록』 권41, 세종 10년 7월 12일(임술).
117 『세종실록』 권37, 세종 9년 9월 4일(기축).
118 『세종실록』 권45, 세종 11년 9월 28일(신미).
119 『세종실록』 권46, 세종 11년 10월 20일(계사).
120 『세종실록』 권47, 세종 12년 1월 6일(정미).

관의 사성·직강·주부·사예 등을 1인씩 더 설치하여 종학 박사를 겸임하게 하였다.[121]

종학의 학업 규칙도 마련되었다.[122] 첫째, 종학의 등교 규정이다. 등교는 진시(오전 7시~9시)[123]에 하고, 퇴교는 신시(오후 3시~5시)로 하였다. 출석은 매일 확인하여 10일에 한 번씩 보고하였다. 종학에는 공휴일, 휴가일, 방학을 두었다. 공휴일은 오부 학당 생도의 예에 따라서 배표(拜表)와 예를 연습하는 날이며, 그 외에 하례 후·조회일·국기일 등에는 쉬지 않게 하였다.[124] 매달 8일·15일·23일은 휴가일이었고,[125] 방학은 더운 때인 6월의 절기 소서가 시작되는 날부터 7월 절기 입추가 다하는 날까지였다.[126]

둘째, 학업 방식에 관련된 규정이다. 학업은 행례(行禮), 청강(聽講), 문의(問疑)로 이루어졌다. 수업을 받는 시간 이외에는 각기 자신의 방에서 차례대로 앉아서 공부하게 하였다. 청강은 강고(講鼓)가 울리면 돌아가면서 자신이 읽은 것에 대하여 강의를 듣고 의문점에 대하여 질문하였다. 날마다 배운 글은 반드시 이해하고 외워야 했다. 읽었던 책의 진도는 날마다 기록하게 하였으며, 수업 내용의 이해 여부도 기록하여 10일에 한 번씩 보고하였다. 또한 그날 배운 글에 대해서는 5번 통독하고 심지를 뽑아서 시험을 보아 그 성적을 기록하였다가 월말에 보고하였다.

셋째, 학업 태도에 관한 규정이다. 종친 중에 선발된 유사는 생도들을 규찰하여 허물이 있으면 교관과 종부시에 보고하였다. 허물이란 이유 없이 학업을 행하지 않거나 예의에 어긋난 행동을 하는 것이었다. 종학에 나오는

---

121 『세종실록』 권47, 세종 12년 3월 6일(병오).
122 『세종실록』 권47, 세종 12년 3월 7일(정미).
123 1430년(세종 12) 3월에 처음 등교 시간을 정할 때는 구체적인 시간을 언급한 것이 아니라 해가 돋을 때라고만 하였으나 8월에 진시로 정하였다[『세종실록』 권49, 세종 12년 8월 25일(계사)].
124 『세종실록』 권48, 세종 12년 4월 4일(계유).
125 『세종실록』 권51, 세종 13년 2월 25일(경신).
126 『세종실록』 권60, 세종 15년 5월 26일(무인).

3품 이상의 종친은 근수(根隨) 한 사람을 데리고 다니도록 허락하였다. 종친이 데리고 온 복종(僕從)은 제군부에서 기다리게 하였다. 종친이 종학의 금령을 다섯 번 어기거나, 강독에서 세 번 불통을 받은 경우에는 병과(餠果)를 가져오는 벌을 받았다. 또한 종친이 잡다한 사고를 평계로 결석한 상황을 3개월마다 통계를 내어서 가장 많이 결석한 종친은 그의 구사(丘史)를 거두어들이게 하였다.[127] 종친인 당상관에게는 잡무를 수행할 구사가 배당되었다. 세종대에 제정된 종친 관제로는 정(正) 이상이며, 국왕의 적증손(嫡曾孫)까지 해당된다. 구사를 거두는 벌이 시행된 것으로 보면, 종학에서 수업받는 것을 거부하는 종친들이 많았던 것으로 여겨진다. 실제로 세종대 종학의 출석 상황이 나빴던 정종의 아들 정윤 이덕생(李德生)과 이녹생(李祿生), 태종의 아들인 온녕군(溫寧君)은 구사를 거두어들이는 벌을 받기도 했다.[128]

　세종은 종학 실정과 맞지 않는 규정은 수정하고, 미비한 부분은 계속적으로 보완시켜 나갔다. 원래 왕세자를 제외한 왕자 이하 종친은 모두 종학에 나가게 하려 했으나, 그중 왕자들은 제외되었다. 세종은 왕자 교육에 지대한 관심을 가지고 있어 왕자를 종학에 보내면서 따로 교관을 두어서 학문에 정진하게 하였다.[129] 왕자들은 종학에서 다른 종친과 함께 학업하기보다 교수관에게 따로 수업받는 경우가 많았다. 수업을 받다가도 궐내에 자주 들어가서 학업이 중단되는 사례가 빈번하였기 때문이었다.[130] 또한 세종은 왕자들이 복제(服制)나 휴가로 종학에 나가지 않을 때에도 종학의 교관을 궐내에 불러들여서 가르치게 하였다.[131] 세종은 종학 수업의 보충 학습을 위해 교관을 따로 불러들인 것이나, 오히려 이러한 조처는 왕자들에게 종학에 나가지

---

127 『세종실록』 권51, 세종 13년 3월 5일(기사).
128 『세종실록』 권52, 세종 13년 4월 8일(임인); 권63, 세종 16년 1월 2일(경진).
129 『세종실록』 권72, 세종 18년 5월 7일(임신).
130 『세종실록』 권85, 세종 21년 4월 14일(신묘).
131 『세종실록』 권101, 세종 25년 9월 18일(기사).

않아도 되는 빌미를 제공한 셈이 되었다. 그러므로 왕자들이 종학에서 수업을 받은 지 얼마 되지 않아 종학에 나가지 않게 되었다.[132]

부마는 처음부터 종학에서 수업받지 않았다. 1439년(세종 21) 사헌부에서는 부마도 종친과 마찬가지로 종학에 따로 재실을 하나 마련하여, 40세 이하는 학업에 힘쓰게 할 것을 청하였다.[133] 그러나 세종은 부마를 위해 관사를 따로 세우고 종학의 예에 따라 스승을 두는 것은 어렵다고 판단하였다. 종친은 그 인원이 날로 늘어서 종학을 운영할 수 있지만, 부마는 인원이 많지도 않은데, 그들을 위해 따로 관사를 두는 것은 무리였다. 세종은 부마들에게 공부를 시키지 않을 수 없으니 국왕인 자신이나 승정원으로 하여금 공부 내용을 살피게 하는 것은 어떻겠느냐는 의견을 내었다.[134] 이 방안은 부마의 지위로 거주 지역의 학교에 나갈 수도 없고, 학업을 포기할 수도 없기 때문에 궁여지책으로 나온 것이었으나, 시행된 것 같지 않다.

종학은 애초의 의도와는 달리 왕자와 부마를 제외한 종친 교육 기관으로 확립되었다. 종학의 교과목은 『소학』, 사서오경, 『소미통감』 등이었다. 세종이 종친들을 위해서 선정한 이 책들은 성리학을 바탕으로 한 것이다. 『소학』은 주희가 교육을 통해서 사람의 가치관과 행동을 개혁할 수 있기를 기대하면서 편집한 책이다. 따라서 철학적이기보다 실천적인 내용으로 구성되어 있다.[135] 사서는 성리학의 주요 텍스트이며, 『소미통감』이라 불리는 『자치통감절요』는 춘추의리에 입각한 정통론을 골격으로 하는 성리학적 교화서로서 조선에서는 17세기 이후 널리 읽혔던 역사서이다. 종학에서 채택한 교과목은 세종의 종친 교육 방향을 잘 드러내고 있다.

종친들은 이 교과목 가운데 최소한 『소학』과 사서 중 한 과목에서 통(通)

---

132 『세종실록』 권72, 세종 18년 5월 7일(임신).
133 『세종실록』 권85, 세종 21년 6월 26일(임인).
134 『세종실록』 권110, 세종 27년 10월 20일(신유).
135 윤인숙(2011), 「조선전기 사림의 사회 정치적 구상과 소학운동」, 성균관대학교 박사학위논문, 58쪽.

을 받아야 했다. 종친이 종학 수업을 면제받는 경우는 만 40세로서『소학』
과 사서 중 한 과목에서 통을 받을 때이었다. 최소한의 교과목에서 통을 받
지 못했을 경우에는 만 50세까지 종학에 출석하게 했다. 이와는 달리『소
학』과 사서 중 두 과목 그리고『소미통감』에서 통을 받은 경우에는 나이와
상관없이 종학에 출석하지 않아도 되었고 단 매달 1회만 출석하여 시험만
보게 하였다.[136]『소학』, 사서 중 두 과목,『소미통감』에서 통을 받기 위하여
종친은 세 달에 한 번씩 한 책마다 다섯 곳의 강서(講書) 시험을 보아서 모두
약(略) 이상의 점수를 받아야 했다. 그런데 매 책마다 다섯 곳의 강서 시험
중에서 한 곳이라도 조통(粗通)을 받았으면 종학 출석을 면제해 주었다. 이
시험은 1월, 4월, 7월, 10월에 시행되었다.[137]

종학은 예조에 속한 관서이나, 전임 관원은 전혀 없었다. 교관인 박사는
전원 성균관 관원이 겸임하였다. 종학의 관리는 종부시와 종친부에서 담당
하였다. 종친의 출결 사항은 종친부의 전첨이 확인하여 종부시에 보고하였
다. 종친의 학업 내용과 생활에 대한 규찰은 종부시에서 담당하였다. 종학
수업은 종친부의 도움을 빌어 종부시에서 주관하였으며, 성균관에서는 교
수관만을 제공하였다.

세종이 세운 종학은 송나라의 제도를 본떠 만든 것이다. 세종이 종학을
세우기 이전에는 종친에 대한 구체적이고 체계적인 교육 제도가 없었다. 고
려 충선왕은 제왕자부에 교육을 담당하는 관원을 증치하였다. 이것은 왕세
자가 아닌 왕자·부마 등을 교육하는 관원을 따로 두었다는 점에서 획기적
인 일이라고 하겠다. 그러나 제왕자부는 왕자나 부마 개개인의 관부이므로
교육 기능을 담당하는 관원이 배치되었다고 하더라도 사교육의 성격이 짙
은 것으로 학교 제도와는 다른 것이다. 조선이 건국된 후에 제왕자부가 종

---

136 『세종실록』권100, 세종 25년 6월 17일(경자).
137 『세종실록』권101, 세종 25년 8월 26일(무신).

　　　　　　　　　　　　　　　　　제3장　조선왕실의 친족, 종친

친부로 전환되었지만, 종친부에 교육을 담당하는 관서는 설치되지 않았다. 이때 종친은 아마도 개별적으로 교육을 받았을 것으로 여겨진다. 즉 세종이 종학을 세움으로써 왕실 지친의 공교육 제도가 마련된 셈이다.

세종은 종친으로 하여금 문(文)을 숭상하고, 성리학적으로 교화되게 하려는 목표를 가지고 종학을 건립하고, 엄격한 규칙을 만들었다. 그러나 문종 이후로 종학 규칙이 조금씩 완화되고, 교육 과정도 변모되었다. 세종대에는 종친이 정한 액수(額數)의 경서 읽기를 마쳐도 3개월마다 교관이 고강하여 종학을 면제할 것인지 여부를 결정하고, 점수가 나쁘면 수업을 면제받지 못하였다. 문종은 이 규정을 완화하여 정해진 액수의 경서를 다 읽은 후에 시험을 치르지 않아도 종학을 면제받을 수 있게 허락하였다.[138] 세조는 종친이 경학을 통달하였다면 월강 자체를 없애도록 하여 종친의 학업 부담을 줄여 갔다.[139] 예종은 종친의 학업 과목으로 『무경(武經)』·『병요(兵要)』 등의 병서를 포함시켰으며, 무예를 닦는 종친에게는 활쏘기 시험을 치를 수 있게 하였다. 또한 학문을 공부하거나 무예를 연마하는 종친이 전강할 때와 관사(觀射)할 때에 경서와 사어(射御)를 시험하여 3개월마다 점수를 계산하여 혹은 가자하거나 준직하게 하였다.[140] 예종의 종학 정책은 그 이전과는 매우 달랐다. 무예 과목을 두었다는 것과 시험 점수를 환산하여 종반직 승진에 활용하였다는 것은 종친들에게 학업에 힘쓰고자 하는 동기를 부여하였을 뿐만 아니라, 무예에 능한 종친들이 자신의 기량을 펼 수 있는 기회를 제공한 셈이었다. 과거 세종은 그들의 학습이 성공적으로 이루어졌을 때에 종학 수업을 면제해 주는 정도에서 그쳤다. 반면 예종은 점수에 따라 승진할 수 있는 길을 열어 주어서 종친들에게 더 적극적으로 학습 동기를 부여하였던 것이다.

138 『문종실록』 권6, 문종 1년 3월 24일(계해).
139 『세조실록』 권17, 세조 5년 8월 2일(신해).
140 『예종실록』 권6, 예종 1년 7월 1일(임오).

그러나 연산군대에 들어서 종학은 제대로 운영되지 못하였다. 연산군은 문묘를 새로 짓는다는 명목하에 선성(先聖)의 위판을 한때 종학에 옮겨 놓아 종친을 교육할 수 없게 하였다. 연산군은 종친이 학습을 빙자해서 문사(文士)들과 교제하며 해서는 안 될 일을 한다는 이유로 종학을 혁파하기에 이르렀다.[141] 반정을 통해서 왕위에 오른 중종은 1507년(중종 2) 종학을 다시 설치하고자 하였으나, 오랫동안 폐지되었던 종학의 수리가 제대로 되지 않아 불가능하였다. 1511년(중종 6)에도 종친부의 정으로 다시 종학을 설치하고자 하였으나, 관료들은 가뭄을 이유로 동의하지 않았다.[142] 관료들이 종학의 수리 문제 혹은 가뭄으로 종학을 운영할 수 없다고 한 것은 그들의 명분일 뿐이었다. 사실상 그들은 종친 교육에 소극적이었다.

성종은 종친의 교육이 체계적으로 이루어지자, 종친에게도 과거에 응시할 기회를 주고자 하였다. 그러나 당시 관료들이 종친은 종학에서 교육받는 것으로 족하며, 시험을 통해서 관직을 얻는 것은 구차한 일이라고 반대하였다. 종친의 정치 참여를 원하지 않았던 관료들은 종친이 종학에서 교육을 받고, 그 결과로 과거를 통해서 관계(官界)로 진출하는 일은 있을 수 없다고 생각했다. 종학은 단지 종친의 교양을 위한 것이라고 여겼다. 그러므로 관료들은 연산군이 종학을 혁파할 때에도 반대하지 않았으며, 중종대에도 관료들은 혁파된 종학을 복설하는 것에 대해 크게 관심을 두지 않았다.

1516년(중종 11) 대사헌 김당(金璫)이 종친의 교화를 위한 종학의 필요성을 주장하여서 1501년(연산군 7) 이래로 폐지되었던 종학이 다시 설치된 것으로 보인다.[143] 다시 설치된 종학은 가뭄 등으로 재정이 어려울 때에는 다시 폐지되기도 하여 지속적으로 운영되지 못하였다. 임진왜란 이후에는 종

---

141 『연산군일기』 권11, 연산군 11년 11월 15일(병신).
142 『중종실록』 권14, 중종 6년 9월 19일(병인).
143 『중종실록』 권26, 중종 11년 11월 4일(신사).

제3장 조선왕실의 친족, 종친

학이 완전히 폐지되었다. 인조대에 다시 종친 교화에 대한 논의가 있었지만 재정이 부족하다는 이유로 종학 설치는 실현되지 못하였다. 그 대신 종부시가 전적으로 종친 교육을 담당하게 되었다. 1630년(인조 8) 종부시 사목에서 종부시의 주부와 직장이 종친 교육을 담당하게 하였다.[144] 1640년(인조 18) 종부시에서는 종친 교육을 위한 절목을 마련하였다.

1640년 종친 교육 절목 내용은 첫째, 종친의 교육을 담당하는 주부와 직장은 문관과 음관 중에서 사표(師表)가 될 만한 사람으로 정하고, 동몽교관의 예에 의거하여 시행한다. 둘째, 종친 가운데 20세 이상을 가려내어 3번(番)으로 나누어 수업을 받게 하고 도기(到記)에 기록한다. 종친이 수업을 1~2회 결석하면 종친의 노비에게 태형을 시행하고 3회를 결석하면 구금한다. 셋째, 교과목은 『소학』·사서·『사략』·『통감』·『효경』으로 한다고 되어 있다.[145] 최종 결정된 종친 교육 대상의 나이는 15세에서 30세까지로 한정되었다. 교육을 받는 종친은 매달 세 번 강서 시험을 보았다. 시험에서 15점 이상을 획득하여 1등한 종친은 장지 3권, 황필 2자루, 진묵 2개를 상으로 받았다. 강서 시험에 1회 결석한 종친과 시험에서 불통을 받은 종친은 노비에게 태형을 가하고, 강서 시험에 2회 결석한 종친과 점수가 가장 낮은 종친은 추고하고, 시험에 연속해서 4회 불참한 종친은 파직하였다. 반대로 시험에서 연이어 5회 1등한 종친은 가자하여 종친의 학업을 권장하였다.[146]

조선 전기 종학이 운영될 때와 비교하면, 종친이 나와서 학업을 할 장소와 교수관이 따로 없었다. 교수관을 따로 차출할 수 없기 때문에 종친 교육을 전담한 종부시 주부와 직장을 엄선하여 문관 출신 관원이나 음관이라 하더라도 생원·진사시 출신을 차정하였다. 종친으로 종학에 나가는 나이 역

---

144 『지자등록(종부시등록)』(규13001) 권2, 경진 7월 24일.
145 『지자등록(종부시등록)』(규13001) 권2, 경진 7월 24일.
146 『종부시등록』(규13006-1), 宗親教誨條.

시 조선 전기에는 40세 이하로 한정하였으나, 이때에는 취학 연령을 15세에서 30세까지로 하여 교육 대상의 폭이 좁아졌다. 교육 과목에는 오히려 『효경』이 추가되어 종친 교육이 교양에 치중되어 있다. 연산군 이후 폐지되었던 종학 기능을 종부시에 둠으로써 그나마 종친 교육의 명맥은 유지하게 되었는데, 종친 교육이 종부시의 주요 업무로 부과되었다.

2) 종친 시예(試藝)

종친 시예가 처음 시작된 것은 성종대이다. 성종은 종친의 학업을 권장할 방안으로 종친에게도 과거 시험의 기회를 주고자 하였다. 1484년(성종 15) 성종은 종친에게도 과거 시험을 보게 하고 합격자를 선발하여서 유가를 허락하면 종친이 학업에 더욱 열심일 것 같다는 의견을 내었다.[147] 승정원에서는 성종의 의견이 온당하지 않다고 반대하였다. 성종은 뜻을 굽히지 않고 승정원에 종친 응시 절목을 마련하도록 지시하였다. 승정원에서는 성종의 명으로 마련한 종친 응시 절목을 대신들과 의논하였다. 승정원에서 마련한 응시 절목은 다음과 같다.[148]

1. 식년 문·무과에 의거하여 초장(初場)에는 사서삼경을 강하여 조(粗) 이상을 받은 종친을 선발한다. 그 밖에 삼경에서 제외된 이경과 사서(史書)를 강하려는 종친은 『시경』·『서경』을 들은 다음에 임문(臨文)하게 한다.
2. 중장(中場)에서는 부·잠·송 중에서 2편을 제술하고, 종장(終場)에서는 대책·논·서·기 중에서 1편 이상을 제술한다. 점수는 문·무과와 같으며, 삼장(三場)을 통계하여 4명을 선발하는데 1등 1명, 2등 1명, 3등 2명

---

147 『성종실록』 권172, 성종 15년 11월 30일(계축).
148 『성종실록』 권172, 성종 15년 12월 1일(갑인).

제3장 조선왕실의 친족, 종친

으로 한다.

3. 1등 한 종친에게는 연회를 베풀어 축하해 준다. 그 연회에는 시험에서
선발된 자 모두를 참여시키고, 다른 종친으로서 임시 취품한 자도 참여
하게 한다.

4. 종친 시험은 모두 궐내에서 시행한다.

5. 시관은 문·무과의 전시(殿試)의 예에 따른다.

6. 시험에 응시할 때 책을 끼고 들어가는 것과 글을 바꾸는 것 등을 규찰하
는 것은 일체 문과의 예에 따른다.

7. 응시자 등록과 대궐 문에 들어오는 것 등의 일은 종부시에서 담당한다.

8. 시험 응시 대상은 정3품 당상관 명선대부 이하로 한다.

9. 1등은 세 품계를 올려 주고, 명선대부 이상 종친의 경우에는 한 품계만
더한다. 2등은 두 품계, 3등은 한 품계를 더하며, 명선대부 이상 종친의
경우에는 품계에 따라 대가(代加)한다.

10. 시관은 은문(恩門)이라고 하지 않고, 종친은 시관에게 문생(門生)이라고
도 하지 않으며, 문·무과를 본 사람처럼 동년(同年)이라고도 일컫지 못
한다.

위의 절목을 보면, 시험 절차와 과목은 문과와 거의 같다. 다른 것이 있다
면 시관과 응시자가 좌주문생의 관계를 맺지 못하고, 동년이라 하면서 합격
자끼리 무리를 형성하지 못하게 한 것이다. 종친은 원칙적으로 관료와의 교
류가 차단되어 있었는데, 그것은 국가 변란의 원인이 될 수 있었기 때문이
다. 시험을 빌미로 관료와 종친이 함께 모이는 것은 합법화하지 않겠다는
의도에서 이러한 규정을 내세운 것이다. 시예는 종친에게 사환의 길을 열어
주지는 않으나, 승진의 기회를 가질 수 있는 공식 체제라고 할 수 있다. 종친
은 종반직을 받은 이후에 그 품계를 올려 받을 수 있는 근거가 없었다. 종친

들은 기회가 될 때마다 종친도 문·무반처럼 승진할 수 있는 법적 근거를 마련해 달라고 요청하였지만 받아들여지지 않았다. 그런데 성종은 종친 시예를 설행함으로써 승진할 기회를 주어 종친의 학업 동기를 유발하고자 한 것이다.

종친 시예에 대한 대신들의 반대는 만만치가 않았다. 관직에도 나갈 수 없는 종친에게 시험을 보게 하는 것은 무의미하다는 명분을 내세워 반대하였다. 그러나 성종은 이에 굴하지 않고 승정원에서 정한 절목을 수정하여 시험 제도를 체계화시켜 나갔다. 수정 내용은 첫째, 종친 시험은 문·무과와 겹치지 않도록 1년의 간격을 두고 시행한다는 것, 둘째, 『시경』・『서경』 등에 응시한 경우에는 임문고강으로 하고 점수를 준다는 것, 셋째, 시험에 한번 합격한 종친은 재차 시험을 볼 수 없다는 것 등이다.[149] 이렇게 수정된 내용은 『대전속록』에 수록하였다.[150]

성종은 종친 시예를 3년에 한 번 시행하는 것에 만족하지 않았다. 문·무과의 예에 의거하여 비정기시도 설행하기를 원하였다. 관료들은 3년에 한번 설행되는 종친 시예기 법제회되었기 때문에 더 이상의 종친 시예는 필요치 않다고 반대하여 더 이상의 논의는 무산되었다.

종친 시예는 중종대에 활발하게 시행되었다. 연대기 자료에서는 3년마다 종친 시예가 시행되었는지는 확인되지 않는다. 그러나 종친 시예에서 합격한 이들에게 가자하는 것은 규정대로 지켜지고 있었다. 종친 시예로 당상관에 오르게 되어 봉군을 요청하는 사례까지 보이고 있다. 종친 시예의 규정에 따르면 등수에 따라 2품에도 오를 수 있지만, 봉군은 함부로 할 수 없었다. 왜냐하면 『경국대전』에 따라 종친 봉군은 국왕의 2대손까지만 할 수 있었기 때문이다. 중종은 종친이 시예에서 우수한 성적을 내면 자급을 올려

---

149 『성종실록』 권173, 성종 15년 12월 19일(임신).
150 『대전속록』 권3, 예전(禮典), 장권조(奬勸條).

제3장 조선왕실의 친족, 종친

주는 것은 옳지만 봉군은 하지 말게 하였다.[151]

조선 후기에는 종친 시예가 제대로 설행되지 않았다. 인조와 현종 때의 종친 시예 기록은 보이나, 다른 왕대에는 나타나지 않는다. 종학이 폐지된 후 종부시에서 종친의 교육을 담당하였으나, 종친 시예 응시 지원자가 적었기 때문이었다. 1631년(인조 9) 영성감(永城監) 이경(李璥)[152] 등이 종부시에 단자를 올려서 종친 시예를 청하였다. 종부시는 종친 시예의 합격자는 4명을 선발하게 되어 있는데, 2명의 응시자만으로는 종친 시예를 설행할 수 없다고 하였다.[153] 이러한 상황이었으나, 인조대에는 1623년(인조 1)과 1632년(인조 10) 종친 시예를 설행하였다. 현종대에도 1661년(현종 2)과 1669년(현종 10)에 종친 시예가 설행되었다.

조선 후기에는 종친 시예 대신 종친 전강이 시행되었다. 1654년(효종 5) 종부시에서는 종친 교육 사목을 마련하여 효종에게 아뢰었다. 이때 종부시에서는 학업에 나오는 종친이 20여 명인데, 한 달에 세 번 고강에 나오는 사람은 3~4명이라고 하였다. 종부시에서는 종친 교육을 쇄신하기 위해서 11조목의 사목을 올렸다. 그중 한 조목이 고강에 관한 것이었다. 종친의 필수 교과목은 『소학』・사서이고, 선택 과목은 『사략』・『통감』・삼경・제사(諸史)로 하며, 매달 6차례 고강하여서 능통하고 배강(背講)에서 문장의 뜻을 잘 이해한 종친에게 상급을 시행한다는 내용이 포함되어 있다. 또한 종부시에서는 국왕이 친림하여 문신과 유생에게 전강 시험을 치를 때에 종친도 함께 하기를 청하였다.[154] 효종은 친림 전강에 종친 참여를 허락하였다.[155]

1655년 예조에서는 효종에게 종부시와 약속한 것에 의거하여 4월 22일

---

151 『중종실록』 권76, 중종 29년 2월 12일(기묘).
152 영성감 이경은 성종의 12남 영산군(寧山君)의 증손으로 덕순령(德純令) 이경충(李鏡忠)의 차남이다.
153 『승정원일기』, 인조 9년 11월 25일(갑오).
154 『종부시등록』(규13001), 갑오 5월 일조.
155 『전강등록』(규12969), 갑오 5월 12일조.

에 있을 국왕 친림 전강 때에 종친도 참여시키며, 종친 전강은 문신 전강의 전례에 따라서 시행하겠다고 보고하였다. 종친 전강은 35세 이하인 자를 대상으로 하며, 응시자가 공부한 경서의 본문 가운데서 심지를 뽑아서 시험을 치르게 하였다.[156] 이때 시험에 응시한 종친은 12명이었으며,[157] 시관은 고시관 3명과 참고관 4명으로 구성되었다.[158] 종친 전강은 영조대까지도 산발적으로 치러졌으나, 응시자가 점차 감소하여 계속되지 못하였다.

---

156 『전강등록』(규12969), 을미 4월 3일조.
157 『승정원일기』, 효종 6년 4월 18일(임신).
158 『승정원일기』, 효종 6년 4월 21일(을해).

4 종친 관리 기구, 종부시

1) 종부시의 성립

1401년(태종 1) 태종이 관제를 개혁할 때 전중시(殿中寺)는 종부시로 개칭하였다.[159] 1392년(태조 1) 조선의 관제를 정비할 때 전중시는 왕실의 보첩과 궐내의 일을 맡았다. 직제는 정3품 판사 2명, 종3품 경 2명, 종4품 소경 2명, 종5품 승 1명, 종7품 직장 2명으로 구성되었다.[160] 태종이 즉위한 후에 전중시를 포함한 육시(六寺)의 관원이 필요 이상 많다고 하여 관제 개혁이 여러 차례 이루어졌다. 태종은 전중시를 종부시라 하고, 이조의 속사로 삼았다. 종부시는 왕실보첩과 궐내의 일을 맡아 하는 것 외에 종친 규찰 업무를 담당하게 되었다.[161] 1414년(태종 14)에 종부시는 재내제군소에 예속되어 재내제군소의 비용을 변통하여 마련해야 했다. 종부시가 재내제군소에 예속되자, 도제조·제조·제거라는 관직을 두어 종친에게 맡겼다. 도제조는 대군이, 제조는 원윤(元尹) 이상이, 제거는 정윤(正尹) 이하가 맡게 하였다.[162] 1품아문인 종친부에 이조의 속사인 종부시가 예속되니, 문서 행정이나 종부시 관원 포폄의 혼선이 초래되었다.

세종대에 들어 종부시의 관제나 기능이 더욱 보강되었다. 1428년(세종 10) 이조에서 종부시는 송나라의 종정시와 기능이 같은 관서로서 관제 정비

---

159 『태종실록』 권2, 태종 1년 7월 13일(경자).
160 『태조실록』 권1, 태조 1년 7월 28일(정미).
161 『태종실록』 권18, 태종 9년 8월 1일(경자).
162 『태종실록』 권27, 태종 14년 1월 18일(계사).

가 필요하다고 건의하였다.[163] 종부시 관제는 지위도 높고 덕망이 있는 종친 2인을 제조로 삼고, 판사 이하는 종성(宗姓)과 서성(庶姓) 관료로 임명하되, 종성 관료가 없으면 서성 관료로 제수하자는 내용이었다.

세종도 종부시가 종친을 규찰하는 업무를 맡고 있으면서 재내제군부의 요속으로 있는 것은 비합리적이라고 판단하여 신상(申商)에게 해결책을 마련하게 하였다.[164] 그 후 이조에서 종부시는 단독 관청으로 독립시키고, 재내제군부에는 별도의 요속을 두어 종친부라고 개칭하자는 대안을 제시하였다.[165] 세종은 이조의 의견을 받아들여 종부시를 독립시켰다. 세종 때에 정비된 종부시 관제는 제조 2명을 왕실과 무관한 서성 관원에게 맡기되,[166] 의정부 당상과 형조판서가 겸하게 하였다.[167] 이는 종부시에서 종친을 엄격하게 규찰하게 하기 위한 것으로 종부시가 왕실보첩 편찬보다는 규찰 기관으로서의 위상이 강화된 결과이었다.

종부시의 관원이 판사, 소윤, 판관, 직장 등 4원이었으나, 1439년(세종 21) 주부 1원과 겸주부 1원이 더 설치되었다.[168] 육시(六寺)의 용관(冗官) 감축과 더불어 종부시도 지속적으로 감원되다가, 이때 2원이 더 설치된 것은 종부시의 직무 체계가 갖추어졌기 때문이다. 종부시는 종친 규찰 사목을 마련하여, 본격적으로 규찰 업무를 시행하였다. 더구나 종학이 운영되자, 종부시가 주무 부서로 기능하게 되었다. 종학이 독립된 관청이긴 하지만, 구임 관원은 전혀 없고 모두 겸직이었다. 교육은 겸직인 종학 교수가 담당하지만 종학에 나가는 종친의 출결과 규율 위반 사항 등은 종부시에서 검칙하였다. 종부시가 이러한 업무를 담당하게 된 것은 종친 규찰 차원에서였다. 이처럼 종부

---

163 『세종실록』 권42, 세종 10년 10월 24일(임인).
164 『세종실록』 권49, 세종 12년 8월 21일(기축).
165 『세종실록』 권50, 세종 12년 11월 29일(병인).
166 『세종실록』 권84, 세종 21년 6월 24일(경자).
167 『성종실록』 권95, 성종 9년 8월 14일(계묘).
168 『종부시등록』(규13006-1), 직장조.

시의 업무가 늘어나게 되어 관원을 더 설치한 것으로 추측된다.

세조대에는 종부시 관원에 대한 개정이 있은 후에 법제화되어 『경국대전』에 실렸다. 1460년(세조 6) 종부시의 판관과 겸주부가 혁파되었고, 1466년(세조 12) 판관은 정(正)으로, 소윤은 첨정으로 개칭되었다. 『경국대전』에 실린 종부시 관제는 도제조 2인, 제조 2인, 정 1인, 첨정 1인, 주부 1인, 직장 1인으로 되어 있다. 법전에 종부시 도제조는 종친이 맡는다고 명시되어 있으나, 제조에 대한 언급은 없었다. 종부시가 재내제군부에 예속되었을 때 제조는 종친이 맡았으나, 세종대에 종친 규찰을 강화하여 왕실과 무관한 서성 제조를 두었다. 법전에 종부시 제조에 대한 언급이 없는 것은 세종대 이후 계속 서성 관원이 임용되었기 때문으로 여겨진다.

종부시의 실직은 정, 첨정, 주부, 직장 4명이다. 이들 중 5품 이하 주부와 직장은 사간원·사헌부의 서경을 거쳤다. 서로 상피해야 할 대상은 본종(本宗)의 대공친 이상, 사위·손녀사위·자매부(姊妹夫), 외친(外親)은 시마친 이상, 그리고 처친(妻親)은 부모·조부·자매부 등이었다.[169]

2) 종부시 관제와 그 변천

『경국대전』에 규정되었던 종부시 관제는 조선 후기에도 기본 틀이 크게 변하지 않았다. 그러나 조선 전기와는 달리 전란 이후 종학이 폐지됨으로써 종부시에서 종학의 기능을 전담하게 되었다. 1629년(인조 7) 종부시에서는 종친 교육을 거론하였다. 재정상 종학을 설치하지 못한다면, 종부시가 종학의 기능을 겸해야 한다는 것이었다.[170] 인조는 종부시의 요청을 받아들여 종부시 관원이 종학교수관을 겸하도록 하였다.

169 『종부시등록』(규13006-1), 상피조(相避條).
170 『인조실록』 권21, 인조 7년 12월 23일(계유).

종부시 관원이 종학교수관을 겸직하기 위해서 자격 규정에 대한 논의가 필요하였다. 그 이전까지는 종부시 5품 이하 관원이 반드시 문과에 합격한 사람일 필요는 없었다. 그러나 종학의 교수관을 겸해야 한다면, 종부시 관원의 자격에 대해 신중하게 생각해야 했다. 효종은 종학교수관을 겸하는 관원은 문과에 합격한 관원으로 차임하게 하였다.[171] 그 후 관료들은 종학교수관은 생원·진사시에 합격한 정도라면 충분한 자격 요건을 갖춘 것이라고 하였다.[172] 종학교수관을 겸한 종부시 관원 자격 논란은 계속되었다. 숙종 때에는 종학교수관을 겸하는 종부시의 주부와 직장을 문관과 음관 중에서 차임하게 하였다.[173] 이러한 숙종의 결정은 종친 교육을 담당한 종부시 관원의 중요성을 강조한 것이었다. 즉 종부시 관원은 문과에 합격한 관원이거나, 생원·진사시에 합격한 음관 중에서 제수하라는 것이었다. 정조대에 편찬된 『대전통편』에 숙종의 결정이 그대로 수용되어서 종부시 주부는 문관으로, 직장은 생원·진사 출신으로 한다고 명문화되었다.[174]

조선 후기 종부시 관원의 문관과 음관 비율은 『종부시낭청선생안』을 통해서 확인할 수 있다. 『종부시낭청선생안』에는 1794년(정조 18)부터 종부시가 종친부에 통합될 무렵인 1866년(고종 3)까지 제수되었던 종부시의 정(正) 180명, 주부 176명, 직장 74명 등이 수록되어 있다. 왕대별로 이들의 출신을 정리하면 〈표 11〉과 같다.

〈표 11〉을 참조하면, 문과에 합격한 문관의 비율이 관직별로 다르다. 정3품 당하관인 정(正)은 93.3%로 문관의 비율이 매우 높다. 정3품 당하관은 준직으로 당상관에 승진할 수 있는 자리이므로, 문관의 비율이 높을 수밖에 없다. 국정을 입안하고 집행하는 당상관은 대부분 문과에 합격한 문관이었

---

171 『승정원일기』, 효종 5년 5월 3일(임진).
172 『효종실록』 권15, 효종 6년 7월 14일(병신).
173 『종부시등록』, 직장조.
174 『대전통편』 권1, 이전, 종부시조.

제3장 조선왕실의 친족, 종친

표 11 왕대별 종부시 관원의 출신 분포

관직 왕대	정			주부			직장		
	문관	음관		문관	음관		문관	음관	
		생진시	미시험		생진시	미시험		생진시	미시험
정조	14		5	13				2	4
순조	87		4	100	2	2	7	26	3
헌종	25			23	9	1	1	15	
철종	39		3	5	19	1	1	13	
고종	3							2	
합계	168 (93.3%)		12 (6.7%)	141 (80.1%)	30 (17.1%)	5 (2.8%)	9 (12.2%)	58 (78.4%)	7 (9.4%)

다. 그러므로 당상관으로 승진하는 길목인 정3품 당하관 정(正)의 93%가 문관인 것은 극히 당연하다.

참상관인 주부의 문관 비율이 80.1%로 높은 것은 종부시의 특징이다. 주부는 종6품직으로 문관이나 음관이 제수될 수 있는 관직이었다. 문관은 주로 승문원·성균관·교서관 등의 참하관을 거쳐 출육(出六)하였다. 특히 조선 후기에는 문관이 출육할 때 정6품 성균관 전적을 거쳐서 육조의 낭관인 정6품직으로 옮기는 것이 일반적이었다. 반면 경관(京官)의 주부는 음관의 비율이 비교적 높은 편이었다.

그러나 종부시 주부는 종학교수관을 담당하는 직임이었으므로 의도적으로 문관을 배치하려고 노력한 것 같다. 음관 주부도 생원·진사시에 합격한 경우가 전체의 17%나 되었고, 과거를 보지 않은 음관의 비율은 2.8%로 매우 낮았다. 그럼에도 주부의 음관 비율이 정(正)의 음관 비율보다 13.2%나 높게 나타났다. 음관 정(正)은 모두 과거를 거치지 않았지만, 음관 주부는 대부분 생원·진사시 합격자로 과거를 거치지 않은 비율이 정(正)보다도 약 4%가 낮았다. 이러한 경향은 주부가 종학교수관을 담당하였기 때문이었다.

종부시 주부가 문과 점유율이 높긴 하지만, 왕대별로 차이가 있다. 헌종대에는 음관의 비율이 27%로 순조대 2%보다 25%나 급증하였다. 특히 철종대에는 음관이 73%를 차지하고 있다. 이러한 현상은 종부시 주부에 음관임용의 길을 열어 놓은 때문이다. 1853년(철종 4) 영의정 김좌근(金左根)이 철종에게 종부시 주부를 음과(蔭窠)로 하자는 건의를 하여 허락을 얻었다.[175] 김좌근의 건의는 종부시 주부의 종학교수관 겸직이 무의미하였기 때문이었다. 이 시기에는 종학에 나갈 종친이 거의 없었기 때문에 군이 주부를 문관으로 제수할 필요가 없었다.

주부와 함께 종학교수관을 겸하였던 직장은 음관의 비율이 매우 높아서 87.8%에 이르고 있다. 87.8%에 이르는 음관 가운데 생원·진사시 합격자가 78.4%에 달하였고, 과거에 합격하지 않은 음관은 9.4%이었다. 직장은 종학교수관임에도 불구하고, 문관보다 생원·진사시에 합격한 음관이 주류를 이루고 있다. 이것은 직장은 생원·진사로 제수한다는 규정 때문이기도 하나, 관직 체계상 문관이 종부시 직장으로 가기가 순조롭지 않았기 때문으로 여겨진다.

문과 합격자 중 갑과 3인을 제외한 을과와 병과 합격자는 삼관에 분관되어 그곳에서 권지(權知)를 거쳐 천전하며 참하관을 지냈다. 갑과 3인만 문과 합격 후 바로 실직에 제수되었다. 갑과 1등인 장원 합격자는 바로 정6품직으로 서용되고, 갑과 2등과 3등이 7품직에 제수되었다. 문관으로 종부시 직장에 제수될 수 있는 경우는 갑과 2등과 3등이 대부분이었다. 문과에 합격하여 삼관에 분관되었던 관원은 좌천을 당한 경우에나 간혹 종부시로 갔을 것으로 추측된다. 갑과 2등과 3등이 배출될 수 있는 문과는 식년시와 증광시이었다. 이러한 문과는 시험의 횟수가 별시·정시 등에 비해 적어서 그 인원수

175 『철종실록』 권5, 철종 4년 5월 20일(갑자).

가 많지 않았다. 선생안을 참조하면, 직장에 제수된 9명의 문관은 모두 갑과 3등에 합격된 이들로 위의 사실이 입증되고 있다. 정조대에, 직장은 생원·진사 출신 음관으로 임용한다고 명문화하였는데, 순조대에 7명, 철종·헌종대에 각 1명의 문관이 직장으로 제수된 것은 문관직 운용과 관계가 있다.

이상의 선생안 분석을 통해서 종부시가 정3품아문 관서이긴 하나, 실직에 배치된 문관이 74%에 이르는 것은 종부시가 종학을 담당하는 기관이었기 때문임을 확인하였다. 35개 정3품아문에서 법제적으로 문관이 배치된 관서는 승정원, 사간원, 경연, 홍문관, 예문관, 성균관, 춘추관, 승문원, 통례원, 봉상시, 교서관 등이었다. 그러나 조선 후기 종부시가 종학을 겸하게 됨으로써 이들 관서와 마찬가지로 문관이 주로 배치되었다.

종부시의 기능상 당상관인 도제조와 제조는 타 관서와 다른 특징이 있었다. 『경국대전』에 도제조 2원은 종친으로 제수한다고 되어 있다. 조선 전기의 『종부시당상선생안』은 남아 있지 않아서 확언하기는 어렵지만, 도제조는 대군 혹은 군 등 왕자가 맡았던 것으로 보인다. 현전하는 『종부시당상선생안』에는 광해군대부터 숙종대까지의 종부시 도제조·제조가 등재되어 있다.[176] 이 자료에 의하면, 도제조에는 대군과 군의 구분 없이 왕자가, 제조에는 대신(大臣)과 종친이 제수되었다. 조선 전기에는 왕자가 종부시 제조를 지낸 사례가 실록에 보인다. 세종대에 수양대군·밀성군이,[177] 세조대에 임영대군이,[178] 중종대에는 견성군·은산군(밀성군의 아들 이계)·경명군·익양군이, 명종대에는 이성군이, 선조대에 임해군[179] 등이 왕자로서 종부시 제조를 지냈다. 『종부시당상선생안』과 실록을 종합하면, 도제조에는 종친 중 왕자가,

---

176 『종부시당상선생안』(장서각 K2-595).
177 『세조실록』 권1, 총서.
　　수양대군이 종부시 제조를 지낸 것은 진양대군이었을 때이다.
178 『세조실록』 권11, 세조 4년 2월 22일(신해).
179 『광해군일기』 권1, 광해군 즉위년 2월 21일(무인).

제조에는 당상 관료와 종친 중 대부분 왕자가 제수되었다.

종친과 관료로 구성되었던 종부시 당상관은 조선 후기에 조금 다른 양상을 보인다. 조선 후기에는 종부시 도제조를 맡을 왕자가 부족하였고 종부시 제조에도 왕자가 차정되기 어려워서 왕자 이외의 종친이 제수되기 시작하였다. 1650년(효종 1) 경평군의 아들인 영양군(嶺陽君)이 제조에 제수된 것이 그러한 예이다.[180] 왕자 이외의 종친을 제조로 제수하는 것을 법제화한 왕은 숙종이었다.

조선 후기에 도제조 소임을 맡은 왕자는 원종의 아들인 능원대군·능창대군, 인조의 아들인 인평대군·용성대군·숭선군·낙선군, 숙종의 아들 연잉군·연령군뿐이다. 효종·현종·영조·정조·순조에게는 왕위를 계승할 왕세자뿐이었고 종부시 도제조를 맡을 왕자는 전혀 없었다. 인조의 아들 중에 용성대군은 일찍 사망하였고, 숭선군과 낙선군은 그의 어머니 귀인조씨의 저주 사건에 연루되어 왕자로서의 역할을 수행하는 데에 한계가 있었다.

그러한 사정이 『종부시당상선생안』에도 잘 드러난다. 인조대에 도제조를 지낸 왕자는 선조의 아들 경창군·의창군·인흥군, 원종의 아들인 능원대군·능창대군이었다. 효종대에는 원종의 아들인 능원대군, 인조의 아들인 인평대군이 도제조의 직임을 수행하였다. 귀인조씨의 저주 사건으로 유배되었던 숭선군과 낙선군은 숙종대에 종친으로서의 역할을 수행하였다. 숙종대 종부시 도제조를 지낸 것은 숭선군, 숙종의 아들인 연잉군·연령군이다.

왕자 이외의 종친이 종부시 제조로 제수할 수밖에 없었던 이유가 있었다. 첫째, 숙종대에 왕실보첩의 수정과 새로운 왕실보첩 간행이 자주 이루어졌기 때문이었다. 왕실보첩 간행은 종부시의 중요한 업무이었기 때문에, 왕실보첩에 밝은 종친이 제조로 차정되기를 원하였다. 숙종대 조선 전기 왕

180 주 176 참조.

실보첩인『종친록』·『유부록』을 수정 보완하여『선원록』이 편찬되고, 『선원계보기략』 등의 새로운 왕실보첩도 지속적으로 편찬되었다. 종부시에서는 1676년(숙종 2)부터 숙종에게 왕실계보에 밝은 종실이 제조에 제수되어야 한다고 주청하였다.[181] 낭원군(朗原君) 이간(李偘)은 왕자가 도제조에 차출되니, 계보에 밝은 종실 중에서 제조가 차정되어야 왕실보첩의 수정이 제대로 이루어질 것이라고 하였다. 숙종은 낭원군의 청은 받아들이지 않았다. 1679년(숙종 5) 또 종부시 도제조였던 숭선군이 차자를 올려서 왕실보첩을 수정해야 하니 비어 있는 도제조 1원을 식견이 있는 종친 중에서 차정해 주기를 청하였다.[182]

좌의정 민희(閔熙)는 도제조 1원을 더 차정하자는 숭선군의 의견에 대해서 이의를 제기하였는데,[183] 그 이유는 재정상의 문제 때문이었다. 임진왜란 이후 각 관서들이 피폐되었는데, 그중 종부시가 좀 더 심하여 사령·서리와 같은 하리(下吏)를 갖추기가 쉽지 않았다. 종부시 제조는 대신이 겸직하여 하리가 갖추어지지 않아도 문제가 없으나, 도제조는 특별히 하리들을 갖추어 주었다. 그런데 도제조가 2명이 되는 경우에는 관서의 비용 부담이 커질 수밖에 없었다. 좌의정 민희는 임진왜란 이후 관서들이 법전에 실린 대로 관원의 정원을 모두 갖추지 못하니 도제조 1원을 더 차정하기는 어렵다고 하였다. 또한 그 대안으로 숭선군이 왕실보첩을 수정하는 직임을 감당하기 어렵다면 체직시키고, 다른 사람을 도제조로 제수하거나 제조 두 사람 중 한 사람을 왕실 계보에 밝은 종친으로 차정할 것을 제안하였다. 숙종은 숭선군을 체직시키기보다 제조 한 사람을 종친으로 차정하도록 하였다.

둘째, 종부시 도제조나 제조에 차정될 왕자가 부족하게 됨으로써 왕자 이

---

181 『승정원일기』, 숙종 2년 1월 25일(무신).
182 『승정원일기』, 숙종 5년 7월 5일(정유).
183 『승정원일기』, 숙종 5년 8월 13일(을해).

외의 종실이 제조에 차정되었다. 법전에 왕자가 맡아야 한다고 명문화되지는 않았지만, 종부시 도제조는 의례히 왕자가 겸임한다고 인식되어 있었다.[184] 숙종대 이후로 왕자가 없었기 때문에 종부시 도제조는 공석으로 두고 제조 2명 중 1명을 종친으로 차정하게 되었다.[185] 이러한 전례는 『대전통편』에 왕자가 아니면 도제조에 차정될 수 없고, 도제조가 선임되지 않았을 때에는 제조 1명은 종반(宗班)에서 임명한다고 명문화되었다.[186] 왕자 이외의 종친이 종부시 당상을 맡게 되면서 종친의 당상관 비중이 높아졌다.

종부시 제조에 차정되었던 대신도 왕실과 관련된 인물이 많았다. 실록과 『승정원일기』·『일성록』 그리고 『종부시당상선생안』에서 종친을 제외한 종부시 제조 189명을 조사하였다. 인조대 이전은 실록을, 인조대 이후는 『승정원일기』·『일성록』을 대상으로 조사하였다. 연대기 자료와 『종부시당상선생안』을 비교하여서 선생안에 빠진 부분은 보충하고, 선생안에 수록되지 않은 경종대에서 철종대까지는 『승정원일기』·『일성록』을 참조하였다. 종부시 제조 189명에 대한 왕실과의 관계를 도표화하면 〈표 12〉와 같다.

종부시 제조가 왕실과 관련되었는지를 알아보기 위해서 『선원록』·『선원계보기략』·『돈녕보첩』 등을 참조하였다. 왕실 계통은 왕실 족보의 체제에 따라 국왕의 친인척은 대군·군의 후손인 남계(男系)와 공주·옹주의 후손인 여계(女系)로 분류하고, 왕후의 친인척은 『돈녕보첩』에 실린 대로 동성 8촌친 이성 5촌친으로 하였다.

종부시 제조를 지낸 관원 중 국왕의 남계는 정종의 아들 의평군·덕천군, 태종의 아들 근녕군, 세종의 아들 임영대군·수춘군, 성종의 아들 익양군·경명군·무산군, 중종의 아들 영양군·덕양군·덕흥대원군, 선조의 아들 임

---

184 『승정원일기』, 현종 2년 6월 9일(병술).
185 『종부시등록』(규13006-1), 직장조.
　　提調二員 肅廟條己未一員 則宗親中擇差.
186 『대전통편』 권1, 吏典, 宗簿寺條.

표 12   종부시 제조와 왕실과의 관계

	국왕 친인척		왕후 친인척	서성 관원	합계
	남계	여계			
세종	1			2	3
문종				2	2
인종				1	1
명종	2	1		1	4
인조	8	1		12	21
효종	1	1	1	3	6
현종	6	2	2	10	20
숙종	11	6	2	6	25
경종				2	2
영조	6	19	11	10	46
정조	5	12	3	11	31
순조	1	5	8	4	18
헌종			2	1	3
철종			6	1	7
합계	41 (21.7%)	47 (24.9%)	35 (18.5%)	66 (34.9%)	189

해군·인성군·경창군·경평군·영성군, 원종의 아들 능창대군, 인조의 아들 소현세자·인평대군, 영조의 아들 사도세자 등의 내·외손이다. 국왕의 여계로는 성종의 딸 경순옹주(부마 남치원)·휘숙옹주(부마 임숭재)·정숙옹주(부마 윤섭), 중종의 딸 의혜공주(부마 한경록)·숙정옹주(부마 구한), 선조의 딸 정명공주(부마 홍주원)·정신옹주(부마 서경주)·정혜옹주(부마 윤신지)·정숙옹주(부마 신익성)·정휘옹주(부마 유정량)·정선옹주(부마 권대임), 효종의 딸 숙명공주(부마 심익현)·숙휘공주(부마 정제현)·숙경공주(부마 원몽린), 현종의 딸 명안공주(부마 오태주), 영조의 딸 화순옹주(부마 김한신) 등의 내·외손이다. 왕후의 친인척 계통은 명종비 인순왕후(청송심씨), 선조계비 인목왕후(연안김씨), 인조계비 장

렬왕후(양주조씨), 현종비 명성왕후(청풍김씨), 숙종비 인경왕후(광산김씨) · 계비 인현왕후(여흥민씨) · 계비 인원왕후(경주김씨), 경종계비 선의왕후(함종어씨), 진종비 효순왕후(풍양조씨), 정조비 효의왕후(청풍김씨), 순조비 순원왕후(안동김씨), 헌종계비 효정왕후(남양홍씨) 등의 내 · 외손이다.

〈표 12〉를 보면, 조선 전기는 조사된 종부시 제조 인원이 너무 적어서 언급하기가 어렵다. 종부시 관제가 정비되는 과정에서 도제조와 제조는 주로 종친인 왕자가 맡았고, 세종대에 와서야 서성(庶姓) 당상관이 차정되었다. 그 이후 제조의 설치와 폐지가 거듭되면서 종친이 주로 종부시 제조를 맡았던 것으로 보인다. 표에 있는 조선 전기의 서성 제조로서 국왕의 친인척인 경우는 국왕 자손의 사위이거나 외손이어야 가능하다. 예를 들면, 1439년(세종 21) 종부시 제조였던 정연(鄭淵)은 태종의 아들 근녕군의 증손서(曾孫壻)이다.[187] 국왕의 자손은 친진 이후인 5대손 이하이므로 시기상 성종대까지는 국왕의 친족으로서 종부시 제조에 제수되기가 쉽지 않았을 것이다. 명종대 3명의 서성 제조로 국왕 친인척이었던 인물은 홍섬 · 구수담 · 심광언이다. 홍섬은 세종의 아들 임영대군의 4대 손서(孫壻)로 1548년(명종 3)에 종부시 제조를 지낸 인물이다.[188] 구수담은 1549년(명종 4)에 종부시 제조를 지냈는데 태조의 아들 진안대군의 5대 외손이며,[189] 심광언은 태종의 딸 숙순옹주의 외증손으로 1556년(명종 11)에 종부시 제조를 지냈다.[190]

조선 후기에는 종부시 제조와 왕실 관계의 변화가 뚜렷하게 나타나고 있다. 인조대에서 현종대까지 종부시 제조를 지낸 인물의 특징은 다음과 같다. 첫째, 국왕과 왕후의 친인척으로 종부시 제조가 된 사례보다 왕실과 무관한 관원이 종부시 제조인 경우가 50% 내외이다. 인조대에는 57%, 효종 · 현종

---

187 『세종실록』 권87, 세종 21년 11월 27일(신미) 및 『선원록』(장서각 K2-1046) 참조.
188 『명종실록』 권8, 명종 3년 10월 10일(신해) 및 『선원록』(장서각 K2-1046) 참조.
189 『명종실록』 권9, 명종 4년 11월 3일(무진) 및 『선원록』(장서각 K2-1046) 참조.
190 『명종실록』 권20, 명종 11년 3월 6일(을축) 및 『선원록』(장서각 K2-1046) 참조.

대에는 50%이다. 둘째, 왕실과 친인척 관계에 있다 하더라도 주로 왕실의 남계 내·외손이 다소 우세하게 나타나고 있다.

숙종대 이후로는 왕실과 무관한 관원이 종부시 제조를 지내는 비율이 50% 미만으로 떨어졌다. 숙종대에는 24%, 영조대에는 22%, 정조대에는 35%, 순조대에는 22%, 헌종대 33%, 철종대 14%이다. 왕실과 무관한 관원의 종부시 제조 비율이 50%에서 24%로 떨어지게 된 것은 왕실보첩의 수정과 편찬이 빈번해지고, 도제조를 지낼 왕자가 없어서 종친이 종부시 제조를 맡게 되었기 때문이다. 숙종대 이후 종친 감소 현상과 함께 왕자 내·외친 출신 종부시 제조보다 공주 내·외친 출신 제조의 수가 점차 늘어 갔다. 영조대 이후로는 상황이 역전되어 공주 내·외친 출신 제수 인원이 왕자 내·외친 출신 제수 인원보다 많아졌다. 숙종대 이후 공주 내·외친 출신 종부시 제조 중에는 선조의 딸인 정명공주와 정신옹주 계통이 많았다.

〈표 12〉에서 주목되는 것은 왕후 친인척의 종부시 제조 점유율이다. 왕후 친인척이 종부시 제조에 제수되는 현상은 효종대 이후로 나타난다. 영조대에는 왕후 친인척 제조 점유율이 24%로 높아졌다. 순조대 이후로는 거의 왕후 친인척이 제조에 제수되었다. 영조대에 종부시 제조에 차정된 왕후 친인척은 명성왕후·인경왕후·인현왕후 그리고 효장세자빈 친인척이다. 순조대에는 인선왕후·인경왕후·인현왕후·선의왕후의 친인척과 순원왕후의 부친인 당시 부원군이 종부시 제조를 맡았다. 순조대 이전까지는 당대 왕후의 친인척이 종부시 제조에 차정되기도 하였으나, 부원군이 종부시 제조를 맡은 적은 없었다. 헌종대에도 헌종계비인 효정왕후의 부친인 부원군이 종부시 제조를 지냈다.

종부시 제조 중에서 약 35%만이 왕실과 관련이 없는 인물이며, 약 65%는 왕실 친인척으로 구성되어 있다. 여기에 종친이 차정된 도제조·제조를 포함한다면 왕실 친인척의 종부시 당상 비율은 훨씬 높을 것이다. 이러한 결과에서 종부시는 종친을 비롯한 왕실 친인척이 직임을 맡는 관서임을 명확하게 알 수 있다.

3) 종부시의 직무

『경국대전』에 명시된 종부시의 직무는 왕실보첩을 편찬하고, 종실을 규찰하는 것이었다. 조신의 종부시는 중국 송나라 종정시의 기능을 그대로 수용하였다. 보첩 편찬과 종실 규찰이라는 대표적인 업무 이외에도 종부시에서는 종반직 차정, 종학 관련 업무, 종친 혼인, 종친 속량, 충의위 차정, 입번 종친 의망 등 종친과 관련된 전반적인 일을 담당하였다. 종부시에서 주관한 직무를 정리하면 다음과 같다.

(1) 왕실보첩 편찬과 봉안

조선왕실에서 가장 먼저 편찬한 보첩은 『선원선계록』·『종친록』·『유부록』이다. 이들 보첩 가운데 국왕의 자손록인 『종친록』·『유부록』은 시년마다 선원단자를 받아서 작성하여 왕대별로 편찬하였다. 『종친록』·『유부록』의 편찬은 이 두 보첩으로 끝나는 것이 아니었다. 혹 선원단자를 내지 못한 왕실 후손이 있을 경우에는 따로 『종친가현록』·『유부가현록』을 작성하였다. 그리고 국왕의 친족 관계가 소멸된 이후의 왕실 후손들에 대해서도 단자를 받아서 따로 성책하였다.[191]

『종친록』과 『유부록』을 작성하면서 파생적으로 '가현록'이나 『칠대이하자손록』 등을 따로 만든 이유는 이들에게도 차등적으로 예우가 주어졌기 때

---

191 『종친록』·『유부록』이 편찬될 당시 이 보첩에 등재된 친족 범위는 종성 6대손, 이성 6대손이었다. 특히 종성 7대손 이후로 『종친록』에 기재되지 못하는 왕실 후손을 대상으로 『칠대이하자손록』을 작성하였다.

문이다. 종부시는 종친에게는 종반직을, 친진된 왕실 친족에게는 충의위 입속과 잡역 면제 등의 예우를 위해서 왕실 친족은 물론이고, 친족의 범위를 벗어난 왕실 후손들도 파악하고 있어야 했다. 『종친록』과 『유부록』 두 종류의 국왕 자손록은 1681년(숙종 7)에 『선원록』이란 왕실보첩으로 재편되었다. 『선원록』은 분리되어 편찬된 『종친록』과 『유부록』을 하나로 통합하여 만든 보첩이어서 여기에서 파생되는 『선원가현록』·『선원십대록』[192] 등이 편찬되었다.

종부시에서는 식년마다 선원단자를 받아 보첩을 작성할 때 사목을 마련하여 시행한 것으로 보인다. 조선 전기에 시행한 사목은 알 수 없으나, 임진왜란 이후 보첩을 수정할 때 작성된 『선원록사목』은 남아 있다.[193] 조선 후기 식년마다 선원단자를 받아 보첩을 작성하면서 아예 식년 사목을 만들어 사용한 것으로 보이는데, 그 식년 사목의 내용이 『종부시등록』에 필사되어 있다.[194] 식년 절목의 내용은 다음과 같다.[195]

- 대군 왕자 각파 종실 자손과 대수가 다한 자손록 단자는 각기 문장(門長)과 존속(尊屬) 두 사람이 거행하고 살펴서 이름을 서명하여 올릴 것.
- 대군·군·공주·옹주의 내·외자손록 단자는, 서울은 한성부에서 각 부(部)에 통보하여 빠짐없이 작성하여 올리게 하고, 지방은 각 도 감사가 모든 읍에 알려 기록에 들어갈 자인지의 여부 확인 및 단자를 빠짐없이 올려 보내도록 한다. 기록한 단자에는 그 문장(門長)과 향소(鄕所)가 서명

192 『선원십대록』은 『선원록』에 등재되지 못하는 자손들을 기재한 것이다. 『종친록』·『유부록』에는 종성 자손이나 이성 자손이나 6대손까지 기재되었기 때문에 여기에 기재되지 못하는 『칠대이하자손록』이란 것이 만들어졌다. 그러나 『선원록』에 기재된 국왕 친족은 종성 자손은 확대되어 9대손까지, 이성 자손은 6대손까지 기재되었기 때문에 종성 자손에 들지 못하는 10대 이하 자손을 따로 『선원십대록』에 기재하였다.
193 『선원록사목』(규9701)은 1645년(인조 23)에 종부시에서 편찬한 것이다.
194 『종부시등록』(규13006-1)은 서울대 도서관 해제를 참조하면 1799년(정조 23)에 편찬된 책이다.
195 『종부시등록』(규13006-1), 식년절목조.

하고, 수령이 내외의 내용을 살피고 봉투를 봉하고 도장을 찍어 올려 보낸다. 만약 참과 거짓을 살펴서 서얼을 적자라고 하거나 대수(代數)를 함부로 기록하였다가 탄로 나면 문장과 향소는 법에 의거하여 무겁게 다스릴 것.

- 단자를 제출하는 기한은 서울이면 2월 15일, 지방의 가까운 곳은 2월 30일, 중간쯤 되는 곳은 3월 10일, 먼 곳은 3월 20일 이내에 올려 보내되, 게을러서 거행하지 않은 부관(部官)과 수령은 추고할 것.

- 『선원가현록』의 처음 작성되는 초본은 저주지 9권, 중초는 저주지 9권, 본청과 지방 4곳에 봉안하기 위해서 5권을 정서하는 데 필요한 도련 저주지 35권, 『선원십대록』의 초초(初草)는 백지 15권, 정서는 저주지 15권을 전례에 따라 마련할 것.

- 선원록을 베껴 쓰는 충의위 한 사람은 전례에 의거하여 녹을 줄 것. 충의위 한 사람은 충훈부에서 택하여 차정하여 녹을 줄 것.

- 공무에 쓸 하지(下紙) 2권, 황필 5자루, 양모필 5자루, 진묵 4정을 끝까지 갖출 것.

- 『선원가현록』은 중궤(中櫃)에 5부를 봉안하고, 『선원십대록』은 대궤(大櫃)에 3부를 채워서 전례에 의거하여 갖추어 놓을 것.

- 인찰 화원 2명은 전례에 의거하여 급료를 정하여 보낼 것.

- 선원록을 작성할 때에는 서리 1명을 더 차출하고, 서리 1명은 호조와 병조에게 전례에 의거하여 급료를 지급할 것. 더 차출된 사령 1명과 군사 2명은 식년에 한하여 전례에 의거하여 급료를 주어 부릴 것.

이 식년 절목을 인조대에 마련한 『선원록사목』과 비교해 보면, 선원단자를 제출하는 절차는 같다. 서울에서는 한성부에서 각 부(部)에 통보하여 작성하게 하고, 지방은 감사가 각 고을에 통보하여 수령의 도장을 받아서 단자를 제출하게 하였다. 제출 기한은 『선원록사목』과 조금 다르다. 그러나 『선원록사목』에 기재된 기한은 그 식년에 행한 사례이고, 여기에서 제시된 식년 절목은 규정된 기한으로 가장 먼 지방이라도 3월 20일까지는 단자가 종부시에 도착하여야 한다.

식년에 작성되는 보첩에 따라 종이의 질과 양에도 차이가 있었다. 1645년(인조 23)에 단자를 받아 정리한 『종친록』·『유부록』 등의 경우 처음 작성되는 초본은 저주지 7권, 중초는 저주지 7권, 3건을 정서할 때는 도련 저주지 15권이 사용되었다. 식년 절목에서 언급된 『선원가현록』이나 『선원십대록』은 5건을 정서하여 종이의 양이 많이 들었다. 『종친록』·『유부록』이나 『선원가현록』은 종이의 질이 같으나, 왕실 친족의 범위를 넘어 왕실 후손을 기록한 『선원십대록』은 종이의 질이 조금 떨어지는 것을 사용하였다. 『선원록』을 작성할 때에는 『선원가현록』이나 『선원십대록』을 작성할 때보다 서리 1명, 사령 1명, 군사 2명 등이 더 차출된다는 점이 달랐다.

숙종대 이후에는 식년마다 작성되는 보첩 이외에도 『선원계보기략』·『국조어첩』·『열성팔고조도』·『왕비세보』 등의 다양한 왕실보첩이 종부시에서 편찬되었다. 특히 이들 보첩은 수정 사항이 있을 때마다 증보가 이루어졌다. 증보 사항의 중요도에 따라서 종부시에 교정청을 설치하여 증보하거나, 종부시 자체적으로 증보 작업을 수행하기도 하였다.

(2) 종친 규찰

고려시대 종부시는 왕실보첩 편찬이 주된 직무였다. 세종대에 종부시의 전형을 송나라 종정시로 삼음으로써 종친의 규찰이 강화되었다. 1439년(세종 21) 종부시에서 종친 규찰 사목을 마련하였다.[196] 이 규찰 사목은 13개 조

---

196 『세종실록』 권86, 세종 21년 8월 26일(임인).

항으로 되어 있다. 이 중 네 조항은 종부시 관서 운영에 관련된 내용이어서 규찰 항목은 9개 조항인 셈이다. 9개의 조항을 살펴보면, 종친이 어떠한 일을 행했을 때 규찰 대상이 되는지 밝히지 않았으며, 종친에게 문제가 발생했을 때 어떻게 공적인 계통을 통해서 해결할 것인가에 초점이 맞추어져 있었다. 규찰 사목에서 유일하게 종친이 규찰 대상이 되는 경우는 종학 출결 사항이었다.

규찰 사목의 핵심 내용은 첫째 종친의 잘못과 관련된 일은 종부시에서 조사 처리하고, 둘째 종친의 소송이나 쟁송 사건은 종친이 직접 나서서 처리하는 것이 아니라 종부시가 진실 여부를 파악하여 중간 역할을 하는 것이다. 여기서 규찰의 의미는 종친의 비리를 조사하는 것이 아니라, 종친과 관련된 각종 소송에 대하여 종부시가 조정하는 역할을 담당하는 것이었다. 다만 종친과 종부시가 결탁하여 종친의 비리를 덮어 주는 등의 일은 사헌부에서 사실을 조사하여 처리하게 하였다.

세종대에 만들어진 것과 달리 조선 후기의 종친 규찰 사목에는 종친 규찰 조목과 종친의 범죄에 대한 치결 내용까지 구체적으로 제시되어 있었다.[197] 첫째, 종부시에서는 종친의 조하·조참 참석 여부를 살펴야 한다. 만약 종친이 종부시 서리에게 부탁하여 조하·조참에 참석하지 않은 경우 초범은 구사를 거두고, 재범인 경우는 파직하였다.

둘째, 종친이 백성들이 모여 사는 동네나 고을에 출입하면서 폐단을 일으키는지를 살펴야 했다. 종친이 왕실구성원이란 명분으로 백성에게 권위를 내세워 폐단을 일으킬 수 있기 때문에 그 여부를 종부시에서는 잘 살펴야 했던 것이다. 예를 들면 종친이 출입 시에 종친의 의관을 갖추었는지, 민가에서 숙박하였는지, 지방에서 얼마간 머물고 있는지 등을 살피는 것이 주요

---

197 『종부시등록』(규13006-1), 종친규검조(宗親糾儉條).

한 규찰 사항이었다. 조선 후기에 종부시에서 행하는 종친 규찰은 종반직에 제수된 종친이 그들의 직임을 제대로 수행하고 있는가에 주안점을 두고 있었다.

(3) 종학 관련 업무

세종이 종학을 건립하고, 『경국대전』에는 정4품아문의 종학을 독립된 관서로 법제화하였다. 종부시는 종친의 학업을 규찰하는 차원에서 종친들의 종학 출석 상황이나 학업 태도 등을 살피는 일을 담당하였다. 중국 송나라에서는 종학이라는 독립된 관서를 두지 않고, 종정시에서 종학을 운영하도록 하였다. 그러나 조선에서는 왕세자 교육 기관을 시강원이라고 한 것처럼 종친의 교육 기관을 종학이라 하고 독립된 관서로 운영하였다.

전란 이후 종학은 재정상의 이유로 완전히 폐지되었으나 종친 교육은 폐지할 수 없었다. 종친 교육을 위해서 종부시 관원을 교수관으로 삼아서 교육시키게 함으로써 종친 교육이 종부시의 주요 업무 중 하나가 되었다. 종친 교육을 위해서 종부시의 주부는 문관으로, 봉사는 생원·진사 이상 음관으로 차정하였다.

(4) 종친 부직(付職)·입속·입번 의망·속량 업무

종친 봉작 관련 업무는 종부시 소관인지 종친부 소관인지 애매하다. 중국의 경우에는 종정시에서 모두 주관하지만, 조선에서는 종부시 이외에 종친부가 있어 두 관부의 일이 명확하게 구분되기가 어려웠다. 종친의 사환이나 예우에 대한 것은 원칙적으로 종친부의 업무이었다. 그러나 종부시에서 종친의 사환이나 예우에 관한 업무를 수행하였던 것은 왕실보첩 편찬과 밀접한 관계가 있다. 왕실보첩을 3년마다 편찬하고, 그 초본을 종부시 업무에 활용하였다. 종부시는 종친이나 왕실 후손에 대한 정보를 풍부하게 수집할 수 있는 부서이었다. 왕실의 인적 정보를 가지고 있는 종부시에서 종친의 사환이나 예우에 대한 일에 관여하게 되었다.

종친이나 왕실 후손이 종반직에 제수되거나 특수 병종에 입속되려면, 종부시에서 종반직 제수 대상자의 명단을 이조에 보고하고, 충의위 입속 대상자 명단은 병조에 보고하여야 했다. 인사를 담당한 이조와 병조에서는 종부시의 보고에 따라서 정사(政事)를 수행하였다. 종친은 15세 이상이 되면 종반직 제수 대상이 되었다. 종부시에서 종반직 명단을 이조에 보낼 때 주의해야 할 것은 종친의 모계 신분이었다. 종친의 모계가 양인인지 천인인지에 따라 종반직 등급이 차등화되어 있기 때문이었다. 또한 친진된 왕실 후손으로 왕실보첩에 이름이 있는 사람은 15세가 되면 충의위에 입속될 수 있었다. 충의위에 입속되면 군역이 면제되는 것은 물론이고 관직에 나갈 수 있는 기회가 있었다. 충의위 입속은 친진된 원친(遠親)에 대한 예후 차원에서 이루어진 것이었다. 종부시에서는 왕실 후손에 대해 조사해 두었다가 병조에 명단을 보내서 첩문(帖文)을 만들어 주었다.

종친은 왕실의 흉례에 참여하였다. 그중 혼전·혼궁의 대전관(代奠官)과 입번을 설 종친은 미리 차정되어야 했다. 종부시에서는 이러한 일들을 수행할 종친의 차정을 위해서 후보자 명단을 기록하여 종친부에 보고하였다. 만약 입번하기 어려운 종친은 승정원에 단자를 올리면, 승정원에서는 종부시에 그 사실을 통보하였다. 종부시에서는 다시 입번할 종친의 후보자를 추천하였다. 그러나 1734년(영조 10) 이후에는 대전관은 이조에서 차출하게 되었다.[198]

종친의 천첩 자녀와 종친이 집에 둔 창기나 의녀의 소생은 속량시켜서 왕실의 권위를 훼손시키지 않고 종친을 예우하고자 하였다. 1478년(성종 9) 성

---

[198] 『종부시등록』(규13006-1), 입번종학의망조(入番宗學擬望條).

종은 형조에 전지를 내려서 창기 소생은 아버지의 신분을 따르지 못하게 하였다. 그 근거는 창기 소생의 부계를 밝히기 어렵다는 이유에서였다. 다만 종친이나 관료가 집에 데리고 있는 창기 첩 소생은 아버지의 신분을 따라 속량할 수 있도록 하였다.[199] 이러한 전지에 대해서 종친 덕원군(德原君)은 이의를 제기하였다. 종친 중에는 창기 첩을 집에 두지 않은 경우도 있었기에 만약 집에 두지 않은 창기 소생이 속량되지 않는다면 종친의 자녀 중에 천인이 될 사람들이 있었기 때문이다. 성종은 월산대군 및 대신들과 이 문제를 논의하였으나, 집에 두지 않은 창기 첩의 소생까지 속량하는 것은 도리어 창기 첩을 권장하는 것처럼 보일 것이라 하여 반대하였다. 성종은 창기로서 종친이나 대신의 집에 살고 있으면 첩으로 인정하여 창기의 소생을 속량하되, 이 법이 시행되기 전에 낳은 종친의 모든 창기 첩 소생은 선원보첩에 기재하도록 하였다.[200]

종부시에서는 종친 천첩 소생의 속량에 관한 법을 숙지하여 그 여부를 판가름한 뒤 선원보첩에 기재하여야 했다. 이들의 속량 여부는 만약 공천이면 그 관서의 관원이, 사천이면 본주인과 절친한 이웃 세 사람이 사실을 확인해 주어야 했다. 종부시에서는 이러한 확인을 바탕으로 족계와 촌수를 확인하여서 보고하여 입안을 지급하였다.[201]

(5) 종친 혼인

1435년(세종 17) 세종은 종부시에서 왕자와 왕녀의 혼사를 관장하게 하였다. 종부시에서 왕자와 왕녀의 혼인을 주도하게 한 것은 중국 송나라의 제도에 의한 것이다. 이 수교에 의하여 종부시에서는 왕자·공주 이외 종친과

---

199 『성종실록』 권98, 성종 9년 11월 21일(무인).
200 『성종실록』 권98, 성종 9년 11월 22일(기묘); 권101, 성종 10년 2월 22일(기유).
201 『종부시등록』(규13006-1), 속량조(贖良條).

종녀(宗女)의 혼인도 주관하게 되었다.[202] 종친가에서 혼인을 하고자 하면, 자녀의 나이와 정혼한 집안에 대하여 문서를 갖추어서 종부시에 알렸다. 종부시에서는 혼인 대상 집안과의 혼인에 하자가 있는지 살펴서 국왕에 보고하고, 교지를 받아서 일시를 정하고 혼례를 주관하였다.

종친 자녀의 나이가 10세가 되면 혼인시킬 수는 있으나, 정혼자와 6살 이상 나이 차이가 나면 혼인이 이루어질 수 없었다. 나이를 속여서 혼인했다가 나중에 탄로가 날 경우에는 혼가의 가장은 혼망모율(婚妄冒律)로 처벌받아야 했다.[203] 종친이 첩녀와 혼인하여 처를 삼은 경우에는 법적으로 그 처를 첩으로 판결하지 않는 한 그 아들의 종반직을 강등하지 않게 하였다.[204]

종부시가 종친의 혼인을 주관한 것은 왕실의 권위를 실추시키지 않게 하려는 것이었다. 종친은 처첩의 자녀를 막론하고 모두 양반가와 혼인하도록 하였다.[205] 그러나 종친과의 혼인을 꺼리는 양반가들이 간혹 있었다. 그 때문에 종부시에서는 종친가의 혼인으로 인해 생기는 문제를 중재하고, 하자가 없는 한 혼인을 추진하였다.

202 『세종실록』권87, 세종 21년 12월 6일(경진).
203 『성종실록』권93, 성종 9년 6월 21일(신해).
204 『종부시등록』(규13006-1), 종친혼가조(宗親婚家條).
205 『성종실록』권68, 성종 7년 6월 28일(기해).

조선왕실의 인척과 외손

1 의빈의 실태와 역할

1) 의빈의 실태

조선에서는 왕녀인 공주·옹주와 혼인한 부마를 의빈이라고 하였다.[1] 의빈의 봉작은 위(尉)·부위(副尉)·첨위(僉尉)로 구분되어 있었다. 공주·옹주와 혼인한 부마는 위(尉)에 봉작되는데, 왕녀의 지위에 따라 처음 제수되는 품계가 달랐다. 공주의 남편에게 처음 제수되는 의빈 품계는 종1품, 옹주의 남편에게 처음 제수되는 의빈 품계는 종2품에서 시작된다. 그 외에 왕세자의 적녀(嫡女)와 혼인한 의빈은 정3품 부위에, 왕세자의 서녀와 혼인한 의빈은 종3품 첨위에 봉작되었다. 왕세자는 국왕으로 즉위할 것이기 때문에 여기서는 왕녀인 공주·옹주와 혼인한 의빈 즉 부마만을 대상으로 한다. 조선의 의빈은 태조대부터 순조대에 이르기까지 총 88명에 이르고 있다.

조선의 공주·옹주는 총 96명[2]이었으나, 혼인하기 전에 사망한 공주·옹주가 7명, 봉작이 박탈된 옹주가 1명이 있었다. 공주와 혼인한 의빈 26명, 옹주와 혼인한 의빈이 62명으로 총 88명이었다. 봉작이 박탈된 옹주는 인조의 딸 효명옹주이다. 효명옹주는 귀인조씨의 소생으로 1647년(인조 25)에 봉작되었으며, 그해 김자점의 손자인 김세룡(金世龍)과 혼인하였다.[3] 김세룡은 낙성위(洛城尉)에 봉작되었다. 1651년(효종 2) 효명옹주와 낙성위는 귀인조씨의 저주 사건에 연루되어 봉작이 삭탈되었다. 왕대별 의빈을 도표화하

1　『세종실록』 권64, 세종 16년 4월 8일(을묘).
2　96명은 봉작된 공주·옹주의 인원으로, 봉작되지 못하고 사망한 공주·옹주는 포함되지 않았다.
3　『인조실록』 권48, 인조 25년 6월 24일(계사)·8월 16일(갑신).

면 〈표 13〉과 같다.

표 13　조선왕실의 의빈 실태

왕대	의빈 인원		의빈
태조	공주	3	상당부원군 이애(청주 이), 청원군 심종(청송 심), 흥안군 이제(성산 이)
	옹주	2	계천위 이등(개성 이), 당성위 홍해(남양 홍)
정종	옹주	8	지돈녕 박갱(밀양 박), 판돈녕 김세민(경주 김), 부사 변상복(원주 변), 지중추 김한(안산 김), 사직 조효산(평양 조), 사직 이희종(용인 이), 부사 이관식(전의 이), 부지돈녕 이항신(경주 이)
태종	공주	4	청평부원군 이백강(청주 이), 평양부원군 조대림(평양 조), 길창군 권규(안동 권), 의산군 남휘(의령 남)
	옹주	13	운성부원군 박종우(운봉 박), 영평군 윤계동(파평 윤), 한원군 조선(양주 조), 일성군 정효전(연일 정), 유천군 변효순(원주 변), 성원위 이정녕(성주 이), 파성군 윤우(파평 윤), 해평군 윤연명(해평 윤), 파평군 윤암(파평 윤), 전성위 이완(전의 이), 회천위 황유(회덕 황), 화천군 권공(안동 권), 파원위 윤평(파평 윤)
세종	공주	1	연창위 안맹담(죽산 안)
	옹주	2	영천부원군 윤사로(파평 윤), 청성위 심안의(청송 심)
문종	공주	1	영양위 정종(해주 정)
	옹주	1	반성위 강자순(진주 강)
세조	공주	1	하성부원군 정현조(하동 정)
덕종	공주	1	당양위 홍상(남양 홍)
예종	공주	1	풍천위 임광재(풍천 임)
성종	옹주	11	고원위 신항(고령 신), 풍원위 임숭재(풍천 임), 청녕위 한경침(청주 한), 의성위 남치원(의령 남), 여천위 민자방(여흥 민), 봉성위 정원준(봉화 정), 한천위 조무강(양주 조), 영원위 윤내(파평 윤), 의천위 남섭원(의령 남), 청평위 한기(청주 한), 영평위 윤섭(파평 윤)
중종	공주	4	연성위 김희(연안 김), 청원위 한경록(청주 한), 능원군 구사안(능성 구), 영천위 신의(고령 신)
	옹주	6	광천위 김인경(광산 김), 당성위 홍여(남양 홍), 여성군 송인(여산 송), 순원위 조의정(순창 조), 능창위 구한(능성 구), 청천위 한경우(청주 한)

선조	공주	1	영안위 홍주원(풍산 홍)
	옹주	10	달성위 서경주(달성 서), 해숭위 윤신지(해평 윤), 동양위 신익성(평산 신), 당원위 홍우경(남양 홍), 금양군 박미(나주 박), 전창군 유정량(전주 유), 길성군 권대임(안동 권), 진안위 유적(진주 유), 일선위 김극빈(선산 김), 동창위 권대항(안동 권)
효종	공주	5	익평군 홍득기(남양 홍), 청평위 심익현(청송 심), 인평위 정제현(연일 정), 동평위 정재륜(동래 정), 흥평위 원몽린(원주 원)
	옹주	1	금평위 박필성(나주 박)
현종	공주	1	해창위 오태주(해주 오)
영조	옹주	7	월성위 김한신(경주 김), 금성위 박명원(나주 박), 영성위 신광수(평산 신), 일성위 정치달(연일 정), 창성위 황인점(창원 황), 청성위 심능건(청송 심), 능성위 구민화(능성 구)
정조	옹주	1	영명위 홍현주(풍산 홍)
순조	공주	3	동녕위 김현근(안동 김), 창녕위 김병주(안동 김), 남녕위 윤의선(해평 윤)
합계		88	

88명의 의빈은 태조대부터 위(尉)에 봉작된 것은 아니었다. 고려시대의 부마는 공·후·백 등에 봉작될 수 있었는데, 대부분 백(伯)에 봉작되었다.[4] 그러다가 고려 말부터 부마도 봉군되기 시작한 것 같다. 조선이 건국된 후에 태조는 왕자와 부마를 일괄 봉군하였다. 신덕왕후 소생 경순공주의 부마 이제(李濟)를 흥안군으로 봉작하고, 의흥친군위 절제사에 제수하였다.[5] 부마가 봉군되자, 이성제군부(異姓諸君府)를 설치하여 부마와 공신을 소속시켰다.[6]

부마의 봉군은 세종대에까지 지속되었다. 1444년(세종 26) 세종은 부마, 공신, 중궁 부친에 대한 무분별한 봉군 시행이 부당함을 역설하며 봉군은 종실에게만 적용되어야 한다고 여겼다. 이에 대하여 이조에서는 역대 중국

---

4   김은영(2002), 「고려 중기의 부마」, 숙명여자대학교 석사학위논문, 33~34쪽.
5   『태조실록』 권1, 태조 1년 8월 7일(병진).
6   『세종실록』 권1, 세종 즉위년 9월 26일(계유).

제도에 의거하여 부마에게 봉군하지 말고 이성제군부를 부마부로 개칭하기를 청하였다.[7] 부마의 봉군이 폐지되자, 부마의 봉작명에 대한 논의가 시작되었다. 그 결과 위(尉)라는 봉작명이 법제화되었다.

〈표 13〉을 보면, 세종대에 이르기까지 의빈의 봉작명이 매우 다양하였다. 태조의 옹주와 혼인한 이등(李登)과 홍해(洪海)는 위라는 봉작명을 받은 것처럼 보이지만, 이 봉작명은 태조대에 받은 것이 아니다. 이등은 무관으로 1400년(정종 2) 장군에 제수되었다.[8] 그 후 세종은 이등을 개성군이라 하였다가 다시 계천군에 제수하였다.[9] 계천군이 계천위로 바뀐 것은 부마의 봉군이 혁파되고 위라는 봉작명이 사용되기 시작한 후일 것으로 추정된다.[10] 홍해는 1417년(태종 17) 당성군으로 봉군되었다가, 1454년(단종 2) 봉작명이 당성위로 바뀌었다.

특히 정종의 사위는 봉군되지도 않고, 위라는 봉작명도 갖지 못하였다. 이것은 의빈제가 정착되지 않아서라기보다는 당대에 의도적으로 정종의 딸을 왕녀로 인정하지 않았기 때문이다. 세종은 1431년(세종 13) 봉작 칭호가 없었던 정종의 딸들을 봉작하고자 하였다. 세종은 정종의 딸을 왕녀로 대우하는 것이 아니라 왕자의 딸 수준으로 대우하기를 원하였다. 고려에는 왕자의 딸에 대한 특별한 호칭이 없었기 때문에 중국의 고제(古制)를 상고하여 군주(郡主) 혹은 현주(縣主)로 하자는 의견이 있었다.[11] 세종은 이 의견을 받아들여서 정종의 딸을 군주로 봉작하였다. 그러나 군주의 남편에 대해서는 아무런 봉작도 하지 않았기 때문에 그들은 그대로 관료로 남아 있었다. 따라서 정종 사위의 관직을 보면, 지돈녕·판돈녕·부지돈녕·지중추·부사·사직

---

7   『세종실록』 권105, 세종 26년 7월 1일(무신).
8   『정종실록』 권5, 정종 2년 7월 2일(을축).
9   『세종실록』 권18, 세종 4년 윤12월 26일(기묘); 권69, 세종 17년 8월 23일(임술).
10 실록에서 이등의 봉작명이 계천위로 처음 등장하는 것은 1454년(단종 2)이다[『단종실록』 권11, 단종 2년 5월 21일(신미)].
11 『세종실록』 권54, 세종 13년 10월 17일(무신).

등으로 되어 있다.

의빈 제도가 정착된 후에도 봉군된 의빈이 6명이나 있었다. 중종의 사위 능원군 구사안[12] · 여성군 송인,[13] 선조의 사위 금양군 박미[14] · 전창군 유정량[15] · 길성군 권대임,[16] 효종의 사위 익평군 홍득기[17] 등이었다. 이들은 의빈이긴 하지만 중종대의 정국공신, 선조대의 호성공신 · 선무공신 · 광국공신의 자손으로 승습되었기 때문에 봉군된 경우이었다.

88명의 의빈은 총 48개 성관에서 배출되었다. 의빈을 2명 이상 배출한 성관은 파평 윤(7), 남양 홍(5), 안동 권(4), 청주 한(4), 청송 심(4), 의령 남(3), 해평 윤(3), 능성 구(3), 연일 정(3), 나주 박(3), 청주 이(2), 경주 김(2), 원주 변(2), 평양 조(2), 전의 이(2), 양주 조(2), 풍천 임(2), 고령 신(2), 평산 신(2), 안동 김(2), 풍산 홍(2) 등 21개이다. 의빈의 가문은 개국공신 · 좌명공신 · 정난공신 · 정국공신 · 선무공신 · 호종공신 · 정사공신 · 광국공신 등의 공신 집안이거나 핵심 관료가문이었다.

의빈 부친의 관력이 확인된 경우는 의빈의 약 78%인 69명이었다. 확인된 의빈 부친의 관력 분포는 당상관 54명(78.3%), 참상관 14명(20.3%), 참하관 1명(1.4%) 등이었다. 당상관 54명 가운데 정승이 31%인 17명에 이르며, 2품은 52%인 28명이었다. 당상관의 80% 이상이 국가의 정책을 입안하고

---

12 중종의 계비 문정왕후 소생 효순공주의 남편 능원군 구사안은 정국공신인 증조부 구수영의 봉작을 승습하였다(『국조인물고』上, 권6, 國戚, 具思顏, 서울대학교출판부, 1978, 267쪽).
13 중종의 후궁 숙원이씨의 소생 정순옹주의 남편 여성군 송인은 정국공신인 증조부 송질의 봉작을 승습하였다(『국조인물고』下, 권49, 牛栗從游炙人, 宋寅, 서울대학교출판부, 1978, 7쪽).
14 선조의 후궁 인빈김씨 소생 정안옹주의 남편 금양군 박미는 호성공신 박동량의 아들로 봉작을 승습하였다(『국조인물고』上, 권6, 國戚, 朴瀰, 서울대학교출판부, 1978, 274쪽).
15 선조의 후궁 인빈김씨 소생 정휘옹주의 남편 전창군 유정량은 호성공신 유영경의 손자로 봉작을 승습하였다(『국조인물고』下, 권59, 光海時罹禍人, 柳廷亮, 서울대학교출판부, 1978, 639쪽).
16 선조의 후궁 정빈민씨의 소생 정선옹주의 남편 길성군 권대임은 선무공신 권협의 손자로 봉작을 승습하였다(『국조인물고』上, 권6, 國戚, 權大任, 서울대학교출판부, 1978, 276쪽).
17 효종비 인선왕후 소생 숙안공주의 남편 익평군 홍득기는 광국공신 홍성민의 현손으로 봉작을 승습하였다(『국조인물고』上, 권6, 國戚, 洪得箕, 서울대학교출판부, 1978, 264쪽).

결의할 수 있는 핵심 관료이었다. 왕실에서는 당대 명문가이면서 핵심 관료 집안에서 의빈을 간택함으로써 왕실의 울타리를 굳건히 하고자 하였다.

특히 의빈가문은 왕자와 혼인한 부부인(府夫人)이나 군부인(郡夫人)의 가문과 비교할 때, 핵심 관료층 가문의 비중이 더 높았다. 왕자의 처부 관직 분포를 보면, 당상관 58%, 참상관 39%, 참하관 3% 등이었다. 왕자 처부의 당상관 점유율이 의빈 부친보다 20%가 낮았다. 또한 왕자 처부는 2품 이상 관직이 당상관의 78%를 점하여서, 핵심 관료의 비중이 의빈 부친보다 약간 낮았다. 물론 왕자의 혼인가문과 의빈의 가문이 겹치는 경우도 있었다. 능성 구·안동 권·연안 김·경주 김·광산 김·의령 남·여흥 민·운봉 박·밀양 박·여산 송·평산 신·진주 유·해평 윤·파평 윤·연일 정·하동 정·해주 정·평양 조·청주 한·남양 홍·창원 황 등 21개 성관이다. 흥미로운 것은 의빈을 많이 배출한 성관과 부부인이나 군부인을 많이 배출한 성관의 분포가 달라서 주로 공주를 하가시키는 가문과 주로 왕자를 혼인시키는 가문이 구별되었음을 알 수 있다.[18]

2) 의빈의 역할과 의빈부

의빈은 종친과 마찬가지로 국가의례에 참여하고, 중국으로 사행을 가거나 중국 사신을 접대하는 원접사 또는 선위사로서의 직임을 수행하였다. 또한 의빈이 경관 관서의 도제조 혹은 제조를 담당하기도 하였다. 의빈이 의례히 중국 사행이나 경관 관서의 제조를 맡은 것은 아니며, 시기에 따라 달랐다. 의빈이 중국 사행을 나갔던 시기는 특정 왕대에 집중되어 있었다. 조

18　부부인이나 군부인을 2명 이상 배출한 가문은 다음과 같다. 평산 신(6), 안동 권(5), 연일 정(3), 동래 정(3), 평양 조(3), 전주 최(3), 남양 홍(3), 연안 김(2), 의령 남(2), 여흥 민(2), 순천 박(2), 여산 송(2), 문화 유(2), 파평 윤(2), 무송 윤(2), 양천 허(2) 등 16개 성관이다.

선 전기에는 세종·단종·세조대에, 조선 후기에는 인조·효종·현종·숙종대에 의빈이 정사(正使)로 중국에 파견되었다. 세종·단종·세조대에 정사로 중국에 갔던 의빈은 태종의 사위들이었는데, 특히 세종대에 의빈의 중국 사행이 많았다.

원경왕후 소생 정선공주의 부마 의산군 남휘(南暉)는 1420년(세종 2)·1426년(세종 8)·1434년(세종 16) 사은 정사로, 신빈신씨 소생 숙정옹주의 부마 일성군 정효전(鄭孝全)은 1429년(세종 11)·1433년(세종 15) 사은 정사로, 숙근옹주의 부마 화천군 권공(權恭)은 1435년(세종 17)·1455년(세조 1) 사은 정사로 중국에 다녀왔다. 의빈권씨 소생 정혜옹주의 부마 운성부원군 박종우(朴從愚)는 1423년(세종 5) 사은 정사, 소빈노씨 소생 숙혜옹주의 부마 성원위 이정녕(李正寧)은 1433년(세종 15) 사은 정사, 선빈안씨 소생 소숙옹주의 부마 해평군 윤연명(尹延命)은 1439년(세종 21) 사은 정사로, 신빈신씨 소생 숙경옹주의 부마 파평군 윤암(尹巖)은 1455년(단종 3) 사은 정사로 한 번씩 중국에 다녀왔다.[19]

세종대 의빈이 중국 사행을 많이 가게 된 것은 중국과의 관계 개선 때문이었다. 세종이 즉위한 후, 중국 사신 황엄이 상왕인 태종과 세종에게 중국과의 좋은 관계를 유지하기 위해서 왕자를 중국의 사신으로 보내 줄 것을 요청하였다. 상왕인 태종은 자신의 왕자를 중국 사행에 보내는 것은 합당하지 않으니 사위를 보내겠다고 응대하였다. 그럼에도 황엄이 굳이 왕자를 보내도록 요구하여서 경녕군이 사신으로 정해졌다.[20] 중국에서는 이후에도 조선 왕자의 사행을 원하였으나, 조선에서는 왕자 대신 의빈을 사신으로 보내서 중국에게 어느 정도 성의를 보이려고 하였다. 다른 한편으로는 의빈이 사행을 갈 경우 중국에서도 우리나라 사신을 대우하는 예수(禮數)가

<hr>

19   의빈의 사신 파견 기록은 실록 기사를 정리한 것이다.
20   『세종실록』 권5, 세종 1년 8월 17일(기축).

높아질 것으로 여겼다.[21]

조선 후기 의빈의 중국 사행은 호란 이후 지속되었다.[22] 중국 사행에 나섰던 선조의 의빈은 인목왕후 소생 정명공주의 부마 영안위 홍주원(洪柱元), 인빈김씨 소생 정안옹주의 부마 금양군 박미(朴瀰), 인빈김씨 소생 정휘옹주의 부마 전창군 유정량(柳廷亮), 정빈민씨 소생 정선옹주의 부마 길성군 권대임(權大任) 등이었다. 그중 홍주원, 유정량 등은 각각 4회씩 사은 정사로 중국에 다녀왔다.

효종의 의빈은 인선왕후 소생 숙안공주의 부마 익평군 홍득기(洪得箕), 숙명공주의 부마 청평위 심익현(沈益顯), 숙정공주의 부마 동평위 정재륜(鄭載崙), 안빈이씨 소생 숙녕옹주의 부마 금평위 박필성(朴弼成) 등이 모두 중국 사행길에 나섰다. 이 가운데 정재륜은 4회, 심익현·박필성은 각 3회씩 사은 정사를 담당하였다.

영조의 의빈인 영빈이씨 소생 화평옹주의 부마 금성위 박명원(朴明源), 귀인조씨 소생 화유옹주의 부마 창성위 황인점(黃仁點), 숙의문씨 소생 화령옹주의 부마 청성위 심능건(沈能建), 숙의문씨 소생 화길옹주의 부마 능성위 구민화(具敏和) 등도 중국 사행을 행하였다. 이들 가운데 황인점은 6회, 심능건은 4회, 박명원은 3회, 구민화는 2회의 사은 정사를 맡았다.

순조의 의빈으로 사신행에 나선 이는 순원왕후 소생 명온공주의 부마 동녕위 김현근(金賢根)으로 1회의 사은 정사 소임을 맡았다. 인조·현종·숙종·정조의 의빈이 사신행을 하지 않은 것은 의빈이 없었거나 정치적 문제에 연루되었거나 혹은 왕실 의례 참여가 빈번하여 사행을 담당하기 어려웠기 때문이다. 인조에게는 단 한 명의 옹주가 있었으나, 그 어머니 문제로 봉작이 삭탈되었다. 현종은 세 명의 공주를 두었으나, 셋째 딸인 명안공주만이 혼인

21　『세종실록』권46, 세종 11년 10월 27일(경자).
22　조선 후기 사신 명단은 김문식의『조선왕실의 외교의례』(세창출판사, 2017) 제2장을 참조하였다.

하여 오태주(吳泰周)를 부마로 맞이하였다. 오태주는 숙종 때 금창부위 박태정(朴泰定)의 자급을 올린 것에 대한 부당함을 상소하였다가 의빈이 국정에 참여하지 못하게 되어 있는 법을 어겼다는 비난을 받았다. 또한 1689년(숙종 15) 인현왕후 폐출을 반대하였다가 한때 봉작을 삭탈당하기도 하였다.[23] 정조와 수빈박씨 소생 숙선옹주는 순조가 왕위에 오른 이후인 1804년(순조 4)에 홍현주(洪顯周)와 가례를 올렸다.[24] 영명위 홍현주가 중국 사행을 가지 않은 이유는 정치적인 문제 때문이 아니었다. 그는 옹주와 혼인한 다음해부터 왕실 종척(宗戚)으로 각종 왕실 의례에서 주요한 역할을 담당하였다. 1805년(순조 5) 영조계비 정순왕후의 사망, 1809년(순조 9) 혜빈홍씨의 관례 60주년을 맞이하여 혜빈홍씨에게 표리를 올리고 진연을 베푼 일 등을 비롯한 각종 왕실 의례의 집사를 담당하였다. 영명위가 의빈으로서 활동하던 순조대에 의빈은 서너 명에 지나지 않았다. 이 때문에 순조가 왕위에 오른 초반까지는 의빈이 사신으로 중국에 갔으나, 그 이후에는 의빈의 중국 사행이 거의 없었다.

세종 초기에는 중국과의 관계 개선을 위해서 의빈이 중국 사행에 나섰으나, 그 이후에는 종친이나 의빈의 사행이 거의 없었다. 병자호란 후에 청나라의 요구로 왕실구성원의 중국 사행이 다시 시작되었다. 따라서 1638년(인조 16) 이후 의빈의 중국 사행이 다시 빈번해지기 시작하였고, 효종대에는 의빈이 진하사로 자주 차출되었다. 현종대에서 영조대에 이르기까지 종친이 진하사로 차출되는 비중이 매우 높았다. 그러나 조선 후기에 종친과 의빈 수가 적어서 순조 이후에는 왕실구성원이 사행 가는 일이 거의 없었다.

의빈은 중국 사행에 나가는 것 이외에 경관 여러 관서의 제조직(提調職)을 맡았다. 의빈 제도가 정립되기 전에는 의빈에게도 관직이 제수되었다. 정종

---

23 『숙종실록』 권20, 숙종 15년 4월 25일(신묘).
24 『순조실록』 권6, 순조 4년 4월 9일(정묘).

대에 대사헌 권근과 좌산기(左散騎) 김약채(金若采) 등이 종친과 의빈이 직사
를 갖지 못하도록 번갈아가며 상언하였다. 태조의 사위 이제가 판삼군부사
로서 군정을 총괄할 때 부작용이 있었기 때문에 부마의 정치 참여를 차단하
고자 하였던 것이다. 정종은 이에 대하여 자신은 부마가 없다고 회피해 오
다가 권근과 김약채의 상언으로 부마의 관직 제수를 허락하지 않는다는 명
을 내렸다.[25] 그럼에도 태종의 사위인 이정녕은 관찰사와 의금부 제조를 역
임한 적이 있었다.[26] 세종의 사위인 윤사로(尹師路)도 역시 좌찬성에 제수되
었는데, 세조를 도와 좌익공신이 되었기 때문이었다.[27] 세조는 국법으로 금
하고 있는데도 종친에게 과거에 응시할 기회를 주는 등 예외적인 일을 하였
다. 윤사로가 좌찬성이 된 것 역시 예외적인 처사였다. 의빈 제도가 정립되
기 전에 의빈이 가지고 있었던 관직은 주로 무관직과 외관직이었다.

의빈제가 정립되고 난 뒤에 의빈은 국정에 직접 관여할 수 없었지만, 국
정과 관련이 적은 관서의 제조는 맡을 수 있었다. 의빈에게 맡겨졌던 문반
경관직은 사옹원·상의원·내의원·내섬시·사복시·관상감·귀후서·조지
시·혜민시 등의 제조이다. 나열된 관서 중에서 사옹원은 사신 접대와 밀접
한 관서이어서 종친이나 의빈이 주로 도제조와 제조를 맡았으므로 의빈 중
에는 사옹원 제조가 많았다. 경관의 관서 이외에 각종 도감의 제조도 담당
하였다. 무반직으로는 오위도총부의 도총관을 겸임하기도 하였으며, 국왕
이나 왕후의 행행 때에 별운검이나 좌·우상 대장(左右廂大將) 등을 맡았다.

『경국대전』에 의거하면, 의빈은 예우 관서로 직사가 없는 의빈부에 소속
되었다. 의빈부는 부마부에 기원을 둔 것이다. 조선 초에는 부마와 공신을
이성제군부에 소속시켰다. 이성제군부의 주된 구성원이 공신이었을 때였던

25 『정종실록』 권4, 정종 2년 5월 1일(을축).
26 『국조인물고』 上, 권6, 國戚, 이정녕, 서울대학교출판부, 1978, 271쪽.
27 『국조인물고』 上, 권6, 國戚, 윤사로, 서울대학교출판부, 1978, 262쪽.

태종대에는 이성제군부를 공신제군부로 개칭하였다.[28] 그러나 그 구성원 가운데 부마가 있다는 이유로 다시 이성제군부로 고쳤다가 공신과 부마를 분리하여 관서를 만들었다. 1444년(세종 26) 이성제군부를 부마부로 개칭하고, 이성제군부에 소속되었던 경력과 도사 역시 한직에 있는 이들을 구전으로 제수하여 서무를 담당하게 하였다. 이성제군부에서 맡았던 공신 관련 업무는 충훈부로 옮겼다.[29]

세종은 세제(稅制)를 수정하여 모든 관서의 공해전을 폐지하였다. 다만 부마부와 기로소의 공해전만은 남겨 놓았는데 부마부에 250결을 지급하였다.[30] 부마의 반당은 부마부의 수령관이 미리 마련해서 병조에 천거하면, 병조에서 살펴서 차임하게 하였다.[31] 이러한 조처들은 부마부의 재정을 확보해 주고, 부마의 반당에 대해서는 부마에게 어느 정도 재량권을 주어 추천하게 한 것이다. 그러나 1464년(세조 10) 호조에서는 충훈부 이하 몇몇 관서만 공해전을 혁파하지 않은 것은 불합리하다고 아뢰어서 부마부에게 지급한 공해전도 폐지되었다.[32]

의빈부는 예우 관서라는 점에서 종친부와 다를 것이 없었다. 의빈부의 업무는 없으나, 1품 관아로서 꼭 참석해야 할 일들이 있었다. 첫째, 국휼이나 천장 때에 향을 올렸다. 국휼 시 향을 올린 관서는 경관으로는 종친부, 의정부, 충훈부, 의빈부, 돈녕부 등 5사(司)와 외관은 8도 관찰사였다.[33] 둘째, 조계(朝啓) 때에 의빈부의 당상도 참석했다.[34] 의빈이 국정 운영에 관여하지는 않았지만, 조참(朝參) 의식을 행한 후에 국왕에게 일을 아뢰는 자리에는 의

28 『태종실록』 권33, 태종 17년 2월 12일(기사).
29 『세종실록』 권105, 세종 26년 7월 1일(무신).
30 『세종실록』 권109, 세종 27년 7월 13일(을유).
31 『문종실록』 권4, 문종 즉위년 10월 17일(정해).
32 『세조실록』 권32, 세조 10년 1월 30일(계미).
33 『공사견문록』, 전집.
34 『성종실록』 권93, 성종 9년 6월 10일(경자).

례적으로 참여하였다. 셋째, 국왕이 사형수를 재심하는 자리에 의빈부 당상이 참석하였다. 계복 시에는 의정부 찬성과 참찬 각 1원, 형조의 당상 3원, 사간원·사헌부의 장관, 홍문관 2원 및 충훈부·중추부·돈녕부·의빈부·한성부·이조·호조·예조·병조·공조의 당상 각 1원과 여섯 승지와 사관(史官) 4원이 참석하였다.[35]

의빈부가 국정 운영 기구는 아니라서 관서의 쓰임이 많지 않았을 것이다. 실제 조선 초기에 이미 공해전이 혁파되었다. 그러나 영조대에 의빈부에서는 관서의 비용을 충당하기 위해서 절수(折受)를 원하였다. 절수의 요구는 의정부 대신들의 반대로 성사되지는 않았다.[36] 영조 때에 의빈부에서 이러한 요구를 한 것은 이때가 인조대 이후로 의빈이 가장 많았던 시기이었기 때문이었다. 더욱이 이 시기에는 종친이 거의 없어서 의빈의 역할이 부각되었다. 영조는 결국 의빈부의 비용을 충당할 수 있는 재원을 제공하였는데, 경강의 염선에 대한 세금이 그것이었다.[37] 하지만 영조대 이후 의빈도 거의 없어서 의빈부의 존속도 어렵게 되었다. 1868년(고종 6)에 의빈부에 결원이 생기면 해당 사무를 종친부에서 겸하여 관할하는 것을 정식으로 삼기에 이르렀다.[38]

35 『효종실록』 권9, 효종 3년 11월 10일(무인).
36 『영조실록』 권49, 영조 15년 4월 16일(임진).
37 『영조실록』 권60, 영조 20년 8월 5일(기유).
38 『고종실록』 권6, 고종 6년 2월 8일(경술).

2 외척의 실태와 관직 진출 양상

1) 외척의 실태

외척은 국왕과 혼인한 왕후의 친인척으로 왕후의 동성 8촌, 이성 6촌까지이다. 조선왕실의 왕후 친족을 확인할 수 있는 자료는『돈녕보첩』왕후편과『왕비세보』이다.『왕비세보』는 왕후의 선대만을 확인할 수 있으나,『돈녕보첩』왕후편은 왕후의 촌수 이내의 인물을 모두 수록하고 있다.『돈녕보첩』왕후편을 바탕으로 왕후별 동성친과 이성친을 정리하면 〈표 14〉와 같다.[39]

표 14 왕후별 친인척의 성관과 인원

왕	왕후	부계		모계		조모부계		외조모부계		총인원
		본관 성씨	인원	본관 성씨	인원	본관 성씨	인원	본관 성씨	인원	
태조	신의	안변 한	3	삭녕 신	1					4
	신덕	곡산 강	2							2
정종	정안	경주 김	4	담양 이	1	진주 유	1			6
태종	원경	여흥 민	263	여산 송	2	양천 허	1			266
세종	소헌	청송 심	17	순흥 안	2	인천 문	2			21
문종	현덕	안동 권	4	해주 최	2	안동 권	2	충주 지		8
단종	정순	여산 송	4			순천 김	1	동래 정		5
세조	정희	파평 윤	26	인천 이	2	안동 권	2			30
덕종	소혜	청주 한	29	남양 홍	2	의성 김	2			33
예종	장순	청주 한	26	여흥 민	2	여주 이	2			30
	안순	청주 한	89	서하 임(任)	1	전의 이	1			91

[39] 『돈녕보첩』왕후편에서는 1899년 사도세자를 장종으로 추숭하였기 때문에 세자빈인 혜빈홍씨 역시 헌경왕후로 추숭되었다. 지금까지 이 책에서는 종친을 거론할 때 장종을 독립시키지 않고, 영조의 종친으로 다루었다. 그러므로 여기에서도 헌경왕후는 다루지 않는다.

왕	시호	성관	수	성관	수	성관	수	성관	수	합계
성종	공혜	청주 한	26	여흥 민	2	여주 이	2			30
	정현	파평 윤	30	연안 전(田)	2	고성 이	3			35
중종	단경	거창 신	442	청주 한	89	전주 이*	40	안동 김		571
	장경	파평 윤	52	순천 박	2	영천 이	2			56
	문정	파평 윤	276	전의 이	2	연일 정	2			280
인종	인성	나주 박	84	의성 김	2	창녕 성	2			88
명종	인순	청송 심	573	전주 이*	3	경주 김	2	미확인	2	580
선조	의인	나주 박	454	전주 이*	6	남양 홍	1	광산 김	1	462
	인목	연안 김	492	광주 노	15	안동 권	1	청주 한	1	509
원종	인헌	능성 구	684	평산 신	60	전주 이*	1	미확인	1	746
인조	인열	청주 한	355	창원 황	8	평산 신	2	용인 이		365
	장렬	양주 조	502	전주 최	101	용인 이	1	진주 정	1	605
효종	인선	덕수 장	163	안동 김	101	밀양 박	1	안동 권	1	266
현종	명성	청풍 김	465	은진 송	80	연일 정	2			547
숙종	인경	광산 김	728	청주 한	75	해평 윤	11	덕수 이	17	831
	인현	여흥 민	662	은진 송	52	연안 이	57	진주 정	7	778
	인원	경주 김	357	임천 조	54	풍양 조	14	한산 이	15	440
경종	단의	청송 심	87	고령 박	44	전주 이	21	청주 한	19	171
	선의	함종 어	318	전주 이*	46	전주 유	11	김해 김	4	379
영조	정성	달성 서	709	우봉 이	46	안동 김	5	의성 김	8	768
	정순	경주 김	78	원주 원	28	남양 홍	25	청송 심	4	135
진종	효순	풍양 조	539	전주 이	94	안동 김	8	고령 신	17	658
정조	효의	청풍 김	161	남양 홍	34	전주 이*	100	미확인	7	302
순조	순원	안동 김	256	청송 심	26	평산 신	24	완산 이	12	318
익종	신정	풍양 조	145	은진 송	58	남양 홍	13	안동 김	6	222
헌종	효현	안동 김	81	한산 이	22	여흥 민	6	반남 박	11	120
	효정	남양 홍	65	죽산 안	14	덕수 장	21	문화 유	11	111
철종	철인	안동 김	89	여흥 민	31	전주 이	15	미확인	3	138
고종	명성	여흥 민	40	한산 이	48	연일 정	6	안동 김	21	115
순종	순명	여흥 민	54	진천 송	3	풍산 홍	5	미확인	4	66
	순정	해평 윤	32	기계 유	9	풍산 홍	9	청풍 김	11	61
합계			9,466		1,172		427		184	11,249

(전주 이*는 종친가문)

『돈녕보첩』은 효종 즉위년부터 작성되기 시작하여서 조선 초기의 왕후 인척 사항이 다 기재되지는 않았다. 태조비 신의왕후·신덕왕후, 정종비 정안왕후, 문종비 현덕왕후, 단종비 정순왕후는 부계·모계·조모부계의 선대만 기록되어 있다. 특히 태조비의 경우는 왕후의 세계(世系)가 확인이 되지 않아서 기록이 매우 소략하다. 1735년(영조 11) 부계·모계·조모부계·외조모부계를 수록하도록 체제를 정비했으나, 외조모부계가 기록된 것은 명종비 인순왕후부터이다. 아마도 외조모부계를 확인하기가 쉽지 않았기 때문에 자료가 갖추어지지 못한 부분이 있는 것으로 보인다.『돈녕보첩』 왕후편에 실린 외척을 보면, 왕후의 부계가 9,466명, 모계가 1,172명, 조모부계가 427명, 외조모부계가 184명으로 총 11,249명이 수록되어 있다. 왕후의 동성친이 84%에 달하고 모계·조모부계·외조모부계 이성친이 16%이다.

왕후 42명의 성관을 정리하면, 23개 성관이다. 왕후를 2명 이상 배출한 성관은 청주 한(5), 파평 윤(4), 여흥 민(4), 청송 심(3), 경주 김(3), 안동 김(3), 청풍 김(2), 나주 박(2), 풍양 조(2) 등이다. 9개의 성관에서 약 67%에 달하는 28명의 왕후를 배출하였다. 그 이외 왕후를 배출한 가문은 곡산 강, 능성 구, 안동 권, 광산 김, 연안 김, 달성 서, 여산 송, 거창 신, 함종 어, 해평 윤, 덕수 장, 양주 조, 안변 한, 남양 홍 등 14개의 성관이다.

특히 여러 명의 왕후를 배출한 가문 중 여흥 민, 파평 윤, 청송 심 등은 한 가계에서 지속적으로 왕후를 배출하였다. 여흥민씨 왕후는 민적(閔頔)의 후손이다. 태종비 원경왕후는 민적의 증손녀이고, 숙종비 인현왕후는 민적의 12대손이다. 고종비 명성왕후는 인현왕후 형제 민진후(閔鎭厚)의 5대손이며, 순종비 순명왕후는 인현왕후 형제 민진원(閔鎭遠)의 6대손으로, 인현왕후의 형제 계통에서 명성왕후와 순명왕후가 배출되었다.

파평윤씨 왕후는 윤척(尹陟)의 후손이다. 윤척에게 윤승순(尹承順)과 윤승례(尹承禮) 두 아들이 있었다. 윤승례는 세조비 정희왕후의 조부이며, 윤승순은 성종비 정현왕후의 고조부이다. 세조비 정희왕후의 남자 형제 윤사윤(尹士昀)·윤사흔(尹士昕) 계통에서 중종비 장경왕후와 문정왕후가 배출되었다. 윤사윤은 중종비 장경왕후의 증조부이며, 윤사흔은 중종비 문정왕후의 고조부이다.

청송심씨 왕후는 심온(沈溫)의 후손이다. 세종비 소헌왕후는 심온의 딸이다. 명종비 인순왕후의 4대조인 심원(沈湲)은 소헌왕후의 형제이며, 심온의 아들이다. 인순왕후 부친 심강(沈鋼)은 경종비 단의왕후의 7대조가 된다. 청송심씨는 소헌왕후 이후 6~7대마다 왕후를 1명씩 배출하였다.

왕후가문과 혼인한 가문의 본관은 다 확인되지는 않았으나, 모계·조모부계·외조모부계의 성관을 확인하였다. 〈표 14〉를 참조하면, 모계·조모부계·외조모부계는 모두 60개 성관이다. 60개 성관 중에서 왕후가문과 혼인이 많은 성관은 전주이씨 가문이다. 모계·조모부계·외조모부계가 전주이씨인 경우는 9명인데 그중 6명이 종친이다. 이것은 왕후가문에서 지속적으로 왕실 지친과 혼인을 맺고 있었음을 보여 주는 것으로, 중종비 단경왕후, 명종비 인순왕후, 선조비 의인왕후, 원종비 인헌왕후, 경종비 선의왕후, 정조비 효의왕후 가문이 그러하다. 모계·조모부계·외조모부계에 자주 보이는 성관은 안동 김(6), 남양 홍(5), 안동 권(4), 여흥 민(4), 청주 한(4), 한산 이(3), 의성 김(3), 연일 정(3), 은진 송(3), 평산 신(3), 청송 심(2), 여주 이(2), 전의 이(2), 용인 이(2), 진주 정(2), 풍산 홍(2) 등으로 16개 성관이다. 위에서 언급한 모계·조모부계·외조모부계의 16개 성관 가운데 8개 성관은 왕후를 배출한 성관이다. 왕후를 배출한 성관끼리 서로 혼인 관계를 맺거나, 왕후가문에서 지속적으로 왕실과 혼인 관계를 맺은 것은 혼인이 사회적 지위를 형성 유지하는 데 중요 요인이었음을 증명하는 것이기도 하다.[40]

---

40 원창애(2009), 「조선 후기 『돈녕보첩』 연구」, 『조선시대사학보』 48, 조선시대사학회, 118~119쪽.

『돈녕보첩』 왕후편에 수록된 인물의 직역을 분석하면 왕후가문의 지위를 확인할 수 있다. 왕후 동성친 9,466명 중 왕후 부친 이상의 선대(先代)는 1,248명(13%)이다. 여기에는 왕후의 고모, 종조모, 종증조모 등 여계(女系)도 포함되어 있었다. 왕후의 부친 이상 4대조까지 부계 친족의 사회적 지위는 왕실의 왕후 간택에 가장 큰 영향을 미쳤을 것이다.

왕후의 부계 선대 1,248명 가운데 여계를 제외한 남계(男系)는 758명이었다.[41] 왕후의 선대 부계 친족의 55.8%인 423명이 관직을 지냈다. 그뿐만 아니라 관직자 423명 중 50.4%에 달하는 213명이 당상관까지 승진하였다. 관직자 가운데서 문과에 합격한 사람이 109명이었으며, 이들의 89%에 달하는 97명이 당상관을 역임하였다. 왕후의 선대 부계 친족은 관직자의 25.8%가 문과에 합격하였으며, 당상관은 문과에 합격한 문관이 45.5%, 음관의 비율이 54.5%이다. 이러한 통계를 통해서 첫째, 왕후의 부계 선대 친족은 절반 이상이 관직에 진출했으며, 또한 관직자의 절반 이상이 당상관에 올랐음을 알 수 있다. 둘째, 왕후의 부계 선대 친족의 문과 합격률이 상당히 높으며, 문과를 통해서 관직에 나간 경우는 상당수가 당상관까지 승진했다는 것을 확인할 수 있다. 셋째, 음관으로 당상관에 오르는 친족이 절반 이상이다. 그뿐만 아니라 참상·참하 관원은 대부분 음관으로 관직에 나갔다. 음관으로 관직에 진출한 비율이 높다는 것은 지속적으로 현달한 관료를 배출한 명문가임을 여실히 보여 주는 것이다.

〈표 15〉에서 관직에 나간 왕후 선대 친족의 특징적인 면이 확인된다. 첫째, 중종까지는 왕후의 선대 친족으로 관직에 나간 인원이 대부분 3~4명인데, 왕후의 직계 친족이었다. 이러한 현상은 중종비의 보첩까지 왕후 선대는 직계 친족만 기재되었고, 방계친이 기재되기 시작한 것은 인종비 인성왕

---

41 『돈녕보첩』에 수록된 왕후에는 사도세자빈 혜경궁 홍씨가 들어 있다. 그 이유는 고종대 사도세자를 장종으로 추존하면서 세자빈 역시 왕후로 추존되었기 때문이다.

표 15 왕후별 부계 선대 친족 관직 분포(왕후의 고조~부친 세대)

왕	왕후	본관	수록 인원	관원 분포			관직 분포		
				문관	음관	합계	당상	참상	참하
태조	신의	안변 한	3		2	2	2		
	신덕	곡산 강	2		1	1	1		
정종	정안	경주 김	4		4	4	4		
태종	원경	여흥 민	6	3	3	6	4	2	
세종	소헌	청송 심	4	1	3	4	2	1	1
문종	현덕	안동 권	4		3	3	2	1	
단종	정순	여산 송	4		4	4	3	1	
세조	정희	파평 윤	4		3	3	3		
예종	장순	청주 한	4		4	4	3	1	
	안순	청주 한	6		4	4	2	2	
덕종	소혜	청주 한	4		4	4	3	1	
성종	공혜	청주 한	4		4	4	3	1	
	정현	파평 윤	5	1	2	3	3		
중종	단경	거창 신	37	4	26	30	14	13	3
	장경	파평 윤	5	1	3	4	4		
	문정	파평 윤	7	1	2	3	2	1	
인종	인성	나주 박	7	1	5	6	3	3	
명종	인순	청송 심	12	5	3	8	5	3	
선조	의인	나주 박	8	3	4	7	6	1	
	인목	연안 김	5	1	4	5	2	2	1
원종	인헌	능성 구	9	1	6	7	2	5	
인조	인열	청주 한	14	2	9	11	2	9	
	장렬	양주 조	6	2	1	3	3		
효종	인선	덕수 장	9	2	4	6	2	4	
현종	명성	청송 김	27	3	5	8	4	4	
숙종	인경	광산 김	78	10	13	23	12	8	3
	인현	여흥 민	38	6	12	18	7	8	3
	인원	경주 김	14	1	6	7	3	4	

경종	단의	청송 심	25	2	9	11	3	8	
	선의	함종 어	34	6	17	23	12	11	
영조	정성	대구 서	79	1	22	23	6	15	2
	정순	경주 김	10	2	4	6	4	1	1
진종	효순	풍양 조	48	11	25	36	14	20	2
정조	효의	청풍 김	40	3	15	18	10	8	
순조	순원	안동 김	46	6	26	32	13	18	1
헌종	효현	안동 김	24	5	14	19	8	11	
	효정	남양 홍	12	2	6	8	3	4	1
익종	신정	풍양 조	29	10	10	20	14	6	
철종	철인	안동 김	22	3	9	12	6	5	1
고종	명성	여흥 민	16	4	5	9	4	5	
순종	순명	여흥 민	21	2	1	3	3		3
	순정	해남 윤	19	4	7	11	7		4
합계			755	109 (25.8%)	314 (74.2%)	423 (100%)	213 (50.4%)	187 (44.2%)	26 (5.4%)

후 보첩부터이기 때문이다. 다만 태종비 원경왕후와 중종비 단경왕후의 보첩에는 예외적으로 방계 친족이 포함되어 6명 이상의 관직자가 기재되어 있었다. 그렇다면 왜 이 두 왕후 집안에만 방계 친족이 기록되었을까? 이 두 왕후의 보첩은 17세기 후반 이후에 정리되었기 때문이다. 태종비 원경왕후의 보첩은 숙종계비 인현왕후의 보첩이 정리될 때 함께 체계적으로 정리되었다. 원경왕후의 형제 민무구·민무질·민무휼·민무회 등이 태종에게 죄를 받아 죽었으므로, 원경왕후의 보첩에 친족들이 제대로 기록되지 못하였다. 현전하는 『돈녕보첩』 왕후편 가운데 가장 이른 것은 1649년(효종 즉위)의 것인데, 이때의 원경왕후 보첩은 매우 소략하였다. 원경왕후의 보첩이 체계적으로 다시 정리된 것은 같은 가문 출신 인현왕후의 보첩이 『돈녕보첩』에 수록될 때이었다. 이때에 원경왕후의 방계 친족까지도 기록되었다. 단경왕후

의 보첩은 1739년(영조 15) 신씨가 왕후로 추증되고[42] 난 후에 정리되었다.

둘째, 17세기 중반 현종비 명성왕후에서부터 선대 부계 친족 가운데 문과 합격자 인원이 4명 이상인 경우가 많다. 그 이전에는 중종비 단경왕후와 명종비 인순왕후 집안만이 4명 이상의 문과 합격자를 배출하였다. 단경왕후 집안은 조부 신승선(愼承善)과 부친 신수근(愼守勤)이 모두 공신으로서 훈신가(勳臣家)이었으며 왕실과도 중첩된 혼인 관계를 맺었다. 신승선은 임영대군의 딸인 중모현주(中牟縣主)와 혼인하여 3남 1녀를 두었다. 신승선의 외동딸은 연산군의 왕후로 책봉되었으며, 맏아들인 신수근은 자신의 딸을 연산군의 이복동생인 진성대군과 혼인시켰다. 진성대군과 혼인하였던 신수근의 딸이 단경왕후였다. 이렇듯 단경왕후 집안은 훈신이면서 2대에 걸쳐 외척가문이었고, 직계와 방계 선대에서 4명의 문과 합격자를 배출하였다. 명종비 인순왕후 집안 역시 외척가문이자 훈신가문이었다. 다만 인순왕후의 사조(四祖) 내에는 외척이나 훈신이 없었다. 인순왕후의 증조부·조부 그리고 방계친 중에 문과 합격자가 5명이나 되었다. 물론 문과 합격자 인원이 적거나 없다고 해서 15·16세기 초반의 왕후가문이 한미하였다고 할 수는 없다. 그러나 이 시기의 왕후들은 그 이후 왕후와는 다른 면모를 가지고 있다. 이들은 애초에 왕후 혹은 왕세자빈으로 간택되지 않은 경우가 대부분이다. 단종비 정순왕후, 중종계비 문정왕후만 처음부터 왕후로 책봉되었다. 세자빈으로 간택되었던 왕후는 예종비 장순왕후, 인종비 인성왕후 등이다. 즉 태조부터 인종에 이르기까지 17명의 왕후 가운데 단 4명만이 왕세자빈 혹은 왕후로 간택되어 책봉되었다.

그렇다면 왕후나 세자빈으로 간택되지 않았던 13명의 왕후를 살펴보자. 첫째, 국왕으로 예정되어 있지 않았던 때에 혼인한 왕후들이 있다. 태조·정

---

42 『영조실록』 권49, 영조 15년 3월 28일(갑술).

종·태종비는 조선이 건국되기 전에 혼인하였다. 세종비 소헌왕후는 세종이 충녕군이었던 시절에 혼인하였으며, 세조비 정희왕후 역시 세조가 왕자이던 시절에 혼인하였다. 덕종비 소혜왕후도 세조가 수양대군이던 시절에 그의 맏아들 도원군(桃源君) 이숭(李崇)과 혼인하였다.[43] 성종비 공혜왕후도 성종이 즉위하기 전 자을산군이었던 때에 혼인하였다. 중종비 단경왕후 역시 중종이 진성대군이던 시절 혼인하였다. 이처럼 국왕으로 예정되어 있지 않았던 시기에 혼인한 왕후가 13명 중 9명으로 69.2%에 달한다. 이것은 조선 전기 왕위 계승이 안정적이지 않았음을 반증해 주는 것이다.

둘째, 국왕이나 왕세자의 후궁으로서 왕후에 책봉된 경우가 있다. 문종비 현덕왕후는 왕세자의 후궁이었다가 후에 세자빈으로 책봉되었다. 그녀는 단종을 낳고 사망하여 문종이 즉위한 후에 왕후로 추증되었다.[44] 예종계비 안순왕후 역시 왕세자 후궁으로 있다가 왕후에 책봉되었다. 성종계비 정현왕후와 중종계비 장경왕후 역시 국왕의 후궁으로 있다가 왕후로 책봉되었다. 후궁에서 왕후가 된 경우는 13명 중 4명이었다. 15·16세기 전반기 왕후가문은 현달한 가문이라 하더라도 왕후 또는 왕세자빈으로 간택되지 않은 경우가 많아서 그 이후의 왕후가문과 단순 비교하기는 어렵다.

〈표 15〉에 보이는 또 하나의 특징은 17세기 이후 왕후 선대 친족은 그 이전 왕후 집안보다 관원 수가 많다는 점이다. 인조비 인열왕후에서 순종비 순정왕후까지 총 21명의 왕후 가운데 62%에 해당되는 13명 왕후의 선대 친족은 10명 이상이 관원이었다. 21명의 왕후 가운데 인조비 인열왕후, 효종비 인선왕후, 영조비 정성왕후만이 왕자 혹은 종실 부인에서 왕후가 된 경우이며, 나머지 18명의 왕후는 처음부터 세자빈 혹은 왕후로 책봉되었다. 이들 왕후 집안은 선대 직계·방계친이 두루 관계(官界)에 포진하고 있다는

---

43 『선원계보기략』(장서각 K2-1041) 권1, 소혜왕후 한씨조, 17면.
44 『선원계보기략』(장서각 K2-1041) 권1, 현덕왕후 권씨조, 13~14면.

점이 주목된다. 조선 전기에는 특별한 경우를 제외하고는 왕후의 부친을 제외한 선대 부계 친족 다수가 사환하지 않았다. 그러나 17세기 현종비 이후에는 선대 부계 친족 특히 왕후 부친 형제, 종형제 등이 관원인 경우가 많았다. 이러한 사실은 왕후가문이 명문가라는 것을 증명하는 것이기도 하지만, 부원군 이외의 외척가문 출신 관료가 관계에서 활동하고 있었다는 증거이다. 여기에다 왕후의 모계 선대 친족까지 보태진다면 왕후의 친인척이 왕후 책봉 이전에도 정치 세력화되어 있었거나 혹은 그럴 가능성이 배태되어 있었음을 밝힐 수 있다. 이것이 17세기 외척이 조선 전기의 외척과는 다른 면모이다.

2) 외척의 관직 진출 양상

『돈녕보첩』 왕후편에는 왕후의 부계, 모계, 조모부계, 외조모부계로 구분하여서 촌수 내에 드는 인물을 적어 놓았다. 여기에서 논의 대상으로 삼는 외척은 왕후의 부계이며, 그중에서도 왕후 세대 이후의 후손을 중심으로 다루려고 한다. 여기서 외척의 관직 진출 양상을 다루려는 이유는 왕후로 책봉된 이후 그 가문의 족세(族勢)를 확인하기 위한 것이다. 국왕의 근친에 대해서는 법제적으로 정치 참여를 제한하였지만, 외척에 대한 법제적 강제 조항은 전혀 없다. 관직 진출에 제약이 없었던 외척은 왕후가문이 된 이후에 정치적, 사회적 지위의 변화를 겪었을 것이다.

조선시대 왕후가문 42개 중에서 34개 가문의 실태를 살펴보고자 한다. 제외된 8개 가문은 첫째, 『돈녕보첩』에 왕후 이후 세대에 대한 기록이 없어서 다룰 수 없는데 태조비 신의왕후·신덕왕후, 정종비 정안왕후, 문종비 현덕왕후, 순종비 순명왕후·순정왕후이다. 이들 왕후에 대해서는 선대의 기록만 있고 왕후가 된 이후의 세계(世系)는 밝혀지지 않았거나, 근대 이후까지 연결되는 경우 등이다.

둘째, 후대에 복위되거나 추증되어서 왕후가문의 족세를 파악하기 어려운 경우가 있는데, 단종비 정순왕후와 중종비 단경왕후가 그러하다. 『돈녕보첩』에 기재된 이들 왕후 친족을 보면, 단종비 정순왕후 가문은 후손이 기재되어 있지 않지만, 중종비 단경왕후의 경우는 기재 인원이 263명에 이르고 있다. 거창신씨 가문인 단경왕후는 세종의 아들 임영대군의 외증손녀이었다. 임영대군의 사위인 신승선은 익대좌리공신으로 영의정까지 지냈다. 그는 슬하에 신수근(愼守勤) · 신수겸(愼守謙) · 신수영(愼守英) 세 아들과 연산군의 부인 폐비신씨를 두었다. 신승선은 임영대군의 사위이자 연산군의 장인이 되었다. 그의 아들들은 모두 2품 이상의 대신으로 정계에서 활동하였다.

그중 장남 신수근은 좌의정까지 역임했을 뿐만 아니라, 그 딸도 연산군 치세에 연산군 동생인 진성대군과 혼인하였다. 반정으로 진성대군이 왕으로 즉위하였기 때문에 그의 부인도 왕후가 되는 것이 마땅하나, 역적의 딸이라 하여 궁궐에서 내보냈다. 따라서 그녀는 왕후에 책봉되지 못하였다. 거창신씨 부인은 숙종대에야 신비(愼妃)로 추숭되었으며, 영조대에 단경왕후로 추증되었다. 반정 때에 신수근의 가문은 화를 당하였기 때문에 가세가 급격히 기울었다. 단경왕후와 같은 항렬 친족 중 관직자가 31명이었으나, 단경왕후 이후로 대수가 내려갈 때마다 관직 진출자가 줄어들었다. 가세가 기울었는데도 『돈녕보첩』 왕후편에 263명이나 되는 왕후의 친인척이 기록될 수 있었던 것은 거창신씨 가문과 혼인했던 집안이 종실과 청주한씨 등 명문가였기 때문이다. 거창신씨 가문 족세(族勢)의 부침이 단경왕후 때문이 아니기 때문에 여기에서는 논외로 하였다.

왕후가문의 부계 친족으로 왕후 세대 이후 6대손까지 『돈녕보첩』에 실린 인원은 3,638명이다. 이들 가운데 1,041명(28.6%)이 관계(官界)에서 활동하였다. 1,041명의 관료 가운데 문과에 합격한 인원은 235명(22.6%)이고,

나머지 77.4%에 해당되는 806명은 무과 합격자와 음관이었다. 이들의 관직 분포를 보면, 당상관 354명(34%), 참상관 558명(53.6%), 참하관 128명(12.3%)이다. 이러한 관직 분포는 왕후의 선대 부계친의 경우와 비교하면, 당상관은 16.4%가 적고, 참상관은 9.5%, 참하관은 6.9%가 많다. 관직 진출도 왕후 선대에 비해서 27.4%나 적다. 이러한 통계 수치로만 보면, 왕후가 된 후에 가문의 족세가 약화된 것처럼 보인다. 그러나 〈표 16〉에 정리한 34명의 왕후가문별 관직 분포를 보면, 가문의 부침이 있었음을 알 수 있다.

표 16　조선 왕후가문의 관직 분포

** 부계 친족(왕후 세대~6대손)

왕	왕후	본관 성씨	수록 인원	관원			관직 분포		
				문과	음관	합계	당상	참상	참하
태종	원경	여흥 민	146	2	25	27	9	15	3
세종	소헌	청송 심	13	2	5	7	2	5	
세조	정희	파평 윤	21	1	5	6	4	2	
덕종	소혜	청주 한	25		10	10	6	4	
예종	장순	청주 한	18						
	안순	청주 한	79		7	7	2	5	
성종	공혜	청주 한	18						
	정현	파평 윤	19	1	7	8	3	3	2
중종	장경	파평 윤	43	2	11	13	3	9	1
	문정	파평 윤	248	4	32	36	5	22	9
인종	인성	나주 박	45		7	7	1	5	1
명종	인순[45]	청송 심	327	22	62	84	23	50	10

45 인순왕후의 친족은 관직에 나간 사람의 수는 84명인데, 관직 분포에는 83명만 기재되어 있다. 1710년 증광시에 합격한 심익(沈瀷)이 분관되기 전에 사변가주서에 재직 중 사망하였다. 조정에서는 그에게 6품직인 사서(司書)를 추증하였다. 관직 분포에서는 심익이 생전에 정식으로 관직에 제수되지 않았기 때문에 그를 제외하고 83명으로 기재하였다.

선조	의인	나주 박	296	27	76	103	37	51	15
	인목	연안 김	233	13	45	58	16	31	11
원종	인헌	능성 구	207	2	60	62	22	34	6
인조	인열	청주 한	171	3	28	31	4	21	6
	장렬	양주 조	185	25	58	83	26	41	16
효종	인선	덕수 장	82	4	17	21	3	14	4
현종	명성	청풍 김	150	9	40	49	23	24	2
숙종	인경	광산 김	212	10	52	62	15	37	10
	인현	여흥 민	176	15	45	60	18	30	12
	인원	경주 김	125	4	32	36	14	21	1
경종	단의	청송 심	36	1	3	4		3	1
	선의	함종 어	57	4	9	13	2	9	2
영조	정성	달성 서	287	18	44	62	24	34	4
	정순	경주 김	28	2	7	9	3	5	1
진종	효순	풍양 조	191	12	45	57	21	32	4
정조	효의	청풍 김	37	2	12	14	6	5	3
순조	순원	안동 김	83	21	40	61	31	28	2
익종	신정	풍양 조	32	13	9	22	12	10	
헌종	효현	안동 김	13	1	4	5	2	3	
	효정	남양 홍	4	2	1	3	2	1	
철종	철인	안동 김	21	10	7	17	12	3	2
고종	명성	여흥 민	10	3	1	4	3	1	
합계			3,638	235 (22.6%)	806 (77.4%)	1,041 (100%)	354 (34%)	558 (53.6%)	128 (12.3%)

『돈녕보첩』 왕후편에 수록된 왕후 친족의 관직 진출 비율이 평균 28.6%
이었다. 왕후가문 중에는 관직 진출이 평균 이하인 경우가 있었다. 태종비
원경왕후, 예종비 장순왕후, 예종계비 안순왕후, 성종비 공혜왕후, 중종계
비 문정왕후, 인종비 인성왕후, 명종비 인순왕후, 선조계비 인목왕후, 인조
비 인열왕후, 효종비 인선왕후, 경종비 단의왕후, 경종계비 선의왕후, 영조

비 정성왕후 등 13명의 왕후가문이 그러하였다. 이들 왕후가문의 관직 진출
이 부진한 데에는 여러 요인이 있다.

첫째, 정치적인 문제에 연루되어 족세가 약화되거나 신장되지 못한 경우
이다. 13명의 왕후 가운데 9명의 왕후가 여기에 해당된다. 태종비 원경왕후
는 동생들이 역적으로 몰려서 죽음을 당함으로써 가문의 족세가 크게 약화
되었다. 태종은 자신을 도왔던 처남들의 정치적 입지를 약화시키기 위해서
이들을 예우 아문인 돈녕부에 소속시키고, 정치에 참여하지 못하도록 하였
으며 결국에는 이들을 죽음으로 몰아갔다. 그 이후로 원경왕후 가문의 족세
는 약화될 수밖에 없었다.

예종비 장순왕후와 성종비 공혜왕후는 자매지간으로 모두 한명회의 딸
이었다. 한명회는 수양대군을 도와 계유정난을 성공시켰고 그 이후에도 계
속 공신에 책봉된 훈신으로서 부와 권력을 누렸다. 성종이 즉위해서는 원상
을 지냈으며, 딸을 둘이나 왕실과 혼인시켰다. 그러나 이 두 왕후는 모두 후
손이 없이 일찍 사망했기 때문에 자기 가문에 크게 도움은 되지 못하였다.
성종 때에 치사(致仕)한 한명회는 궤장까지 허사받았다. 사신(史臣)들은 그의
졸기에 "여러 번 간관이 논박하였으나, 소박하고 솔직하여 다른 뜻이 없어
서 훈명을 보전하였다"라고 하였다.[46] 한명회는 공혜왕후 사후에 점차 정권
에서 멀어져 탄핵을 받기도 하고 관직에서 물러나기도 하였으나, 세조의 묘
정에 배향되었다. 그럼에도 『훈국등록』 왕후편에 두 왕후의 친족 기록이 전
혀 없다. 그것은 연산군이 1504년(연산군 10) 폐비윤씨 사사에 관여하였다고
하여 한명회를 부관참시하고, 종묘의 배향에서 내치게 하였기 때문이다. 또
한 그 아들의 고신을 빼앗고 정배하였다.[47] 한명회는 사후에 갑자사화를 당
하여 그 가문이 완전 몰락의 길을 걸었다.

---

46 『성종실록』 권209, 성종 18년 11월 14일(기유).
47 『연산군일기』 권52, 연산군 10년 4월 18일(기유)·24일(을묘).

중종계비 문정왕후 가문 역시 정치적인 부침으로 가문의 족세가 약화되었다. 문정왕후의 동생 윤원형은 을사사화를 통해서 정권을 잡았고, 명종이 즉위한 이후 정치적인 권력과 부를 누렸다. 문정왕후의 수렴청정은 명종이 즉위하고도 8년간 지속되었으며, 명종이 친정(親政)한 이후에도 문정왕후의 정치적 영향력이 컸다. 문정왕후가 친인척 중심의 정치를 폄으로써 문정왕후 가문의 정계 진출이 활발하였으나, 왕후가 사망하자 그 친족은 몰락의 길을 걸었다.

문정왕후의 척신정치에 피해를 입은 왕후가 있었는데, 인종비 인성왕후와 명종비 인순왕후이다. 인종은 즉위한 지 1년 만에 사망하였기 때문에 인성왕후의 정치적 입지가 매우 좁았다. 인성왕후는 태종대 좌명공신 박은(朴블)의 현손으로서 훈신가문 출신이었다. 선대 친족은 공신 후손으로서 관직에 나간 것으로 보인다. 인성왕후의 형제나 조카들 중에서 문과에 합격한 인물은 없었다. 인성왕후 친족의 정계 진출이 적은 데다가, 을사사화로 문정왕후와 윤원형 등이 정권을 장악하여 인종의 외가인 대윤마저 몰락하였다. 이러한 상황에서 인성왕후는 정치적 영향력을 발휘할 여지가 없었다. 명종이 즉위하자 인성왕후는 왕대비가 되어 왕실 어른의 한 사람으로 예우를 받았을 뿐이다.

명종비 인순왕후 가문은 인성왕후와는 달리 문과 합격 비율이 높아서 인순왕후 가문 출신 관원의 26.2%가 문과에 합격하였다. 인순왕후 가문의 문과 합격 인원수는 다른 왕후가문과 비교했을 때 8위에 해당된다. 인순왕후는 소헌왕후와 형제지간이었던 심원(沈湲)의 현손이니, 소헌왕후와는 6촌이 된다. 소헌왕후의 친족들은 연산군 때 갑자사화를 당하기 전까지는 족세가 번성하였다. 갑자사화로 화를 당하긴 하였으나, 인순왕후의 종증조부인 심순경(沈順徑)이 중종반정 후 정국공신에 책봉되어 다시 가문이 소생할 길을 열었다. 청송심씨 가문이 다시 소생하는 데에는 중종반정을 주도한 심온의 외손 박원종(朴元宗)·유순정(柳順汀)의 역할도 컸다.[48] 이러한 가문의 후광으로 인순왕후가 세자빈에 간택되었을 것으로 짐작된다. 인순왕후 친족들도 문과와 문음으로의 관직 진출이 활발하였다. 인순왕후는 1563년(명종 18) 자신이 낳았던 순회세자를 잃었고, 남편인 명종은 후사가 없이 사망하였다. 인순왕후는 중종의 손자 하성군(河城君)을 세워 왕으로 삼았고, 8년간이나 수렴청정을 시행하였다.[49] 인순왕후는 자신이 수렴청정을 행하고 친족들도 관계(官界)에 다수 진출하였지만, 문정왕후와 같은 척신성치로 나가지 못하였으며, 친족의 관직 진출이 평균치인 28.6%에는 미치지 못하였다.

이러한 결과가 초래된 것은 당시 인순왕후의 미묘한 정치적 입장 때문이었다. 명종이 친정(親政)을 행한 후에도 모후의 영향력이 지나치게 컸기 때문에, 인순왕후와 그의 가문이 명종을 적극적으로 후원하기가 쉽지 않았다. 정작 인순왕후가 수렴청정을 행하게 되었을 때에는 신진 사림 관료들로부터 견제를 받게 되었다. 명종 때의 척신정치를 경험한 신진 사림 관료들은 새로운 정치 질서를 수립하려 하였기 때문에 인순왕후의 수렴청정을 경계하였다. 관료들은 당시 인순왕후의 수렴청정이 불가피하였기 때문에 어쩔 수 없이 인정하였지만, 인순왕후는 신진 사림 관료들이 원하는 방향으로 정치를 해 나갈 수밖에 없었다. 왕후가문 출신 관료들 역시 척신으로서 신진 사림 관료들의 심한 견제를 받았다. 인순왕후는 문정왕후의 척신정치기, 그리고 척신정치에서 사림정치로 이행되는 정치적 격변기에 있었기 때문에 친정 가문의 족세를 확장시키기엔 한계가 있었다.

선조계비 인목왕후의 가문은 광해군 때에 정치적인 화를 입었다. 광해군은 왕세자로 선조의 뒤를 이어 왕위에 올랐다. 광해군의 즉위로 정권을 잡

48 양웅렬(2011), 「16세기 왕비 가문의 변천과 성격」, 『한국사상과 문화』 60, 한국사상문화학회, 201쪽.
49 김우기(2003), 「16세기 중엽 인순왕후의 정치 참여와 수렴청정」, 『역사교육』 88, 역사교육연구회, 150~152쪽.

은 대북 정권에서는 1613년(광해군 5) 영창대군을 왕으로 추대하려 했다는 역모 사건에 연흥부원군 김제남을 연루시켜서 그를 사사하였다. 김제남의 아들과 사위는 장(杖)으로 죽었으며, 김제남 형제의 동성 삼촌 조카들도 외딴 섬에 귀양을 보냈다.[50] 1618년(광해군 10) 폐모론이 일어나 인목왕후는 서궁에 유폐되었고, 왕후의 모친도 제주로 유배되었으며, 김제남은 부관참시를 당하였다. 광해군은 인목왕후의 친족이란 친족은 모두 찾아내어 죄를 주었다.

경종비 선의왕후 가문 역시 당쟁의 소용돌이 속에서 처신이 쉽지 않았다. 선의왕후의 부친 어유구(魚有龜)는 노론 계열이었다. 숙종이 사망하고 경종이 왕위에 오르자, 어유구는 함원부원군에 봉해졌고 이어 어영대장에 제수되었다.[51] 그 후 경종은 그에게 훈련도감 대장까지 겸임하게 하였다.[52] 경종이 장인에게 중앙 삼군영의 대장 중 두 개 군영의 대장을 겸임시킨 것은 그를 그만큼 신뢰한다는 의미였다. 1721년(경종 1) 노론 대신들이 연잉군을 세제(世弟)로 책봉하기를 청하자, 김일경(金一鏡)이 상소를 올려 역모라고 규탄하였다. 어유구는 경종의 장인이지만, 김일경이 노론 대신들을 무고한 것이라는 글을 올려 노론 대신을 두둔하였다. 소론들이 편찬한 『경종실록』에는 어유구가 이런 글을 경종에게 올린 것은 본의가 아니라 노론이 그를 의심하고 있었기 때문이라고 평가하였다.[53] 1722년(경종 2) 목호룡의 고변으로 노론 4대신을 비롯한 많은 인물이 화를 입었다. 김일경은 어유구를 원훈으로 책봉하기를 청하였으나, 어유구는 이를 거절하고, 훈련도감 대장직도 사직하였다. 경종이 사망하고 영조가 즉위하자, 이번에는 노론 중에서 어유구가 신임사화 때에 모의에 가담하였을지도 모른다고 의심하는 사람들이 있

---

50 『광해군일기』[중초본] 권67, 광해군 5년 6월 1일(무자)·2일(기축).
51 『경종실록』 권1, 경종 즉위년 7월 5일(경오); 권4, 경종 1년 8월 5일(계해).
52 『경종실록』 권5, 경종 1년 12월 6일(임술).
53 『경종실록』 권5, 경종 1년 12월 7일(계해).

었다. 그러나 영조는 그를 척신으로 극진히 대접하였고, 그 친족에게도 관대하였다. 선의왕후 가문에서는 13명의 관원 중에 문과 합격자 출신이 4명이나 되어 적은 수는 아니다. 그러나 선의왕후 친족의 관직 분포를 보면 69%가 참상관에 머물고 있어서 정치적인 영향력을 발휘하기는 쉽지 않았을 것으로 여겨진다. 게다가 선의왕후 가문이 노론이면서 경종의 조력자가 되어야 하는 난처한 상황에 처하였기 때문에 정치활동이 소극적일 수밖에는 없었을 것이다.

왕후가문의 관직 진출이 부진한 이유로 둘째, 부부인 혹은 군부인이었다가 왕후에 책봉되었거나, 세자빈으로 책봉되었으나 사망하여 왕후로 추존된 왕후가문 친족의 관직 진출이 평균 이하의 점유율을 보였다. 이러한 사례는 인조비 인열왕후, 효종비 인선왕후, 경종비 단의왕후, 영조비 정성왕후 등이다. 인조는 선조의 손자이며, 정원군의 아들이었다. 인조는 광해군을 축출한 서인들에 의해서 왕위에 올랐기 때문에, 그의 부인 한씨가 왕후에 책봉되었으며, 효종비 인선왕후 역시 봉림대군의 처로서 왕후에 책봉되었다. 경종비 단의왕후는 세자빈에 책봉되었으나, 세자빈 시절 후사가 없이 사망하였다. 영조비 정성왕후는 연잉군의 처로서 세자빈이 되고, 왕후에 책봉되었다. 이들은 왕후가문으로 시작되지 않았기 때문에 다른 왕후가문에 비해서 관직 점유율이 낮을 수도 있다. 그러나 왕후가 배출됨으로서 지속적으로 관원이 배출되었을 가능성이 있다. 인열왕후·인선왕후·단의왕후 가문의 경우엔 참상직 관원이 66.7% 이상이 되었는데, 주로 지방관 점유율이 높았다. 즉 왕후가문이기 때문에 음직 제수가 용이했던 것으로 보인다.

그러나 정성왕후 가문은 예외적이었다. 정성왕후 가문은 문과 합격자 출신 관원이 29%에 달하였으며, 참상직 점유율도 54.8%로 위의 세 왕후가문보다 낮고 당상관 점유율은 38.7%로 평균치보다 높았다. 정성왕후 친족의 관직 진출 양상을 보면, 왕후 선대 친족은 주로 음관이 주류를 이루었지만,

왕후의 형제, 조카, 손자, 증손자 세대에서 문과 합격 출신 관원과 당상관이 고루 배출되었다. 결국 왕후 배출 이후 왕후가문의 위상이 상승 추세에 있음을 알 수 있다. 정성왕후 가문의 관원 수는 전체 왕후가문의 평균치보다는 낮았지만, 관원 진출 양상으로 보면 왕후를 배출한 이후에 가문이 더 번성하였다.

다음으로는 왕후를 배출한 이후에 족세가 확장된 경우를 살펴보자.『돈녕보첩』왕후편에 수록된 왕후 친족 중 관직 진출 비율이 평균인 28.6%를 넘는 왕후가문은 21개에 달하고 있다. 평균치는 넘었지만 관직 진출이 30%를 넘지 않는 왕후가문은 세조비 정희왕후, 숙종비 인경왕후, 숙종계비 인원왕후, 진종비 효순왕후 등 4개 가문이다. 30~35%의 관직 진출이 있었던 왕후가문은 중종비 장경왕후, 선조비 의인왕후, 원종비 인헌왕후, 현종비 명성왕후, 숙종비 인현왕후, 영조계비 정순왕후 등 6개 가문이다. 35~40%의 관직 진출을 보인 왕후가문은 덕종비 소혜왕후, 정조비 효의왕후, 헌종비 효현왕후, 고종비 명성왕후 등 4개 가문이다. 40% 이상의 관직 진출을 보인 왕후가문은 세종비 소헌왕후, 성종계비 정현왕후, 인조계비 장렬왕후, 순조비 순원왕후, 익종비 신정왕후, 헌종계비 효정왕후, 철종비 철인왕후 등 7개 가문이다.

『돈녕보첩』왕후편에 수록된 친족의 41% 이상이 관직에 진출한 왕후가문은 7개인데, 그중 5개 가문이 조선 후기 왕후가문이다. 인조비 장렬왕후 가문을 제외하고는 4개의 왕후가문이 세도정치기에 몰려 있다. 세도정치기 왕후 친족의 관직 진출률은 68.8~81%에 이르고 있다. 순원왕후 가문이 73.5%, 신정왕후 가문이 68.8%, 효정왕후 가문이 75%, 철인왕후 가문이 81% 등이다.

왕후 친족의 관직 진출 현황을 통해서 현종비 명성왕후 친족 이후로는 대개『돈녕보첩』왕후편에 수록된 친족의 30% 이상이 관직에 나갔다는 것을 확인할 수 있다. 왕후 친족의 관직 진출이 정조비 효의왕후 이후로는 친족의 35% 이상 최대 81%의 관직 진출률을 보인다. 조선 후기로 갈수록 외척들의 관직 점유율이 높아지는데, 그중에서도 세도가문이라 불리는 왕후 친족의 관직 진출률이 약 68% 이상으로 가파르게 높아지고 있다.

친족들의 관직 점유율이 높았던 7개의 왕후가문을 살펴보면 다음과 같다. 조선 전기에 41% 이상의 친족이 관직에 진출한 왕후는 세종비 소헌왕후와 성종계비 정현왕후이다. 세종비 소헌왕후의 부친은 태종의 외척 견제책으로 죄를 입었다. 세종이 즉위하자 태종은 세종의 장인인 심온을 영의정에 제수하였다.[54] 심온이 사은사로 중국 사행을 떠나는 날 태종은 환관을 보내 연서역(延曙驛)에서 그를 전송하였는데, 심온을 전송하러 나온 인파가 많아서 장안이 거의 비었다고 한다.[55] 이것으로 태종은 심온의 세력이 커지는 것을 경계하게 되었다. 마침 강상인의 옥사가 있었는데, 심온이 연루되었다는 공초를 받았다. 태종은 사행에서 돌아오던 심온을 체포하여 사사하라고 명하였다.[56] 소헌왕후의 친족들도 심온의 죄에 연좌되어 모두 직첩이 회수되었다.[57] 그러나 문종이 즉위하자, 그는 외할아버지 심온의 직첩을 돌려주고, 외가 인척에게 관직을 제수하였다.[58] 문종의 이러한 처결로 인해서 소헌왕후 집안은 소생하여 관계에 다시 진출하기 시작하였다. 세조에게도 외가가 되었기 때문에 세조·성종대에도 관직 진출이 왕성하였다.[59]

성종의 계비 정현왕후는 병조참지 윤호(尹壕)의 딸로 1473년(성종 4) 숙의 첩지를 받았다. 즉 성종의 후궁으로 궁궐에 들어왔는데,[60] 연산군의 모후가

54 『세종실록』권1, 세종 즉위년 9월 3일(경술).
55 『세종실록』권1, 세종 즉위년 9월 8일(을묘).
56 『세종실록』권2, 세종 즉위년 11월 22일(무진)·12월 23일(무술).
57 『세종실록』권56, 세종 14년 4월 18일(병오).
58 『문종실록』권8, 문종 1년 7월 22일(무오)·25일(신유); 권9, 문종 1년 8월 6일(신미).
59 양웅렬(2011), 「15세기 왕비 가문의 변천과 성격」, 『한국학논총』36, 국민대학교 한국학연구소, 117쪽.
60 『성종실록』권31, 성종 4년 6월 14일(계유).

폐비되자 1476년(성종 7) 왕후에 책봉되었다.[61] 연산군을 길렀던 정현왕후는 갑자사화 때에 해를 입지 않았으며, 반정으로 자신이 낳은 진성대군이 왕위에 올랐다. 정현왕후는 세조비 정희왕후 가문 출신이었다.[62] 세조비 정희왕후가 자신의 가문에서 후궁을 들였는데, 왕후에 책봉된 것이다. 정현왕후도 역시 자신의 가문에서 중종의 후궁을 들였는데, 그녀가 왕후에 책봉된 장경왕후이었다. 장경왕후가 원자를 낳고 사망하자, 정현왕후는 중종계비도 자신의 가문에서 간택하였다. 즉 정현왕후는 두 명의 왕후를 모두 자신의 가문에서 들였다. 이러한 배경하에서, 정현왕후의 친족이 그리 많지는 않았지만 다수가 관직에 진출하였다.

조선 전기 두 왕후의 친족 당상관 점유율을 보면, 소헌왕후 친족은 28.6%, 정현왕후 친족은 37.5%이다. 두 왕후의 친족 관직 진출률은 40%를 넘지만, 당상관 배출률은 40%에는 미치지 못하였다. 두 왕후의 친족은 관직 진출이 용이하긴 했으나, 국가 정책을 결정하는 당상관으로의 승진은 많지 않아서 척신정치로 발전되지는 않았다.

인조계비 장렬왕후 친족은 왕후 선대에도 현달한 관원이 많았으나, 장렬왕후의 형제, 조카, 그리고 손자, 증손 등의 후손 세대에도 꾸준히 관료가 배출되었다.[63] 장렬왕후 친족은 문과 합격자 출신 관원이 30.1%, 당상관도 31.7%에 달하였다. 이 가문은 왕후가 배출되고 난 후에 가문의 족세가 지속적으로 확대되어 갔다. 다만 장렬왕후 가문의 족세가 확장되는 데 장애 요인도 있었다. 왕후가문은 당색이 서인이었으나, 왕후의 조카 세대에는 노론과 소론으로 나뉘었다. 경종 즉위 후 세제를 세우는 문제로 소론과 노론의 갈등이 있었을 때에 종형제 사이였던 조태억(趙泰億)·조태구(趙泰耉)는 소론

---

61 『성종실록』 권70, 성종 7년 8월 9일(기묘).

62 尹安淑 ─ 尹陟 ┬ 尹承順 ─ 尹坤 ─ 尹三山 ─ 尹壕 ─ 정현왕후
　　　　　　　　 └ 尹承禮 ─ 尹璠 ─ 정희왕후

으로, 조태채(趙泰采)는 노론으로 정치적 입장을 달리하였다. 신임사화 당시 노론 대신이었던 조태채는 죽음을 당하였다. 영조가 즉위한 이후에 소론과 노론이 번갈아 정권을 잡을 때마다 장렬왕후의 친족들은 화를 당하여 죽기도 하고, 관직에서 물러나기도 하였다.

『돈녕보첩』 왕후편에 기록된 순원왕후 친족 83명 중에서 61명이 관직에 진출하였으며, 61명 중 34.4%인 21명이 문과 합격자 출신 관원이었다. 61명의 관원 가운데 50.8%인 31명이 당상관까지 승진하였다. 관직에 진출한 왕후 친족 중 50% 이상이 당상관까지 승진한 사례는 순원왕후 가문이 최초이다. 31명의 당상관에서 19명은 문과에 합격하였으나, 나머지 12명은 음관 출신이었다. 문음 출신 당상관의 관직은 육조 판서·참판이 8명, 승지가 2명, 오위장이 2명이었다. 당상관이 50.8%인 데 반해 참상관은 45.9%, 참하관은 단지 3.3%에 지나지 않았다.

순원왕후 이전에 당상관 진출률이 가장 높았던 것은 현종비 명성왕후 친족이었다. 명성왕후 친족으로 관직에 진출한 49명 중 46.9%인 23명이 당상관이 되었다. 명성왕후 친족의 당상관 점유율이 높았던 것은 숙종 때에 외척의 정치 참여 폭이 확대되고 있었던 것과 궤를 같이하는 것이다. 그러나 순원왕후의 경우처럼 외척 출신 관원의 50% 이상이 당상관을 점유하였

---

63 장렬왕후 친족 세대별 관원 분포는 다음과 같다.

친족 세대	문과	음관	합계	당상	참상	참하
왕후 형제	5	3	8	4	4	
왕후 조카	5	12	17	9	7	1
왕후 손자	4	15	19	3	11	5
왕후 증손	4	18	22	7	11	4
왕후 현손	6	8	14	3	5	6
왕후 5대손		2	2		2	
왕후 6대손	1		1		1	
합계	25	58	83	26	41	16

다는 것과 32.3%의 문음 출신 당상관이 육조와 승정원에 제수된 것은 외척이 세도가로 등장한 시기에나 볼 수 있는 특징이라고 할 수 있다. 더군다나 관직에 진출한 친족은 모두가 순원왕후 세대와 한 대(代) 아래 세대로서 왕후의 지친이었다. 이러한 친족의 관직 분포를 보더라도 당대 순원왕후 가문의 위상을 가히 짐작할 수 있다. 순원왕후 선대 친족의 경우 문과 합격자 출신 관원 비율이 18.8%이었으며, 당상관 진출률은 40.6%이었다. 이때에는 문음 출신 당상관 비율이 53.8%이었으나 이들은 돈녕부 소속이거나 외관이었다. 선대 친족과 왕후 세대 이후로 구분해 보면, 문과 합격 출신 관원이 배가 늘었으며, 당상관도 3.9% 늘어났다. 또한 문음 출신이 다수 요직에 제수되는 경향을 보인다. 이처럼 족세가 확장된 것은 순원왕후의 역할이 컸기 때문이었다.[64]

　　순조비 순원왕후는 왕실의 최고 어른으로서 헌종과 철종의 국혼과 왕실의 혼사들을 관장하였고, 헌종과 철종 즉위 초에 수렴청정을 행하였다. 순원왕후는 헌종이 8세에 즉위한 뒤 7년 동안 수렴청정을 시행하였다. 철종은 나이 19세로 왕위에 오르긴 했으나, 순원왕후가 3년 동안 수렴청정을 행하였다.[65] 또한 순원왕후가 관장한 국혼이나 공주의 혼인 대상은 대부분 안동김씨 가문으로 정하였다. 특히 헌종비 효현왕후와 철종비 철인왕후는 모두 순원왕후의 가문이다.[66] 순원왕후는 효현왕후와 철인왕후의 부친과는 8촌 사이이었다. 순원왕후·효현왕후·철인왕후의 친족으로 관직에 진출한 사람들을 합하면 총 83명이며, 그중 당상관이 45명에 달한다. 순원왕후는 자신의 가문 내에서 두 명의 왕후를 배출하여 안동김씨 가문의 세도정치가 이루

64　임혜련(2014), 「19세기 국혼과 안동 김문 가세」, 『한국사학보』 57, 고려사학회, 254쪽.
65　『철종실록』 권4, 철종 3년 1월 11일(임술).
66　金濟謙 ┬ 金省行 ─ 金履長 ─ 金頤淳 ─ 金汶根 ─ 철인왕후
　　　　　├ 金達行 ─ 金履中 ─ 金祖淳 ─ 순원왕후
　　　　　└ 金坦行 ─ 金履素 ─ 金芝淳 ─ 金祖根 ─ 효현왕후

어질 수 있는 기반을 마련하였다.

헌종비 효현왕후의 친족은 안동김씨 가문에서 배출한 세 왕후 집안 중에 수적으로 열세일 뿐만 아니라, 관직 진출률도 38.4%에 지나지 않았다. 반면 철종비 철인왕후 친족의 경우는 『돈녕보첩』 왕후편에 수록된 친족의 81%가 관직에 진출하였다. 문과 합격 출신 관원도 59%로 왕후가문 중 가장 점유율이 높으며, 당상관 승진율도 70.6%에 달하고 있어서 독보적인 상승세를 보이고 있다.

세도가문으로 알려져 있는 익종비 신정왕후 가문에서도 순원왕후나 철인왕후 친족의 경우에서 보이는 특징들이 보인다. 즉 신정왕후의 친족 중 관직에 진출한 인원이 68.8%에 달하고, 관원 중에 54.5%가 당상관까지 승진하였다. 문과 합격 출신 관원도 56.5%이다. 그럼에도 순원왕후 친족과 다른 점이 있는데 당상관 12명은 전원 문과 합격 출신으로 문음 출신 당상관이 전혀 없다. 또한 참하직에 머문 친족도 없다. 관원 전원이 참상관 이상의 관직을 소유하였다. 사실 신정왕후 선대 친족도 관직에 진출한 인원의 50%가 문과 합격 출신이었고, 관원의 70%가 당상관이었으며 참하직이 전혀 없었다. 신정왕후 선대와 왕후 이후 세대 친족의 관직 진출의 차이점은 문과 합격 출신이 6.5% 늘었고, 당상관은 오히려 13.5% 줄어든 것이다. 신정왕후 가문은 안동김씨 가문보다 왕후의 배출이 족세 확장에 큰 역할을 하지 못하였다는 결론이 된다. 신정왕후의 가문은 왕후를 배출하기 이전부터 벌열적 성격을 보였으며, 왕후 배출 이후에도 그러한 성격이 계속 유지되었던 왕후 가문이었다.

그러면 왕후 친족의 관직 진출률이 평균치인 28.6%는 넘었으나, 40%를 넘지 않았던 왕후가문의 성격은 어떠하였을까? 관직 진출률이 친족의 28.6% 이상이었지만, 30%를 넘지 못하였던 왕후가문은 세조비 정희왕후, 숙종비 인경왕후, 숙종계비 인원왕후, 진종비 효순왕후 등 4개 가문이다.

세조비 정희왕후는 사실 세조가 수양대군이었던 시절 혼인하였기 때문에 부부인(府夫人)이었다가 왕후로 책봉되었다. 정희왕후 가문은 왕실과 연혼(連婚)을 이룬 명문가문이었다. 정희왕후는 예종이 사망하자 장남 의경세자의 차자인 자을산군을 왕위 계승자로 정하였다. 왕위에 오른 자을산군이 나이가 어려서 대왕대비인 정희왕후가 수렴청정을 행하였다. 정희왕후는 또한 자신의 가문에서 성종의 후궁을 들이기까지 하였다. 성종의 후궁으로 입궐하였다가 왕후가 된 사람이 바로 정현왕후이다. 그뿐만 아니라 중종비 장경왕후와 중종계비 문정왕후도 모두 정희왕후 가문 출신이었다. 왕후 4명을 배출된 정희왕후 친족의 관직 진출률이 30%를 넘지 않는 데는 그럴 만한 이유가 있다. 『돈녕보첩』 왕후편에서는 정희왕후의 친족에서 중종비 장경왕후와 문정왕후 계통은 기록하지 않았기 때문이다. 두 왕후의 계통을 따로 기재하면서 정희왕후 남자 형제 중 윤사분(尹士昐)과 그의 아들 윤흠(尹欽)이 누락되었다. 이러한 것을 감안하더라도 정희왕후 가문은 조선 후기 세도정치 중심에 있던 순원왕후 가문과는 성격이 다르다.

정희왕후는 수렴청정 당시 원상과 대신들과 함께 정사를 논의하였다. 원상은 대체로 8~11명으로 구성되어 있었다. 이들 대부분은 성종 즉위 전부터 원상으로 활동하고 있었으며, 성종이 즉위한 후 정희왕후의 남동생 윤사흔(尹士昕)이 원상이 되었다. 정희왕후는 원상들과 긴밀한 관계를 유지하고, 대신 중심으로 정국을 운영하여 겸판서 제도를 활용하였다. 정희왕후의 친족으로 정국 운영에 참여하였던 사람은 극소수이며, 인척 중 몇 사람이 여기에 참여하였다.[67] 순원왕후의 친족이 대거 관직에 진출하고, 그중 많은 인원이 당상관에 포진되었던 것과는 달리 정희왕후의 측근에 있었던 친족 인원은 그리 많지 않았다.

---

67 김우기(2001), 「조선 성종대 정희왕후의 수렴청정」, 『조선사연구』 10, 조선사연구회, 192~195쪽.

숙종비 인경왕후는 광산김씨 김장생의 현손으로서 당대 최고의 명문가 출신이었다. 선대 친족도 관직에 진출하여 당상관까지 승진한 사람이 43%에 달하였다. 인경왕후는 세자빈을 거쳐서 왕후에 책봉된 지 6년 만에 사망하여 왕후의 자리에 오래 있지 않았기 때문에 가문의 번성에 큰 영향을 끼치지는 못하였다. 인경왕후 친족의 관직 진출률은 29.2%로 62명이었다. 그중 문과 합격 출신 관원은 16.1%에 지나지 않아 관원의 83.9%가 문음이었다. 그중 당상관은 24.2%, 참상관은 59.7%, 참하관은 16.1%로 참상관이 주류를 이루고 있었다. 참상관의 54.1%가 문음 지방관이었으며, 나머지 45.9%는 경관직이었다.

숙종계비 인원왕후의 친족으로 관직에 진출한 사람은 전체의 28.8%이다. 문과 합격 출신은 11.1%, 문음 출신 관원이 88.9%이다. 관직 분포는 당상관 38.9%, 참상관 58.3%, 참하관 2.8%이다. 당상관 14명 중 10명이 문음 당상관이며, 참상·참하관도 모두 문음 출신이다. 이렇게 문음 출신 관원이 많이 배출된 것은 왕후 배출이 가문의 족세에 영향을 주었음을 시사하는 것이다.

진종비 효순왕후는 효장세자와 혼인한 세자빈이었다. 효장세자의 뒤를 이은 정조가 즉위하여 세자빈에서 왕후로 추존되었다. 효순왕후의 친족은 전체의 29.8%가 관직에 진출하였다. 문과 합격 출신 관원은 21%이며, 문음 출신은 79%이다. 관직 분포는 당상관 36.8%, 참상관 56.1%, 참하관 7.1%이다. 당상관 중 문음 당상관이 61.9%나 된다. 문음 당상관은 육조·한성부의 당상관도 있으나, 지방관이 많다. 문음 참상관 역시 지방관이 많이 배출되었다.

30~35%의 관직 진출이 있었던 왕후가문은 중종비 장경왕후, 선조비 의인왕후, 원종비 인헌왕후, 현종비 명성왕후, 숙종계비 인현왕후, 영조계비 정순왕후 등 6개 가문이다. 중종비 장경왕후는 앞서 여러 왕후 친족에서 거

론된 파평윤씨 가문으로 세조비 정희왕후의 오빠 윤사균(尹士昀)의 증손녀이니, 정희왕후의 친족이기도 하다. 정희왕후 가문에서만 4명의 왕후가 배출되었기 때문에 명문가임은 틀림이 없다. 장경왕후의 형제 윤지임이 인종의 외삼촌으로서 문정왕후를 견제하려다 을사사화에서 화를 입는 사건이 있었으나, 그럼에도 관직 진출률이 30.2%에 이르렀다.

선조비 의인왕후는 인종비 인성왕후 가문 출신이었다.[68] 의인왕후의 증조부인 박조년(朴兆年)과 인성왕후는 8촌이었다. 선조가 왕위에 오른 후에 가례를 치렀기 때문에 당시 왕실 최고 어른인 인성왕후가 왕후 간택에 개입한 것으로 보인다. 인성왕후와는 달리 의인왕후의 친족은 조부 박소(朴紹)가 사림가문으로 성장하는 계기를 마련하였다. 박소의 아들인 박응천(朴應川)·박응순(朴應順)·박응남(朴應男)·박응복(朴應福) 등의 가계에서 고루 문과 합격자가 배출되어 당상관까지 승진하였다. 박소의 후손들은 왕실과 혼인하여 왕후가 되기도 하고, 부마가 둘이나 배출되었다.[69] 관료가문이면서 왕실과의 혼인이 중첩적으로 이루어져 가문의 족세가 확장되는 데 상승 작용을 가져왔다. 『돈녕보첩』 왕후편에 등재된 친족의 34.8%인 103명의 관원을 배출하였다. 이들 중 문과 합격 출신 관원이 26.2%이었다. 관직에 나간 의인왕후의 친족은 당상관 35.9%, 참상관 49.5%, 참하관 14.6%로 당상관과 참상관의 격차가 적은 편이다.

인헌왕후는 원래 선조 아들 정원군(定遠君)의 처로 군부인(郡夫人)이었으나, 아들 능양군(綾陽君)이 왕위를 계승하게 됨으로써 추존되었다. 인헌왕후가 추존 왕후임에도 왕후 친족의 관계(官界) 진출이 활발하였다. 그 이유는 인헌왕후 친족이 광해군을 몰아내고 자신들의 조카를 왕으로 세우는 반정

68 　朴訔 ┬ 朴蔡 ── 朴秉文 ── 朴林宗 ── 朴兆年 ── 朴紹 ── 朴應順 ── 의인왕후
　　　　└ 朴薑 ── 朴稬 ── 朴堣 ── 인성왕후

69 　박동량의 아들 박미(朴瀰)는 선조의 딸 정안옹주와 혼인한 금양군이며, 박태장의 아들 박필성(朴弼成)은 효종의 딸 숙녕옹주의 부마로 금평위이다(『돈녕보첩』 왕후편, 의안왕후조).

에 깊이 개입하여 훈신가문으로 자리매김하였기 때문이다. 인헌왕후의 오빠 구굉(具宏)과 그의 아들 구인기(具仁墍), 그리고 조카 구인후(具仁垕)가 반정 모의에 참여하여서 능양군을 왕으로 삼았다. 반정이 성공하자 구굉은 정사공신 1등에, 구인기는 정사공신 2등에, 구성의 아들 구인후는 정사공신 3등에 책봉되었다.[70] 특히 반정을 주도했던 구굉·구인후는 무관으로서 이괄의 난, 호란 때에 인조를 호종하였으며, 군무(軍務)를 관장하는 관직을 두루 역임하였다. 구인후와 그의 아들 구오(具鰲)는 1644년(인조 22)에 있었던 심기원(沈器遠)의 역모를 평정한 공으로 영국공신에 1등과 3등으로 책봉되었다. 인헌왕후 친족은 공신이면서 외척으로서 가문의 위상을 높였다.

현종비 명성왕후는 대동법 시행에 공이 큰 김육(金堉)의 손녀이다. 김육을 기점으로 명성왕후의 가문이 성장하기 시작하였다. 김육의 장자 김좌명(金左明)과 그의 아들 김석주(金錫冑)는 문과에 합격하여 진출하였으며, 김육의 차자인 김우명(金佑明)은 국구(國舅)가 되었다. 『돈녕보첩』 왕후편에 수록된 명성왕후 친족의 32.6%가 관계에 진출하였는데, 문과 합격 출신 관원은 18.4%이었다. 그러니 관직에 나간 친족의 경우 당상관 46.9%, 참상관 49%, 참하관 4.1%이었다. 명성왕후 친족은 문음으로 당상관까지 승진한 이들도 많았으며, 대부분 참상관까지 승진하였다. 명성왕후 가문은 외척으로서 족세를 더욱 키웠으며, 그것을 바탕으로 또 한명의 왕후를 배출하였다. 명성왕후의 6촌인 김시묵(金時默)의 딸이 정조와 혼인한 효의왕후이다.

숙종계비 인현왕후는 증조부 민기(閔機), 조부 민광훈(閔光勳), 백부 민시중(閔蓍重), 중부 민정중(閔鼎重), 부친 민유중(閔維重) 모두가 문과에 합격하여 관직에 나가 2품 이상의 당상관을 지낸 명문가 출신이었다. 인현왕후 세대와 그 후손들 중에서 34.1%인 60명이 관직에 진출하였다. 60명 중 25%

70 『인조실록』 권3, 인조 1년 윤10월 18일(갑자).

가 문과에 합격한 관원이었다. 인현왕후는 당쟁으로 폐서인이 되었다가 다시 왕후에 책봉되는 과정에서 친족들도 화를 입기도 하였다. 그러한 정치풍파 속에서도 인현왕후의 형제 민진원(閔鎭遠), 민진원의 손자 민백상(閔百祥), 4촌 형제 민진장(閔鎭長), 5촌 민응수(閔應洙) 등 4명의 정승을 배출하였다. 3대에서 4명의 정승이 난다는 것은 매우 드문 일이었다. 인현왕후 친족의 관직 분포를 보면, 당상관 30%, 참상관 50%, 참하관 20% 등이었다. 문음 당상관은 4명에 지나지 않아 문과 합격 출신으로 당상관을 지냈다. 반면 참상관은 30명 중 1명만이 문과 합격 출신이어서 거의가 문음 출신 관원이었다. 그들 중 16명은 지방관이었으며, 나머지 14명은 경관직을 지냈다.

영조계비 정순왕후 가문은 왕후로 간택될 당시까지는 지방의 산림가문이었다. 왕후 부친의 4촌 김한록(金漢祿)은 호론의 대표적인 학자 한원진의 수제자로서 명망이 높았다. 영조가 산림가문에서 왕후를 간택한 이유는 무엇이었을까? 영조의 모후인 인원왕후, 그리고 영빈이씨에게서 난 영조의 맏딸 화순옹주의 남편 김한신(金漢藎)이 경주김씨 출신이었다. 영조가 경주김씨 가문에서 왕후를 간택한 것은 부마 김한신의 영향일 수도 있다. 김한신은 1758년(영조 34)에 이미 사망하였으며, 화순옹주도 남편이 사망하자 자결하였다. 김한신은 부마로서 왕실의 위신을 손상시키지 않고 자기의 역할을 다하였다. 그의 졸기에 사신(史臣)이 겸손하고 검소한 인물로 평가되었다.[71] 영조가 왕후를 경주김씨 가문에서 간택한 것을 보아 김한신에 대한 영조의 신뢰 정도를 알 수 있다. 김한신과 정순왕후의 부친 김한구는 8촌 사이였다.[72]

정순왕후 친족은 왕후 책봉 이후로 정계에 진출하기 시작하였다. 왕후의

---

71 『영조실록』권91, 영조 34년 1월 4일(신묘).
72 金弘郁 ┬ 金世珍 ─ 金斗星 ─ 金興慶 ─ 金漢藎
　　　　└ 金季珍 ─ 金斗光 ─ 金選慶 ─ 金漢耉

숙부인 김한기(金漢耆)와 김한로(金漢老), 왕후의 오빠인 김구주(金龜柱)를 비롯하여 종형제인 김관주(金觀柱)와 김면주(金勉柱) 등이 문과에 합격하였다. 문과에 합격한 정순왕후의 친족들은 승진이 매우 빨랐다. 그러나 영조가 사망하고, 정조가 왕위에 오르자 정순왕후 친족 세력은 위축되었다.[73] 1772년(영조 40) 7월 김구주는 정조의 외조부 홍봉한을 탄핵하는 소를 올렸으며, 정후겸과 홍인한 등과 결탁하여 정조를 해치려 한 사실이 드러나서 유배되었다. 게다가 정조는 외척 세력을 정치에서 배제하였고, 이에 따라 정조와 대립하였던 정순왕후 친족의 관직 진출이 여의치 않았다. 이들이 다시 정계에 등장하게 된 것은 정조가 사망하고 나이 어린 순조가 왕위에 올라 정순왕후의 수렴청정이 시행되면서부터였다. 정순왕후의 친족은 왕후가 간택된 이후 정계에 본격적으로 진출하였으며, 정순왕후의 정치적 지위에 따라 가문의 족세도 크게 영향을 받았다.

『돈녕보첩』 왕후편에 수록된 친족의 35~40%가 관직 진출을 보인 왕후가문은 덕종비 소혜왕후, 정조비 효의왕후, 헌종비 효현왕후, 고종비 명성왕후 등 4개 가문이다. 네 명의 왕후가문을 보면 덕종비 소혜왕후를 제외하고는 모두 조선 후기 왕후이다. 조선 후기에서도 세도정치 시기의 왕후가 두 명이나 된다. 정조비 효의왕후의 경우를 제외하고는 왕후 혹은 왕후가문의 정치적 영향력이 컸던 시기이다.

덕종비 소혜왕후는 둘째 아들 자을산군이 왕위에 오름으로써 대비에까지 오르게 된 왕후이다. 소혜왕후는 예종계비 안순왕후의 부친과 8촌 사이이고, 예종비 장순왕후와 성종비 공혜왕후의 부친인 한명회와는 10촌 사이이다.[74] 결국 소혜왕후는 10촌인 한명회의 딸을 며느리로 맞이하였다. 덕종·예종·성종 3대가 모두 한 가문에서 왕후를 맞이하였다. 예종이 일찍 사망

---

73 임혜련(2000), 「순조 초반 정순왕후의 수렴청정과 정국변화」, 『조선시대사학보』 15, 조선시대사학회, 157~160쪽.

하자, 세조비 정희왕후는 자을산군을 왕위 계승자로 정하고, 수렴청정 자리에는 사리에 통달하였다는 이유로 자을산군의 어머니인 소혜왕후를 추천하였다. 그러나 원상들은 정희왕후의 수렴청정을 원하였다. 또한 소혜왕후는 아들을 따라 궁궐로 들어갔으나, 상황은 어려웠다. 자신의 아랫동서인 안순왕후가 대비가 되었으니 서열이 그 아래에 놓이게 되었다. 의경세자를 덕종으로 추숭하는 일의 진척이 늦어져서 소혜왕후 역시 마음고생을 많이 했다. 그러나 소혜왕후의 친족은 외척가문으로 무려 친족의 40%가 관직에 진출하였는데, 전원 음관 출신이었다. 그럼에도 관직에 나간 친족의 60%가 당상관에 오르고 40%가 참상관을 지냈으니 조선 후기 세도정치기 외척과 유사한 양상을 보였다. 이러한 사실은 조선 전기 청주한씨 가문이 외척가문으로서 가장 큰 비중을 차지하였다는 것을 방증해 주는 것이다.

정조비 효의왕후 친족은 37.8%의 관직 진출률을 보였는데, 그들 중 85.7%가 문음 출신이었다. 효의왕후 선대 친족에 비하면 문과 합격 출신이 2.3% 적다. 관직 분포는 당상관 42.9%, 참상관 35.7%, 참하관 21.4%이었다. 문음으로 당상관과 참상관 진출이 거의 80%인 것을 보면, 왕후 배출이 족세 신장에 커다란 역할을 하였음을 알 수 있다. 정조가 왕권을 강화하기 위해서 외척을 배척하였기 때문에, 효의왕후의 친족은 정치적 입장을 내세우는 일에 소극적이었다.

헌종비 효현왕후는 부친 김조근이 순원왕후와 8촌 사이였다. 효현왕후는 왕후에 책봉된 지 2년 만에 소생도 없이 사망하였다. 효현왕후가 가문에 큰 도움은 되지 못하였으나, 헌종의 왕위를 계승할 왕족을 순조비 순원왕후가 정하여 안동김씨 가문이 외척으로서 지위를 유지하는 데에는 크게 어려움이

74 韓渥 ┬ 韓公議 ― 韓佾 ― 韓尙質 ― 韓起 ― 韓明澮 ┬ 장순왕후
　　　│　　　　　　　　　　　　　　　　　　　└ 공혜왕후
　　　└ 韓方信 ┬ 韓㤠 ― 韓季復 ― 韓昌 ― 韓伯倫 ― 안순왕후
　　　　　　　　└ 韓寧 ― 韓永矴 ― 韓確 ― 소혜왕후

없었다. 이러한 분위기에서 효현왕후의 친족들도 관직 진출이 수월하였다.

고종비 명성왕후 친족은 왕후 책봉 후에 정계에 진출하기 시작하였다. 흥선대원군의 집권기에는 흥선대원군이 외척을 견제하였기 때문에 소극적일 수밖에는 없었으나, 대원군의 실각 이후에는 세도가문이 되었다.

왕후 친족의 관직 분포를 보면, 왕후가문의 당상관 진출이 왕실 친인척 중에서 높은 편이었다. 공주·옹주 계통 외손의 당상관 점유율이 40%로 가장 높았고, 그다음이 왕후가문이었다. 반면 참상관 점유율은 왕실 친인척 중에서는 낮은 편이며, 참하관 비율은 비슷하였다. 왕실 친인척의 경우 참상직은 문음으로 외관직이 많았다. 외관직은 종6품 이상이기 때문에 문음으로 외관직에 나간 비율이 클수록 참상관의 비율이 높아진다. 왕후가문에서는 문음으로 외관직에 많이 보임되었으나, 다른 왕실 친인척보다는 낮은 편이다.

왕후가문 내에 문과 합격자는 235명으로 조선시대 전체 문과 합격자의 1.6%에 지나지 않는다. 그러나 이것이 34개 왕후가문의 일반적인 특징은 아니었다. 조선 전기 왕후가문에서는 문과 합격자 배출률이 매우 저조하였지만, 16세기 이후 왕후가문에서는 문과 합격자 배출이 많아졌다. 이러한 현상은 국왕의 외손에게서도 그대로 나타났다. 조선 전기 국왕의 외손은 문과 합격자 인원이 매우 미미하였으나, 선조대 외손의 문과 합격이 급증하는 현상을 보이고 있다. 이러한 현상은 두 가지로 설명될 수 있다.

첫째, 16세기 이후 왕실 인척의 문과 합격이 급증하는 것은 문과를 통한 관계(官界) 진출이 완전히 정착되었기 때문이다. 문과에 합격한 후에 관계에 진출해야 참상 청요직을 획득하고, 아경(亞卿) 이상의 대신으로 승진이 용이해지는 관료 체제가 정착되었다. 그러므로 왕실 인척도 역시 문과를 통해서 관직에 진출하려 했다.

둘째, 왕후가문이나 국왕 외손이 적극적으로 정치에 참여하려 했던 것으로 볼 수도 있다. 태종의 외척 억제 정책이 지속되다가 중종·명종대에 이르러 완화되기 시작하였다. 더욱이 사림정치가 활발해지자 사림가문 외척의 정치 참여도 활기를 띠기 시작하였다. 이것은 왕후가문에서의 관직 점유율에서도 그대로 나타난다. 척족정치가 행해진 문정왕후 가문의 관직 점유율이 14.5%이다. 그러나 그 이후로 인순왕후 가문의 관직 점유율은 25.7%, 선조비 의인왕후 가문의 관직 점유율은 34.8%에 이르고 있다. 이처럼 16세기 이후로 왕후가문에서의 정치 참여가 많아졌다. 17세기에는 관직 점유율이 30% 이상에 이르는 왕후가문이 많아졌다.

그렇더라도 16세기, 17세기, 18세기 왕후가문의 문과 점유율은 20% 미만이다. 선조비 의인왕후 가문이 26.2%, 인조계비 장렬왕후 가문이 12.5%의 문과 점유율을 보이고 있다. 그러다가 19세기가 되면 비정상적인 문과 점유율이 나타난다. 순조비 순원왕후 가문에서 28.8%, 익종비 신정왕후 가문에서 48.8%, 철종비 철인왕후 가문에서 52.2%의 문과 점유율을 나타내고 있다. 문과에 합격한 문관과 음관의 비율 격차가 줄어들면서 왕후가문의 관료들이 정계에서 핵심적인 자리를 차지하게 되었다.

이 시기 왕후가문에서의 당상관 점유율도 높아졌다. 순조비 순원왕후 가문은 보첩에 등재된 156명 중에 109명이 관직을 가졌다. 이것은 거의 70%에 가까운 관직 점유율이다. 그중 당상관이 60명으로, 관직에 진출한 인원의 절반 이상이 당상관직에 나갔다는 결론이다. 순원왕후의 가문을 보면 문과에 합격하지 않아도 공경(公卿)에 제수되는 사람이 여럿 나타나고 있다. 이러한 것만 보아도 과연 세도정치기라고 불릴 만하다. 왕후가문에서 친족의 70% 이상이 관직에 포진하여 정국 운영을 주도하였다.

왕후가문에서 왕후가 배출된 이후의 참상관 점유율은 51.7%로 높으나, 참상관직은 청요직보다 동반 외관직이 주류를 이루고 있었다. 무관직의 점유율은 낮으나, 오위 · 세자익위사 · 선전관청의 관직을 지냈다. 왕후가문에서 외관직의 점유율이 높은 것은 문음을 통한 외관직 제수가 많았기 때문이었다. 왕후가 배출된 이후 왕후가문의 친족으로 관직을 지낸 인원은 1,041명인데 그중 77.4%인 806명이 대부분 문음 출신이었다. 이처럼 문음의 점유율이 높았던 것은 왕후가문이라는 문지(門地)가 관직 진출의 발판이 될 수 있었기 때문이다.

3) 외척 관리 기구, 돈녕부

돈녕부는 1414년(태종 14)에 처음 설치되었다.[75] 돈녕부는 태조의 후손이 아니어서 종친으로 봉군되지 못한 왕실 친족, 외척 그리고 외손이 속한 관서이었다. 태종이 돈녕부를 설치하게 된 동기는 다분히 정치적이었다. 태종은 태조의 직계가 아닌 방계 친족이 정치에 개입되는 것을 차단하기 위한 일련의 정책을 시행하였다.

1412년(태종 12) 5월 태조의 후손이 아니면서 봉군되었거나 원윤·정윤에 제수된 자와 외척으로 봉군이 된 자들의 작호를 혁파하고, 새로운 관직을 제수하였다.[76] 이때 봉작 혁파 대상이었던 종친은 도조의 손자 이지(李枝), 태조의 형제인 이원계·이화의 아들과 손자 등 13명이다.[77] 이들은 새로 증설된 삼군의 군직과 상왕부·왕비부·세자부 관직에 제수되어 태조의 자손들과는 구별되었다. 1400년(정종 2) 정종은 대공친 이상에게는 봉군하고, 돈목을 위해 관직에 제수하지 않는다는 것을 법제화하였다.[78] 그러나 태종은 봉군의 범위를 태조의 후손으로 축소하고 태조의 방계 친족에게는 일반 관직을 제수하였다. 이것은 태조의 방계 친족을 왕실의 종친으로 인정하지 않겠

---

75 『태종실록』 권27, 태종 14년 1월 28일(계묘).
76 『태종실록』 권23, 태종 12년 5월 3일(병술).
77 봉작이 혁파된 이원계·이화의 아들, 손자는 다음과 같다. 이원계의 1남 李良祐, 李良祐의 1남 李興發, 李良祐의 2남 李興濟, 李良祐의 3남 李興露, 이원계의 2남인 李天祜의 1남 李宏, 이화의 1남 李之崇, 이화의 3남 李澄, 이화의 4남 李潅, 이화의 5남 李胶, 이화의 6남 李淮, 이화의 7남 李漸 등이다.
78 『정종실록』 권4, 정종 2년 4월 18일(계축).

다는 의미였다.

　두 번째 차별화 정책으로서 새로 편찬되는 선원보첩에서 태조의 방계 친족을 제외시켰다. 태종은 태조 방계 친족의 봉작을 혁파한 그해에 선원보첩을 새로 작성하였다.[79] 새로 작성된 선원보첩은 선조록과 자손록으로 분류되었다. 선조록은 시조로부터 태조 이전의 직계 선조만을 수록한 것으로『선원선계록』이라고 이름하였다. 자손록은 다시『종친록』과『유부록』으로 세분되었는데, 태조의 후손들만 기재되었다. 태종이 새로 고안한 선원보첩 체제에는 태조의 방계 친족이 수록될 수 없게 되어 있었다.[80] 따라서 선원보첩에 실리지 못한 태조의 방계 친족은 왕실의 종친에서 제외되었다.[81] 왕실이 안정되자 성종은 선원보첩에 실리지 않은 추존된 사왕(四王)의 자손도 선원보첩의 예에 따라 식년마다 단자를 제출하게 해서 따로 대장(臺帳)을 만들었다.[82]

　태종은 선원보첩 체제를 마련한 후 1414년에 태조의 후손이 아닌 종친, 외척 그리고 왕실 외손을 위한 관부인 돈녕부를 설치하였다. 이때 태종은 1412년 태조의 방계 친족과 외척을 위해서 증설하였던 관직을 혁파하고, 이들에게 돈녕부 관직을 제수하였다. 돈녕부는 친친(親親)의 도리를 다하기 위해 설치된 정1품아문으로 예우 아문이었다. 돈녕부는 정1품아문임에도 속사나 직사가 없었다. 이 관서는 외척, 왕실 외손 특히 태조의 방계 친족의 정치활동을 차단하려는 의도에서 설치된 것이었다.

　태종이 설치한 돈녕부 소속 관원은 정1품 영부사 1인, 종1품 판부사 1인,

79　『태종실록』권24, 태종 12년 10월 26일(무인).
80　조선 전기에 작성된『종친록』·『유부록』은 현존하지 않는다. 양난 이후 1639년(인조 17) 태백산 사고본을 베껴 쓴 것이 장서각과 규장각에 남아 있다.『종친록』·『유부록』은 태조 이하 국왕의 자손록이다. 동성 자손의 남계는『종친록』에, 이성 자손(공주·옹주 계통)과 동성 자손의 여계는『유부록』에 기재되어 있다.
81　추존된 사왕의 자손이 처음 선원보첩에 입록된 것은 1872년(고종 9)『선원계보기략』에서이다.
82　『성종실록』권70, 성종 7년 8월 21일(신묘).
　　성종대에는 식년마다 추존된 사왕 자손들의 단자를 받아서 대장을 만들어 '四王璿源族圖'라고 명명한 것으로 보인다[『성종실록』권158, 성종 14년 9월 4일(갑오)].

정2품 지부사 2인, 종2품 동지부사 2인, 정3품 첨지부사 2인, 종3품 동정첨지사 2인, 정4품 부지부사 2인, 종4품 동부지부사 2인, 정5품 판관 2인, 정6품 주부 2인, 정7품 승(丞) 2인, 정8품 부승 2인, 정9품 녹사 2인 등 24인이다. 세종은 돈녕부 체제를 정비하고, 돈녕관직 제수 규정과 직무 등을 만들었다. 세종은 우선 관원 수를 축소하고 돈녕부를 동반 아문에서 서반 아문으로 옮겼다. 1423년(세종 5) 경외의 용관(冗官)을 도태시키면서 돈녕부의 첨지 1인, 동첨지 1인, 부지 1인, 동부지 1인, 판관 1인, 주부 1인 등 6인을 감축시켰다.[83] 1430년(세종 12)에는 돈녕부에 직사가 없다는 이유로 중추부와 마찬가지로 서반으로 옮기면서 영돈녕부사를 혁파하고, 축소되었던 첨지 1인, 동첨지 1인, 부지 1인, 동부지 1인, 판관 1인, 주부 1인 등을 다시 설치하였다.[84] 돈녕부가 예우 관부이기는 하나 정1품 동반 아문이었던 것이 종1품 서반 아문으로 강등된 것이었다.

돈녕직 제수 규정은 돈녕직 제수 대상과 서용법에 관한 것이었다. 세종은 1437년(세종 19) 종성친과 왕후 친족(세자빈 포함)에게 주어지는 돈녕직 제수 대상을 법제화하였다. 종성친(宗姓親)은 단문친(袒免親) 이상 친족과 6촌 이상 자매의 부(夫), 이성친(異姓親)은 6촌 이상 친족과 4촌 이상 자매의 부, 왕후 친족은 동성 6촌 이상 친족과 4촌 이상 자매의 부, 이성 4촌 이상 친족과 3촌 이상 질녀의 부, 세자빈은 친부(親父) 등이 제수 대상이 되었다.[85] 세종은 돈녕직 제수 대상을 복제(服制)에 근거하여 마련하였다. 다만 종성친의 경우는 태조 이하 친속들에게만 적용하였다. 돈녕직 제수 대상을 법제화한 이듬해인 1438년(세종 20) 세종은 친족이 많아 다 돈녕부에 소속시킬 수 없는 상황을 인식하고, 환조 이상의 동성 자손, 이미 관작을 받은 이의 얼자와 이성

---

83 『세종실록』 권22, 세종 5년 12월 7일(갑인).
84 『세종실록』 권50, 세종 12년 윤12월 15일(신해).
85 『세종실록』 권78, 세종 19년 7월 7일(을미).

자손에게는 제수될 관직이 없는 것에 대한 대안을 제시하였다. 세종은 따로 위(衛)를 설치하여 이들을 입속시켜 체아직을 주려고 하였다.[86] 관직 수가 부족한 것에 대한 세종의 대안은 나중에 족친위라는 특수 병종의 설치로 결실을 보게 되었다.

돈녕직은 관직이 없는 자의 경우 처음에는 8품직에 제수하고, 근무 일수 15개월이 차면 가자(加資)하되 4품 이상 관원의 가자는 조사(朝士)의 예에 따르게 하였다. 관직의 임기는 20개월로 하고, 해직된 기간이 오래되었을 경우에는 돈녕부에서 명단을 작성하여 보고해서 결원이 생길 때마다 서용하게 하였다.[87]

5품 이하의 돈녕 관직의 경우 근무 일수 150일이 차면 가자된다는 것은 다른 관직에 비해 그 근무 일수가 매우 적다. 『경국대전』에 의하면, 경관직은 6품 이상 관원의 경우 근무 일수가 900일이 되어야 하고, 7품 이하는 근무 일수가 450일이 되어야 가자하게 되어 있었다.[88] 그런데 5품 이하 돈녕직의 근무 일수 150일은 다른 경관직의 1/3에 지나지 않았다. 경관직 6품 이상 관원은 900일 동안 근무하여야 가자될 수 있었으나, 돈녕직은 4품 이상 관원만 900일을 근무하면 가자되었다. 가자될 수 있는 근무 일수가 적다든가 다른 경관직과는 달리 4품 이상만 경관직의 규정을 따르게 한 것은 왕실 친인척에 대한 우대책이었다고 해석된다.

근무 규정이 명확하지 않았던 돈녕부 관원은 세종 때부터 조계, 상참, 윤대에 참석하였다.[89] 돈녕직 제수 범위가 확정되고, 근무 규정들이 논의되면서 돈녕직 제수와 관련된 업무가 주어졌다. 돈녕부에서는 왕실 친족의 친소를 파악하여서 종부시에 알리고, 돈녕직을 그만둔 기간, 돈녕직에 제수된 연

---

86 『세종실록』 권81, 세종 20년 4월 2일(을묘).
87 『세종실록』 권100, 세종 25년 5월 24일(무인).
88 『경국대전』 권1, 이전, 경관직조(京官職條).
89 『세종실록』 권29, 세종 7년 7월 4일(신미); 권71, 세종 18년 3월 22일(무자).

월 등을 이조와 병조에 알려야 했다. 즉 왕실 친족의 친소, 파계 진위를 파악하여 돈녕직에 제수될 친족을 판별하고, 이들이 돈녕직에 고루 서용될 수 있게 관리하는 것이 돈녕부의 주된 업무가 되었다.[90]

돈녕부는 세조대에 혁파되었다가 복설되면서 『경국대전』 체제로 보완, 확정되었다. 1457년(세조 3) 돈녕부는 직사가 없다는 이유로 혁파되었으나, 1464년(세조 10)에 다시 복설에 대한 논의가 있었다. 복설 논의 배경은 의친과 공신 사손에게 제수할 관직이 부족하였기 때문이었다.[91] 돈녕부 복설 시기는 정확지 않으나, 1470년(성종 1) 돈녕부의 정원이 확정되어 『경국대전』에 실렸다. 『경국대전』에 실린 돈녕부 관직 체계는 세종대에 개정된 것과는 차이가 있었다. 서반 아문으로 이동되었던 돈녕부는 동반 아문으로 환원되었고, 종1품아문으로 강등되었던 것이 영부사가 설치되어 정1품아문으로 환원되었다. 돈녕부 관원은 정1품 영사 1원, 종1품 판사 1원, 정2품 지사 1원, 종2품 동지사 1원, 정3품 당상관 도정 1원, 정3품 정(正) 1원, 종3품 부정 1원, 종4품 첨정 2원, 종5품 판관 2원, 종6품 주부 2원, 종7품 직장 2원, 종8품 봉사 2원, 종9품 참봉 2원 등 총 19원으로, 태종·세종대에 비해 4~5명이 줄었다.

성종은 돈녕부 관원의 고과와 업무에 대한 내용을 보완하였다. 돈녕부는 직사가 없이 의친의 녹봉을 보존해 주기 위한 관부이었기 때문에 관원을 포폄할 근거가 없었다. 따라서 돈녕부 관원은 단지 근무 일수만을 따져 가자하도록 하였다.[92] 전혀 직사가 없었던 돈녕부에는 세종대에 왕실 친족의 돈녕직 제수와 관련된 업무가 주어졌으며, 성종대에는 왕실 친족을 위해 설치된 특수 병종인 족친위 대상자까지도 관리하게 되었다.

90 『세종실록』 권100, 세종 25년 5월 14일(무진).
91 『세조실록』 권34, 세조 10년 12월 17일(병신).
92 『성종실록』 권10, 성종 2년 6월 4일(을사).

세종대에 왕실 친족을 위한 특수 병종 설치에 대한 논의가 시작되었으나, 족친위의 설치는 세조대에 가서야 이루어졌다.[93] 족친위의 입속 대상은 국왕 친족의 경우 종성 단문친과 이성 시마친 이상, 왕후 친족의 경우 시마친 이상, 세자빈 친족의 경우 기친이었다. 족친위 입속 관리는 종부시에서 종성을, 돈녕부에서 국왕의 이성친, 왕후 및 세자빈 친족을 담당하였다. 족친위에 입속되는 왕실 친족에는 첩자들도 포함되었다.[94] 『경국대전』에 의하면, 족친위 이외에도 왕의 이성 시마친, 외6촌 이상 그리고 왕후 시마친, 외5촌 이상은 충순위에 입속이 가능하였다.[95]

돈녕부에서는 돈녕 관직이나 족친위 제수 대상자를 파악하기 위해서 촌수 내의 왕과 왕후 친족에 대한 자료가 필요하였다. 종부시에서 『종친록』과 『유부록』을 식년마다 작성하였기 때문에 왕실 친족의 근거 자료가 마련되었으나, 왕후 친족의 경우는 보단자와 족도(族圖)만을 살펴서 대상자가 파악되었다. 1471년(성종 2) 돈녕부에서는 왕후 친족 가운데 관직이 높고 명망이 있는 자로 하여금 족친촌수록(族親寸數錄)을 마련하게 하여 돈녕부에 비치하고, 그 자손들은 3년마다 성적(成籍)하게 하여 후손을 살필 수 있기를 원하였다. 성종은 이 의견에 동의하였다.[96] 그러므로 돈녕부는 왕후 친족의 촌수를 파악하기 위해서 제출된 보단자와 족도에만 의존하는 것이 아니라, 3년에 한 번씩 성적하는 업무를 관장하게 되었다.

돈녕부에서 왕실구성원의 촌수를 파악하는 목적이 비단 돈녕직, 특수 병종인 족친위·충순위 입속에 국한되는 것은 아니었다. 돈녕부에서는 왕실구성원의 예우로 국역을 면제하는 복호(復戶) 대상을 병조에 보고하여야 입안

93   박진(2007), 「족친위의 설치와 성격―족친위를 통해 본 왕실구성원 소속 특수군」, 『사총』 65, 역사학연구회, 8~11쪽.
94   『경국대전』 권4, 병전(兵典), 번차도목조(番次都目條).
95   『경국대전』 권4, 병전, 번차도목조.
96   『성종실록』 권13, 성종 2년 12월 3일(경오).

을 지급할 수 있었다.[97] 왕실구성원의 복호는 왕의 종성 단문친과 외성(外姓), 왕후 동성 시마친 이상으로 전(田) 15결 이하인 경우에 해당되었다.[98]

돈녕부는 흉례에 진향(進香)을 행하였다. 『국조오례의』에 진향은 정부, 종친부, 의빈부 그리고 제도(諸道)의 감사만이 행하도록 되어 있었다. 그러나 조선 초기부터 행해 온 전례에 따라 돈녕부에서도 진향을 행하였다. 중종대에 돈녕부의 진향에 대하여 사간원에서 『오례의』에 그 내용이 없다고 문제를 제기하였다.[99] 그러나 흉례는 선왕조의 예를 따르는 것이 합당하다고 하여 전례에 따라 돈녕부의 진향이 계속되었다. 진향이 있을 때마다 품계에 따라 행해졌던 돈녕부의 진향은 1757년(영조 33) 영조가 『상례보편』에 기재하게 함으로써 법제화되었다.[100]

돈녕부 진향이 『오례의』에 실리지 않은 것은 돈녕부가 종친부나 의빈부와 달리 복친(服親)이 아닌 단문친 이하 친족과 외척이 소속된 관서였기 때문이다. 국휼 때 복친의 범위를 벗어난 원친과 외척이 진향하는 것은 예에 어긋난다고 여겼기 때문에 『오례의』에 규정되지 않았던 것이다. 그러나 돈녕부도 종친부·의빈부와 마찬가지로 국왕의 친인척 부서로 인식되었기 때문에, 『오례의』에 실리지 않았더라도 진향하는 전례가 있었다. 선왕조의 전례를 우선시하여 돈녕부의 진향이 계속되었으며, 종친과 의빈의 인원이 급감한 영조대에는 돈녕부의 진향을 법제화하기에 이르렀다.

---

97 『대전속록』 권4, 병전, 복호조(復戶條).
98 『경국대전』 권4, 병전, 복호조.
99 『중종실록』 권69, 중종 25년 9월 3일(기축).
100 『영조실록』 권89, 영조 33년 5월 4일(갑오).

　　　　　　　　　　　　제4장 조선왕실의 인척과 외손

3 외손의 실태와 관직 진출 양상

1) 왕자 계통의 외손

왕자 계통의 외손은 종친 범주 내에 있는 외손이다. 이들은 왕실보첩에 따라서 수록 내용이 다르다.『선원록』에는 국왕의 6대손 내에 있는 외손은 외손 당사자뿐만 아니라 대수 내 외손의 자손들까지도 모두 기재되었다. 반면『선원계보기략』에는 외손 당사자만이 기재되어 있다.『선원록』은『종친록』·『유부록』에 기재된 국왕의 6대 내·외손을 그대로 수용하고, 국왕의 7대손~9대손까지는 동성 후손만을 기록하였다. 그러므로 종친 범주 내의 왕자 계통 외손이 모두 기재된 것이다. 이렇게 보첩마다 적용 원칙이 다른 것은 당대의 친족 의식이 반영되었기 때문이다.『선원록』은 태종대에 편찬되기 시작한 보첩으로 법제적으로는 복제(服制)에 의거한 친족 제도를 성립시켜 놓았으나, 실제로는 남계와 여계의 차별 없이 기록 대수 내에 있다면 여계라도 그 계통을 모두 기재하였다. 반면『선원계보기략』에는 복친(服親)만을 기재한다는 원칙하에서 여계를 기재하였기 때문에, 여계는 당사자만이 기재된 것이다. 여기서는 복제(服制) 내에 있는 친족만을 다루기 때문에 외손 당사자만을 대상으로 하였다. 이 원칙을 따르면, 왕자 계통의 외손은 모두 1,524명이다. 이들의 분포를 왕대별로 정리하면 〈표 17〉과 같다.

〈표 17〉을 보면, 왕자 계통의 외손 인원도 조선 후기에 급격히 감소하였다. 조선 후기에는 왕자의 출산율이 낮았기 때문에 왕자 계통의 외손이 감소하는 것은 당연하다. 왕자 계통의 외손녀와 혼인한 외손서 1,524명 가운데 관직을 가지고 있는 사람은 750명으로 49.2%에 달한다. 관직이 없는

표 17 　왕대별 왕자 계통의 외손 인원과 외손서의 직역

왕대	외손 인원	당상관	참상관	참하관	비고
태조	34	2	14	1	동반 15(경관 8, 외관 7), 서반 2(경관 2)
정종	248	24	96	10	동반 101(경관 60, 외관 41), 서반 29(경관 20, 외관 9)
태종	275	46	125	27	동반 170(경관 114, 외관 56), 서반 28(경관 22, 외관 6)
세종	191	19	64	15	동반 83(경관 48, 외관 35), 서반 15(경관 10, 외관 5)
세조	110	14	30	11	동반 44(경관 30, 외관 14), 서반 11(경관 9, 외관 2)
덕종	3	1	1		동반 2(경관 2)
성종	261	13	81	19	동반 98(경관 64, 외관 34), 서반 15(경관 8, 외관 7)
중종	158	19	38	6	동반 49(경관 34, 외관 15), 서반 14(경관 11, 외관 3)
선조	184	8	38	3	동반 44(경관 22, 외관 22), 서반 5(경관 4, 외관 1)
원종	24		4	1	동반 5(경관 3, 외관 2)
인조	30	6	8	2	동반 12(경관 6, 외관 6), 서반 2(경관 1, 외관 1), 의빈 2
숙종	1	1			동반 1(경관 1)
영조	5	1	2		동반 3(경관 1, 외관 2)
합계	1,524	154 (20.5%)	501 (66.8%)	95 (12.7%)	

50.8%의 외손서는 법제적으로는 족친위 입속 대상이었다.

　관직을 가지고 있는 750명은 당상관이 154명(20.5%), 참상관이 501명(66.8%), 참하관 95명(12.7%)으로 참상관이 과반수 이상을 차지하였다. 외손서의 관직은 동반·서반·의빈으로 구분된다. 동반직은 627명(83.6%)이고, 서반직은 121명(16.1%), 의빈 2명(0.3%)으로 동반직의 비중이 매우 높다. 동

반직 627명 중 경관직이 393명, 외관직은 234명으로 외관직이 37.3%이다. 외손서에게 제수되었던 외관은 주로 참상직으로 부사·군수·현감·찰방 등 이었다. 서반직 121명은 경관직 87명, 외관직 34명으로 외관직의 점유율이 28.1%이다. 이들이 주로 역임했던 서반 경관직은 중추부·오위의 관직 그리고 서반의 청요직이라 할 수 있는 선전관이 주류를 이루고 있었다. 외관직으로는 첨절제사·만호·우후 등이 대부분이었다. 왕자 계통 외손의 경우 서반 외관직이 동반 외관직보다 비율이 9.2%가 낮다. 외관직은 외손에게 문음으로 주어지는 주요 관직 중 하나이었다. 서반 외관직은 대부분 변방이나 주요한 방어 요새를 수호해야 하므로 주로 무관들에게 제수되었다. 이러한 여건을 고려한다면 외손에게는 동반 외관직 제수가 좀 더 많았던 것이 아닌가 한다.

왕자 계통 외손서(〈표 17〉)와 외척의 관직 분포(〈표 16〉)를 비교하면 왕자 계통 외손서는 당상관의 점유율이 13.5%가 낮고, 대신 참상관의 점유율은 13.1%나 높다. 참하관의 경우는 왕자 계통 외손서가 0.4% 정도 점유율이 높다. 왕자 계통 외손서는 외척보다는 당상관의 점유율이 낮은 만큼 참상관의 점유율이 높았다.

왕자 계통 외손서 관직자 750명 가운데 문과를 거쳐서 관직에 나간 인원은 84명으로 11.2%에 지나지 않는다. 나머지 88.8%는 문음이나 무과를 거쳤는데, 무과 합격자는 약 25명 정도이며[101] 문음으로 관직에 나간 경우는 85.5%에 이른다. 왕자 계통 외손서의 관직 분포를 외척과 비교하면 문과 출신 관원이나 당상관의 점유율이 10% 이상 낮은 것은 종친 혼인가문의 문지(門地)가 국혼가문의 문지와는 차이가 있었음을 보여 주는 것이다.

---

101 무과 합격 여부를 확인할 무과 종합방목은 없다. 현전하는 무과 단회방목들은 주로 조선 후기의 것이어서 15·16세기 무과 합격을 파악하는 데는 한계가 있다. 여기에서 언급한 25명은 왕실보첩에 기록된 것을 바탕으로 한 것이다.

표 18 적 · 서외손서 관직 분포

관직 외손서	동반			서반			의빈	합계
	당상	참상	참하	당상	참상	참하		
적외손서	106	341	64	27	55	7	2	602
서외손서	10	84	24	9	21			148
합계	116	425	88	36	76	7	2	750

　　문지의 차이를 가져온 또 하나의 요인은 왕자 계통 외손에 포함된 서녀 (庶女)이다. 외척의 경우 관직자 1,041명 가운데 서자(庶子)로서 관직에 나간 경우는 56명으로 5.4%이다. 왕자 계통 외손서는 관직자 750명 가운데 왕자 계통 서녀와 혼인한 서외손서(庶外孫壻)가 148명으로 관직자의 19.7%나 된다. 종친 혼인가문은 국혼가문보다 문지가 떨어지는 데다가 서녀와 혼인한 가문도 포함되었기 때문에, 왕자 계통 외손서의 관직 분포가 당상관보다는 참상관으로 치우치게 되었다.

　　왕자 계통 외손을 적서로 구분하면 적녀(嫡女)가 1,110명(72.8%)이며, 서녀(庶女)가 414명(27.2%)으로 적녀가 주류를 이루고 있다. 종친이 그랬던 것처럼 적녀가 혼인한 가문과 서녀가 혼인한 가문에 어떠한 차이가 있는지는 외손서의 관직을 통해서 어느 정도 확인된다.

　　〈표 18〉에 의거하면, 왕자 계통 적외손서 1,110명 가운데 관직을 소유한 자는 602명으로 전체의 약 54.2%에 달한다. 반면 서외손서는 148명이 관직을 소유하고 있어 전체의 35.7%에 지나지 않아 적외손서의 관직 점유율은 서외손서보다 18.5%나 높다. 이러한 현상은 종친가문과 혼인하는 집안은 원칙적으로 사대부가이긴 하나, 적서의 차별이 존재하기 때문에 나타난 것이다.

　　왕자 계통 적외손서의 관직 분포는 동반직 511명(84.9%), 서반직 89명(14.8%), 의빈 2명(0.3%)[102]으로 동반직에 치우쳐 있다. 당상관 133명(22.1%),

참상관 396명(65.8%), 참하관 71명(11.8%) 그리고 의빈 2명(0.3%) 등이다. 당상관 133명 중 동반직은 106명이고, 서반직은 27명이다. 동반 당상관의 83%인 88명이 경관직이었는데, 2품 이상의 대신이 68%에 달하였다. 서반 당상도 77.8%가 경관직이었지만, 2품 이상은 2명에 지나지 않았다. 외손서로 대신을 지낸 이가 당상관의 67.7%나 되는 것은 종친과 혼인한 가문의 문지가 높다는 것을 증명해 준다. 적외손서는 의정부, 육조, 돈녕부, 사헌부 등의 대신으로 국정 운영의 주체로서 활동하였다.

　문지가 높은 적외손서 가문 중에는 왕실과 중첩 혼인한 경우들도 있었다. 거창신씨, 파평윤씨, 청송심씨 집안이 대표적이다. 임영대군의 장녀 중모현주(中牟縣主)는 신승선과 혼인하였다. 신승선의 손녀는 성종의 아들로서 중종으로 즉위한 진성대군과 혼인하였다. 진성대군이 반정으로 왕위에 오를 때에 신씨 부인은 왕후로 책봉되지 못하였다. 1698년(숙종 24) 신씨 부인은 신비(愼妃)로 추증되었고, 1739년(영조 15) 단경왕후로 추숭되었다. 밀성군의 손녀이며, 운산군의 장녀는 윤탕로(尹湯老)와 혼인하였는데, 그는 성종의 계비 정현왕후의 형제였다. 임영대군의 증손녀는 인종비 인성왕후의 숙모가 된다. 중종의 아들 봉성군은 인순왕후의 남자 형제인 신충겸(沈忠謙)을 사위로 맞이하였다. 이렇듯 사대부가로 출가하였던 왕실의 외손은 다시 왕후가문이나 혹은 종친가문으로 재생산되기도 하였다.

　왕자 계통 적외손서의 경우 참상관 396명 가운데 동반직은 341명, 서반직은 55명이었다. 동반직 중에서는 52.2%인 178명이 경관직이고, 나머지 47.8%인 163명이 외관직이었다. 경관직 관원 중에서 28.7%, 외관직 중에서 6.1%가 문과 출신이었다. 따라서 동반 참상직 중에서는 17.9%가 문과를 통해서 관직에 나갔으며, 나머지 82.1%는 문음 또는 무과로 관직에 나간 경

---

102 의빈 2명은 소현세자의 사위로 慶寧郡主와 혼인한 錦昌副尉 朴泰定, 慶順郡主와 혼인한 黃昌副尉 邊光輔이다.

우였다. 서반직 55명 중 36명이 경관직이며, 19명이 외관직이었다. 경관직은 24명이 오위의 관직을 가지고 있으며, 12명은 선전관·부장·수문장 등이다. 서반 경관직의 66.7%가 오위 소속인 것은 왕실 외손으로 충의위와 같은 특수 병종을 통해서 관직으로 나간 사례가 많아서이다. 적외손서들의 문음 점유율이 높고, 서반직으로 진출이 가능했던 것은 그들이 문지가 높은 집안 출신이었고, 왕실 외손서였기 때문이다.

서외손서의 관직 분포 역시 동반직이 118명(79.7%), 서반직이 30명(20.3%)으로 적외손서의 관직 점유 양상과 마찬가지로 동반직에 치우쳐 있으며, 당상관 19명(12.8%), 참상관 105명(70.9%), 참하관 24명(16.2%) 등이다. 서외손서의 동·서반 관직 분포는 적외손서과 비교하여 서반직 점유율이 5.5% 높다. 서외손서의 관직 품계는 적외손서보다 당상관 점유율이 9.3%가 낮고, 참상관 점유율이 5.1% 그리고 참하관이 4.4% 정도 높다. 이러한 관직 분포의 경향으로 서외손서 집안의 문지가 적외손서 집안보다는 낮았다는 것을 알 수 있다.

왕자 계동 시외손서가 재임한 당상권 관직은 동반직이 10명이었는데 영의정 1명, 판서 1명, 참의 1명, 승지 2명, 돈녕부 당상관 4명, 목사 1명 등이었다. 서반직은 9명으로 중추부 당상 5명, 내금위장 1명, 상장군 1명, 병사 2명 등이었다. 그중에서 외관은 동반 외관 1명, 서반 외관 2명이었다. 동반당상이 52.6%이고, 서반 당상이 47.4%로 동·서반 당상 점유율이 크게 차이가 나지 않았으며, 외관보다는 경관직이 월등히 많았다. 왕자의 딸과 혼인한 사람 6명, 왕자의 손녀와 혼인한 사람 5명, 왕자의 증손과 혼인한 사람 8명이었다.

참상관을 지낸 서외손서 105명은 당상직과는 달리 동반 외관직이 52명(49.5%), 동반 경관직 32명(30.5%), 서반 경관직 13명(12.4%), 서반 외관직 8명(7.6%) 등으로 경관직보다는 외관직의 비중이 상당히 높았다. 참상관을 지낸 서외손서를 볼 때, 문음으로 외관직에 제수되는 사례가 많았던 것 같다. 경관직 역시도 예문관·사간원·육조 등의 참상 청요직 점유율은 경관직의 14%에 지나지 않았다. 동반 외관직도 55.8%가 종6품직인 현감·찰방이었다. 서반 경관직은 직종이 다양하였으나, 선전관이 비교적 많은 편이었다. 서반 외관직의 경우에는 첨사가 주류를 이루고 있었다.

여기에서 주목해야 할 점은 왕자 계통의 서녀임에도 그 혼인가문 중에 서자 또는 중인 집안이 없었다는 점이다. 또한 414명의 왕자 계통 외손의 서녀로서 첩으로 들어간 경우는 단 3건이었는데, 모두 선조 증손녀와 현손녀이었다. 영의정을 지낸 서외손서는 한치형이었다. 그는 소혜왕후와 사촌지간이었으며 양녕대군의 서(庶)7녀와 혼인하였다. 문종은 한치형에게 초직으로 군직을 제수하였다. 그는 여러 참상관직을 거쳐서 장례원 판결사에 제수되어 당상관에 올랐다. 그 후에도 그는 승지를 거쳐 대사헌에까지 승진하였으며, 성종이 즉위한 후에 좌리공신에 책봉되었고, 연산군대에는 영의정에까지 올랐다.[103] 한치형은 문음으로 영의정까지 지낸 현달한 가문 출신이었으나, 왕실과의 혼인에 있어서 적서를 문제 삼지 않았다.

선조 7남 인성군의 증손 영주수(瀛洲守) 이완(李完)[104]이 낳은 서녀 이선영(李善英)[105]은 박신규(朴信圭)의 첩으로 들어갔다. 박신규는 1652년(효종 3) 진사시에 합격하고, 1660년(현종 1) 문과에 합격한 수재였다. 그는 참상 청요직을 두루 거쳐 당상관으로 승진하였으며, 승지와 육조 당상관직을 지냈다. 1690년(숙종 16) 우의정 김덕원(金德遠)의 청으로 박신규는 청백리에까지 피선되었다.[106]

인성군의 증손 영주수 이완은 서자(庶子)로서 좌랑 홍흥조(洪興祖)의 서녀

103 『연산군일기』 권46, 연산군 8년 10월 3일(임인).
104 인성군의 증손 李完은 『선원계보기략』에서는 李浣으로 기록하였다.
105 『선원록』 권50, 선조자손록 7남 인성군.
106 『숙종실록』 권22, 숙종 16년 9월 3일(경인); 권29, 숙종 21년 7월 11일(신미).

를 처로 맞이하였다. 종친가문의 서자의 경우 더러 서녀와의 혼인이 이루어졌다.[107] 더구나 박신규의 첩으로 들어간 이선영은 이완의 비녀(婢女) 첩 매향(梅香)이가 낳은 딸이었다.[108] 이선영은 종친가문의 서녀인 데다가 모계가 천인 출신이기 때문에 양반가의 첩으로 들어가게 된 것 같다.

이선영 이외에 첩으로 들어간 서녀는 어떠한 경우인지 살펴보자. 선조의 11남 경평군의 손녀 이숙례(李淑禮) 역시 모계가 천인 출신으로 안견(安堅)의 첩으로 들어갔다. 이숙례의 부친은 경평군의 서자 영림부정(嶺林副正) 이희(李俙)였다.[109] 이희는 서자인데도 서녀와 혼인하지는 않았다. 다만 그의 서녀 이숙례의 모계가 천인 출신이었기 때문에 첩으로 들어간 것 같다. 흥미로운 것은 종친과는 달리 남계 외손 가운데서는 서녀라 할지라도 서얼가문이나 중인가문과의 혼인은 보이지 않았다는 점이다.

2) 국왕의 여계 외손(공주·옹주계 외손)

『경국대전』의 복친(服親) 규정상 국왕의 외손자만이 친척으로 인정되었다. 『선원계보기략』에는 법제적인 규정에 의거하여 공주·옹주의 아들만을 등재하는 것을 원칙으로 하였다. 그럼에도 선조대 이후로는 증손까지 기록되어 있다. 국왕의 외손은 국가에서 특별한 예우를 하지 않았다. 공주·옹주 계통 국왕의 외손자와 외손서를 포함한 외손의 관직 진출 양상을 살펴봄으로써 국왕의 외손은 어떻게 사회적 지위를 유지하였는지 살펴보고자 한다.

조선 국왕의 공주·옹주계 외손은 81명의 공주·옹주에게서 총 209명의 자녀가 태어나서, 한 왕녀의 출산율은 평균 3명 미만이었다. 209명의 외손

---

107 제3장 '1 종친 계보와 실태'에서 서자 출신 종친의 약 20%가 서얼가문, 중인과의 혼인이 이루어졌다고 기술하였다.

108 주 105 참조.

109 『선원록』 권50, 선조자손록, 11남 경평군.

표 19　왕대별 공주·옹주계 외손 인원과 직역 분포

왕대	공주계	옹주계	당상	참상	참하	비고
태조	3	11	3	5	1	동반 9(경관 7, 외관 2)
정종		35	6	12	3	동반 14(경관 6, 외관 8), 서반 7(경관 5, 외관 2)
태종	9	47	17	25	6	동반 35(경관 26, 외관 9), 서반 13(경관 12, 외관 1)
세종	6	4	5	3		동반 7(경관 7), 서반 1(경관 1)
문종	1		1			동반 1(경관 1)
덕종	1		1			동반 1(경관 1)
성종		12	1	4		동반 5(경관 3, 외관 2)
중종	6	14	3	9	2	동반 12(경관 7, 외관 6), 서반 2(경관 1)
선조	5	28	11	12	3	동반 25(경관 17, 외관 8), 서반 1(경관 1)
효종	8	2	3	4	1	동반 7(경관 5, 외관 2), 서반 1(경관 1)
현종	1		1			동반 1(경관 1)
영조		12	4	3		동반 7(경관 4, 외관 3)
정조		1	1			동반 1(경관 1)
순조	3		1		2	동반 3(경관 3)
합계	43	166	58 (37.9%)	77 (50.3%)	18 (11.8%)	

중 공주 자녀가 43명, 옹주 자녀가 166명이었다. 공주·옹주의 자녀 성별은 아들이 137명, 딸이 72명이었다. 공주·옹주계 외손을 왕대별로 정리하면 〈표 19〉와 같다.

〈표 19〉에 의하면, 공주·옹주의 아들과 사위 총 209명 가운데 관직을 가진 자는 153명으로 73.2%에 이른다. 공주·옹주 계통 외손의 관직 점유율은 왕자 계통 외손의 관직 점유율인 49.2%에 비해 무려 24%가 높았다. 공주·옹주의 자녀는 명문가의 친손이면서 국왕의 외손이라는 지위를 가지고 있었다. 반면, 왕자 계통 외손은 종실녀(宗室女)들이 출가하는 집안의 격이

왕녀(王女)들이 출가하는 집안보다는 낮을 확률이 높았다. 이러한 요인이 공주·옹주계 외손의 관직 점유율에 영향을 끼쳤을 것으로 보인다.

공주·옹주 계통 외손의 관직 분포는 당상관이 58명(37.9%), 참상관이 77명(50.3%), 참하관이 18명(11.8%) 등이다. 이들을 다시 동·서반으로 나누면, 동반직이 128명(83.7%), 서반직이 25명(16.3%)이었다. 공주·옹주 계통 외손의 동·서반 분포는 왕자 계통 외손에 비해 동반 점유율이 0.2% 낮고 서반의 점유율이 0.4% 높아서 거의 유사한 경향을 보인다. 그러나 공주·옹주 계통 외손의 당상 점유율은 왕자 계통 외손은 말할 것도 없고, 외척보다도 3.9%나 높다. 공주·옹주 계통 외손이 역임했던 당상관직은 1품직 6명, 2품직 27명, 3품직 25명이다. 2품 이상 직을 역임한 외손이 33명으로 당상의 56.9%에 달하고 있다. 2품 이상의 대신 중에는 동반 외관직 감사와 부윤 등이 3명, 서반 외관직 병마절도사가 3명이었으며, 27명은 동반 경관직으로 의정부·육조의 대신을 지냈다. 공주·옹주 계통 외손이 대신으로서 정책을 결정하는 핵심 관료로의 진출이 많았다는 것은 국왕의 외손은 정치 참여 제한이 전혀 없있음을 입증해 주는 것이다.

당상관 58명의 관직을 보면, 선조의 외손을 기점으로 변화가 뚜렷하다. 태조~중종의 외손들은 64.9%는 동반 아문, 35.1%는 서반 아문의 당상을 역임하였다. 동·서반 당상 중에 돈녕부 소속 당상관이 29.7%로 가장 많고, 그다음은 중추부 소속 당상관이 24.3%를 점유하고 있다. 돈녕부 소속이 많은 것은 『경국대전』의 규정처럼 국왕의 외손들이 돈녕부의 관직을 받을 수 있었기 때문이다.[110] 중추부 역시 소임이 없는 문·무관 당상을 대우하기 위해서 설치되었다. 이 때문에 국왕 외손들의 예우 아문 당상 점유율이 50% 이상을 차지하고 있었다. 그 외 동반 아문으로는 의정부·육조·한성부·교

---

110 『경국대전』 권1, 이전, 돈녕부조.

제4장 조선왕실의 인척과 외손

서관 그리고 외관 당상관이 있으며, 서반으로는 무관직 당상이 있다.

선조 이후 공주·옹주 계통 외손은 95.2%가 동반 당상관이며 서반 당상은 4.8%에 지나지 않았다. 가장 많게는 육조 당상관이 42.9%를 차지하였다. 그다음으로는 당상 외관이 19%를 차지하였다. 그 외에는 홍문관·승정원·의정부·장예원의 당상을 지냈다. 예우 아문인 돈녕부와 중추부 당상 점유율은 9.5%이었다. 선조의 공주·옹주 계통 외손은 예우 아문이 아니라, 핵심 관청의 요직을 역임하였다. 그 이유는 선조 이후 공주·옹주 계통 외손은 문음 출신보다 문과 출신이 많았기 때문이다. 태조~중종 때 공주·옹주 계통 외손으로 당상관을 지낸 이들 중에 문과 출신은 10.8%이었으나, 선조 이후 공주·옹주 계통 외손은 당상관의 66.7%가 문과 출신이었다. 문과 출신 당상관을 가장 많이 배출한 공주·옹주는 선조의 딸들이었다. 선조의 외손이 역임한 당상관직은 경관직으로는 의정부·육조·홍문관·돈녕부·장예원이 있었고 그 외에는 외관직이었다. 이들 중에는 육조의 당상이 가장 많았고, 정승을 지낸 이도 있었다.

선조의 의빈은 이미 당대에도 엘리트로 알려져 있었다. 의빈은 명문가 출신 중에서 간택되었지만, 부마 개인의 능력이 주된 요건은 아니었다. 『국조인물고』에서는 선조의 의빈에 대해서 다음과 같이 평하고 있다. 인재가 의빈이 되어서 국정에 참여하지 못하는 것은 국가의 입장에서 손해이기 때문에 능력이 출중한 이를 의빈으로 간택하지 않았다. 그런데 선조는 이러한 전례를 깨고 명문가 출신이면서도 능력이 있는 이를 의빈으로 간택하였다고 한다. 선조가 특별히 명문가에서 간택한 의빈의 자손들이 국왕의 외손으로서 조선 후기 국정의 핵심 세력으로 활발한 역할을 하였다.

공주·옹주계 외손을 성별로 구분하여 살펴보자. 공주·옹주의 사위로 관직에 진출한 사람은 72명 중 47명으로 65.3%에 해당한다. 그들의 관직 분포는 당상관이 20명(42.6%), 참상관이 22명(46.8%), 참하관이 5명(10.6%) 등이다. 공주·옹주의 아들 137명 중 관직에 진출한 사람은 106명으로 77.4%인데, 이는 왕실 친인척 가운데서 가장 높은 관직 점유율이다. 공주·옹주 아들의 관직 분포는 사위의 관직 분포에 비해 당상관의 점유율이 낮고, 반면 참상관과 참하관의 점유율이 높게 나타나고 있다.

공주·옹주의 사위는 당상관의 60%가 2품 이상의 대신이었다. 의정부·육조·돈녕부 그리고 외관 중에서도 특히 의정부와 돈녕부 관원이 많았다. 외관은 관찰사 1명이며 병마절도사가 2명이었다. 당상관의 40%는 3품 관원으로 동반에는 육조·교서관 그리고 외관이었으며, 서반에서는 중추부 소속이었다. 당상관 가운데 예우 아문이었던 돈녕부와 중추부 소속은 35%를 점유하고 있었으며, 국정에 적극적으로 참여하였던 관원은 주로 의정부와 육조 소속으로 65%이었다. 참상관 22명은 동반 관원이 21명이고, 서반 관원이 1명이었다. 동반 관원 21명 중 66.7%가 외관이었으며, 경관직은 33.3%이었다. 동반 관원 21명 중 문과 합격자는 단 2명이었으며, 나머지 19명이 문음이었다. 공주·옹주의 사위 중에는 문음으로 참상 외관직에 제수뇌는 사례가 많았음을 확인할 수 있다.

공주·옹주의 아들은 당상관의 50%가 2품 이상의 대신이었다. 이들의 소속 관청은 의정부·육조·홍문관·돈녕부·중추부 그리고 외관 등이었다. 외관은 3명으로 관찰사·부윤·병마절도사 등이었다. 공주·옹주 아들의 관직 분포에서 두드러지는 것은 사위와는 달리 육조 당상관이 2품 이상 대신의 42%를 점유하고 있다는 점이었다. 3품 당상관의 소속 관청은 돈녕부·육조·홍문관·장예원·승정원·중추부·오위 그리고 외관 등이었다. 이들은 다양한 동반 관청에 포진되어 있었으나, 3품 당상관의 50%는 중추부와 돈녕부 소속이었다. 공주·옹주의 아들이 역임한 당상관직 가운데 예우 아문 소속은 36.8%로서 사위보다 약간 점유율이 높았으나, 정계에서의 활동이 공주·옹주의 사위와는 달리 의정부와 육조 이외에도 승지·문한관에 이르기까지 다양하였다. 공주·옹주 아들의 참상관 분포는 동반 경관직 28명, 동반 외관직 19명, 서반 경관직이 6명이었다. 공주·옹주 아들의 참상관직 분포 역시 공주·옹주 사위와는 다른 양상을 보였다. 공주·옹주의 아들은 서반 직의 점유율이 사위보다는 6.5%가 높았으며, 동반 중에는 경관직의 점유율 이 사위보다 19.5%가 높았다. 참상직을 역임한 공주·옹주의 아들 중에 문 과 합격자는 3명으로 5.7%에 지나지 않으며, 나머지는 모두 문음으로 관직 에 제수되었다. 또한 서반 경관직이 11.1%에 달하는 것은 공주·옹주의 아 들은 충의위·족친위와 같은 왕실 특수 병종에 입속하여 관직을 받았기 때 문으로 보인다.

공주·옹주의 아들과 사위의 관직 진출 양상을 비교하면, 공주·옹주 아들 의 관직 진출이 사위보다 더 많았으며, 문음으로 관직에 진출하더라도 외관 직보다는 경관직의 제수가 더 많았다. 또한 과거 응시에 제한이 없었기 때 문에 공주·옹주의 아들 중 문과에 합격하여 문한관으로 활동한 사람들도 있었다.

공주·옹주계 아들을 대상으로 좀 더 자세히 살펴보자. 딸만을 출산한 6명[111]을 제외하고, 국왕의 외손자를 출산한 공주가 21명이며, 옹주는 54명 이다. 75명의 공주·옹주가 출산한 아들은 총 137명이었다. 공주·옹주의 아들 137명 가운데 19명은 양자였다. 〈표 20〉을 참조하면, 아들 2명을 두 었는데 그중 한 명이 양자로 표시되어 있는 경우가 있다. 효종의 4녀 숙휘 공주는 인평위 정제현(鄭齊賢)과 혼인하여 장남 정태일(鄭台一)을 낳았다. 정 태일은 판윤 이광하(李光夏)의 딸과 혼인하였으며, 관직은 종8품 봉사에 재 임하였다. 그러나 후사가 없이 사망하여 대를 잇기 위해서 계후를 세웠다.[112]

---

111 딸만을 출산한 왕녀는 태조의 딸 경선공주, 태종의 딸 정순공주, 성종의 딸 휘숙옹주·휘정옹주, 중종 의 딸 효혜공주·혜정옹주 등 6명이다.

112 『선원계보기략』(장서각 K2-1024) 권15, 효종자손록.

표 20　공주·옹주의 아들 실태

왕대	봉작명	의빈	본관	아들 인원
태조	경신공주	상당부원군 이애	청주	1명
	경순공주	흥안군 이제	성산	1명(계후)
	의령옹주	계천위 이등	개성	4명
	숙신옹주	당성위 홍해	남양	3명
정종	함양옹주	지돈녕 박갱	밀양	1명
	숙신옹주	판돈녕 김세민	경주	4명
	덕천옹주	부사 변상복	원주	3명
	고성옹주	지중추 김한	안산	3명
	상원옹주	사직 조효산	평양	1명
	전산옹주	사직 이희종	용인	3명
	인천옹주	부사 이관식	전의	5명
	함안옹주	부지돈녕 이항신	경주	1명
태종	경정공주	평양부원군 조대림	평양	1명
	경안공주	길창군 권규	안동	2명
	정선공주	의산군 남휘	의령	1명
	정신옹주	영평군 윤계동	파평	1명
	정정옹주	한원군 조선	양주	1명
	숙정옹주	일성군 정효전	연일	2명
	소신옹주	유천위 변효순	원주	1명
	숙혜옹주	성원위 이정녕	성주	3명
	숙녕옹주	파성군 윤우	파평	1명
	소숙옹주	해평군 윤연명	해평	4명
	숙경옹주	파평군 윤암	파평	6명
	경신옹주	전성위 이완	전의	6명
	숙안옹주	회천위 황유	회덕	5명
	숙근옹주	화천군 권공	안동	1명
	숙순옹주	파원위 윤평	파평	2명
세종	정의공주	연창위 안맹담	죽산	4명
	정현옹주	영천부원군 윤사로	파평	2명
	정안옹주	청성위 심안의	청송	1명

문종	경혜공주	영양위 정종	해주	1명
덕종	명숙공주	당양위 홍상	남양	1명
성종	혜숙옹주	고원위 신항	고령	1명(계후)
	경순옹주	의성위 남치원	의령	1명
	경숙옹주	여천위 민자방	여흥	1명
	정순옹주	봉성위 정원준	봉화	1명
	숙혜옹주	한천위 조무강	양주	1명
	경휘옹주	영원위 윤내	파평	1명
	정숙옹주	영평위 윤섭	파평	1명(계후)
중종	의혜공주	청원위 한경록	청주	3명
	효순공주	능원군 구사안	능성	1명(계후)
	경현공주	영천위 신의	고령	1명
	혜순옹주	광천위 김인경	광산	1명(계후)
	정순옹주	여성군 송인	여산	1명
	효정옹주	순원위 조의정	순창	1명
	숙정옹주	능창위 구한	능성	3명
	정신옹주	청천위 한경우	청주	1명
선조	정명공주	영안위 홍주원	풍산	4명
	정신옹주	달성위 서경주	달성	3명
	정혜옹주	해숭위 윤신지	해평	2명
	정숙옹주	동양위 신익성	평산	5명
	정인옹주	당원위 홍우경	남양	1명
	정안옹주	금양군 박미	나주	1명
	정휘옹주	전창군 유정량	전주	2명
	정선옹주	길성군 권대임	안동	1명
	정정옹주	진안위 유적	진주	1명(계후)
	정근옹주	일선위 김극빈	선산	1명(계후)
	정화옹주	동창위 권대항	안동	1명(계후)
효종	숙안공주	익평군 홍득기	남양	1명
	숙명공주	청평위 심익현	청송	2명
	숙휘공주	인평위 정제현	연일	2명(1명 계후)
	숙정공주	동평위 정재륜	동래	1명

	숙경공주	흥평위 원몽린	원주	1명(계후)
현종	숙녕옹주	금평위 박필성	나주	1명(계후)
	명안공주	해창위 오태주	해주	1명(계후)
	화순옹주	월성위 김한신	경주	1명(계후)
	화평옹주	금성위 박명원	나주	1명(계후)
영조	화협옹주	영성위 신광수	평산	1명(계후)
	화유옹주	창성위 황인점	창원	1명
	화령옹주	청성위 심능건	청송	2명(1명 계후)
	화길옹주	능성위 구민화	능성	1명
정조	숙선옹주	영명위 홍현주	풍산	1명
	명온공주	동녕위 김현근	안동	1명(계후)
순조	복온공주	창녕위 김병주	안동	1명(계후)
	덕온공주	남녕위 윤의선	해평	1명(계후)
				137명

인평위에게는 형제가 없었다. 그는 사촌 정제태(鄭齊泰)의 아들 정건일(鄭健 一)을 양자로 삼았다.[113]

영조의 11녀 화령옹주는 청성위 심능건(沈能建)과 혼인하여 장남 심의장 (沈宜長)을 낳았다. 그는 정재형(鄭在衡)의 딸과 혼인하였으나, 후사가 없이 사망하였다. 청성위는 심능열(沈能烈)의 아들 심의관(沈宜寬)을 양자로 삼았다.[114]

19명의 양자를 포함한 역대 국왕의 외손 137명 중에 과거에 합격한 사람은 문과 출신 16명(11.7%), 무과 출신 3명(2.2%), 생원·진사시 출신 21명 (15.3%)인데, 생원·진사시에 합격하고 문과에도 합격한 인원이 10명이었다. 공주·옹주의 아들로 문과 출신 16명 중에 10명은 생원·진사시를 거쳐 문과에 합격하였는데, 선조·현종·영조의 외손자들이었다.

113 『만가보』8책 29쪽, 한국학중앙연구원 한국학자료포털(www.kostma.net).
114 『선원계보기략』(장서각 K2-1024) 권18, 영조자손록.

공주·옹주의 아들 137명 중에 관직에 제수되지 않았던 29명은 태조의 외손 3명, 정종의 외손 9명, 태종의 외손 7명, 세종의 외손 1명, 성종의 외손 4명, 중종의 외손 1명, 선조의 외손 2명, 효종의 외손 1명, 영조의 외손 1명 등이었다. 29명 중 공주의 아들이 1명이고, 옹주의 아들이 28명이었다.

공주의 아들 1명은 효종의 외손이며 숙정공주의 아들 정효선(鄭孝先)은 혼인까지는 하였으나, 후사 없이 사망하였다. 관직이 없는 옹주의 아들 중에는 정종의 외손이 가장 많았다. 정종의 외손은 총 21명인데, 그중 42.9%인 9명이 관직에 제수되지 못했다. 특히 사직 이희종(李希宗)과 혼인한 전산옹주의 아들 3명과 부사 이관식(李寬植)과 혼인한 인천옹주의 아들 5명 중 4명이 관직에 제수되지 못하였다. 정종의 외손 42.9%가 관직에 제수되지 못한 것은 정종의 딸이 왕녀로서 대우받지 못한 데에서 온 결과이다. 인천옹주는 1431년(세종 13)에 처음으로 군주(郡主)의 칭호를 받았다.[115] 그의 남편 이관식도 외관직에 여러 번 제수되었는데, 수령의 임무를 제대로 수행하지 못하여 처벌 대상으로 거론되기도 하였다. 그의 부마로서의 지위가 안정되지 않았기 때문에 그의 아들도 다른 국왕의 외손과는 달리 문음으로 관직에 나가기가 쉽지 않았을 것이다.

태종의 외손은 36명인데, 그중 19.4%인 7명이 관직에 제수되지 못하였다. 한원군 조선(趙璿)과 혼인한 정정옹주의 아들, 유천위 변효순(邊孝順)과 혼인한 소신옹주의 아들, 파원위 윤평(尹泙)과 혼인한 숙순옹주의 아들, 전성위 이완(李梡)과 혼인한 경신옹주의 두 아들, 회천위 황유(黃裕)와 혼인한 숙안옹주의 아들, 화천군 권공(權恭)과 혼인한 숙근옹주의 아들 등이다. 경신옹주, 숙안옹주, 숙순옹주의 아들은 여럿 중에 일부가 관직에 나가지 못한 것이나, 정정옹주, 소신옹주와 숙근옹주의 아들은 전혀 관직에 나가지 못하였

---

115 『세종실록』 권54, 세종 13년 10월 18일(기유).

다. 그 이유는 확인하기가 쉽지 않지만 추측이 가능한 경우가 있는데, 정정 옹주의 아들이 그러하다. 정정옹주는 조말생(趙末生)의 아들인 한원군 조선 과 혼인하였으나, 조선이 28세에 사망하였다.[116] 부친이 일찍 사망함으로써 그의 아들인 조영이 문음으로 나가기가 쉽지 않았을 것이다.

문음으로 관직에 나간 공주·옹주의 아들은 89명이다. 89명 가운데 생 원·진사를 획득한 경우는 9명이고, 나머지 80명은 시험을 거치지 않은 순 수한 문음이었다. 문음으로 관직에 나간 사람은 태조·정종·태종·세종·문 종·성종·중종·선조·효종·영조·순조 등의 외손자였다. 거의 모든 국왕의 외손자가 문음으로 관직에 나갔다. 관직에 나간 국왕의 외손자 중에서 전혀 시험을 거치지 않은 문음 인원을 보면, 태조의 외손자 5명, 정종의 외손자 10명, 태종의 외손자 28명, 세종의 외손자 6명, 문종의 외손자 1명, 성종의 외손자 3명, 중종의 외손자 11명, 선조의 외손자 5명, 효종의 외손자 7명, 영조의 외손자 2명, 순조의 외손자 2명 등이다.

89명의 문음 관직 분포는 당상관 23명(25.8%), 참상관 52명(58.4%), 참하관 14명(15.7%)이다. 문음으로 관직에 나간 경우에는 통상적으로 당상관까지 승 진하기가 여간 어려운 일이 아니었다. 음관으로 당상관까지 승진한 경우가 25.8%나 된 것은 국왕의 외손이기 때문에 가능한 것이다. 당상관직은 돈녕 부·중추부 관직이 주류를 이루고 있으며, 정3품 당상관이 65.2%이다. 참상 관은 동반 경관직 31명, 동반 외관직 15명, 서반 경관직 6명이다. 당상관직 은 서반 아문인 중추부 관직이 동반 돈녕부 관직과 함께 주류를 이루고 있었 지만, 참상관직은 동반 경관직이 59.6%에 달하고 있다. 반면 서반 경관직은 11.5%에 지나지 않는다. 문음 외관도 28.3%로 비중이 작지 않다.

국왕의 외손자가 어떠한 관직으로 초입사하여 승진하게 되는지 확인하

---

116 『세종실록』 권78, 세종 19년 9월 6일(계사).

기는 쉽지 않다. 왜냐하면 출사로가 매우 다양하기 때문이다. 하나의 사례를 통해서 출사로를 추정해 보도록 하겠다. 영조의 10녀 화유옹주는 창성위 황인점(黃仁點)과 혼인하여 아들 황기옥(黃基玉)을 두었다. 황기옥은 15세 때에 처음 전생서 직장에 제수되었다.[117] 그러나 질병으로 직임을 감당할 수 없어서 체차되었다가, 1781년(정조 5)에 영희전 참봉에 제수되었다.[118]『승정원일기』의 정사 기록을 정리하면 다음과 같다. 영희전 참봉이 된 이후 내자시 직장, 내섬시 직장, 종부시 직장을 거쳐서 종6품 부사과로 출육하였다. 그 후 장악원 주부, 상의원 주부, 제감 감찰(祭監監察), 돈녕부 주부, 제용감 판관, 전적을 거쳤다. 경관 각사의 관직을 역임한 후에 외관직에 보임되었다. 양천현령, 지평현감, 김포군수, 의성현령, 신계현령, 재령군수를 지냈으며, 1875년(고종 12) 이조참의로 증직되었다.[119]

황기옥의 관력을 보면, 동반 경관 관서의 참하직을 초입사직으로 받았다. 경관 관서 중에서 왕실과 관련이 있는 부서와 제례(祭禮)를 행하는 부서의 직임을 맡았다. 서반직을 통해서 출육한 이후에는 외관에 보임되어 여러 참상관 직임을 수행하였다. 이러한 출사로는 비단 황기옥에 한정된 것은 아니라고 생각된다. 외손에 대한 관직 제수 역시 종친과 마찬가지로 초입사가 가능한 나이인 15~16세가 되면 이루어졌다. 원친(遠親)에 대해서는 충의위·족친위란 특수 병종에 입속시켰으나, 외손은 바로 경관 참하직에 제수되었다.

외손은 어떠한 부서에서 관리하였을까? 외손 관리에 대한 명확한 규정은 없으나 관련 사항은 종부시에서 관리하였다. 종부시에서는 조선 전기부터 『유부록』에 공주·옹주 가계를 등재하였다. 선원단자를 받아서 종부시에서 공주·옹주의 가계를 정리한 것은 보첩 편찬에 목적이 있는 것이 아니라 종

117 『승정원일기』, 영조 51년 6월 4일(경진).
118 『승정원일기』, 정조 5년 11월 29일(정묘).
119 『승정원일기』, 고종 12년 1월 19일(임오).

부시에서 관리해야 할 대상을 정리해 두었다가 입사해야 할 나이가 되면 이조에 통보하여 관직에 제수될 수 있도록 하기 위함이었다.

국왕의 외손자가 문음으로 관직에 제수되지만, 과거를 통한 출사도 가능하였다. 문음으로 관직에 나갔다고 하더라도 문과·무과에 응시할 수 있었다. 실제로 외손이 문과·무과에 합격한 사례가 있다. 우선 문과 합격 상황을 보면, 태조 외손자 1명, 태종 외손자 1명, 선조 외손자 8명, 현종 외손자 1명, 영조 외손자 3명, 정조 외손자 1명, 순조 외손자 1명 등 16명이다. 무과에 합격한 사람은 정종 외손자 2명, 덕종 외손자 1명 등 3명이었다. 특히 선조 외손자를 기점으로 국왕 외손자의 문과 합격이 늘고 있다.

문과 합격자의 전력은 유학 3명, 생원 2명, 진사 2명, 원유계자 9명 등으로 원유계자의 비중이 높다. 원유계자의 비중이 높은 것은 외손이 음직에 나갈 수 있는 출사로가 열려 있었기 때문이다. 원유계자는 동반직 3명, 동반계 소유자 2명, 서반직 4명 등이다. 이들의 최고 관직을 보면 16명 중 12명이 당상관에 올랐다. 당상관에 오르지 못한 4명은 참상관이 3명, 참하관 1명이다. 당상관 12명은 정3품 승정원·홍문관 관원이 3명이며, 종2품 이상 대신에까지 오른 사람이 9명이었다.

이상의 내용을 요약하면, 국왕의 외손자는 종부시에서 『유부록』에 기록하여 관리하였으며, 일정한 나이가 되면 대부분 문음으로 임용되었다. 따라서 음관으로 초입사하였다가 과거에 합격하는 경우가 주류를 이루었다. 국왕의 외손자는 문과에 합격한 이후의 승진에 어떠한 장애도 없이 2품 이상까지 승진하였다. 또한 과거가 아니더라도 문음으로 관직에 진출한 국왕 외손의 27.6%가 당상관직까지 승진하였다. 국왕의 외손자야말로 핵심 관료로 승진할 수 있는 부류였다.

제 5 장

왕실 원친(遠親)의 계층 분화

1 왕실 원친의 문관직 진출 양상

왕실 원친은 역대 국왕의 후손으로 친진되어 종친의 지위에서는 벗어났지만 『선원록』에 기재되어 있는 친족이다. 이들은 곧 국왕의 5대손에서 9대손에 이르는 친족으로 충의위나 족친위에 입속되며, 잡역을 면제받았다. 여기서는 종친의 지위를 벗어난 원친들이 문과에 합격하여 문관직에 나가는 양상을 살펴보고자 한다. 여기에서 특별히 문관직을 대상으로 한 것은 문관직이 조선의 핵심 양반층으로 나가는 지름길이었기 때문이다.

1) 왕실 원친의 문과 합격 실태

조선시대 전주이씨의 문과 합격자는 총 849명으로, 전체 문과 합격자 14,684명의 5.8%에 해당된다. 전주이씨는 15세기에는 9명의 문과 합격자를 배출하였으나, 16세기부터는 문과 합격자 인원이 급격하게 증가된다. 15세기 전주이씨의 문과 합격이 적었던 이유는 두 가지로 요약할 수 있다.

첫째, 전주이씨는 고려의 원 간섭기에 동북면 일대에서 무관으로 강력한 세력 기반을 갖고 급부상한 성관이었다. 양계 지역에서 성장한 가문들은 문관보다는 무관으로 진출하는 경우가 많았는데,[1] 전주이씨 역시 무반으로서의 세력 기반을 두고 있었다. 고려시대 명문거족이라 불리던 가문으로서 15세기에 문과 합격자를 낸 가문은 전주이씨와 비교할 때 문과 합격률

---

1   이수건(2003), 『한국의 성씨와 족보』, 서울대학교출판부, 277쪽.

이 높다. 15세기 문과 합격자를 많이 배출한 가문 10위권에 드는 11개 성관 가운데 고려시대 명문거족이라 불리던 성관은 8개로 진주 강·안동 권·광산 김·안동 김·여흥 민·밀양 박·문화 유·파평 윤 등이다.[2] 이들 가문 중 전주이씨와 같이 원 간섭기 및 고려 말기에 명문거족이었던 성관은 진주 강·안동 권·광산 김·안동 김·밀양 박 등이었다. 이들 가문은 향리가문으로서 과거를 통해 성장한 문반적 성향이 강한 가문이어서 무반적 성향이 강한 전주이씨보다는 문과 합격자를 다수 배출할 수 있었다고 여겨진다.

둘째, 15세기에 전주이씨 선원파계는 대부분 종친으로서 문과 응시가 불가능하였다. 봉작 대상인 왕의 유복지친은 문·무관직에 나아갈 수 없었으므로 관직 진출이 전제된 문과 응시도 불가능하였다. 성종은 종친들이 문과를 통해서 관직에 진출할 수 없으나, 종친의 학문을 권장하기 위해서 종친시예(宗親試藝)에 대한 절목을 마련하게 하였다.[3] 성종이 종친에게 시험을 치르게 하려고 하자 신료들은 관직에 제수될 수 없는 종친시예를 시행하는 것은 폐단만을 가져올 뿐이라고 반대하였다.[4] 종친의 관직 진출을 엄격하게 제한하고 있었기 때문에, 15세기 대다수 종친이었던 전주이씨 가문에서 문과 합격자를 내기는 어려웠다.

15세기에 문과에 합격한 전주이씨 9명의 파계를 보면, 도조의 아들인 완창대군파 2명, 환조의 아들인 의안대군파 1명, 시중공파 3명, 평장사파 1명, 효령대군파 2명 등이다. 여기에서 추증된 사왕(四王) 왕자군파를 제외하면, 효령대군파에서만 문과 합격자가 배출된 셈이다.

---

2 고려시대 명문거족은 이수건의 앞의 책 275~277쪽의 〈표 2〉 참조. 15세기 문과 합격자를 다수 배출한 10위권에 드는 성관은 원창애(2010),『장서각 소장 왕실보첩자료와 왕실구성원』, 132쪽의 〈표 3〉 참조. 15세기 10위권에 드는 성관 가운데 고려의 명문거족이 아니었던 성관은 광주(廣州)이씨·전의이씨·창녕성씨이다.
3 『성종실록』권173, 성종 15년 12월 1일(갑인).
4 『성종실록』권173, 성종 15년 12월 9일(임술).

효령대군파의 이유녕(李幼寧)[5]은 태종의 5대손으로 종친에 해당되지는 않으나, 이협(李侠)[6]은 태종의 3대손으로 종친에 속한 인물이다. 이협은 1468년(세조 14) 식년시에서 병과 2등으로 합격하였다. 이협은 종친으로 문과에 응시하기 전에도 충청도 절제사, 병조참판 등의 문·무관직에 제수되었다.[7] 조선 전 시기 동안 종친으로서 문과에 합격한 사례는 이협을 제외하고는 거의 없다. 16세기에는 상황이 크게 변하였다. 16세기 이후로 문과에 응시할 수 있는 국왕의 5대손 이하의 선원파계가 늘어나고, 친진된 왕친(王親)은 문과를 통해 관직에 진출하여 그들의 사회적 지위를 유지하고자 하였다.[8]

조선시대 왕자군 파계 115개 가운데 70개 파에서 문과 합격자가 배출되었다.[9] 70개의 왕자군 파계 중에는 추증된 사왕의 파계도 포함되어 있었다. 여기에서는 안원대군파·안풍대군파·안천대군파·함양대군파·완원대군파·완창대군파·완풍대군파·의안대군파 등 사왕의 8개 왕자군 파계를 제외한 62개의 왕자군 파계만을 분석 대상으로 삼고자 한다. 추증된 사왕의 후손은 1872년(고종 9) 이전까지는 종친이나 원친으로서 국가에서 혜택을 받지 못하였기 때문이다.

전주이씨 문과 합격자 849명 가운데 815명만 가계(家系)를 확인할 수 있다. 815명 가운데 국왕의 5대손에서 9대손에 이르는 원친은 총 353명으로 왕자군파 문과 합격자의 41.6%에 이른다. 왕자군파별 원친의 문과 합격자를 정리하면 〈표 21〉과 같다. 70개의 왕자군파 중에 원친으로 문과에 합격한 파계는 총 58개이다. 각각의 왕자군파에서 문과에 합격한 인원의 50% 이상이 원친인 경우는 42개 왕자군 파계의 72.4%로 왕실 원친으로 있을 때

---

5   太宗 ― 孝寧大君 ― 3남 李岺(寶城君) ― 4남 李偉 ― 李深源(朱溪君) ― 李幼寧
6   太宗 ― 孝寧大君 ― 3남 李岺(寶城君) ― 3남 李侠(春陽君)
7   『세조실록』권37, 세조 11년 11월 6일(경술); 권42, 세조 13년 5월 20일(갑신).
8   원창애(2010), 「왕실구성원의 계층 분화 양상」, 『장서각 소장 왕실보첩자료와 왕실구성원』, 민속원, 76~79쪽.
9   원창애(2010), 앞의 책, 86쪽.

표 21 왕자군파별 원친의 문과 합격 현황

왕대	왕자군파	문과 합격 인원		왕대	왕자군파	문과 합격 인원	
		전체	원친			전체	원친
태조	진안대군파	2		세조	덕원군파	6	2(33.3%)
	익안대군파	14	8(57.1%)		창원군파	2	2(100%)
	회안대군파	1		성종	계성군파	2	
	의안대군파	7			완원군파	7	5(71.4%)
정종	의평군파	3	2(66.7%)		견성군파	1	1(100%)
	순평군파	2			익양군파	7	7(100%)
	선성군파	28	18(64.3%)		경명군파	4	3(75%)
	진남군파	4	3(75%)		무산군파	12	6(50%)
	수도군파	12	4(33.3%)		영산군파	3	1(33.3%)
	임언군파	1			운천군파	1	1(100%)
	석보군파	2			양원군파	6	4(66.7%)
	덕천군파	58	22(37.9%)		해안군파	1	1(100%)
	임성군파	1		중종	금원군파	2	1(50%)
	장천군파	1	1(100%)		영양군파	2	2(100%)
	무림군파	2	2(100%)		덕양군파	18	16(88.9%)
태종	양녕대군파	52	19(36.5%)		덕흥대원군파	15	8(53.3%)
	효령대군파	113	48(42.5%)	선조	신성군파	6	5(83.3%)
	성녕대군파	3	3(100%)		순화군파	3	2(66.7%)
	경녕군파	26	18(69.2%)		인성군파	5	5(100%)
	온녕군파	6	1(16.7%)		경창군파	10	8(80%)
	근녕군파	4	1(25%)		경평군파	4	4(100%)
	희령군파	1			인흥군파	6	4(66.7%)
	후령군파	1	1(100%)		영성군파	9	9(100%)
	익녕군파	5	3(60%)	원종	능원대군파	6	6(100%)
세종	임영대군파	18	13(72.2%)	인조	소현세자파	2	1(50%)
	광평대군파	113	18(15.9%)		인평대군파	7	7(100%)
	영응대군파	7	2(28.6%)		용성대군파	4	4(100%)

			숙종	연령군파	6	6(100%)
화의군파	2	1(50%)				
계양군파	6		장종	은언군파	2	2(100%)
의창군파	2			은전군파	1	1(100%)
한남군파	1	1(100%)				
밀성군파	37	16(43.2%)				
수춘군파	1	1(100%)				
익현군파	2					
영해군파	26	8(30.8%)				
담양군파	25	13(52%)				

문과 합격률이 높았던 것을 확인할 수 있다.

　왕위를 계승하지 못한 왕자는 출합하여 궁궐 밖에서 살았다. 이때 국왕은 왕자를 위해서 집을 마련해 주고, 살림의 기반이 되는 전답과 노비를 주었으며 녹봉도 지급하였다. 또한 왕자의 증손까지는 종친으로서 나라에서 종반직을 받고, 그에 상응하는 녹봉을 지급받았다. 그러므로 국왕의 4대손까지는 왕실 근친으로서 사회적 지위를 유지할 수 있었다. 그러나 친진된 이후 국왕의 원친은 사회적 지위를 계속 유지하기 위해서 원칙적으로 과거를 통해서 관직에 나가야 했지만, 이들에 대한 국가의 지원이 완전히 끊기는 것은 아니었다. 친진된 이후 관직에 나가지 못한 왕실 원친은 16세가 되면 충의위나 족친위에 소속되어 군직을 받을 수 있었으며, 잡역도 면제되었다. 국가에서의 경제적 지원이 있을 때에 왕실 후손들은 손쉽게 과업(科業)에 힘쓸 수 있었을 것이다. 또한 국왕과의 촌수가 가까우면 가까울수록 명문가와의 혼인이 이루어질 가능성도 높았고, 서울에 거주하였기 때문에 인적 교류의 폭도 넓었을 것이다. 이러한 사회적 여건은 원친이 문과에 합격할 수 있는 발판이 되었다.

〈표 21〉을 참조하면, 원친의 문과 합격률이 50%가 넘는 왕자군파가 성종의 자손부터 급증하고 있다. 태조의 왕자군파 4개 중 3개 왕자군파의 원친이 전혀 문과에 합격하지 못하였다. 정종의 왕자군파 15개 중 4개 왕자군파에서는 원친의 문과 합격이 전혀 없었다. 태종의 왕자군파 중에는 원친의 문과 합격이 전혀 없는 경우가 1개 왕자군파로 급감하였으나, 원친의 문과 합격률이 50%를 넘지 못하는 왕자군파가 많았다. 이러한 현상은 세종의 왕자군파에서도 마찬가지로, 원친의 문과 합격률이 50%를 넘는 경우는 12개 왕자군파 가운데 5개 왕자군파이다. 세조의 왕자군파를 경계로 하여서 원친의 문과 합격률이 높아졌다. 중종의 왕자군파부터는 문과 합격자를 배출한 왕자군파 원친의 문과 합격 점유율이 전부 50% 이상이다. 이러한 현상은 시대가 내려갈수록 종친가문의 위상이 높아졌음을 입증하는 것이다.

2) 원친 문과 합격자의 전력

친진된 이후의 원친이 어떠한 사회적 지위에서 문과에 합격하였는지는 전력을 통해서 확인할 수 있다. 원친 문과 합격자 353명의 지위는 유학 76명, 생원 53명, 진사 66명, 관직 소유자 82명, 관품 소유자 66명, 전 관직 소유자 10명 등이다. 원친 문과 합격자 중에는 이미 관직이나 관품을 받은 경우가 158명으로 가장 많다. 원친 문과 합격자 전력의 특징이 무엇인지 살펴보기 위해서 조선시대 전체 문과 합격자 전력 분포 그리고 국왕 10대손 이하의 전주이씨 전력 분포를 비교해 보자.

〈표 22〉를 보면, 원친 문과 합격자 전력의 특징이 잘 드러난다. 첫째, 원친의 관직·관품 소유자 점유율은 전체 문과 합격자와 전주이씨 10대손 이하 문과 합격자보다 월등히 높다. 이것은 원친 중에서 관직이나 관품을 소유한 사람의 문과 합격이 많았다는 것을 의미한다. 문과에 합격한 원친 중에서

표 22　원친 문과 합격자 전력 분포의 특징

	유학	생원	진사	원유계자	기타
원친 문과 합격자	76명 (21.5%)	53명 (15%)	66명 (18.7%)	158명 (44.8%)	
10대손 이하 문과 합격자	207명 (44.9%)	55명 (11.9%)	68명 (14.8%)	131명 (28.4%)	
전체 문과 합격자[10]	5,443명 (37.1%)	2,761명 (18.8%)	2,479명 (16.9%)	3,965명 (27%)	36명 (0.2%)

전력으로서의 관직·관품을 소유한 원유계자는 동반직 58명(36.7%), 서반직 24명(15.2%), 문산계 소유자 55명(34.8%), 무산계 소유자 11명(7%), 전직 관료 10명(6.3%) 등이다. 국역(國役)을 가지지 못한 원친은 16세가 되면 충의위 혹은 족친위 등의 특수 군종에 입속되었다. 따라서 원친이 서반직이나 무산계를 소유했다는 것은 충분히 가능한 일이다. 그런데도 원친의 전력으로서 서반직과 무산계의 점유율은 22.2%에 지나지 않았다. 동반직·문산계 소유자가 71.5%이며, 전직 관료도 6.3%나 된다.

　10대손 이하 문과 합격자 중 원유계자의 합격 점유율이 원친 문과 합격자의 것보다 16.4%가 적다. 이들이 문과 합격 당시 소유하였던 관직·관품의 분포는 동반직·문산계 소유자 83.2%, 서반직·무산계 소유자 9.2%로 동반직·문산계 소유자의 점유율이 매우 높다. 10대손 이하 문과 합격자의 전력으로서 관직·관품의 분포는 원친과는 차이가 있다. 원친은 전력으로서 동반직·문산계 점유율이 10대손 이하 문과 합격자보다 11.7%가 낮다. 전체 문과 합격자는 원유계자의 문과 합격이 27%로 원친보다 17.8%나 낮으며, 비교 대상 중 가장 원유계자의 합격 점유율이 낮다. 전체 문과 합격자의

10　종합문과방목인『국조문과방목』에 실린 14,684명의 전력을 조사한 것이다.

원유계자 관직·관품 분포는 동반직·문산계 79.4%, 서반직·무산계 13.5%, 전직 관료 7.1% 등이다.[11] 전체 문과 합격자의 전력으로서 동반직·문산계 점유율이 원친의 경우보다도 7.9%나 높다.

원친의 문과 합격자 가운데 원유계자의 점유율이 왕실 10대손 이하 문과 합격자와 전체 문과 합격자보다 월등히 높지만, 원유계자의 관직·관품 분포에서는 동반직·문산계 점유율이 가장 낮다. 원친은 친진이 되어 왕실 종친의 지위는 상실하지만, 이들에게는 문음만이 아니라 충의위·충찬위·족친위 등 특수 병종에 입속하는 길이 있었다. 그러므로 원친은 문과에 응시하기 전에 서반직이나 무산계를 획득할 기회가 사대부가보다는 많았다. 국가의 원친에 대한 이러한 예우들로 인해 원친의 원유계자 관직·관품 분포가 왕실 10대손 이하 문과 합격자나 전체 문과 합격자와는 다르다.

둘째, 원유계자로서 문과에 합격한 원친은 동반 외관직의 비율이 높았다. 원친이 전력으로 소유하였던 동반직은 참상관 이상 32명(55.2%), 참하관 26명(44.8%)이었다. 원친 전력으로서 참상관의 점유율이 50%를 넘는 것은 외관직 때문이다. 참상관 이상 32명 중 18명이 외관으로 동반직의 31%이다. 10대손 이하 문과 합격자는 전력으로서 동반 외관직 점유율이 4.6%에 지나지 않는다. 문과 전체 합격자의 경우는 전력으로서 동반 외관직의 점유율은 26.9%이어서 원친의 경우보다 다소 낮기는 하지만 그래도 10대손 이하 문과 합격자보다 상당히 높다. 원친과 10대손 이하 문과 합격자의 차이가 엄청나게 큰 것은 주목할 만한 일이다. 왕실 원친에도 들 수 없는 10대손 이하가 되면, 문음으로 외관직을 받는다는 것이 쉬운 일이 아니었다. 이것은 역으로 말하면, 원친들에게는 문음으로 나갈 수 있는 길이 넓었다는 뜻이기도 하다.

---

11 문과 전체 합격자 중 원유계자 3,965명은 동반직 1,819명, 문산계 1,331명, 서반직 371명, 무산계 163명, 전직 관원 281명 등이다.

원친 문과 합격자의 전력에서 유학과 생원·진사의 점유율도 주목할 만하다. 10대손 이하 문과 합격자는 유학이 44.9%인 데 반해 원친은 21.5%이다. 원친의 유학 점유율은 전체 문과 합격자의 유학 점유율과 비교해도 매우 낮다. 조선시대 유학의 문과 합격은 16세기부터 늘기 시작하여 18세기에는 급증하였다. 특히 19세기에는 생원·진사의 점유율이 감소할 뿐만 아니라 원유계자들의 점유율도 감소하는데, 유학의 점유율만 70%를 넘는 기현상을 보였다. 유학의 급증 현상은 유학 계층의 증가와 유학의 입사 기회가 많아졌기 때문이었다.[12]

원친의 전력은 유학이 적은데, 10대손 이하의 경우에 유학이 평균 이상으로 많은 것은 문과 합격 시기와 관련이 있다. 원친은 왕실 5대손~9대손으로 한정되어 있기 때문에 문과 합격자 배출 상황이 특수하다. 원친 문과 합격자는 15세기에 1명, 16세기에 96명, 17세기에 156명, 18세기에 63명, 19세기에는 37명이 배출되었다. 원친 문과 합격자는 17세기에 정점을 이루었다가 18세기 이후로 급격히 줄었다. 원친의 문과 합격이 줄어든 것은 왕실의 왕자군 출생률이 급격히 낮아지기 때문에 원친 인원도 거기에 비례하여 줄어든 것이다. 인조 이후에는 왕세자를 제외한 왕자의 출생이 거의 없었으므로 원친 인원도 줄 수밖에는 없었다.

10대손 이하의 문과 합격 인원은 15세기 6명, 16세기 11명, 17세기 44명, 18세기 202명, 19세기 198명 등이다. 17세기까지는 문과 합격 인원이 미미하다가 18세기에는 폭발적으로 인원이 증가하고, 19세기에도 그 추세를 이어갔다. 15세기에 10대손 이하의 전주이씨 문과 합격자가 배출된 것은 추증된 사왕의 자손과 왕실의 방계친으로 선원세계에 들지 못했던 파계 때문이었다. 18세기에 이르러서야 역대 왕자군 파계의 10대손 이하에서

---

12 원창애(2003), 「문과 급제자의 전력 분석」, 『조선시대의 과거와 벼슬』, 집문당, 95~97쪽.

문과 합격이 급증하게 되었다.

원친 문과 합격자 배출 시기가 한정되어 있었는데도 생원·진사의 점유율은 33.4%이었다. 이러한 수치는 조선 전 시기 생원·진사의 점유율보다 2.3% 낮은 것이다. 조선시대 생원·진사의 점유율을 세기별로 보면, 17세기부터 감소하는 현상이 나타난다. 전체 문과 합격자의 생원·진사 점유율은 15세기 22%, 16세기 28%, 17세기 21%, 18세기 16%, 19세기 12%이다. 원친의 경우에는 16세기 45.8%, 17세기 34.6%, 18세기 22.2%, 19세기 16.2%이다. 두 그룹의 점유율을 비교하면, 원친의 생원·진사 점유율이 훨씬 높게 나타난다.

이러한 현상을 유학의 경우와 같이 생원·진사 출신 문과 합격자가 많았던 시기에 원친 출신 문과 합격자가 배출되었기 때문이라고 치부하기는 어렵다. 친진되어 왕실 종친의 지위에서 벗어나면, 원친은 그 이전의 사회적 지위를 유지하기 위한 방안을 강구하여야만 했다. 특수 병종에 입속하여 서반 관직을 받는 것으로는 양반으로서의 사회적 지위를 유지하기 어려웠다. 그것을 발판으로 삼아, 관직에 나갈 수 있는 기회를 마련해야 했다. 문음으로 관직에 진출하는 방법 중 하나가 생원·진사를 획득하는 것이다. 실제 전주이씨 생원·진사의 출사로를 보면, 문과에 합격하여 문관이 된 경우는 35.5%이며, 문음을 통한 진출은 64.5%에 달하였다.[13]

왕실 종친의 지위에서 벗어난 원친 가계에서는 우선 생원·진사를 획득하여 문음으로 관직에 진출하는 것을 1차 목표로 삼았을 것이다. 생원·진사를 획득한 이후 문음으로 관직을 획득하고, 청요직과 당상관으로 승진하기 위해서 문과에 응시하였다. 그러한 증거는 원친의 전력으로 생원·진사 점유율이 높다는 사실 이외에 전력으로 관직·관품을 소유한 자에게서도 나

---

13 최진옥(2010), 「조선시대 전주이씨 생원 진사시 합격자 실태」, 『장서각 소장 왕실보첩자료와 왕실구성원』, 민속원, 183쪽.

타난다. 원유계자 158명 중 생원·진사를 획득한 이후에 관직·관품을 받은 경우가 50명으로 31.6%에 달한다. 원친이 생원·진사 획득을 관직 진출로로 인식하고 있었기 때문에 문과 합격자도 역시 전력으로서의 생원·진사의 점유율이 높게 나타난 것으로 보인다.

3) 원친의 관직 진출 양상

문과 합격 후에 관직에 진출하는 방법에는 여러 갈래가 있다. 첫째, 실직에 제수될 수 있는 길이 있다. 문과에서 갑과로 합격한 경우에는 바로 실직에 제수되었다. 식년문과의 경우에는 갑과 3등까지 모두 실직에 제수되었다. 그러나 비정기 문과인 경우에는 갑과 1등만이 실직에 제수되었다. 또 하나의 방법은 문과 합격과 동시에 한천(翰薦)에 들어서 예문관 검열에 제수되는 것이다. 둘째, 문과 합격 이후에 승문원·성균관·교서관에 분관되어 권지로 차정되었다가 실직에 나가는 방법이다. 삼관에 분관된 후 한천을 받아서 예문관 검열에 나갈 수도 있고, 홍문록에 들어서 홍문관으로 진출할 수도 있었다.

원친의 문과 합격 등위를 보면 문과 합격자 353명 중 갑과로 합격한 인원은 38명으로 10.8%이다. 조선시대에 시행된 804회[14]의 시험 중에서 중시(重試) 57회를 제외하면, 747회의 문과에서 갑과 1등은 747명이 배출되었다. 원친 문과 합격자 중에서 갑과 1등으로 합격한 인원은 25명이다. 갑과

14 조선의 문과 합격자를 수록한 종합방목은 규장각에 소장되어 있다. 두 종의 방목이 있는데 시험 횟수에서 차이를 보이고 있다. 한 종은 1971년 국회도서관에서, 그리고 다시 1987년 영남출판사에서 영인한 『국조방목』이다. 이 방목에는 805회의 문과시험 합격자 명단이 실려 있다. 또 하나의 종합방목은 1984년 태학사에서 영인하였는데, 여기에는 804회의 문과시험 합격자 명단이 실려 있다. 이렇게 차이를 보이는 것은 1회 파방된 시험을 다시 치렀는데, 전자의 방목에서는 두 시험의 합격자 명단을 모두 실었고, 후자는 파방된 합격자 명단은 싣지 않고 다시 치른 시험의 명단만을 실었기 때문에 시험 횟수와 인원이 차이를 보이고 있다.

1등은 6품직에 제수되고, 식년문과인 경우 갑과 2등과 3등은 경관 각사의 종7품직인 직장(直長)에 제수되었다.

갑과로 등재된 인원의 관력을 보면, 도당록에 들어서 홍문관 관직에 제수된 사람은 38명 중 36.8%인 14명이다. 이 중에서는 사가독서까지 받았던 인물도 1명이 있었는데 이상질(李尙質)이 그러하였다. 갑과로 합격한 사람의 출사로는 참상관을 지내다가 당상관까지 승진하게 된다. 원친으로서 갑과로 합격한 사람의 경우는 38명 중 19명이 당상관까지 승진하였고, 18명은 참상관에 머물렀으며, 1명이 참하관이었다.[15] 갑과로 합격한다고 하더라도 모두 당상관까지 승진한 것은 아니다. 원친의 경우에는 50%가 당상관까지 승진하였다. 10대손 이하 문과 합격자의 경우 갑과로 합격하여 당상관까지 승진한 사람은 55.8%로서 원친보다 당상관까지의 승진이 많았다.

원친으로서 갑과로 합격하여 당상관으로 승진한 경우는 2품 이상이 16명이며, 정3품은 3명이다. 2품 이상의 관직도 찬성 1명, 육조 참판·판서 11명, 대사헌 2명, 외관직 2명이다. 10대손 이하 출신으로 당상관까지 승진한 사람이 55.8%이나, 정3품 당상관 점유율이 원친보다 매우 높다. 10대손 이하 출신은 2품 이상 관직 점유율이 54.2%에 지나지 않아 원친의 경우와 비교된다.

353명 중 갑과로 합격하여 실직에 제수된 38명을 제외한 315명 가운데 한림 천거를 받아서 예문관 사관으로 제수된 인원은 59명으로 18.7%에 달하고 있다. 조선 전 시기 동안 1,589명이 예문관에 분관되어 사관이 되었다. 원친 문과 합격자로 한림에 나간 인원은 전체 한림의 3.7%에 지나지 않으나, 적은 수는 아니었다. 원친 문과 합격자가 예문관에 분관된 연한은 문과

---

15 실직에 제수되었음에도 불구하고 참하관에 그대로 머물렀던 1명은 1837년(헌종 3) 식년문과에서 2등을 한 이겸수(李謙洙)이다. 이겸수는 시험에 합격 후 바로 평시서 직장에 제수되었으나, 신병으로 체직되었다. 그 이후 그에 대한 자료를 발견할 수 없다. 이러한 경우는 그가 사망하였거나 개명하여 추적이 불가능한 경우이기 때문에 여기에서는 참하관으로 처리하였다.

에 합격한 지 0~4년까지 다양하였다.

원친으로 문과에 합격한 그해에 바로 예문관에 제수된 경우가 11명(21.6%), 합격 후 1년 이내 22명(43.1%), 합격 후 2년 이내 10명(19.6%), 합격 후 3년 이내 6명(11.8%), 합격 후 4년 이내 2명(3.9%)이다. 제수 연한을 알 수 없는 8명을 제외한 51명 중 합격 후 2년 이내에 84.3% 이상이 예문관에 분관되었다. 예문관 분관도 문과 합격 후 0~10년까지의 기간이 소요되기도 하는데, 원친은 합격한 지 4년 이내에는 모두 예문관에 분관되었다. 조선시대에 합격한 3년 이내 예문관에 분관되는 비율이 85.7%인 데 반해 원친의 분관이 신속하게 이루어졌다.[16]

예문관에 제수된 이후에 홍문록과 도당록에 올라서 홍문관에 재임한 사람은 36명으로 61%에 달한다. 예문관과 홍문관을 거친다는 것은 참하관의 청직과 참상관의 청요직을 거치는 것으로 이들은 조선 관료 중에 최고의 엘리트 그룹에 속한다. 원친 353명 가운데 10.2%가 예문관과 홍문관을 모두 거쳤다. 36명의 최고 관직을 보면, 29명이 당상관으로 승진하였고, 7명이 참상관에 그대로 머물렀다. 예문관과 홍문관을 거쳐서 당상관에 오른 사람은 80.6%이다. 갑과로 합격하여 당상관까지 승진한 사람이 50%에 지나지 않는 데 반해 예문관과 홍문관을 거친 경우 당상관까지 승진할 확률이 매우 높다.

이러한 관직을 거쳐서 정1품 정승에 오른 원친은 4명이나 된다. 1601년(선조 34) 춘당대문과에서 합격한 경녕군파 이성구(李聖求)와 1609년(광해군 1) 증광문과에 합격한 밀성군파 이경여(李敬輿)는 영의정의 반열에 올랐다. 1680년(숙종 6) 별시문과에서 합격한 밀성군파 이이명(李頤命)과 1686년(숙종 12) 춘당대문과에서 합격한 밀성군파 이건명(李健命)은 좌의정까지 지냈

---

16 원창애(2011), 「조선시대 예문관 분관 실태와 한림의 관직 승진 양상」, 『조선시대사학보』 57, 조선시대사학회, 223쪽.

다. 특히 이경여와 이이명은 조부와 손자로서 정승까지 올랐다. 이건명과 이이명 역시 6촌지간이었다. 이것으로 왕실 원친의 여러 가문 중에서 밀성군파 가계가 명문 관료가문으로 정착되었음을 알 수 있다.

원친 출신 문과 합격자 353명 중 13명은 관력을 확인할 수 없었다. 이들을 제외한 340명의 최고 관직을 정리하면 당상관 162명(47.6%), 참상관 170명(50%), 참하관 8명(2.4%)이다. 문과 전체 합격자는 당상관까지 승진한 사례가 약 44.7%이었다. 원친 문과 합격자의 경우는 문과 전체 합격자의 당상관 점유율보다 2.9% 정도 높았다.

당상관 분포는 정1품 정승 12명, 종1품 5명, 정2품 32명, 종2품 54명, 정3품 59명이다. 공경을 역임한 사람이 49명으로 30.2%에 달하고 있다. 아경 역시 54명으로 33.4%에 달하고 있다. 원친은 아경 이상의 대신을 지낸 사람이 63.6%에 이르고 있다. 이처럼 관계(官界)에 진출한 원친은 어떠한 제약도 없이 정국 운영에 참여하였다.

10대손 이하 문과 합격자의 최고 관직 분포는 당상관 214명(49.8%), 참상관 201명(46.7%), 참하관 15명(3.5%)이다. 최고 관직 분포로 보면 원친보다 10대손 이하에서 2.2%가 더 많이 당상관까지 승진하였다. 10대손 이하의 문과 합격자는 공경을 역임한 사람이 51명(23.8%), 아경을 지낸 사람이 41명(19.2%) 그리고 정3품 당상관이 122명(57%)이었다. 10대손 이하의 문과 합격자에서 당상관이 좀 더 많이 배출되었지만, 아경 이상의 핵심 관료에까지 승진한 사람은 43%로 원친보다 20.6%나 적고, 정3품 당상관의 점유율이 그만큼 높았다. 10대손 이하 자손은 당상관까지 승진은 했으나, 정국 운영을 주도하는 아경 이상 대신으로의 승진은 원친보다 어려웠다.

이러한 양상을 보이는 데는 당시 정국의 영향이 컸다. 원친이 문과에 합격하여 많이 활동하던 시기는 조선 후기 인조대에서 정조대까지로 치우쳐 있었다. 이 당시에 왕실은 국내외적으로 어려움에 처해 있었다. 국외적으로는 전쟁을 겪었고, 국내적으로는 왕실의 정통성 문제를 정립해야 했으며, 당쟁정치로 인한 폐해도 컸다. 또한 왕실 후손이 귀한 시기에 국왕들은 자신의 지지 세력을 필요로 하였다. 정계에서 활동하는 왕실 후손들이 국왕의 지지 세력이 되었을 것으로 여겨진다. 조선 후기의 시대적 상황 속에서 국왕들은 능력이 있는 원친에게 아경 이상의 관직을 제수하여 정계를 이끌어가게 하였다.

그러나 10대손 이하 문과 합격자가 정계에 많이 나간 시기는 19세기였다. 이 시기는 척신 세도정치가 형성된 시기였다. 그러나 왕실 후손 관료들이 세도정치의 핵심이 될 수는 없었다. 정3품 당상관까지 승진되기는 하였으나, 척신 세도가들이 왕실 후손에게 아경 이상의 관직을 제수하지 않아 정국 운영에 참여할 기회를 주지 않았다.

2 왕실 후손에서 문반 관료가문으로 전환

1) 왕자군파의 문관 관료가문 현황

조선에서 사족으로 인정받으려면 적어도 가문 내에서 생원·진사가 배출
되어야 한다. 중종은 4조 이내 6품 이상의 관직을 지낸 자가 있어야 하고,
문·무과 합격자의 자제 그리고 당사자가 생원·진사이어야 사족이라 할 수
있다고 규정한 바가 있다. 이 규정은 전가사변이란 형률에서 면제될 수 있는
범위의 사족을 언급한 것으로, 좁은 의미에서의 사족이라 할 수 있다. 그러
나 이 규정을 확대하면, 대수(代數)는 차치하고라도 가문 내에 6품 이상의 관
직자, 문·무과 합격자, 생원·진사 등이 있어야 사족 행세를 할 수 있었던 것
으로 생각된다. 즉 사족으로 인정받기 위해서는 가문 내에 관료나 관료 후보
군이 존재해야 된다.

왕자군파 총 113개[17] 중 89개 파[18]에서 2,567명의 생원·진사가 배출되었
다. 이들 가운데 10명 미만의 생원·진사를 배출한 왕자군파는 46개로 전
체 왕자군파의 51.6%이다. 나머지 48.4%인 43개 왕자군파에서 전체 왕자
군파에서 배출한 생원·진사의 77.4%인 1,986명을 배출하여 특정 왕자군
파에 생원·진사가 몰려 있다. 왕실 후손은 친진 이후에 생원·진사를 획득
하여 문음으로 관직에 나갈 수는 있었다. 그러나 관료가문으로 성장하기 위

---

17 113개 왕자군파는 1902년 『선원속보』의 중간(重刊)을 마무리하고 적상산 사고의 선원보각에 수장
   된 『선원속보』의 목록에 의거한 것이다.
18 최진옥(2010), 「조선시대 전주이씨 생원 진사시 합격자 실태」, 『장서각 소장 왕실보첩자료와 왕실구
   성원』, 민속원, 154~156쪽 〈표 1〉 '파별 합격자 실태'.
   이 표에는 91개 파의 생원·진사 합격자를 세기별로 정리했다. 91개 파에서 국왕의 왕자군파는 89개
   파이며, 나머지 3개 파는 태조의 4대조 이상 선조에서 갈린 파로서 선원파는 아니다.

해서는 문과 합격자가 지속적으로 배출되어야 했다. 113개 왕자군파에서 문과 합격자를 배출한 경우는 70개 파인데, 이들 왕자군파에서 적게는 1명에서 많게는 113명의 문과 합격자를 배출하였다.[19] 관료가문으로 자리 잡기 위해서는 문과 합격자가 지속적으로 10명 이상은 배출되어야 한다. 70개 왕자군파에서 10명 이상의 문과 합격자를 배출한 것은 17개 파에 지나지 않는다.[20] 조선시대 전주이씨 문과 합격자 849명 가운데 17개 왕자군파에서 배출된 문과 합격자는 606명으로 전체의 71.5%에 달하고 있다. 10명 이상의 생원·진사를 배출한 왕자군파와 10명 이상의 문과 합격자를 배출한 왕자군파를 비교하면 〈표 23〉과 같다.

〈표 23〉에 의하면 10명 이상의 생원·진사를 배출한 43개 왕자군파 가운데서 문과 합격자를 배출한 왕자군파는 17개 파이고, 생원·진사를 10명 이상 배출하지 못한 왕자군파에서 문과 합격자가 배출된 것은 단 1개 파이었다.[21]

왕자군파의 총 문과 합격자 849명 가운데 약 54.9%인 466명이 생원·진사 출신이다. 그러므로 왕자군파 출신 생원·진사 2,567명 가운데 문과에 합격한 경우는 18.2%에 지나지 않는다. 문과에 합격한 466명의 생원·진사 중에서 생원·진사를 획득하고 바로 문과에 합격한 것은 248명이고, 생원·진사를 획득한 이후 문음으로 관직에 나갔다가 문과에 합격한 경우는 218명이다.[22] 그러므로 생원·진사를 획득한 인물 중에서 반드시 문과 합격

---

19 원창애(2010), 「왕실구성원의 계층 분화 양상─종친에서 핵심관료 가문으로」, 『장서각 소장 왕실보첩자료와 왕실구성원』, 민속원, 87쪽.
20 10명 이상의 문과 합격자를 배출한 전주이씨 파계는 사실 18개이다. 여기서는 왕자군파만을 대상으로 하기 때문에 시중공파에 대해서는 언급하지 않았다.
21 경창군파에서는 전주이씨라는 본관으로 7명, 완산이씨라는 본관으로 4명의 생원·진사가 배출되었다[최진옥(2010), 앞의 책, 160쪽 〈표 4〉 '전주이씨와 완산이씨의 합격자 비교']. 필자의 견해로는 전주이씨와 완산이씨라는 본관을 합쳐서 경창군파에서 11명의 생원·진사가 배출되었다고 보아도 무방하다고 본다.
22 전주이씨 문과 합격자 849명의 전력 분포는 유학 307명(36.2%), 생원 109명(12.8%), 진사 139명

표 23 10명 이상의 생원·진사 배출 왕자군파와 문과 합격자 배출 왕자군파

※합격 인원수순

파명		생원·진사	문과 합격자	파명		생원·진사	문과 합격자
목조	안원대군	19	24	세종	광평대군	260	113
	안풍대군	16			담양군	94	25
도조	완창대군	11			임영대군	66	18
환조	완풍대군	30			영해군	48	26
태조	진안대군	10			밀성군	42	44
	익안대군	31	14		의안대군	28	
정종	덕천군	221	59		계양군	20	
	선성군	77	28		영응대군	13	
	수도군	21	12		의창군	12	
	무림군	18		세조	덕원군	16	
	순평군	14		성종	무산군	37	12
	진남군	12			익양군	20	
	장천군	10			완원군	18	
	의평군	10			양원군	13	
태종	효령대군	325	111		경명군	12	
	양녕대군	134	52	중종	덕양군	57	18
	경녕군	85	25		덕흥대원군	42	15
	익녕군	28			영양군	10	
	근녕군	26		선조	영성군	23	
	온녕군	16			인성군	19	
	성녕대군	12			신성군	10	
					경창군		10
				합계		1,986	606

(16.4%), 원유계자 293명(34.5%), 기타 1명(0.1%)이다. 그런데 원유계자 293명 가운데 생원·진사 출신이 218명이다[원창애(2010), 앞의 책, 82쪽].

자가 배출된 것은 아니었다. 그럼에도 생원·진사를 많이 배출한 왕자군파에서 문과 합격자도 많이 배출되는 경향이 있었다. 생원·진사와 문과 합격자를 다수 배출하는 왕자군파가 결국 왕실 후손에서 사족가문 혹은 문관 관료가문으로 변모되었다.

생원·진사를 배출한 왕자군파와 문과 합격자를 배출한 왕자군파를 비교하면, 목조 아들 안원대군파·세종 아들 밀성군파·선조 아들 경창군파 등 3개 파는 다른 왕자군파와는 달리 생원·진사 인원이 문과 합격자 인원보다 적다. 이러한 결과를 초래한 것은 특히 유학의 직역으로 문과에 합격한 인물이 많았기 때문이다. 유학으로 문과에 합격한 경우를 보면, 안원대군파 87.5%, 경창군파 60%, 밀성군파 27.3% 순이다.

목조의 제2자 안원대군파는 고종 이전까지는 선원보첩에 등재되지 못하였다. 태조의 사조(四祖)인 목조·익조·도조·환조의 자손은 사왕(四王) 자손으로서 '사왕자손록(四王子孫錄)'이 따로 작성되어 관리되었다. 사왕의 자손은 종친으로 봉작되지 못하고 선원보첩에도 등재되지 못하였으나, 중종대에 이미 내외 12대손까지 천역(賤役) 즉 군역이 면제되어,[23] 왕실의 후손으로 예우를 받은 셈이다. 그러던 것이 고종이 즉위한 후 1872년(고종 9) 사왕의 자녀들을 왕자와 공주로 봉작하고, 선원보첩에도 정식으로 수록하였다.[24]

안원대군파의 생원·진사와 문과 합격자는 시기적으로 17세기 이후에 처음 등장하기 시작하였다. 안원대군파의 생원·진사와 문과 합격자의 거주지는 거의 정주라는 점이 주목된다. 정주는 평안도 지역으로 사족이 드물고 상업이 성행한 지역이었다. 중국의 명과 청이 교체되자, 평안도 지역의 중요성이 부각되었다. 명과 조선 사이에는 여진이 있어 조선의 울타리가 되었으나, 청이 들어서자 중국과 조선의 국경이 서로 접하게 되었다. 이 같은 국제

23 『효종실록』 권9, 효종 3년 12월 15일(계축).
24 『승정원일기』, 고종 9년 3월 23일(정미)·12월 3일(계축).

정세의 변화로 서북 지역이 국방상 요지가 되었다. 정부에서는 이곳에 사는 지역민들을 성리학적으로 교화시키고, 인재를 등용하여 변방의 안정을 꾀하고자 하였다. 특히 문과·무과의 경우에는 '도과(道科)'라는 이름으로 함경도과와 평안도과를 신설하여 그곳 지역민만을 대상으로 시험이 시행되었다. 서북 지역민에 대한 교화 정책이 시행되면서 생원·진사나 문과 합격자가 급격히 배출되기 시작하였다.

정주에 세거하였던 것으로 보이는 안원대군파 역시 그러한 경우이다. 정주를 비롯한 서북 지역 문과 합격자는 대부분 유학이었다. 안원대군파도 문과 합격자 24명 중 3명만이 생원·진사를 획득한 후 문과에 합격하였으며, 나머지 21명은 모두 유학이었다.[25] 안원대군파에서 생원·진사와 문과 합격자를 대다수 배출한 집안은 안원대군의 손자인 이희무(李希武)의 가계였다.

선조의 9남 경창군파는 선조의 왕자군파 가운데서 문과 합격자를 가장 많이 냈다. 경창군파 역시 생원·진사를 획득하지 않고 유학으로 문과에 합격한 경우가 60%이었다.[26] 경창군파가 왕실의 원친으로 관료에 진출하기 시작한 시기는 17세기였다. 16세기부터 유학의 문과 합격이 증가하기 시작

---

25 생원·진사를 거쳐서 문과에 합격한 경우는 李斗運(1735년 증광생원시 합격, 1746년 평안도과 합격), 李胤馥(1771년 식년생원시 합격, 1774년 평안도과 합격), 李良素(1741년 식년생원시 합격, 1774년 정시 문과 합격)이다[이석호 편저(2005), 『전주이씨 과거합격자 총람』, 전주이씨 대동종약원, 119~121쪽].

26 경창군파 문과 합격자 10명은 다음과 같다(『국조문과방목』 참조).

번호	시험 연도	이름	등위	나이	거주지	생진시	전력
1	1728별	李埰	병5	38	서울	생원	통덕랑
2	1743정	李珀	을2	36	서울	진사	사어
3	1747정	李惟秀	갑1	26	서울		유학
4	1880증	李載崑	병30	21	양주		유학
5	1750식	李廷烈	병24	42	서울		통덕랑
6	1756정	李惟秊	병5	27	서울		유학
7	1771식	李夒	갑3	41	서울	진사	진사
8	1789알	李埩	을2	26	서울		유학
9	1798식	李惟采	병21	32	인천		유학
10	1892별	李載現	병53	22	서울		유학

하여, 17세기에도 지속적으로 유학의 문과 합격이 증가세를 보였다. 경창군 파는 친진되어 종친에서 벗어난 시기가 17세기 이후이므로, 생원·진사도 배출하면서 유학으로서 문과에 합격하는 경향이 뚜렷하게 나타났다.

관료가문으로 자리매김하기 위해서는 생원·진사의 배출이나 문과 합격 이 지속적으로 이루어져야 한다. 특히 문과 합격자가 연속적으로 배출되어 야 핵심 관료가문으로 성장해 갈 수 있었다. 〈표 23〉에서 10명 이상의 문과 합격자를 낸 17개 파가 핵심 관료가문의 전부라 할 수는 없다. 문과 합격의 연속성이 강하게 나타나는 가계만이 핵심 관료가문으로 성장하였다. 덕천 군파, 효령대군파, 경녕군파, 광평대군파, 밀성군파, 영해군파, 담양군파, 덕 양군파 등에 그러한 가계가 있었다.

2) 문반 관료가문 사례

(1) 덕천군파(德泉君派)[27]

정종의 10남인 덕천군의 파계는 덕천군의 증손 함풍군 이계수(李繼壽) 가 계에서 33명의 문과 합격자를 배출하였다.[28] 이는 덕천군파 문과 합격자 총 59명의 약 55.9%에 해당되는 인원이다. 이 가계가 관료가문으로 성장할 수 있었던 배경은 무엇보다도 덕천군에서 그의 증손 함풍군에 이르기까지 종

---

27 덕천군파 사례는 2015년 『남명학연구』 48에 실렸던 필자의 논문 「조선왕실 종친가문에서 사대부가 로의 변모—덕천군파 이유간 가계를 중심으로」의 내용을 정리하여 실은 것이다.

28 덕천군 — 李孝伯(신종군) — 李龜丁(완성군) ┬ 李繼性 (화령부수)
├ 李繼保 (상산군)
├ 李繼連 (변성군)
├ 李繼壽 (함풍군)
├ 李繼錫 (개성부수)
├ 李繼終 (부안령)
├ 李繼孫 (여산부령)
├ 李繼安 (파성부령)
└ 李繼富 (서천부령)

친으로서 왕성하게 활동하여 가계의 기반을 잘 닦아 놓은 것이다.

덕천군 이후생(李厚生)은 1444년(세종 26)에 처음 종반직인 덕천정에 제수되었다가, 1460년(세조 6)에 덕천군으로 봉군되었다.[29] 세조는 1455년(세조 1) 이후생에게 예궐할 수 있는 가까운 종친의 예에 의거하여 시위하게 하였다. 이것은 세조가 이후생이 외종친임에도 내종친으로서 예우하는 특은을 내린 것이다. 또한 세조는 이후생을 비롯한 몇몇 종친이 경서의 대의를 통달했다고 하여 종학의 학업을 면제시켰고, 대가(代加)를 허락하였다.[30]

이후생의 장자인 신종령 이효백(李孝伯)은 부친과는 달리 무예에 능하여 활을 잘 쏘아서 종친 내에서 두각을 나타내었다. 1459년(세조 5) 세조가 모화관에서 종친과 관료들에게 사후(射侯)하도록 명하였는데 여기서 이효백은 1계급이 특진되기도 하였다.[31] 그러한 능력을 인정받은 이효백은 세조가 황해도와 평안도를 순행하거나 온양에 거둥할 때에 항상 수가(隨駕)하였다.[32] 그는 세조의 총애를 받아 거듭 승진하여 종5품 영(令)에서 1467년(세조 13)에는 신종군(新宗君)으로 봉군되었다.[33] 이효백은 종친이지만 사복장이란 관직에 제수되었으며,[34] 무과에도 응시하였다.[35] 공식적으로 종친에게는 문ㆍ무과 응시나 동ㆍ서반 관직 제수가 허락되지 않았다. 종친이 관직을 가지거나 무과 응시가 가능했던 것은 당시가 세조 재위 시기이었기 때문이다. 세조는 수양대군 시절 계유정난 이후에 '영의정부사 영경연 서운관사 겸 판이병조사'라는 관직에 제수된 적이 있었다.[36] 수양대군이 왕자로서 영의정에 제수

---

29 『세종실록』권105, 세종 26년 7월 1일(무신).
　　『세조실록』권22, 세조 6년 11월 10일(임오).
30 『세조실록』권2, 세조 1년 8월 19일(임술).
31 『세조실록』권17, 세조 5년 9월 29일(무신).
32 『세조실록』권22, 세조 6년 10월 14일(병오); 권36, 세조 11년 8월 17일(임진).
33 『세조실록』권44, 세조 13년 10월 14일(병오).
34 『세조실록』권45, 세조 14년 1월 27일(무자).
35 『세조실록』권45, 세조 14년 2월 15일(병오).
36 『단종실록』권44, 단종 1년 10월 11일(갑오).

되었던 것은 비상시국이었기 때문에 가능한 것이었지만, 세조는 자신이 재위하는 동안 종친에 대한 관직 제수 그리고 문·무과 시험 응시를 허락하였다. 성종대에는 종친의 문과 응시는 금지되었으나, 무과 응시는 가능하였다. 그러나 연산군대부터는 『경국대전』의 규정을 들어서 무과 응시까지도 차단하였다.

세조대에 종친 가운데 문과에 2명, 무과에 8명이 합격한 것으로 알려져 있다.[37] 문과에 합격한 두 사람은 효령대군의 손자 춘양군 이래(李徠)와 광평대군의 아들 영순군 이부(李溥)이다. 춘양군 이래는 1468년(세조 14) 식년문과에서 병과 2등으로 합격하였다.[38] 영순군 이부는 1466년(세조 12) 등준시와 1468년(세조 14) 중시문과에 합격하였다.[39] 영순군 이부가 합격한 두 문과는 모두 관료를 대상으로 하는 중시(重試)로서 초입사를 위한 문과와는 성격이 조금 다르다. 더구나 1466년의 등준시와 1468년 중시는 종친도 시험 응시 대상이었다. 등준시는 세조가 친히 책문의 제목을 내어서 먼저 종친과 관료에게 글을 짓게 하고는 이를 등준시라 이름하였다.[40] 1468년에 실시한 중시는 세조가 온천욕을 위해 온양 행궁에 가 있을 때 수가했던 사람들을 대상으로 시행하였다.[41]

무과에 합격한 종친은 덕천군의 아들인 신종군 이효백·운수군 이효성(李孝誠) 형제, 온녕군의 아들 우산군 이종(李踵), 효령대군의 손자 제천군 이온(李蒀), 경녕군의 아들 모양군 이식(李植)·은천군 이찬(李穳) 형제, 양녕대군의 아들 계천도정 이성(李誠) 등이다. 15세기 무과방목이 드물기 때문에 이들이 무과에 합격한 시기를 정확히 알기 어렵다. 신종군 이효백의 무과 합격에

---

37 『연산군일기』 권44, 연산군 8년 6월 18일(무오).
38 『국조방목』, 영남출판사, 1987, 48쪽.
39 『국조방목』, 영남출판사, 1987, 47쪽, 49쪽.
40 『세조실록』 권39, 세조 12년 7월 23일(임진)·24일(계사).
41 『세조실록』 권45, 세조 14년 2월 10일(신축).

대해서도 상반된 기사가 존재하고 있다. 1468년 2월 15일 기사에 의하면, 이효백이 기사(騎射) 시험에 합격하지 못했다고 하였다. 그러나 이효백의 졸기에는 1468년에 무과에 합격하였다고 언급하고 있다.[42] 1468년 이효백의 무과 합격 가능성은 있다. 1468년 2월에 있었던 무과는 별시이었으며, 같은 해 4월에 식년시가 또 실시되었다. 2월에 있었던 별시는 세조가 온양 행궁에 있을 때 호종한 사람들을 대상으로 치른 것인데, 이때 이효백은 사복장으로 세조를 호종하였다. 따라서 이효백이 2월 별시에 응시했던 것으로 여겨지는데, 이 시험에서는 합격하지 못했다. 그 후 연이어 실시된 식년무과에 합격한 것으로 추측된다.

이효백은 종친이면서 무과에 합격하였고, 관품도 정2품 승헌대부에까지 올랐다.[43] 일반 관료는 근무 일수에 따라 가자(加資)하였으나, 종친에 대해서는 일정하게 가자하는 규정이 없었다. 왕이 특별히 가자하라는 명이 없으면, 종친의 품계는 그대로 유지되었다. 이효백은 세조대에 이미 여러 차례 가자가 이루어져서 부친인 덕천군보다도 품계가 높았다고 한다.[44] 사실 이효백은 왕자의 장자이므로 정2품 군(君)으로 초수(初受)되는 것이 마땅하다.[45] 그러나 당시 덕천군은 정종의 아들임에도 왕자로서 그 지위를 인정받지 못하였기 때문에 앞에서 본 바와 같이 세조대에 봉군된 처지이다. 그러므로 이효백이 단기간 내에 정2품 승헌대부까지 승진한 것은 종친으로서는 매우 드문 일이다.

이효백의 장자 이귀정(李貴丁)은 1470년(성종 1) 초수직으로 종반직 영(令)에 제수되었다.[46] 이귀정 역시 무예에 능하여 성종으로부터 호피나 아마(兒

---

42 『성종실록』권201, 성종 18년 3월 13일(계축).
43 주 42 참조.
44 『성종실록』권67, 성종 7년 5월 21일(계해).
45 『경국대전』권1, 이전, 종친부조.
46 『성종실록』권6, 성종 1년 7월 2일(무인).

馬) 등을 상으로 받았으며, 성종대에 완성수, 완성정을 거쳐서 중종대에는 완성군에 봉해졌다.[47] 이귀정은 9명의 아들을 두었는데, 그중 넷째인 함풍수 이계수의 가계가 문관 관료가문으로 변모되었다.

덕천군과 그의 아들은 종친으로서의 활동 기록이 실록에 다수 보이지만, 손자와 증손에 대한 기록은 대부분 종반직 제수에 관한 것밖에는 없다. 이후생의 자손은 무예가 뛰어나서 세조와 성종의 총애를 받았던 것으로 보인다. 이후생의 자손이 여러 왕대에 걸쳐 외종친이면서도 두터운 예우를 받은 데는 그들 자신의 능력뿐만 아니라 혼인 관계로 맺어진 인척의 정치·사회적 지위도 어느 정도 영향을 미쳤을 것으로 생각된다.

이후생의 장인은 제2차 왕자의 난 때에 태종을 도와 공을 세워 4등 좌명 공신에 책봉되었고,[48] 대마도 정벌로도 알려진 이종무(李從茂)이었다. 이종무는 무관으로서 참찬의 자리에까지 올랐으며, 사신으로 중국에도 여러 번 갔었다.[49] 이후생의 아들들이 모두 무예에 뛰어난 데는 외할아버지의 영향도 있었다고 여겨진다.

이후생의 사위들도 명문가 출신이었다. 이후생의 첫 번째 사위는 성찬(成瓚)인데, 명문거족인 창녕성씨 가문이었다. 그는 문음으로 출사하였으나, 아들인 성희증과 성희안은 문과 출신이었다.[50] 성희증은 홍문관과 사간원에 재임한 인재였으며, 성희안 역시 한림을 지내고 홍문관 관원을 거치는 등 참상 청요직을 두루 거쳐 영의정에까지 올랐다. 특히 성희안은 박원종·유순정과 함께 중종반정을 주도한 인물이었다. 반정이 성공하여 정국공신이 정해질 때, 자신의 외삼촌 운수군 이효성, 아들 성율, 동생 성희옹 그리고 자

---

47 실록에는 이귀정이 완성정이 된 후에도 완성수로 기재되기도 하였다.
48 『태종실록』 권1, 태종 1년 1월 15일(을해).
49 『세종실록』 권28, 세종 7년 6월 9일(정미).
50 성희증은 1489년(성종 11) 식년시 병과 9위로 문과에 합격하였으며, 성희안은 1485년(성종 16) 알성시에서 2등 1위로 문과에 합격하였다.

신의 매부 조원류·신사린·윤형 등이 3등 공신으로 책봉되었다.[51] 즉 이후생의 아들, 사위, 외손, 외손서 등이 대거 정국공신으로 책봉된 셈이다.

이후생의 넷째 사위인 이창신(李昌臣)은 전의이씨로 1465년(세조 11) 생원시에서 장원을 하였으며, 1474년(성종 5) 식년문과에서 을과 2등으로 합격하였다. 이창신은 한림을 거쳐서 이조참판까지 역임하였다. 그는 문관이면서 한어와 이문에 능하여 성종의 총애를 받았다. 그의 아들인 이과(李顆)와 이부(李顜) 역시 모두 문과에 합격하였는데,[52] 이과는 홍문관을 거쳐 대사성을, 이부는 이조정랑을 역임하였다. 맏아들 이과도 아버지와 마찬가지로 이문에 능한 관료로 정평이 나 있었다.[53]

이창신은 1505년(연산군 11) 연산군의 생모인 윤씨 폐위 문제에 연루되어 진도로 유배되었다가 그곳에서 사망하였다. 그는 연산군의 생모가 폐위될 때 정희왕후가 언문으로 적은 윤씨의 죄목을 한문으로 번역하여 죄를 받았다.[54] 맏아들 이과는 대사성을 역임하였던 1504년(연산군 10) 궁궐 일을 짐작하여 상소하였다고 하여 형신을 받았고,[55] 아버지 이창신 일로 익명의 투서를 했다는 죄목으로 유배되었다.[56] 연산군의 통치에 반감을 가진 이과는 반정을 도모할 계획을 세웠으나, 이에 한발 앞서 성희안 등이 반정을 성공시켰다. 중종은 이과가 반정을 계획했던 공로를 인정하여 정국공신 4등으로 책봉하였다가,[57] 대간들의 반대로 원종공신으로 강등하였다.[58] 이 일이 있은

---

51 『중종실록』 권1, 중종 1년 9월 8일(갑신).
　『선원록』 권9, 정종대왕 10남 덕천군 하.
52 이과는 1491년(성종 22) 별시에서 을과 2위로 문과에 합격하였으며, 이부는 1501년(연산군 7) 식년시에서 장원으로 문과에 합격하였다. 특히 이부는 1495년(연산군 1) 증광시에서 생원시와 진사시에 모두 합격하였다.
53 『중종실록』 권2, 중종 2년 윤1월 27일(신미).
54 『연산군일기』 권58, 연산군 11년 6월 18일(신미).
55 『연산군일기』 권56, 연산군 10년 11월 13일(기해).
56 『연산군일기』 권56, 연산군 10년 11월 18일(갑진).
57 『중종실록』 권3, 중종 2년 6월 17일(기축).
58 『중종실록』 권3, 중종 2년 6월 23일(을미).

　제5장　왕실 원친(遠親)의 계층 분화

지 두 달 후에 이과는 종친 하원수(河源守) 이찬(李纘)[59]과 공모하여 성종의 서자 견성군을 왕으로 추대하려 한 것이 발각되어 능지처사되었다.[60]

이후생의 외손은 중종대에 정국공신으로 승승장구하였는데, 다만 이과의 집안은 역모로 능지처사가 되는 정치적인 부침도 있었다. 이후생 가문은 대체로 세조대 이후에 외종친임에도 내종친이나 다름없는 지위를 누렸으며, 혼인으로 명문가와 인척 관계를 맺음으로써 정치 사회적인 지위가 더욱 공고해졌다.

친진된 왕실의 5대손 이하는 능력에 따라 과거에 응시하여, 동·서반 관직에도 나갈 수 있었다. 덕천군의 후손 중에도 친진된 이후에 과거에 응시하고 관직에 나감으로써 혁혁한 양반가의 지위를 유지한 가계도 있었다. 덕천군 이후생의 후손은 번성하여서 19개의 지파로 분류된다.[61] 그중 완성군 이귀정의 넷째 아들 함풍수의 가계에 문과, 무과, 생원·진사시 합격자들이 집중되어 있다.

함풍수 이계수는 완성군 이귀정의 넷째 아들이었으며, 1남 2녀를 두었다. 아들 이수광(李秀光)은 안동을 본관으로 하는 김언정(金彦禎)의 딸과 혼인하였고, 관직에 나가지 못한 원친에게 주어지는 특수 군종인 충의위에 입속되었다.[62] 이수광은 이유신(李惟信)·이유서(李惟恕)·이유간(李惟偘) 세 아들과 윤희맹(尹希盟)과 안홍도(安弘道)에게 출가한 두 딸을 두었다. 그는 크게 가업을 일으키지는 못하였으나, 이수광의 셋째 아들 이유간이 1591년(선조 24) 생원시에 합격하여 사산감역으로 관계(官界)에 발을 들여놓았다.[63]

이수광의 집안은 경제적으로 넉넉하지는 않았다. 유곡(酉谷) 이정영(李正

---

59 이찬은 태종의 4대손이며, 양녕대군의 증손이다.
60 『중종실록』 권3, 중종 2년 8월 29일(경자).
61 『전주이씨 덕천군파보』, 전주이씨 덕천군파종회, 2003.
62 1591년(선조 24) 이유간이 생원시에 합격하여 실린 『辛卯年司馬榜目』에 부친인 이수광의 직역이 충의위로 되어 있음(한국학중앙연구원 한국역대인물 종합정보시스템).
63 『백헌선생집』 권35, 행장, 先考贈領議政嘉善大夫同知中樞府事府君行狀.

英) 후손가에 소장되어 있는 『세구록(世舊錄)』에 의하면, 셋째 아들인 이유간이 어릴 적에 이수광 부부가 사망하여 집안이 궁벽했다고 한다. 이유간은 형수가 땔나무 해 오라는 소리에 행주로 가서 민순(閔純)에게 배우기를 청했다고 한다.[64] 이유간이 찾아간 민순은 어머니의 외형제(外兄弟)로서 화담학파 학자이었다. 학행(學行)으로 알려져서 명종과 선조 때에 천거되어 지평에 제수되었다가[65] 통례에 이르렀다.[66]

이유간은 40세에 생원시에 합격하여 사산감역관으로 관직에 나갔으니 관계에 늦게 진출한 셈이다. 이유간은 통례원 인의 겸 한성부 참군, 제천현감, 형조좌랑, 평양판관, 산음현감, 장예원 사평, 개성부 도사, 군기시 첨정, 천안군수, 사직서 영, 돈녕부 첨정, 중추부 경력, 광흥창 수, 사섬시 부정, 사도시 정, 돈녕부 도정, 동지중추부사 등을 지냈다.

그가 늦게 관계에 나가서 80세가 넘을 때까지 관직에 머물 수 있었던 것은 정계에 영향력이 있는 인물들과의 깊은 교유가 있었기 때문이었다. 아버지 이수광과 그의 형들은 관직에 나가지 못했으나, 이유간이 교유한 인물들은 선조·광해군·인조 때 정계에서 이름난 인물들이었다. 그가 교유한 부류를 보면 다음과 같다.

첫째는 스승 민순과 그의 문인과의 교유이다. 화담학파인 민순과 그의 문인으로 알려진 김창일, 홍이상, 박충생, 심종민, 심종도, 심종침, 심종직 그리고 홍가신의 아우 홍경신 등과 친밀한 관계를 유지하였다. 이들은 민순의 문인이면서도 한 동리에서 지냈다. 이유간은 민순의 문인들과 교유하며 스승인 민순과 그의 부인의 상(喪)이나 개성에 행촌사(杏村祠)를 영건하는 데

---

64 『세구록』, 閔杏村先生條.
　　公幼喪父母 與兄弟鄕居 窮不自存 或云陽川 或云恩津 一日伯嫂臨爨無薪 以火杖扶公之背曰 何不往取薪 公泣而出 仍走至杏洲 見閔先生請學.
65 『선조실록』 권8, 선조 7년 7월 23일(을미).
66 『세구록』, 閔杏村先生條.

힘을 합하였다.

둘째는 어렸을 적부터 같은 동리에서 살았던 친구들이 있는데, 이항복(李恒福), 서성(徐渻), 강신(姜紳), 강인(姜絪), 강담(姜紞), 이호민(李好閔), 심륜(沈倫), 오정방(吳定邦), 심희수(沈喜壽), 이귀(李貴), 이정귀(李廷龜) 등이다. 이들은 모두 당상 요직을 지낸 사람들이었다. 이항복은 병조판서 시절 이유간을 사산감역관에 천거해 주었다. 이유간은 이항복을 매우 각별하게 여겨서 맏아들 이경직을 이항복에게 보내 공부하게 하였으며, 이경직의 딸을 이항복의 손자에게 시집보냈다.[67] 1617년(광해군 9) 이항복이 인목대비의 폐비론에 반대하는 상소를 올린 것이 문제가 되어 북청으로 유배를 가게 되었다.[68] 이 시기에 쓴 이유간의 일기를 보면, 이항복의 유배에 비상한 관심을 보이고 있다.[69]

약봉 서성도 이유간의 절친한 벗으로 친구 모임을 함께하였다. 1613년(광해군 5) 박응서와 서양갑 등이 영창대군을 옹립하려 했던 역모 사건으로 영창대군은 물론 연흥부원군 김제남을 비롯하여 서성·신흠·이정귀·김상용·황신 등도 심문을 받았다.[70] 서성이 연루된 것은 김제남과 사돈지간이었기 때문이다. 서성은 선조의 권유로 손녀[71]를 김제남 아들 김규(金珪)와 혼인시켰다. 이 일로 인해서 서성 역시 역적으로 몰리게 되었다. 이유간은 이이첨에게 서성이 김제남 집안과 혼인하게 된 것은 자의가 아니라고 변명해 주었다. 그는 서성에 대한 처벌 수준을 확인하기 위해서 아들 이경직을 이이첨에게 보내어 동정을 살피게까지 하였다.[72] 서성은 이 사건으로 단양으로

---

67 이유간의 맏아들인 이경직의 딸과 이항복 셋째 아들 李星男의 아들 李時中이 혼인하였다.

68 『광해군일기』 권121, 광해군 9년 11월 24일(을유); 권123, 광해군 10년 1월 6일(병인).

69 『우곡일기』, 1617년(광해군 9) 12월 11일·14일·18일·21일·28일·29일, 1618년(광해군 10) 1월 초2일·6일, 사료총서 45, 국사편찬위원회, 2001, 404~407쪽, 409쪽.

70 『광해군일기』 권66, 광해군 5년 5월 17일(갑술).

71 서성의 손녀는 달성위 서경주의 딸이다. 서성은 아들 서경주를 선조의 딸 정신옹주와 혼인시켰다. 서경주는 정신옹주와의 사이에서 3남 4녀를 두었다.

72 『세구록』, 徐渻條. 이이첨은 이유간의 이성 8촌지간이다.

유배를 당하였다.[73] 적소인 단양에서 서성의 모친이 사망하자, 이유간은 포천으로 유해를 모셨다. 이처럼 두 집안의 관계는 매우 가까웠다.

이유간은 강신·강인·강담 형제와도 매우 절친하였으며, 자기 손녀인 이경직의 딸을 강담의 아들 강홍익(姜弘益)과 혼인시켰다. 강신은 정여립의 난을 진압한 공으로 평난공신에 책봉되었으며, 강인은 호성공신에 책봉되었다. 이유간과 가까운 친구 모임은 주로 강씨 형제 집에서 있었다. 이 모임에는 이유간, 서성, 이호민, 심희수, 정경세, 홍경신, 이수광, 심론 등 당대 이름난 관료들이 참석하곤 하였다.

셋째는 관직에 나가서 교유한 동료도 있는데 대표적인 인물은 한백겸이다. 한백겸·한준겸 형제와는 어릴 적부터 친분이 있긴 하지만, 한백겸과는 진제어사로서 함께 근무한 적이 있었다.

넷째는 인척으로서 긴밀하게 교유한 권극지(權克智) 가문이 있다. 이유간이 과거공부를 할 때 그의 재능을 칭찬하고 이끌어 주었던 권극례(權克禮) 역시 인척 관계에 있었다. 권극례는 이유간의 6촌 매형이 되는 권극지의 형이다.[74] 권수기(權守己)·권정기(權正己)·권득기(權得己)는 권극례의 아들로서 이유간과는 어릴 적부터 친구로 친하게 지냈다. 더구나 이유간과 절친한 서성은 바로 권극례의 처조카였으며, 월사(月沙) 이정귀는 권극지의 매형이다. 이정귀는 이유간보다 14세나 위이지만, 인척지간으로 가깝게 지냈다.

이유간이 깊이 교유한 인물들은 왕실과 인척 관계에 있거나, 인조반정을 주도한 서인 계열이 주를 이루었다. 그러나 정경세·이수광과 같은 남인들도 있어서 당파에 구애되지 않고 매우 다양한 인물들과 교유를 맺고 있었다. 이유간은 개성고씨 부인과의 사이에서 이경직·이경설·이경석 등 세 아들을 두었다. 그중 이경직·이경석 두 아들을 필두로 그들의 후손들이 지속

---

73 『광해군일기』 권66, 광해군 5년 5월 30일(정해).
74 『선원록』 권8, 정종대왕종친록, 『조선왕조선원록』 2, 민창문화사, 1992, 1157쪽.

적으로 문과에 합격하여 문관 관료가문으로 자리를 잡게 되었다.

이경직은 1601년(선조 34) 생원시와 진사시 양시에 합격하였다. 그는 1605년(선조 38) 선조가 성균관에 감귤을 내리고 치른 황감제(黃柑製)에서 수석하여 직부전시를 하사받았고,[75] 이듬해 증광문과에 합격하였다.[76] 합격한 후에 승문원에 분관되어 권지부정자에 차정되었다. 1609년(광해군 1) 승정원 주서와 시강원 설서에 제수되었으며,[77] 같은 해에 한림으로 천거되어 한림고강을 거쳐 검열에 제수되었고, 시강원 설서를 겸하였다.[78] 1610년(광해군 2) 그는 도당 홍문록에 들어서 홍문관 정자로 제수되었다.[79] 문과에 합격하여 승문원에 분관되고, 예문관을 거쳐 홍문관 관원이 된 것은 그가 능력이 뛰어난 엘리트이며, 그 가문의 문지(門地)가 높다는 것을 의미한다. 이처럼 승문원·예문관·승정원·홍문관에서 참하관을 지낸 경우에는 대체로 육조 낭관·사헌부·사간원·홍문관에서 참상직을 거쳐 당상관으로 승진하는 수순을 밟는다.[80] 이경직은 승문원·예문관·홍문관에서 참하관을 지냈지만, 참상직에 있는 동안 사헌부·사간원은 거치지 않고 육조의 낭관과 홍문관 그리고 찰방·도사·경차관·일본 사행 종사관 등을 지냈다.

이경직의 관력을 엘리트 관원의 승진 경로와 비교하면, 이경직은 외관에 제수된 횟수가 비교적 많았다. 1613년(광해군 5) 이경직은 영창대군을 추대

---

75 『선조실록』 권194, 선조 38년 12월 14일(갑인).

76 『국조문과방목』 1, 태학사, 1984, 669쪽.
   선조는 이경직을 병오 식년(1606년) 문과의 전시에 직부하도록 하였으나, 문과방목에는 같은 해에 있었던 증광문과방에 이경직의 이름이 수록되어 있다.

77 『국조인물고』 권15, 卿宰, 이경직.

78 『우곡일기』 己酉日課, 10월 초4일·초9일·초10일·초16일.
   이경직은 崔鳴吉, 鄭世美, 宋象仁, 李聖求, 權盡己와 함께 한림으로 천거되어 한림고강을 치렀다. 당시 한림고강의 시험관은 좌상 李恒福, 우찬성 鄭昌衍, 좌참찬 李準, 이조참판 宋諄, 춘추관 당상으로 尹國馨, 金晬, 홍문관 응교 柳潚이었다. 시험 과목은 綱目이었으며, 이경직과 이상구가 略을 받았다.

79 『우곡일기』 庚戌日課, 4월 16일, 7월 24일.

80 원창애(2007), 「조선시대 문과 급제자의 관직 진출 양상」, 『조선시대사학보』 43, 조선시대사학회, 39~43쪽 참조.

하려 한 역모 사건에 연루된 서성을 구명한 후에 바로 병조정랑에서 수성
찰방으로 좌천되었다.[81] 그 이후에는 주로 외관이나 외방 사신(使臣)에 제수
되었다. 이경직이 외관이나 외방 사신으로 계속 제수된 시기는 북인이 정국
을 주도하였던 때이었다. 이유간 집안이 교유한 인물 대다수가 서인이었으
며, 이들은 영창대군 역모 사건에 연루되거나, 폐모론에 반대하여 모두 정계
에서 축출되었다. 이경직도 역시 그러한 맥락에서 중앙에서 밀려나 외관, 외
방 사신, 일본 사행 종사관에 제수되었다. 인조반정으로 서인이 정권을 잡은
후에 이경직은 당상관으로 승진하여 호조판서에 이르렀다.

　이유간의 삼남 이경석은 1613년(광해군 5) 진사시에 합격하고, 1623년(인
조 1) 알성문과에 합격하였다.[82] 그는 문과 합격 후 승문원에 분관되어 권지
부정자에 차정되었다.[83] 그는 권지부정자로 근무하기도 전에 바로 한림으로
천거되어 한림고강을 치렀다.[84] 이경석은『좌전(左傳)』고강 시험에서 조(粗)
를 받아 검열에 제수되었다.[85] 문과 합격 후 바로 한림 천거를 받아 검열에
제수되는 것은 그리 흔한 일은 아니다. 문과 합격자 가운데 합격한 그해에
한림에 세수된 사람은 조신시대 한림의 19.7%이며,[86] 문과 합격자의 2%에
지나지 않는다.

　이경석은 예문관 참하직과 승정원 주서를 거쳐 전적으로 출육(出六)하였
다. 그 후로는 사헌부·사간원·홍문관·육조 낭관을 두루 거쳤으며, 호당에
피선되었고, 1626년(인조 4) 중시(重試)에서 장원을 하였다. 승정원 승지로
제수됨으로써 당상관에 오른 그는 비로소 양주 목사로 외관직에 제수되었

81　『우곡일기』癸丑日課, 5월 29일.
82　『국조문과방목』2, 태학사, 1984, 688쪽.
83　『백헌선생문집』부록 권1, 年譜.
84　알성문과는 1623년 5월 2일에 있었다[『天啓三年癸亥五月初二日謁聖榜目』(규古4652.5-23)]. 한림고
　　강은 같은 해 9월 13일에 있었다[『승정원일기』, 인조 1년 9월 13일(경자)].
85　『인조실록』권3, 인조 1년 9월 21일(무신).
86　원창애(2011), 「조선시대 예문관 분관 실태와 한림의 관직 승진 양상」, 『조선시대사학보』 57, 조선시
　　대사학회, 223쪽.

다. 그의 형인 이경직과 비교하면, 이경석은 최고 엘리트 관원의 승진 경로를 그대로 밟았다. 문과에 합격한 지 7년 만에 당상관에 오른 것은 초고속 승진이었다. 이경석이 참상 청요직을 두루 거쳐서 당상관에 빨리 승진할 수 있었던 것은 탁월한 지적 능력이 있었을 뿐만 아니라 서인이 주도하는 정계에서 관료생활을 하였기 때문이다. 그의 활동 시기에는 정치적인 장애가 없었기 때문에 그의 형 이경직과는 달리 참상 청요직을 거쳐 바로 당상관으로 승진할 수 있었다.

이유간의 차남인 이경설은 1610년(광해군 2) 진사시에 합격하여 문음으로 관계에 진출하였다. 이경설은 1612년(광해군 4) 한성부 참군, 1615년(광해군 7) 장흥고 주부를 거쳐서[87] 금구현령이 되었으나, 1618년(광해군 10)에 사망하였다.[88] 이경설은 문과에는 합격하지 못했으나, 진사시에 합격하고 2년 후에 관직에 나가서 재직하다 사망하였다. 이유간의 집안은 친진되어 왕실 종친의 지위에서는 벗어났으나, 연이어 관직에 나감으로써 종친에서 문반 관료가문으로 정착이 가능하게 되었다.

이경직·이경석 형제는 모두 2품 이상의 관직에 올랐으며, 특히 이경석은 영의정까지 지냈다. 이경직·이경석의 자손 역시 지속적으로 과거를 거쳐서 관직에 나가거나 문음으로 관직을 받음으로써 조선 후기 문반 관료가문으로 명성을 지켜 갔다. 이들 가계의 과거 합격 상황을 살펴보면 〈표 24〉와 같다.

표 24 이경직·이경석 가계 과거 합격자

	덕천군파	이경직 가계	이경석 가계
생원·진사시	221	76	18
문과	57	20	5

87 『우곡일기』 癸丑日課, 10월 17일; 乙卯日課 4월 23일.
88 『우곡일기』 戊午日課, 4월 17일.

〈표 24〉에 의하면 덕천군파 전체 생원·진사시 합격자 221명의 약 42.5%에 해당하는 94명이 이경직·이경석 가계에서 배출되었다. 문과 합격자 역시 덕천군파의 43.9%가 이경직·이경석 가계에서 나왔다. 이경직·이경석 가계에서 각각 배출된 과거 합격자의 수에 크게 차이가 나는 주요 요인은 이경직의 후손이 더 번성하였기 때문이다. 이경직은 이장영(李長英)·이후영(李後英)·이정영(李正英) 3남을 두었으나, 이경석은 이철영(李哲英) 1남뿐이었다. 이경직의 아들인 이장영·이후영·이정영 3남의 자녀도 인원이 많았다.

이경직의 막내아들인 이정영 가계의 경우 이경직으로부터 5대손에 이르기까지 끊이지 않고 연속적으로 9명의 문과 합격자가 배출되었다. 장남 이장영의 가계에서는 이장영의 증손인 이광세부터 3대에 걸쳐 계속 문과 합격자가 배출되면서 총 8명이 합격하였다. 차남 이후영 가계는 3명의 문과 합격자밖에는 배출하지 못했으나, 생원·진사시 합격자는 지속적으로 배출하였다.

이경직·이경석 후손 문과 합격자 25명의 거주지는 충주 3명, 홍주 1명, 강화 2명이며 나머지 19명은 서울이다. 거주지가 충주와 홍주인 문과 합격자는 이경석의 장자인 이장영 계통이었다. 이장영에서 증손인 이광세에 이르기까지 문과 합격자가 배출되지 못함으로써 서울에서 충청 지역으로 이거한 것으로 보인다. 이광세를 비롯해 아들과 손자의 거주지가 모두 충주로 되어 있는 것으로 보아 아마 이광세의 선대에 충청도로 이주한 것으로 추측된다. 강화가 거주지인 2명은 강화학파 집안이다.

이처럼 가세가 기울거나 정치적인 문제로 지방에 내려간 몇몇 집안을 제외하고는 대부분의 집안이 서울에서 계속 거주하면서 관료생활을 이어 가며 경화사족으로서 지위를 유지하였다. 문과 합격자 25명 중 서울에서 실시된 각종 과시(課試)에서 장원을 하여 직부전시를 받은 경우가 9명인데, 7명이 서울 거주자였다.[89] 이들이 응시한 과시는 모두 제술(製述) 시험이었던 것으로 보아 문장에 뛰어난 가문이었음을 알 수 있다. 이 가문의 문과 합격자 관직 진출 현황을 정리하면 〈표 25〉와 같다.

사관 역임	홍문관 역임	최고 관직		
		참상관	3품 당상관	2품 당상관
4명 (16%)	18명 (72%)	6명 (24%)	6명 (24%)	13명 (52%)

　문과 합격 후 예문관에 천거되어 사관을 지낸 경우는 4명이나, 대부분은 홍문록에 들어 홍문관을 거쳤다. 또한 25명 가운데 당상관에 오른 이가 19명으로 이 가문 문과 합격자의 76%가 당상관을 역임하였다. 더욱이 2품 이상의 당상관직을 지낸 경우는 당상관의 68%에 이르렀으니, 문관 관료가문으로서의 면모가 확연히 드러났다.

　이경직·이경석 가문은 조선 후기 대표적인 경화사족으로 핵심 소론 관료가문이었기에 정치적인 부침을 피해 갈 수는 없었다. 숙종 말기부터 이경직·이경석 후손의 관직 진출에 문제가 생기기 시작하였다. 이경직의 삼남 이정영의 손자인 이진급(李眞伋)[90]이 문과에 합격하였다가 발거되었다. 1712년(숙종 38) 정시 과옥(科獄)에 연루되었기 때문이다. 정시 과옥으로 시

89　이 가문의 직부전시자는 총 10명이나 그중 1명은 삭과되었기 때문에 9명으로 하였다. 삭과된 인물은 이광보(李匡輔)이다. 그는 1714년(숙종 40) 삼일제에서 장원을 하여 그해에 있었던 증광시에 직부전시가 되었다. 그러나 이광보는 문과 합격방목에서 삭과되었다. 그 이유는 성균관에서 유벌을 받고 있는 중이므로 문과 응시를 허락해서는 안 된다는 것이었다. 숙종은 증광문과전시에 응시하도록 허락했으나, 끝내 삭과되었다. 이광보는 이듬해에 있었던 식년문과에 합격하였다.

90　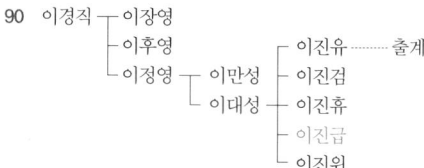

관이었던 이돈(李墩)은 유배되었고, 문과 합격자 이진급·오수원·이헌영·이헌장은 방목에서 이름이 삭제되었다. 이돈은 시관으로 낙점된 이후에 응시자 오수원을 만났다는 죄목을 받았다. 오수원은 시관을 만났다는 것으로, 이헌영·이헌장 형제는 시권의 글씨가 한 사람의 글씨체인 것으로, 이진급은 시권을 시험이 끝난 후에 제출한 것으로 삭과되었다.[91] 당시 시험이 끝난 후에 시권을 제출하는 사례가 많았는데, 이진급이 늦게 제출했다 하여 합격자 명단에서 이름을 빼 버린 것은 과중한 처벌이었다. 과옥에 연루되었던 이들은 1723년(경종 3) 최석항(崔錫恒)의 건의로 문과 합격을 인정받아 관직에 나갔다.[92] 과옥에 연루되어 삭방되었던 이들이 다시 복과(復科)될 수 있었던 것은 과옥에 정치적인 개입이 있었다고 판단했기 때문이다.

1712년 과옥에 연루되었던 문과 합격자 이진급·이헌영·이헌장은 소론 가문 출신이었다. 1722년(경종 2) 임인옥사로 노론 4대신을 비롯해서 170여 명이 역모로 죽임을 당하였다.[93] 임인옥사 후에 국정 운영의 주도권을 잡은 소론 관료들이 1712년 과옥에 연루되었던 이들의 복과를 추진하였다. 이진급·이헌영·이헌장이 과옥에 연루된 것을 노론의 미움 때문으로 인식하고 있었기 때문이었다.[94] 이진급은 복과된 후에 전적·병조좌랑·정언을 거쳐서 홍문록에 들어 부교리에 제수되었다. 그러나 영조가 즉위하자 상황은 다시 역전되었다. 왕위에 오른 영조가 노론 4대신을 신원해 주면서 이진급 등은 다시 삭과되었다.[95] 이진급은 1725년(영조 1) 다시 삭과 조처가 있기 전에 사직하고 그 후 더 이상 정계로 나가지 않았다.

이경직의 맏아들 이장영의 증손인 이광보(李匡輔)[96]는 1714년(숙종 40) 3월

---

91 『승정원일기』, 숙종 38년 8월 2일(계축).
92 『승정원일기』, 경종 3년 1월 25일(을사).
93 이성무(2007), 『조선시대 당쟁사』 2, 아름다운날, 134쪽.
94 『경종실록』 권10, 경종 2년 11월 1일(임오).
95 『승정원일기』, 영조 1년 3월 26일(갑자).

제5장 왕실 원친(遠親)의 계층 문화

절제(節製)에서 장원하여 직부전시를 하사받았다.[97] 이광보가 그해 증광문과 전시에 응시할 무렵 성균관 유생이 그에게 유벌을 시행하였다. 이광보가 유벌을 받은 이유는 윤증의 상(喪)에 제문을 지어 조문을 하였는데, 그 내용이 송시열을 욕되게 한 것으로 여겨졌기 때문이다. 유생들은 유벌 중에 있는 이광보의 문과 응시는 부당하다고 여겨서 시험을 치르지 못하게 하였다.[98] 숙종이 유벌을 풀어 줄 것을 명령했으나, 유생들은 물러서지 않았다. 결국 이광보의 합격은 취소되었으며, 그다음 해 식년문과에 다시 응시하여 을과로 합격하였다.

이처럼 숙종대 후반 노론과 소론의 정쟁이 격화되면서 그 여파가 이경직·이경석 가문에도 직접적으로 미치기 시작하였다. 영조가 즉위한 이후에 소론 관료는 수세에 몰렸으나, 1728년(영조 4)의 무신난으로 상황은 역전되었다. 영조는 소론이 주도하는 탕평 정국을 만들어서 소론과 노론 관료의 정계 진출의 균형을 유지하고자 하였다.

1740년(영조 16) 지평 이광의(李匡誼)는 숙종으로부터 연잉군·연령군을 부탁받았다는 김용택(金龍澤)의 족형제 김복택(金福澤) 처벌 강화와 김용택의 아들 김원재(金遠材)를 구휼한 노론 관원의 삭직을 요구하였다. 영조는 1741년 이광의의 상소문을 문제 삼아 관련 있는 소론 관원을 유배 보냈다. 이광의 사건으로 이광의의 친형인 이광덕은 물론이고, 인척 관계에 있었던 소론 관원이 유배 대상이 되었다. 이 사건으로 이경석의 현손이 타격을 입었다.

96 이경직 ── 이장영 ┬ 이집성

97 『승정원일기』, 숙종 40년 10월 30일(무술).
98 『승정원일기』, 숙종 40년 11월 11일(기유).

정쟁으로 더 큰 타격을 입은 것은 이경직의 후손이었다. 1765년(영조 31) 나주괘서 사건으로 이광사(李匡師)를 비롯한 이경직의 후손 8명이 유배를 가게 되었다.[99] 나주괘서 사건의 주동자인 윤지(尹志)는 1728년 김일경 사건으로 죄를 입었던 소론의 영수 윤취상(尹就商)의 아들이었다. 그가 가지고 있던 간찰 중에서 이진유·이진검 그리고 이광사의 편지가 있었다. 이것이 윤지와 이광사 가문이 밀착되어 있음을 보여 주는 단서가 되었다.[100] 그 결과 이진유의 손자인 이승효, 조카 이광정·이광언·이광찬·이광현·이광신 등이 유배를 가게 되었다. 이들은 이경직의 삼남 이정영의 후손이다. 이정영의 증손 8명 중 6명 그리고 현손 1명이 죄를 받음으로써 거의 멸문지경에 이르렀다.

이처럼 이경직·이경석 후손들이 영조대에 소론 관료가문으로서 어려움을 겪었지만, 문관 관료가문의 위상은 유지되어 그 이후에도 11명의 문과 합격자가 배출되었다. 그들 중 9명은 홍문관 관원을 역임했으며, 당상관까지 승진함으로써 관료가문으로서 건재함을 보여 주었다.

(2) 광평대군파(廣平大君派)

광평대군은 소헌왕후에게서 난 세종의 5남이다. 세종이 광평대군을 태조의 7남 무안대군의 계후로 삼았기 때문에,[101] 왕실보첩인 『선원록』·『선원계보기략』에는 광평대군이 무안대군파에 기재되어 있었다. 광평대군은 일찍 사망하여 영순군 이부가 유일한 아들이었다. 그러한 광평대군파에서 문과 합격자 113명, 생원·진사시 합격자 260명 등이 배출되었다. 문과 합격자는 왕실 후손 가문 중에서는 가장 많이 배출되었고,[102] 생원·진사시는 왕실 후

---

99 『승정원일기』, 영조 31년 3월 11일(갑신).
100 『승정원일기』, 영조 31년 2월 29일(계유).
101 『세종실록』 권77, 세종 19년 6월 3일(신유).
102 원창애(2010), 「왕실구성원의 계층 분화 양상—종친에서 핵심 관료 가문으로」, 『장서각 소장 왕실보첩자료와 왕실구성원』, 민속원, 87쪽 〈표 5〉 '파별 문과 합격자' 참조.

손 중에서 효령대군파에 이어 두 번째로 많은 합격자를 배출하였다.[103] 광평대군파 내에서도 광평대군 증손인 안정부정(安定副正) 이천수(李千壽) 가계에서 광평대군파 문과 합격자의 68%에 달하는 77명의 문과 합격자가 배출되었다.[104]

광평대군파의 여러 집안이 문관 관료가문으로 성장하고 유지될 수 있었던 데는 광평대군과 그의 아들 영순군 이부의 역할이 매우 컸다. 광평대군은 1425년(세종 7)에 태어났다. 어려서부터 학문에 부지런해서 『효경』·『소학』 그리고 사서삼경 외에도 『문선(文選)』, 이두·구양수·소동파의 문집을 두루 읽었다. 또한 『국어(國語)』·『좌전』을 깊이 읽었고, 음률과 산수에도 능하였다. 그는 학문뿐만 아니라 활쏘기와 격구에도 능했다. 세종이 광평대군의 이러한 능력을 높이 사서 간의대와 종부시의 일을 총괄하게 하였다.[105] 광평대군은 동지중추부사 신자수(申自守)의 딸과 혼인하였는데,[106] 창진으로 인해 20세의 나이로 사망하였다. 광평대군에게는 다행히 그의 부인인 영가부부인(永嘉府夫人) 신씨에게서 난 이부가 있었다.

이부는 1444년(세종 26)에 태어났으나, 생후 6개월 만에 부친을 잃었다. 이부는 광평대군의 양모인 왕씨가 보호하여 길렀으며, 세종은 광평대군 집안에 공급되는 여러 일들은 특별히 친자의 예에 따라서 하도록 명하였다. 세종은 이부가 5살이 되자 대궐로 불러들여서 궁에서 키웠다. 1450년(세종

---

103 최진옥(2010), 「조선시대 전주이씨 생원 진사시 합격자 실태」, 『장서각 소장 왕실보첩자료와 왕실구성원』, 민속원, 154~155쪽 〈표 1〉 '파별 합격자 실태' 참조.

104

105 『세종실록』 권106, 세종 26년 12월 7일(임자).

106 『세종실록』 권71, 세종 18년 1월 13일(기묘).

32) 세종이 사망하자, 이부는 본가로 되돌아갔다. 세종은 문종과 세조에게 이부를 잘 돌보도록 부탁하였고 문종과 세조도 그를 매우 아꼈다. 문종은 1451년(문종 1) 이부가 8세가 되자, 특별히 가덕대부 영순군에 제수하였다. 단종 때에는 종1품 소덕대부(昭德大夫)로, 세조가 즉위하자 정1품 흥록대부(興祿大夫)로 품계를 올려 주었다.[107]

세조는 영순군 이부를 측근에 두어서 횡간의 식례를 날마다 아뢰도록 하고, 궁궐에서 직숙하게 하였으며,[108] 승지의 직임도 맡겼다.[109] 또한 중시문과의 일종인 등준시 응시를 허락하여 이부는 1466년(세조 12) 2등으로 합격하였다. 세조는 그에게 어의(御衣)를 하사하고, 중추부 판사에 제수하였다.[110] 이부는 1467년 이시애의 난이 일어났을 때 세조의 옆에서 군기를 모의하여 출납하는 데에 공이 있다고 하여 적개공신 3등에 책봉되었다.[111] 1468년 이부가 다시 중시문과에서 장원을 하자, 세조는 그에게 장원 잔치를 열게 하고 주악을 내려 주었으며, 잔치에 소용되는 물선을 사옹원에서 대도록 하였다. 그뿐 아니라 호조에 명하여 쌀 50석을 하사하였다.[112] 세조가 사망한 이후에도 이부는 1468년(예종 즉위) 남이의 옥사로 익대공신 2등에 책봉되었다.[113] 예종 역시 이부를 다른 종친과는 달리 후하게 대우하였으나, 그는 1470년(성종 1) 27세의 나이로 사망하였다.

광평대군과 영순군 이부가 일찍 사망하였으나, 살아 있는 동안 국왕들의 총애와 신임을 받았다. 더욱이 영순군 이부는 두 번 중시문과에 합격하고, 두 번 공신에 책봉되었다. 특히 세조는 이부를 신뢰하여서 가까이 두고 승

---

107 종부시, 『종반행적』(규1857-1) 권1, 흥록대부 영순군 신도비명.
108 『세조실록』 권31, 세조 9년 11월 22일(병자).
109 『세조실록』 권44, 세조 13년 11월 2일(갑자).
110 『세조실록』 권39, 세조 12년 7월 24일(계사)·25일(갑오).
111 『세조실록』 권43, 세조 13년 9월 20일(임오).
112 『세종실록』 권45, 세조 14년 2월 11일(임인)·14일(을사)·18일(기유)·3월 18일(무인).
113 『예종실록』 권1, 예종 즉위년 10월 28일(갑인).

지의 업무 등을 보게 하였다. 종친으로서 중시문과에 합격하고, 승지의 업무를 본 사람은 이부가 유일하였다.

영순군은 종친으로서 정치에 참여하였을 뿐만 아니라 많은 부도 축적할 수 있었던 것 같다. 영순군의 재산이 얼마나 되었는지 알 수 없으나, 광평대군의 부인 신씨가 노비 730여 구, 전지 70결을 불사에 시납하고자 했다거나,[114] 영순군 이부의 맏아들 남천군(南川君) 이청(李崝)이 노비 1만여 명을 가지고 있었으며, 동대문 밖에 집 세 채가 있었다[115]는 실록 기사를 통해서 대략적인 규모는 파악할 수 있다.

영순군의 세 아들과 손자들의 종친활동이 두드러지지는 않았던 것 같다. 이들의 종친으로서의 사적이 실록에도 거의 보이지 않는다. 영순군의 자손이 종친으로서 정치적 활동은 활발히 하지 않았어도 영순군의 명성, 경제적인 부 그리고 당대 명문거족과의 혼인 관계로 가문을 유지할 수 있었을 것이다.

영순군은 1455년(단종 3) 수양대군이 주혼(主婚)이 되어 최도일(崔道一)의 딸과 혼인하였다.[116] 최도일은 전주최씨로 왕실과의 혼인이 많은 집안 출신이었다. 최도일의 조부인 최사강(崔士康)은 세종대에 우찬성까지 지냈다. 그는 딸이 둘이었는데, 태종의 아들인 함녕군, 세종의 아들인 금성대군과 혼인시켰다.[117] 그의 장남인 최승녕(崔承寧)은 딸을 세종의 아들인 임영대군과 혼인시켰다. 최승녕의 장남 최도일 역시 그의 딸들을 왕실에 시집보냈다. 하나는 영순군과 혼인하였고, 또 다른 딸은 예종이 세자였을 때 소훈으로 간택되어서, 예종이 즉위한 후 공빈(恭嬪)이 되었다.[118] 최도일 집안은 조부 때부

---

114 『성종실록』 권11, 성종 2년 8월 12일(임사).
115 『연산군일기』 권44, 연산군 8년 6월 28일(무진); 권55, 연산군 10년 2월 3일(기미).
116 주 107 참조.
117 『국조인물고』 속고6, 음사 최사강.
118 『만가보』 12책, 전주최씨 四譜 최사강.

터 3대에 걸쳐서 계속 왕실과 혼인을 맺었다. 영순군과 예종은 동서지간이었으며, 영순군의 처고모부가 임영대군이었고, 처대고모부가 함녕군과 금성대군이었다. 최도일 집안이 이처럼 왕실과 중첩된 혼인을 맺은 집안이기 때문에 세조가 영순군을 최도일의 딸과 혼인시킨 것으로 보인다. 세조는 아버지 세종의 유훈에 따라서 영순군을 측근에 두었을 뿐만 아니라 영순군의 삼촌과 사촌이 친족이면서 인척 관계로 맺어지게 하여 철저히 영순군을 보호하였다.

영순군의 아들 중에는 차남 청안군(淸安君) 이영(李嶸) 집안이 명문거족과 혼인을 맺었다. 이영은 영중추부사 노공필(盧公弼)의 딸과 혼인하여서 5남을 두었다. 이영의 장남 공성부정 이연수는 정인지(鄭麟趾)의 4남 정상조(鄭尙祖)의 딸과 혼인하였으나, 처에게서 자녀를 두지 못하고 서녀가 있었을 뿐이다.[119] 차남 임정부정(臨汀副正) 이수정(李壽定)은 박번(朴蕃)의 딸과 혼인하여 1남 1녀를 두었다. 삼남 안정부정 이천수는 한흠(韓嶔)의 딸과 혼인하였다. 한흠은 서원부원군 한확(韓確)의 아들이며, 세종의 아들 계양군의 사위이다.[120] 이천수 역시 1남 1녀를 두었다. 사남 태안부정(泰安副正) 이억년(李億年)은 신공도(申公渡)의 딸과 혼인하였으나, 자녀가 없었다. 신공도는 신숙주의 동생 신말주(申末舟)의 손자이다. 오남 고양부정(高陽副正) 이억손(李億孫)은 파원부원군 윤여필(尹汝弼)의 딸과 혼인하여 1녀를 두었다.

이영을 비롯한 다섯 아들의 처가는 모두 조선 전기의 명문가이었다. 한확과 윤여필은 부원군으로 왕후의 부친들이었다. 정인지·신숙주·노공필 등은 당대의 재상 반열에까지 올랐던 인물들이었다. 이들 가문에서 종친과 혼인한다는 것은 흔한 일은 아니다. 그럼에도 이영 집안과 혼인한 것은 영순

---

119 『선원계보기략』(장서각 K2-1034) 권1, 태조고황제자손록, 무안대군조, 14면; 권4, 세종자손록, 계양군조, 50면.
120 『성종실록』 권57, 성종 6년 7월 1일(무신).

군의 명성이 있었기 때문이다. 이처럼 이영 집안은 왕후와 재상 가문과 혼인 관계를 맺음으로써 정치적·사회적 지위를 보다 잘 유지할 수 있었다. 그 결과 이영의 집안이 종친의 지위를 벗어난 이후에 문관 관료가문으로 변모하여 성장할 수 있는 바탕이 되었다.

이영의 아들 중에서도 특히 차남 이수정과 삼남 이천수 가문이 관료가문으로 성장하였다. 이영의 차남 이수정 집안에서는 14명, 삼남 이천수의 집안에서는 77명의 문과 합격자가 배출되었다.

77명의 문과 합격자를 배출한 이천수의 집안에서 처음 문과에 합격한 것은 세종의 8대손 즉 친진된 이후 4대째인 이후원(李厚源)이었다. 이천수 집안에서 문과 합격자가 주로 배출된 갈래를 보면 다음과 같다.

이욱의 차남 이후원이 문과에 합격한 것을 기점으로 문과 합격자들이 배출되기 시작하였다. 이욱의 장남 이후재는 문과에 합격하지 못했으나, 그의 아들 이형이 문과에 합격하면서 그의 후손에서 지속적으로 문과 합격자가 배출되었다. 이후원의 갈래는 본인이 문과에 합격하였을 뿐만 아니라 그의 차남이 이어서 문과에 합격하였지만, 이후재의 갈래에서 훨씬 많은 문과 합격자가 배출되었다.

이천수의 장남 이한에서부터 이후원이 문과에 합격하기까지 어떻게 집안이 유지될 수 있었을까? 과거에 합격한 사람이 전혀 없는데도 이한으로부터 이후원의 형인 이후재까지 4대가 모두 관직에 나갔다. 친진되어 종친의 지위에서 벗어난 이후에도 지속적으로 문음으로 관직에 나가기는 쉽지 않았을 것이다. 이들이 모두 문음으로 관직으로 나갈 수 있었던 것은 명문가와의 혼인 그리고 이후원이 정사공신으로 책봉되었기 때문일 것이다.

이한의 장인 최한홍(崔漢洪)은 1497년(연산군 3) 중시무과에까지 합격한 무신이며, 중종이 즉위한 후에 공신으로 책봉되었다. 그는 함경도와 평안도 절도사를 지냈으며, 중국에 사은사로 다녀오기도 하였다. 이한의 아들인 이인건의 장인은 심달원(沈達源)으로 왕후가문 출신이었다. 심달원의 고조부는 심온(沈溫)이며, 소헌왕후가 증대고모이었다. 또한 심달원의 조카딸이 인순왕후이었다. 이인건의 아들인 이욱의 장인은 황정욱(黃廷彧)인데, 황희의 후손으로 예문관 대제학을 지낸 엘리트 관료이다. 영순군과 그의 아들뿐만 아니라 이천수의 후손들도 지속적으로 왕후가문 또는 명성 있는 관료가문과 혼인을 맺었다. 이러한 가문의 배경이 이한의 가계에서 문음으로 관직에 진출할 수 있는 계기가 되었다. 이욱의 차남 이후원은 문과에 합격하기 이전에 이미 정사공신 2등에 책봉되었으며, 문과 응시 당시 군수로서 4품 벼슬에 재직하고 있었다. 그러므로 문과에 합격한 다음 해에 지평에 제수되었으며, 우의정에까지 이르렀다. 외가의 정치적·사회적 배경과 이후원의 문과 합격은 후손들이 관직에 나갈 수 있는 발판이 되었다.

이천수 집안에서 배출된 77명의 문과 합격자는 이미 문음으로 관직에 나간 사람이 30명, 원유계자가 4명, 생원·진사 18명, 유학 25명 등으로 관직·관품 소유자가 제일 많다. 77명의 거주지를 보면 서울 62명, 경기도 7명, 충청도 5명, 황해도 2명, 경상도 1명이다. 문과 합격자 77명 중 80.5%가 서울에, 89.6%가 서울·경기 지역에 거주하고 있었다. 전력 분포와 거주지를 통해서 이천수 집안은 문음으로 관직 진출이 활발한 경화사족가문이었음이 입증되었다.

문과 합격자 77명 중 27명이 직부를 통해서 문과에 합격하였으며, 27명 중 23명이 서울 거주자였다. 조선시대 직부를 통한 문과 합격자는 전체 문과 합격자의 16% 정도인데,[121] 이천수 집안은 약 35.1%가 직부를 통해서 문과에 합격하였다. 이 가문은 직부를 통한 문과 합격이 평균보다 높다는 데에 주목하게 된다. 이것으로 경화사족가문에서 직부를 통한 문과 합격이 많았음을 알 수 있다. 이천수 집안 문과 합격자의 관직 진출 현황을 보면 〈표 26〉과 같다.

표26 이천수 후손 관직 진출 현황

사관 역임	홍문관 역임	최고 관직				비고
		참하관	참상관	3품 당상관	2품 당상관	삭과
9명 (12%)	57명 (74%)	3명 (3.9%)	20명 (26%)	26명 (33.8%)	23명 (29.9%)	5명 (6.5%)

표에서 보면, 사관을 지낸 사람이 12%이며, 홍문관 관원을 역임한 경우는 74%에 이르고 있다. 또한 3품 이상의 당상관직까지 승진한 사람은 63.7%이며, 6품 이상의 참상직에 나간 사람은 26%이다. 참하직에 머물렀던 사람은 3.9%이고 나머지 5명은 삭과되었다.

삭과 사유는 시험 부정과 정치적인 문제에 의한 것으로 나뉜다. 시험 부정으로 삭과된 사람은 이성휘(李聖輝)와 이해(李瀣)이다. 1699년(숙종 25) 증광문과에 합격한 이성휘가 복시 답안을 표(表)를 지어 제출했는데 부(賦) 답안으로 합격한 것이 문제가 되었다. 이성휘는 처음에는 표를 작성했다가 나중에 부로 다시 지어 제출했다고 진술하였지만, 조사 결과 시험 부정으로

---

121 원창애(2012), 「조선시대 문과 직부제 운영 실태와 그 의미」, 『조선시대사학보』 63, 조선시대사학회, 93쪽.

결론지었다.[122] 1717년(숙종 43) 온양 별시문과 합격자 이해는 온양 거주자가 아님에도 시험에 응시한 사실이 드러나서 합격이 취소되었다.[123] 1775년 (영조 51) 정시문과에 합격한 이상진(李商進)·이복일(李復一)·이심연(李心淵) 등의 경우는 단순한 시험 부정에 의한 삭과가 아니었다. 정조는 즉위한 후에 1775년 정시의 원방(元榜)만을 삭과하였다.[124] 그 이유는 시관과 응시자가 1775년 왕세손인 정조의 대리청정을 방해하였던 홍인한·정후겸 등의 일파와 관련이 있었기 때문이다. 대간들은 연일 정시방을 삭과하도록 요구하였다.[125] 정조는 문과방을 삭과하는 것에 신중하였다. 왜냐하면 문과방 전체를 삭과할 때 그 여파가 무과방에도 미치기 때문이었다. 따라서 정시에 직부되었던 사람들은 그대로 두고 문과 합격자 원방만을 삭과하기로 하였다.

　1790년(정조 14) 정조는 1775년 사건에 관련이 없음에도 삭과되었던 사람들을 일차 복과하였다. 이 결정으로 검열이었던 이심연은 수찬으로 추증되었다.[126] 사실 1782년(정조 6) 서명선은 이심연의 과문이 의행(義行)에 대한 것이어서 삭과당할 이유가 없다는 견해를 피력하였지만, 그 후로도 8년이 지나서야 복과된 것이다. 이복일은 1814년(순조 14) 자신의 부친인 이상로 (李商輅)가 1775년 홍인한·정후겸의 일당이 왕세손의 대리청정에 반대하는 일에 관여되지 않았는데 죄를 받은 것에 대하여 원정(原情)을 제출하였다.[127] 순조는 정조 역시 여러 번 이상로의 무죄를 알아서 신원하고자 하였다고 전제하고는 이상로의 무죄를 인정하였다. 그 후 17년이 지난 1831년(순조 31) 이복일은 복과되었다.[128]

---

122 『승정원일기』, 숙종 25년 11월 5일(기해)·26일(경신).
123 『승정원일기』, 숙종 43년 9월 3일(갑인).
124 『승정원일기』, 정조 1년 7월 25일(무자)·29일(정미).
125 『승정원일기』, 정조 1년 7월 15일(무인)·18일(신사)·19일(임오).
126 『승정원일기』, 정조 14년 7월 25일(계묘).
127 『순조실록』 권17, 순조 14년 8월 21일(기묘).
128 『순조실록』 권32, 순조 31년 2월 25일(무신).

77명의 관직 분포에 있어서 당상관이 주류를 이루고 있다. 광평대군파 문과 합격자 113명 가운데 이천수 집안을 제외한 36명의 합격자 중에서 당상관까지 승진한 사람은 12명으로 33.3%이다. 이천수 집안 문과 합격자의 63.6%가 당상관까지 승진한 것에 비해서 당상관 점유율이 매우 낮다. 그러므로 광평대군파 관료 중에서도 당상관을 지낸 사람의 상당수가 이천수 집안 출신이었다.

조선시대 문과 합격자의 당상관 분포는 2품 이상 당상관이 64.2%로 정3품 당상관보다 점유율이 높았다.[129] 전주이씨 문과 합격자의 당상관 분포는 2품 이상의 당상관이 51.4%이다.[130] 이미 앞에서 살펴보았던 이경직·이경석 가문은 2품 이상 당상관이 68.4%이다. 이경직·이경석 가문은 전체 문과 합격자나 전주이씨 문과 합격자보다도 2품 이상 관원의 점유율이 높았다. 2품 이상의 당상관 점유율이 다르기는 하지만 50% 이상으로 정3품 당상관보다는 점유율이 높았다. 반면 이천수 집안의 경우는 2품 이상의 당상관 점유율이 46.9%이다. 당상관의 절반 이상이 정3품에 머물렀다. 이천수 집안에서는 문과 합격자가 많이 배출되긴 했으나, 정책을 입안하고 결정하는 최고 고위층인 2품 이상으로의 진출이 전주이씨 문과 합격자의 평균에도 미치지 못하였다.

이천수 집안 당상 관료 중에서 재상의 반열에 오른 사람이 세 명인데, 이후원(李厚源)·이유(李濡)·이지연(李止淵)이었다. 이후원·이지연은 우의정에 올랐으며, 영의정까지 올랐던 이는 이유이다. 이후원은 김장생의 문인으로 26세에 인조반정에 참여하여 정사공신이 되었다. 이후원은 송시열·송준길 등과 가깝게 지내면서 그들을 적극적으로 지지하였다. 이유는 이후재의 증

---

129 원창애(2007), 「조선시대 문과 급제자의 관직 진출 양상」, 『조선시대사학보』 43, 조선시대사학회, 42쪽.
130 원창애(2010), 「왕실구성원의 계층 분화 양상 ― 종친에서 핵심 관료 가문으로」, 『장서각 소장 왕실보첩자료와 왕실구성원』, 86쪽.

손이며, 김광찬(金光燦)의 외손자이었다. 김광찬의 아들 김수증·김수항 등이 그의 외삼촌일 뿐만 아니라, 인척 관계에 있는 인물들이 현종·숙종대의 서인 관료가문이었다.[131] 그는 송시열의 문인으로서 조부 이형(李泂)의 뒤를 이어 1668년(현종 9) 별시문과에 합격하였다. 문과에 합격한 지 2년 만에 한림이 되었으며, 한림이 된 지 3년 만에 홍문록에 올랐다.[132] 그는 참상 청요직인 홍문관·사헌부·사간원을 거쳐서 당상관에 올랐는데, 특히 경제 문제에 관심이 많은 관료였다. 호조판서와 병조판서를 역임하면서 당시 현안이었던 양역 변통 문제[133]에 관여하였으며, 도성 방어를 위한 북한산성 축조를 완성하였다. 그는 경종 묘정에 배향되었다.

이천수 집안에는 삭과를 당한 인물이나 역당으로 몰린 인물이 있기는 하나 조선 후기까지 문관 관료가문으로서의 문지를 계속 유지할 수 있었다. 이것은 이경직·이경석 가문과는 달리 노론가문으로서 정치적인 부침이 적었기 때문이다. 이 집안의 위기라고 한다면 몇몇 사람이 1775년 홍인한·정후겸 일파로 몰렸던 것이었다. 그러나 그들 역시 나중에는 신원이 되고 복과가 되었다.

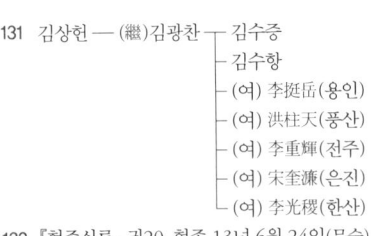

131　김상헌 ── (繼)김광찬 ┬ 김수증
　　　　　　　　　　　├ 김수항
　　　　　　　　　　　├ (여) 李挺岳(용인)
　　　　　　　　　　　├ (여) 洪柱天(풍산)
　　　　　　　　　　　├ (여) 李重輝(전주)
　　　　　　　　　　　├ (여) 宋奎濂(은진)
　　　　　　　　　　　└ (여) 李光稷(한산)
132　『현종실록』 권20, 현종 13년 6월 24일(무술).
133　『숙종실록』 권38, 숙종 29년 9월 15일(무오).

3 왕실 후손에서 무반 관료가문으로 전환

1) 왕자군파의 무관 관료가문 현황

조선은 문치를 기반으로 한 국가이므로 문반과 무반의 지위가 구조적으로 이미 차별화되어 있었다. 서반 품계는 정3품 절충장군까지이었다. 2품 이상 관품으로 승진할 경우에는 동반 품계를 받았다. 즉 2품 이상은 문반과 무반 품계의 구분이 없이 문반 품계만 있었다. 2품 이상의 관료야말로 국가의 중요 정책을 입안하고 결정하는 핵심 관료군이며, 많은 특혜를 받았다. 문관도 2품 이상으로 승진하기가 쉬운 일은 아니지만, 무관으로서 문반 품계를 받아 2품 이상으로 승진하기는 매우 어려웠다. 무관이 오를 수 있는 2품 이상 관직으로는 오위도총부의 부총관, 중추부의 지사, 오위 장, 지방관으로 절도사 등이 있다. 이 가운데 중추부는 문·무관 당상관 중 소임이 없는 이들을 위한 예우 아문이고, 오위도총부의 당상관과 오위 장은 동반 관료의 겸직도 가능하였다.[134]

무과 합격자 역시 문과 합격자와는 달리 차별적으로 운영되었다. 갑과 1, 2, 3등에게 실직이 제수되었던 문과와는 달리 무과는 갑과 1등에게만 실직이 제수되었고, 2, 3등에게는 체아직인 사정(司正)이 제수되었다.[135] 문과 합격자 장원은 언관·육조의 6품직에 주로 제수되었으나, 17세기 이후에는 성균관 전적에 제수되었다. 반면 무과 합격자 장원은 경관 관서의 주부, 인의, 별제 등에 제수되었다.[136] 문과와 무과 장원에게 제수되는 관직만 비교하더

---

134 『경국대전』 권3, 병전, 경관직조, 중추부·오위도총부·오위.
135 정해은(2002), 「조선후기 무과급제자 연구」, 한국학중앙연구원 한국학대학원 박사학위논문, 200~201쪽.

라도 관직 진출에 차별이 있었음을 알 수 있다.

그럼에도 서반의 최고위직에 나가기 위해서는 무과 합격이 필수적이었다. 조선시대 무과는 총 800회의 시험이 실시되었지만, 무과 합격자의 총인원은 확인되지 않는다. 국가에서는 무과 종합방목을 만들지 않았으며, 800회의 무과 단회방목 중에서 18.4%인 147건만이 남아 있기 때문이다.[137] 조선시대 무과 합격자에 대한 정보는 방목 이외에도 『무보』를 통해서 확인할 수 있다.

왕자군파의 무과 합격자는 『전주이씨 과거합격자 총람』을 바탕으로 『무보』와 한국학중앙연구원 한국역대인물 종합정보시스템의 무과방목을 통해서 확인하였다. 이러한 자료를 종합적으로 검토한 결과 왕자군파의 무과 합격 인원은 대략 882명으로 추정되나, 방목과 『무보』를 통해서 확인된 것은 497명으로 추정치의 56.3%이다.

〈표 27〉을 참조하면, 무과 합격자를 배출하였다고 하여 『무보』에 실린 것은 아닌 것 같다. 65개 왕자군파 가운데 38개 왕자군파만이 『무보』에 실려 있다. 또한 『무보』에 실린 왕자군파와 무과 합격자 배출 현황을 대조한 결과 무과 합격자를 많이 낸 왕자군파가 반드시 『무보』에 실린 것도 아니었다.

무과 합격자를 배출한 왕자군파는 몇 가지로 분류된다. 첫째, 무과 합격자는 배출하였으나 문과 합격자가 전혀 없는 왕자군파가 있는데, 이러한 왕자군파는 총 10개 파로 전체의 15.4%이다. 이러한 왕자군파의 특징은 무과 합격자의 인원이 5명 이하로 무관 가계 성향 역시 강하게 나타나지 않으며, 생원·진사시 합격자도 10명 미만이었다.

---

136 정해은(2002), 앞의 논문, 201쪽.

137 한국학중앙연구원 한국역대인물 종합정보시스템에 의하면, 무과방목은 단종대 1건, 성종대 1건, 중종대 6건, 명종대 4건, 선조대 21건, 광해군대 4건, 인조대 15건, 효종대 5건, 현종대 9건, 숙종대 36건, 경종대 2건, 영조대 18건, 정조대 11건, 순조대 8건, 헌종대 3건, 철종대 1건, 고종대 3건 등 148건만이 조사되어 있다.

제5장 왕실 원친(遠親)의 계층 분화

표 27　무과 합격자를 배출한 왕자군파 현황

※ 괄호 안의 숫자는 방목·『무보』에서 확인되는 무과 합격 인원

번호	파명		무과 합격자	『무보』 등재	생원·진사	문과 합격자
1	태조	진안대군	1		10	2
2		익안대군	42(22)	○	31	14
3		회안대군	3	○	6	1
4	정종	의평군	3(2)		10	3
5		선성군	25(11)	○	77	28
6		진남군	3(2)		12	4
7		수도군	10(6)	○	21	12
8		임언군	5(1)		4	1
9		석보군	2(1)	○	6	2
10		덕천군	85(40)[138]	○	221	58
11		도평군	5		5	
12		장천군	6(1)		10	1
13		무림군	59(40)[139]	○	18	2
14	태종	양녕대군	15(7)[140]	○	134	52
15		효령대군	91(66)[141]	○	325	111
16		성녕대군	4(1)		12	3
17		경녕군	21(7)	○	85	25
18		온녕군	15(4)[142]	○	16	6
19		근녕군	6(2)		26	4
20		혜령군	4(2)[143]		1	
21		후령군	1		6	1
22		익녕군	7(3)	○	28	4

138 이석호 편저(2005), 『전주이씨 과거합격자 총람』의 덕천군파 무과 합격자 표에는 68명이나, 『무보』 (장서각 K2-1741)와 한국학중앙연구원 한국역대인물 종합정보시스템에서 17명을 추가 확인하였다.

139 앞의 책(2005), 무림군파 무과 합격자는 53명이나, 『무보』와 한국역대인물 종합정보시스템에서 6명 을 추가 확인하였다.

140 앞의 책(2005), 양녕대군파 무과 합격자는 11명이나, 『무보』와 한국역대인물 종합정보시스템에서 4명을 추가 확인하였다.

141 앞의 책(2005), 효령대군파 무과 합격자는 75명이나, 『무보』와 한국역대인물 종합정보시스템에서 16명을 추가 확인하였다.

23	세종	임영대군	39(11)	○	66	18
24		광평대군	27(13)[144]	○	260	113
25		영응대군	13(8)	○	13	7
26		화의군	33(30)[145]	○	7	2
27		한남군	1		6	6
28		밀성군	32(14)	○	42	37
29		수춘군	2		6	
30		익현군	8(7)[146]	○	8	2
31		영해군	6(5)	○	48	29
32		담양군	8(2)		94	26
33	세조	덕원군	10(7)[147]	○	16	6
34		창원군	3(2)	○	7	2
35	덕종	월산대군	3(1)		6	
36	성종	계성군	42(38)[148]	○	7	2
37		안양군	4(1)		8	
38		완원군	12(2)		18	7
39		회산군	1		1	
40		봉안군	1		2	
41		견성군	4		5	1
42		익양군	4(2)		20	1
43		이성군	1(1)	○	2	
44		경명군	22(9)	○	12	4
45		무산군	7(2)	○	37	12
46		영산군	4(1)	○	6	3
47		운천군	19(12)[149]	○	2	1
48		양원군	10(5)		13	6

---

142 앞의 책(2005), 온녕군파 무과 합격자는 13명이나, 『무보』와 한국역대인물 종합정보시스템에서 2명을 추가 확인하였다.

143 앞의 책(2005), 혜령군파 무과 합격자는 3명이나, 『무보』와 한국역대인물 종합정보시스템에서 1명을 추가 확인하였다.

144 앞의 책(2005), 광평대군파 무과 합격자는 24명이나, 『무보』와 한국역대인물 종합정보시스템에서 3명을 추가 확인하였다.

제5장 왕실 원친(遠親)의 계층 분화

49	중종	해안군	12(8)[150]	○	4	1
50		금원군	2(1)		7	2
51		영양군	2		10	
52		덕양군	44(36)[151]	○	57	18
53		덕흥대원군	37(24)	○	42	15
54	선조	순화군	7(5)[152]	○	9	3
55		인성군	4(4)[153]	○	19	5
56		의창군	1[154]	○		
57		경창군	8(6)[155]	○	7	10
58		경평군	4(1)		6	4
59		인흥군	5(1)		1	6
60		영성군	5(2)	○	23	9
61	원종	능원대군	15(13)[156]	○	5	6
62	인조	소현세자	2(1)	○		2
63		인평대군	2(2)	○	8	7
64		용성대군	2(1)		5	4
65		낙선군	1(1)			
합계			882 (497)		1,979	711

---

145 앞의 책(2005), 화의군파 무과 합격자는 28명이나, 『무보』와 한국역대인물 종합정보시스템에서 5명을 추가 확인하였다.

146 앞의 책(2005), 익현군파 무과 합격자는 4명이나, 『무보』와 한국역대인물 종합정보시스템에서 4명을 추가 확인하였다.

147 앞의 책(2005), 덕원군파 무과 합격자는 7명이나, 『무보』와 한국역대인물 종합정보시스템에서 3명을 추가 확인하였다.

148 앞의 책(2005), 계성군파 무과 합격자는 39명이나, 『무보』와 한국역대인물 종합정보시스템에서 3명을 추가 확인하였다.

149 앞의 책(2005), 운천군파 무과 합격자는 12명이나, 『무보』와 한국역대인물 종합정보시스템에서 무과 합격자 7명을 추가 확인하였다.

150 앞의 책(2005), 해안군파 무과 합격자는 8명이나, 『무보』와 한국역대인물 종합정보시스템에서 4명을 추가 확인하였다.

151 앞의 책(2005), 덕양군파 무과 합격자는 41명이나, 『무보』와 한국역대인물 종합정보시스템에서 3명을 추가 확인하였다.

152 앞의 책(2005), 순화군파 무과 합격자는 6명이나, 『무보』와 한국역대인물 종합정보시스템에서 1명을 추가 확인하였다.

둘째, 생원·진사시 합격자나 문과 합격자 인원보다 무과 합격자 인원이 적은 경우로 24개 왕자군파이며 36.9%이다. 순성군파·수도군파·경녕군파는 무과 합격자와 다른 시험 합격자 인원수의 격차가 적었다. 이러한 왕자군파는 문관·음관·무관 등을 다양하게 배출한 양반가문이었다. 반면 광평대군파·영해군파·담양군파·밀성군파는 무과 합격자와 다른 시험 합격자 인원수의 격차가 매우 크다. 이러한 왕자군파들은 기본적으로는 문반 관료가문의 성향이 강한데 그 가운데 일부 갈래에서 무관이 배출된 경우이다. 문관 관료가문 성향이 강하지만, 특정 갈래에서 지속적으로 무과 합격자를 배출하여 무관 관료 가계로 자리 잡은 경우도 있다. 선성군파, 덕천군파, 효령대군파, 덕양군파, 덕흥대원군파 등이 대표적이다.

셋째, 무과 합격자가 다른 시험 합격자보다 인원이 많은 경우는 12개 왕자군파로 18.5%이다. 익안대군파, 임언군파, 무림군파, 혜령군파, 화의군파, 계성군파, 경명군파, 운천군파, 해안군파, 의창군파, 능원대군파, 낙선군파가 그러한 경우이다. 이 가운데 10명 이상의 무과 합격자를 배출한 익안대군파, 무림군파, 화의군파, 계성군파, 경명군파, 운천군파, 해안군파, 능원대군파는 무관 성향이 강하게 나타난다.

왕자군파 중 무과 합격자를 많이 배출한 무관 관료가문 중에서 대장직까지 승진한 사례들도 있다. 선조 때부터 고종 때까지 대장 직위에 오른 인원의 명단을 실어 놓은 『등단록선생안』에는 대장직을 역임한 202명이 실려 있다.[157] 그 가운데 무관으로서 대장직을 역임한 경우는 138명으로 68.3%

---

153 앞의 책(2005), 인성군파 무과 합격자는 3명이나, 『무보』와 한국역대인물 종합정보시스템에서 1명을 추가 확인하였다.

154 의창군파 무과 합격자는 『무보』에 의한 것이다.

155 앞의 책(2005), 경창군파 무과 합격자는 7명이나, 『무보』와 한국역대인물 종합정보시스템에서 1명을 추가 확인하였다.

156 앞의 책(2005), 능원대군파 무과 합격자는 14명이나, 『무보』와 한국역대인물 종합정보시스템에서 1명을 추가 확인하였다.

157 『등단록선생안』은 7책으로 구성된 『등단록』(장서각 K2-520)의 일곱 번째 책이다.

이었다. 이 중 왕실 후손으로 대장 직위에 오른 인원은 약 20%에 해당하는 28명이었다. 대장 직임을 역임한 왕실 후손의 계보를 보면, 효령대군파 7명, 무림군파 5명, 덕흥대원군파 3명, 덕천군파 3명, 임영대군파 2명, 진남군파 1명, 양녕대군파 1명, 경녕군파 1명, 광평대군파 1명, 덕양군파 1명, 영성군파 1명, 계성군파 1명, 은신군파 1명 등이었다.

대장 직위를 역임한 왕자군파를 보면, 무과 합격자가 다른 시험 합격자보다 많아서 무관 성향이 강한 왕자군파는 무림군파와 계성군파에 지나지 않는다. 무림군파는 무과 합격자가 59명이지만 문과 합격자는 단지 2명뿐이다. 무과 합격자 대부분이 배출된 계통은 무림군의 차남인 신평도정 이종손(李終孫)-연산수 이사창(李嗣昌) 갈래이다. 특히 이경무(李敬懋)를 비롯하여 그의 조카, 손자, 증손에서 대장직 5명이 집중적으로 배출되어 18~19세기 무반 벌열가문을 이루었다.[158]

반면 생원·진사시와 문과 합격자가 많이 배출되면서 무과 합격자가 더불어 배출된 왕자군파에서 대장 직임에 제수되는 경우가 더 많았다. 대장직을 7명이나 배출한 효령대군파는 무과 합격자 91명을 배출하였지만, 문과 합격자도 111명이나 배출하였다. 문과 합격자가 가장 많이 집중되어 있는 계통은 효령대군의 차남 서원군 이친(李案)-고림군 이훈(李薰)-장제부정 이원손(李源孫)의 후손이다. 반면 무과 합격자가 집중되어 있는 계통은 효령대군의 3남 보성군 이합(李㣶)-율원군 이종(李徖)-여양군 이자겸(李子謙) 후손이다.[159] 이 계통에는 무과뿐만 아니라 문과 합격자도 집중되어 있다. 대장직을 수행한 7명 중 6명이 이 계통에서 배출되었다. 특히 이장오(李章吾)의

---

158 이경무를 비롯하여 대장직에 제수되었던 5명은 다음과 같다. (대장직은 *로 표시)

李聖洙 ┬ 李敬懋* ── 李光植 ── 李圭男 ── 李鍾承*
　　　 └ 李泰懋 ── 李光益* ── 李圭徹* ── 李鍾健*

159 효령대군파에서 무과 합격자가 집중되어 있는 계통은 두 갈래이다. 가장 많은 무과 합격자가 집중되어 있는 효령대군 3남 계통 이외에 효령대군의 장남 의성군 李案 - 운림도정 李幅 - 파성군 李哲소 계통에도 무과 합격자가 집중되어 있다. 대장직에 제수되었던 李曙가 바로 이 계통이다.

집안에서 5명의 대장직이 배출되어 18세기 무반 벌열이라고 일컬을 만하였다.[160]

2) 무반 관료가문 사례

(1) 화의군파(和義君派)

화의군은 세종의 서(庶)1남으로 1425년(세종 7)에 태어났는데, 그의 모친은 궁인이었던 영빈강씨(令嬪姜氏)이다.[161] 그는 1433년(세종 15) 8세 때에 화의군으로 봉작되었다. 1436년(세종 18) 11세로 성균관에 입학하였으며, 감찰 박중손(朴仲孫)의 딸과 혼인하였다. 1453년(단종 1) 계유정난이 성공한 이후 금성대군 및 화의군 등은 세조의 반대 세력으로 주의를 요하는 인물로 지목되었다. 세조가 견제하였던 종친 중에 화의군은 평원대군의 첩과 간통했다는 죄목으로 외방에 부처되었다.[162] 그 후 1455년(단종 3) 금성대군과 혜빈양씨가 결탁하여 모의하였을 때에 화의군도 함께하였다는 혐의를 받았다. 세조가 즉위한 이후에 혜빈양씨와 상궁박씨는 가산을 적몰당했으나, 금성대군과 화의군 등은 유배되는 데서 그쳤다. 이때 화의군은 청산(青山)에 유배되었다.[163]

세조는 화의군이 유배될 당시 노비와 식량을 지급하게 하였으나, 유배지에 외인의 출입이 많다고 하여 노비 10구, 거주한 고을의 농사(農舍), 전토, 노비 및 경외의 재산을 제외한 가사(家舍), 전토, 노비는 관으로 적몰시켰다.[164] 그리하여 우선 화의군 소유의 서울 중부(中部)에 있던 집은 영천부

---

160 이장오를 비롯하여 대장직을 역임한 5명의 계보는 다음과 같다.

李章吾 ─ 李得濟 ┬ 李石求
　　　　　　　 └ 李鐵求 ─ 李景宇

161 『세종실록』 권29, 세종 7년 9월 5일(신축).
162 『단종실록』 권13, 단종 3년 3월 6일(신해).
163 『세조실록』 권1, 세조 1년 윤6월 19일(계해).

원군(鈴川府院君) 윤사로에게 주었다. 문화(文化)·임강(臨江)의 전토, 장단(長湍)의 전토와 집은 우부승지 조석문(曺錫文)에게, 강음의 전토는 판재시부사 홍득경(洪得敬)에게 하사되었다. 이것으로 보면, 경외의 재산도 적몰되었던 것 같다.

1456년(세조 2) 사육신이 단종 복위를 꾀하다 발각되어 죄를 받게 되자, 이미 유배되어 있던 금성대군 등 종친들도 더 먼 외방으로 이배시키라는 명에 따라서 화의군은 청산에서 전라도 금산(錦山)으로 이배되었다. 금산에 이배한 후에는 외인들과 접촉하지 못하도록 조처를 취하였다. 그뿐만 아니라 남아 있던 가산마저도 적몰하고, 고신도 거두어들였다.[165] 그동안은 유배되었다고 하더라도 왕자로서의 지위를 누릴 수 있었으나, 이러한 조처가 내려지자 화의군은 더 이상 왕자로서 대우를 받지 못하였다.

세조는 계유정난 때 사사된 안평대군에 대한 죄책감으로 자신의 형제들에게 관대한 대우를 해 왔다. 그러나 1456년 사육신의 단종 복위 운동을 계기로 하여 이미 유배된 자신의 형제들도 가혹하게 처벌하였다. 유배지를 옮긴 이후에는 난간, 담장 그리고 문을 높고 견고하게 만들어 이들을 감시하고 외부인과의 접촉을 차단한 것이다.

그럼에도 세조는 죄를 입은 자신의 형제 친속들은 역적죄로 처벌하지 않았다. 화의군의 처첩과 자녀에 대해서는 연좌죄를 적용하지 않고, 원하는 대로 모여 살게 하였다. 그들이 부리는 여종은 3명으로 한정하였으나, 식량·소금·장·술·고기·채소·과일 등은 그들이 살고 있던 고을에서 제공하게 하였다. 또한 그들이 사는 고을의 수령으로 하여금 1일과 15일에 친히 문안하도록 하였다.[166]

---

164 『세조실록』권2, 세조 1년 8월 15일(무오).
165 『세조실록』권4, 세조 2년 6월 26일(갑자)·27일(을축).
166 『세조실록』권4, 세조 2년 6월 27일(무오).

1457년(세조 3) 순흥으로 이배되었던 금성대군이 순흥부사 이보흠과 결
탁하여 역모를 꾸민 것이 발각되어 금성대군은 사사되었다. 화의군 등은 사
형에 처하지 않는 대신 엄격히 금방(禁防)하였다. 난장 밖에 녹각성을 설치
하고 바깥 문은 자물쇠로 잠가 두었다. 조석거리는 10일에 한 번씩 주고, 우
물도 담장 안에 파서 자급하게 하여 외인과의 접촉을 완전히 차단하였다.[167]

화의군은 이렇게 유폐되어 거의 30년을 지냈다. 세조는 화의군의 죄가
역모에까지 이른 것이 아님을 알고 있었다. 다만 그를 석방하고자 하는 순
간에 금성대군의 역모가 발생하여 예방 차원에서 그를 오랫동안 석방하지
못하였다. 세조는 예종에게 화의군을 석방하라고 하교하였으나, 실제 석방
된 것은 1482년(성종 13)이다. 성종은 화의군을 석방하여 지방에서 편안하
게 살도록 허락하였다.[168]

화의군의 장남인 이원(李轅)이, 부친이 석방되었으나 가산이 적몰되어 살
아갈 길이 없다고 상언을 올리자 성종은 밭을 하사하였고,[169] 또한 화의군이
죽더라도 그의 자손을 관노비에 소속시키지 말게 하였다.[170] 1489년(성종 20)
화의군은 성종에게 상언하여 자신이 죽으면 자손들이 천예(賤隸)로 떨어지
지 않게 그들의 이름을 왕실보첩에 넣어 줄 것을 요청하였다.[171] 화의군은 박
중손의 딸과 혼인하였으나 그 사이에는 자녀가 없었고, 비(婢) 출신 첩에게
서 세 아들을 두었다.[172] 화의군의 아들은 화의군이 죄를 받지 않고 왕자 신
분을 유지하였다고 하더라도 사족(士族) 집안과 혼인 관계를 맺기가 쉽지 않
았다. 사족가문에서는 종친과 혼인 맺기를 달가워하지 않는 데다가 종친의

---

167 『세조실록』 권10, 세조 3년 11월 18일(무인).
168 『성종실록』 권134, 성종 13년 7월 19일(병술).
169 『성종실록』 권155, 성종 14년 6월 25일(병술).
170 『성종실록』 권157, 성종 14년 8월 1일(신유).
171 『성종실록』 권228, 성종 20년 5월 9일(병인).
172 화의군이 첩에게서 난 세 아들의 母가 동일 인물인지 확인되지 않는다. 『선원록』에는 1남, 2남의 母
이름이 명기되어 있지 않으나, 3남의 母는 卄之로 되어 있다(『선원록』 권30, 세종대왕종친록 화의군,
『조선왕조선원록』 7, 민창문화사, 1992.

모계가 양인(良人)이 아니라 비녀(婢女) 출신인 경우는 더더욱 꺼렸다. 실제로 종친의 모계가 비녀 출신인 경우 중인이나 서얼과 혼인 관계를 맺는 경우가 종종 있었다.

화의군의 아들은 모계가 비녀 출신인 데다가 부친이 죄를 입어 왕실보첩에서도 이름이 삭제되었기 때문에 종친이라고 할 수 없었다. 부친 사후에는 모계의 출신을 따라 천인으로 전락될 처지였다. 화의군은 이것을 걱정하여 자손들의 이름을 왕실보첩에 올려서 종친의 신분을 회복할 수 있게 해 달라고 성종에게 상언을 올린 것이다. 성종은 화의군이 상언에서 요구한 바를 들어줄 수 없었다. 그가 선왕에게 죄를 입었기 때문에, 왕실보첩에서 이름을 삭제한 선왕의 결정을 자신이 번복할 수는 없다고 여겼다. 그러나 성종은 화의군의 자손을 서류(庶類)처럼 대접할 수 없다는 결론을 내렸다.

중종대에 화의군의 손자인 이륜(李綸)이 또다시 상언하자, 중종은 화의군 자손들에게 종반직을 제수하도록 명하였다. 이륜은 화의군이 성종의 은전(恩典)을 입어서 천역을 면제받았으니 자신들에게 종반직을 제수해 주도록 요구하였다. 화의군의 자손을 복직시키기 위해서는『종친록』에 화의군의 삭탈되었던 봉작명을 회복해야 했다. 중종은『종친록』에 '고안장(高安長)'으로 되어 있는 것을 화의군으로 수정하고, 그의 자손도 기재하여서 종반직을 제수하기에 이르렀다.[173]

현존하는『세종대왕종친록』에 당시의 상황이 그대로 반영되어 있다. 화의군 손자인 이륜의 상언으로 왕실보첩을 수정할 때 화의군의 아들 서1남 이원은 증직이 되고,[174] 서2남 이번(李轓)은 여성수(驪城守)에, 서3남 이식(李軾)은 금란수(金蘭守)에 제수되었다. 상언을 올렸던 이륜은 서2남 이번의 아들로서 풍무부령(風茂副令)에 제수되었다.[175] 또한 화의군의 증손까지 종친의 신

173 『중종실록』권34, 중종 13년 11월 11일(정미).
174 서1남 이원은 여흥정(驪興正)에 증직되었다.

분이 회복되어 계속 종반직에 제수되었다.

화의군의 후손들이 종친으로 어떠한 활동을 하였는지는 거의 확인되지 않는다. 유일하게 행적이 보이는 것은 화의군의 서1남 이원의 손자 태산감(泰山監) 이황(李凰)이다. 이황은 1617년(광해군 9) 선조의 계비 인목왕후를 폐비시켜야 한다는 논의가 진행될 때 종친으로서 참석하였다. 당시 폐비 문제가 공론화되어 연일 종친과 관료들이 인목대비의 폐비 문제를 놓고 상소를 올렸다. 이때 태산감 이황은 종친의 대표로서 국왕에게 공론을 따르기를 청하였다.[176] 종친이라고 누구나 자기의 정치적인 의견을 제시할 수 있는 것은 아니다. 그가 정소에 참여한 것에서 그의 왕성한 종친활동을 짐작게 한다. 더군다나 태산감 이황의 가문은 화의군파 내에서 무관 관료가문으로 성장하였다.

화의군이 석방된 후에 성종이 전답을 내려 주었고, 중종 때에 신원되어 신분을 회복하였기 때문에 그 자손들은 어느 정도 사회적 지위를 유지할 수 있었을 것이다. 화의군의 서1남 여흥정(麗興正) 이원의 장남 이급(李級)에게는 처 노씨(盧氏) 부인에게서 태어난 2남 4녀와 첩에게 난 서자 2남이 있었다. 태산감 이황은 이급의 서1남이었다. 적자인 복주령(福州令) 이기(李麒)와 2남 인천령(仁川令) 이린(李麟) 그리고 서2남 영산감(永山監) 이란(李鸞)에게는 자손이 없었다. 서1남 태산감 이황만 4남 4녀를 두었다. 이황은 자신의 2남을 그의 적형인 이기에게 양자로 보냈다.[177]

태산감 이황의 장남 이득지(李得志)는 사계 김장생의 문인으로[178] 1627년

175 『세종대왕종친록』(장서각 K2-1211)에는 3남이 금란수에 제수되었다고 기록되어 있다. 그러나 1681년(숙종 7)에 편찬된 『선원록』에는 3남에게 금란수가 증직되었다고 하여 차이를 보이고 있다 (『선원록』 권30, 세종대왕종친록 화의군).
176 『광해군일기』 권121, 광해군 9년 11월 25일(병술).
177 『조선왕조선원록』 7, 민창문화사, 1992.
178 『국조인물고』 권40, 士子, 李得之條.

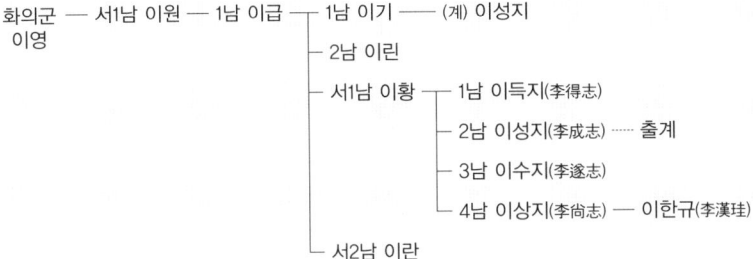

〈이황의 가계도〉

화의군 — 서1남 이원 — 1남 이급 ┬ 1남 이기 —— (계) 이성지
이영   ├ 2남 이린
                              ├ 서1남 이황 ┬ 1남 이득지(李得志)
                              │   ├ 2남 이성지(李成志) ‥‥‥ 출계
                              │   ├ 3남 이수지(李邃志)
                              │   └ 4남 이상지(李尙志) — 이한규(李漢珪)
                              └ 서2남 이란

(인조 5) 생원시 3등 65위로 합격하였다.[179] 그는 경학에 밝았으나, 관직에 나가지는 않았다. 4남 이상지 계통이 지속적으로 무관을 배출한 무관 관료가문이다. 이상지는 아들 둘이 있었으나 차남은 요절하였고, 장남 이한규(李漢珪)만 남았다. 이한규는 숙종 때 무과에 합격하여 선전관에 제수되었다. 그후 그는 경상좌도 우후·의성현감·정평부사·군기시 첨정·면천군수·창성부사·충청도 수군절도사·경상우도 병마절도사·도총부 부총관 등의 관직을 역임하였다.[180] 그가 정평부사로 재직할 때에 진휼을 잘하고 선정(善政)을 베풀어서 숙종에게 숙마(熟馬) 1필을 상으로 받았다.[181] 이뿐만 아니라 이여적(李汝迪)·이여회(李汝晦)·이여익(李汝益)·이여충(李汝忠)·이여명(李汝明) 등 다섯 아들이 무과에 합격하자 이한규는 자헌대부로 가자(加資)되었다.[182]

이한규의 다섯 아들 중에서 이여적·이여회·이여익 등 세 아들 계통에서 한 대도 거르지 않고 지속적으로 무과 합격자가 배출되었다. 이들 가문의 무과 합격자를 정리하면 다음과 같다. 이여적의 후손 중 무과에 합격한 무관

179 『天啓七年八月初四日丁卯式年司馬榜目』(장서각[B13LB-1]), 한국학중앙연구원 한국역대인물 종합정보시스템.
180 이한규의 관력은 『승정원일기』를 참조하였다.
181 『승정원일기』, 숙종 19년 11월 20일(기미).
182 『승정원일기』, 영조 3년 7월 22일(병자).

관료 11명, 이여회의 후손 중 무과를 거친 관료 6명, 이여익 후손의 무과 출신 관료 5명 등 총 22명이다. 이들 중에서 이여적의 현손 이명구(李明九)는 무과에 합격하고 바로 사망하였기 때문에 관직에 진출하지 못했다.[183]

이여적·이여회·이여익 집안을 비교하면, 이여적 집안이 가장 고위 무관 관료 집안이라고 하겠다. 이여적의 집안은 부친 이한규를 포함하여 아들·손자·증손·현손 5대가 모두 종2품의 병마절도사직을 지냈다. 이여회의 후손으로 당상관을 지낸 사람은 1명, 이여익 집안에서 당상관을 지낸 사람은 2명이다.

표 28 　이여적·이여회·이여익 집안의 무관 관료

이름	최고 관직	이름	최고 관직	이름	최고 관직
이여적	병마절도사	이여회	군수	이여익	군수
이희원	병마절도사	이유원	부사	이우원	부사
이문덕	병마절도사	이문혁	수군절도사	이문철	부사
이신경	병마절도사	이언경	부사	이존경	병마절도사
이명구	무과 출신	이원경	부사	이명학	병마절도사
이명삼	현감	이명석	부사	이정규	군수
이명칠	군수	이봉규	도사		
이순악	첨지중추부사				
이상협	군수				
이상홍	군수				

〈표 28〉에 기재된 인물 가운데 무과 응시 당시의 전력을 확인할 수 있는 사람은 10명이다. 10명의 전력을 보면 통덕랑 3명, 부사과 1명, 부사용 1명, 전 선전관(前宣傳官) 1명, 군관 1명, 액외내금위 1명, 한량 2명이다. 10명 중

---

183 『승정원일기』, 순조 25년 4월 12일(기사).

8명이 관직이나 관품을 소유하고 있거나 소유했었던 사람이며, 나머지 2명만 한량이었다.

관품을 소유한 3명은 통덕랑의 전력을 가지고 있었다. 조선 후기 문·무과 합격자 가운데는 통덕랑 소유자가 많았다. 문과의 경우 통덕랑을 전력으로 가지고 있는 사람은 15세기 후반에서 17세기 후반에 집중되어 나타난다.[184] 무과에서 통덕랑을 전력으로 가지고 있는 사람은 17세기 후반부터 급증하여 19세기 전반기까지 나타난다.[185] 조선 후기 대가제(代加制)의 문란으로 통덕랑이 양산되는 현상이 있었다. 대가제는 문·무반 관료가 정3품 이상인 경우 각종 상전으로 주어지는 가자(加資)를 자신의 아들, 형제, 사위, 조카에게 대신 줄 수 있는 제도이다. 그러므로 통덕랑이란 관품을 소유했다는 것은 관료가문 출신임을 증명하는 것이다.

부사과·부사용은 오위의 관직이다. 오위의 관직은 조선 전기에는 실제 직무가 있었으나, 오군영을 중심으로 운영하던 조선 후기에는 녹봉을 지급하는 체아직으로 변모했다. 오위 관직은 동반 관원, 서반 관원, 군직 소유자 등에게 지급이 가능하였다. 오위의 관직을 받았던 군직은 훈련도감과 금위영 군병 그리고 금군을 포함한 장관·장교급이었다. 실제 조선 후기 오위직 소유자로 무과에 합격한 경우는 금군을 포함한 장교급 이상이 60.2%이고, 습독관·창준(唱準)·의원·역관 등의 잡직이나 기술직 중인들도 있었다.[186] 이 한규 가계에서 전력으로 가지고 있었던 부사과·부사용은 서반직이나 군직을 소유했을 가능성이 있다. 부사과의 전력을 가지고 있었던 이여익은 충의위에 소속되었을 것이다. 친진된 이후 종친의 5대손에서 9대손까지는 적자는 충의위, 서자는 족친위에 입속되었다. 세종의 7대손인 이여익은 당연히

184 원창애(2003),「문과 급제자의 전력 분석」,『조선시대의 과거와 벼슬』, 집문당, 76쪽.
185 정해은(2002),「조선후기 무과급제자 연구」, 한국학중앙연구원 한국학대학원 박사학위논문, 111쪽
     〈표 2-11〉'관료군의 품계 내역' 참조.
186 정해은(2002), 앞의 논문, 107~109쪽.

충의위에 입속되어 부사과라는 서반직을 받았을 것이다. 전력이 부사용이었던 이명학(李明學)은 세종의 9대를 넘었기 때문에 충의위에 입속되지 않았을 것이나, 혹 훈련도감·금위영 군병이나 금군에 속해 있었을 가능성이 있다.

전 선전관은 무과 합격 전에 선전관을 지낸 전직 관료이다. 무과 합격 전에 선전관에 제수된 것은 남항선전관(南行宣傳官)이라고 한다. 남항선전관은 선천(宣薦)을 받아 제수되었다. 문과 합격 후 사관(史官)이 되기 위해서는 한천(翰薦)를 받아야 하는 것처럼 무관의 청요직인 선전관이 되기 위해서는 선천을 받아야 했다. 선천의 대상은 무과 합격자와 한량이었다. 무과 합격자로서 선천을 받은 경우는 출신천이라 하며, 한량으로서 선천을 받은 경우 남항천(南行薦)이라고 한다. 남항천을 받은 자들은 84.9%가 서울에 거주하는 무관가문 출신이며, 무관의 요직으로 승진할 기회가 많았다.[187] 전력이 전 선전관이었던 이언경(李彦敬)은 남항천으로 선전관을 지내다가 그 직을 그만둔 경우이었다. 현재 방목이 발견되지 않아서 전력을 알 수 없는 12명 가운데 이여회의 아들 이유원이나 이문덕의 아들 이신경 등 2명은 무과 응시 전에 남항신전관이었다. 이유원·이언경·이신경 등이 남항선전관이었다는 것은 무반가문으로서 이들 집안의 지위를 잘 나타내 준다. 또한 이들 집안 무과 합격자의 전력으로 관직·관품 소유자가 많다는 사실도 무반가문의 지위를 입증해 준다.

군직으로는 군관과 액외내금위에 속했던 사람이 있다. 군관은 장교직이며 액외내금위는 금군직이었다. 군관은 조선 후기 무과 합격자를 많이 배출한 군종 중 하나이다. 액외내금위를 전력으로 가진 자들은 18세기 후반에 무과에 합격하기 시작하는 군종이다.[188]

---

187 정해은(2001), 「조선후기 선천의 운영과 선천인의 서반직 진출 양상」, 『역사와 현실』 39, 151~153쪽.
188 정해은(2002), 「조선후기 무과급제자 연구」, 한국학중앙연구원 한국학대학원 박사학위논문, 91쪽 〈표 2-4〉 '군직군의 군직 내역' 참조.

이한규 집안 무과 합격 전력을 살펴본 결과 무관 관료가문으로 서반직·
군직에 진출했다가 무과에 합격한 경우가 많았다. 조선 후기 무과 합격자
전력 분포를 보면 한량 34.1%, 군직 소유자 33.3%, 관직 소유자 13.6%, 관
품 소유자 10.5%, 기타 직역 8.5% 등으로, 관직·관품 소유자가 24.1%이
다.[189] 이한규 집안의 경우 관직·관품 소유자가 50%, 군직 소유자가 20%로
관직·관품 소유자가 더 많았다. 이것은 이한규의 집안이 서반직을 음관으
로 받았거나 관품을 소유할 수 있는 관료가문이었음을 여실히 보여 주는 것
이다. 그러나 이처럼 무과를 통한 무반 관료를 6대 이상 지속적으로 배출하
는 무반가문임에도 무반 벌열가문으로는 성장하지 못하였다.

무반 벌열가문들은 무반 고위직 진출자가 많이 배출되는 동시에 왕실 또
는 종실과 외척 관계를 이루거나 다른 무반 벌열가문과의 통혼 관계를 통해
서 벌족화되는 경향이 있다.[190] 그러나 이한규 집안에서는 이한규 이하 5대
가 연속적으로 종2품의 병마절도사를 지냈음에도 중앙 고위 무반직인 대장
직을 제수받은 사람이 전혀 없다. 또한 통혼 관계를 살펴보면, 왕실이나 무
반 벌열가문과의 통혼이 전혀 없었다.

대장직에 제수되었던 왕자군파 13개 중에 8개 파는 무과 합격자도 많이
내었으나, 문과 합격자를 10명 이상 배출하였다. 무과 합격자만 많이 배출
한 왕자군파는 2개 파에 지나지 않았다. 나머지 3개 왕자군파는 무과 합격
자도 5명 미만인 경우였다. 문과와 무과에서 모두 합격자를 많이 낸 왕자
군파에서 왕실 후손 출신 대장의 67.9%를 배출하였다. 무과 합격자가 많았
던 왕자군파에서는 21.4%이었으며, 무과 합격자도 적었던 왕자군파에서는
10.7%의 점유율을 보이고 있다. 결국 무관가문이라고 하더라도 파계 내에
동반 관료가 포진되어 있을 때 무반 벌열가문으로 성장하기가 수월하였다.

---

189 정해은(2002), 앞의 논문, 81쪽 〈표 2-1〉 '17~19세기 무과 합격자의 전력' 참조.
190 장필기(2004), 『조선후기 무반벌열가문 연구』, 집문당, 151쪽.

대장직은 도성을 지키고 국왕을 시위하는 군영의 최고위직이었다. 그러므로 국왕의 측근이거나 정권을 장악하고 있었던 당대 핵심 동반 관료와 밀접한 관계를 가진 이들이 대장으로 발탁될 가능성이 높았다. 따라서 파계 내에 핵심 동반 당상이 다수 존재하는 왕자군 파계 내의 무관가문에서 대장직이 주로 배출되었다. 화의군파의 경우에는 문과 합격자가 적었기 때문에 그만큼 가능성이 적을 수밖에 없다.

(2) 계성군파(桂城君派)

계성군 이순(李恂)은 성종의 서1남으로 1480년(성종 11)에 태어났는데 모친은 숙의하씨이다. 성종에게는 왕자군과 옹주가 많아서, 이들을 궁궐에서 키우지 못하였다. 왕자군과 옹주들은 여염집에 흩어져 살았는데, 이들에게 딸린 보모·궁인·내시 등에게 들어가는 비용까지 집주인이 감당하여야 했다. 따라서 부유한 양반가에서 왕자군이나 옹주를 맡아서 봉양하고 접대하면, 그들에게 봉작을 하사하였다.[191] 계성군도 어릴 때에 성건(成健)의 집에서 우거한 적이 있었다.[192] 성건은 성종의 모친 소혜왕후와 인척 관계였다. 성건의 부인이 한전(韓碩)의 딸이었는데, 그녀는 소혜왕후와 사촌지간이었다. 이러한 인연으로 계성군은 성장한 이후에도 성건의 집에 방문하여 종을 하사하기도 하였다.[193]

계성군은 1491년(성종 22) 판관 원치(元菑)의 딸과 혼인하였다. 계성군 가례의 혼주는 종친 밀성군이었는데, 가례가 너무 성대하여 문제가 되었다.[194] 계성군의 집은 창경궁을 건축하고 남았던 재목을 사용하여 서학(西學) 근처에 지었는데, 계성군의 집에 서학의 일부가 편입되었다. 성종은 계성군의 집

---

191 『성종실록』 권215, 성종 19년 4월 7일(경자).
192 『성종실록』 권206, 성종 18년 8월 1일(무자).
193 『성종실록』 권249, 성종 22년 1월 24일(신축).
194 『성종실록』 권249, 성종 22년 1월 8일(을유).

으로 편입된 서학의 땅을 서학과 접해 있는 장원서(掌苑署)의 것으로 보상하였다. 성종은 계성군이 16세가 되자 조하(朝賀)와 조참(朝參)에 참석하도록 하였다.[195] 그 후 종친으로서 국가의례에 참석하여 안순왕후의 담제를 지내기도 하였고, 1502년(연산군 8)에는 종부시 제조에 제수되었다. 계성군은 자식을 남기지 못하고, 1504년(연산군 10) 사망하였다.

계성군의 후사가 없자, 중종대에 월산대군의 손자 계림군(桂林君) 이유(李瑠)를 계후로 삼았다. 계림군 이유는 덕풍군(德豊君) 이이(李怡)의 차남이다. 덕풍군은 월산대군의 아들로 장경왕후의 여형제와 혼인하였으므로, 계림군은 장경왕후의 조카뻘이었다. 명종이 즉위하자 대윤이라고 불리는 인종의 외숙부 윤임은 을사사화로 죽임을 당하였다. 이때 계림군 이유도 죄를 입어서 거열형에 처해졌다. 윤임은 인종이 사망하고 명종이 즉위하자, 대비인 문정왕후가 병든 틈을 타서 명종을 몰아내고 봉성군이나 조카인 계림군을 세우려 했다는 죄목을 받았다. 계림군은 새로운 왕으로 지목되었다는 이유로 화를 당하였다. 계림군의 아들도 연좌되어서 사망하기에 이르렀다. 명종은 계림군 이유의 재산을 적몰하였으나, 계성군에게서 물려받은 재산은 이성군의 아들 운성정 이수철(李壽鐵)에게 주어서 계성군의 제사를 모시게 하였다.[196]

계림군은 5남 3녀를 두었다. 그는 정유침(鄭惟沈)의 딸과 혼인하여 연양부정 이시(李諰)를 얻었으며, 나머지 4남 3녀는 첩 양녀 직덕(直德)이 낳았다. 서1남은 금양수(金陽守) 이형(李詗), 서2남은 운양수(雲陽守) 이후(李詡), 서3남은 정양수(正陽守) 이회(李誨), 서4남은 은양수(恩陽守) 이량(李諒)이다.[197] 5남 중 을사사화 때에 사망한 아들은 이시·이형·이후 셋이었다. 당시 정양수 이회는 녹을 받고는 있었지만, 16세가 되지 않아 형을 면하였다.[198]

---

195 『성종실록』 권287, 성종 25년 2월 12일(신미).
196 『명종실록』 권2, 명종 즉위년 9월 11일(신미).
197 『선원록』 권3, 성종대왕종친록 계성군.
198 『세종실록』 권41, 세종 10년 8월 28일(정미).

1565년(명종 20) 문정왕후가 사망하자마자 을사사화에 화를 당한 사람들에 대한 은전이 내려졌다. 명종의 외숙인 윤원형은 관직이 삭탈되고 전리로 쫓겨났다. 명종은 인종비인 공의(恭懿)왕대비의 뜻에 따라 을사사화로 화를 당해서 노비로 전락한 자를 면천시켰다.[199] 선조가 즉위한 후 바로 을사사화 때에 애매하게 죄를 받은 자들을 신원하겠다는 교서가 내려졌다. 이때 봉성군은 신원되어 직첩을 돌려받았다.[200] 을사사화로 화를 당한 사람들의 신원은 몇 단계를 거쳐서 이루어졌다. 1567년(선조 즉위) 이후 1577년(선조 10) 공의왕대비가 을사사화의 주범으로 알려진 윤임·계림군 이유·유관·유인숙도 신원하기를 청하였으나, 유관·유인숙만이 직첩을 돌려받았다.[201] 같은 해 12월 공의왕대비가 사망하자, 선조는 윤임·계림군 이유의 직첩을 돌려주고 위훈(僞勳)을 삭제한다는 교서를 발표하였다.[202] 이렇게 하여 을사사화에서 화를 입었던 사람들은 모두 신원되었으며, 그 당시 공신으로 책봉되었던 사람들의 공훈은 삭제되었다.

계림군 이유는 신원되어 직첩을 돌려받고, 계성군 계후로서의 지위도 회복되었다. 을사사화 후에도 남아 있었던 기계는 다음과 같다.

계림군 이유의 아들 이시·이형·이후가 을사사화로 교형을 당하였기 때문에, 정양수 이회와 은양수 이량의 계통만 남게 되었다. 선조대에 계림군의 신원이 이루어진 후에 이회와 이량의 아들들은 종반직을 제수받았다. 임진왜란 당시 선조가 피난 갔다가 돌아온 후에 계림군의 집을 시어소로 사용했다. 을사사화에서 살아남은 아들 중 서4남 이회가 계림군의 집을 물려받았는데, 이때 이회의 아들 이덕인에게 상으로 관직이 내려졌다.

『명종실록』 권2, 명종 즉위년 9월 11일(신미).
199 『명종실록』 권34, 명종 22년 3월 9일(갑자).
200 『선조실록』 권2, 선조 즉위년 10월 15일(병신).
201 『선조실록』 권11, 선조 10년 6월 26일(임오).
202 『선조실록』 권11, 선조 10년 12월 4일(병술).

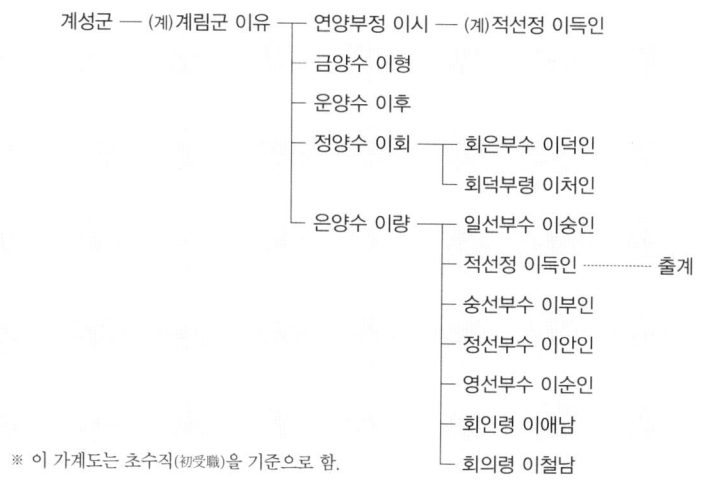

계성군 ─ (계)계림군 이유 ┬ 연양부정 이시 ─ (계)적선정 이득인
                          ├ 금양수 이형
                          ├ 운양수 이후
                          ├ 정양수 이회 ┬ 회은부수 이덕인
                          │   └ 회덕부령 이처인
                          └ 은양수 이량 ┬ 일선부수 이숭인
                                        ├ 적선정 이득인 ┄┄┄┄ 출계
                                        ├ 숭선부수 이부인
                                        ├ 정선부수 이안인
                                        ├ 영선부수 이순인
                                        ├ 회인령 이애남
                                        └ 회의령 이철남

※ 이 가계도는 초수직(初受職)을 기준으로 함.

계림군 이유의 손자들은 종친으로서의 활동이 많아 승진이 순조롭게 이루어졌다. 광해군대에 이르러서는 종4품 부수에 제수되었던 이들은 정3품 당하관인 정(正)까지, 정5품 영(令)이었던 이들은 종3품 부정까지 승진되었다.[203] 인조대에 이덕인은 회은군(懷恩君)으로, 이철남은 회의군(懷義君)으로 봉군되기에 이르렀다.[204] 회은군 이덕인은 사은부사가 되어 포로가 된 종실을 쇄환하기 위하여 청으로 갔다.[205] 당시 회은군 이덕인의 딸이 15세로 강화도에서 포로가 되었는데, 청나라 한(汗)의 시녀가 되어서 청의 정보를 조선에 제공하였다.[206] 이러한 이유로 회은군 이덕인은 사은사 혹은 동지사로 여러 차례 청에 파견되었다. 1640년(인조 18) 인조는 동지사로 파견되었던 회은군 이덕인에게 가자하고 노비 5명을 내렸는데, 세폐미(歲幣米)를 감면받

203 『광해군일기』권121, 광해군 9년 11월 25일(병술).
204 『인조실록』권28, 인조 11년 7월 5일(을미).
205 『인조실록』권34, 인조 15년 2월 18일(무자).
206 『인조실록』권38, 인조 17년 1월 30일(무자).

아 왔기 때문이다.[207] 회은군 이덕인은 그의 딸과 함께 외교활동에 공이 많았다. 1644년(인조 22) 부사직 황익(黃瀷)·오국 별장 이원로(李元老)가 역모 사건을 고변하였다. 그 내용은 인조반정에서 1등 공신에 책봉되었던 청원부원군 심기원이 회은군 이덕인을 추대하려고 하였다는 것이었다. 이 고변으로 이덕인은 제주 대정현에 유배되었다가 사사되었다.

현종대에 회은군 이덕인에 대한 신원이 요청되었다. 이덕인을 추대하려했다는 것은 심기원의 공초에서만 언급되었고, 다른 사람들은 모르는 사실이며 정황 역시 불분명하다는 것이었다. 그러나 이 소원(訴冤)은 철회되었다. 1675년(숙종 1) 다시 이덕인의 외손 이감(李壏)[208]이 상언하여 이덕인의 신원을 청하여서 그 의견이 받아들여졌다. 이덕인이 역모 사건에 관련되는 바람에 계림군의 가계는 연양부정 이시의 양자 적선정 이득인, 은양정 이량의 아들인 정선정 이안인, 영선정 이순인, 회의령 이철남 계통만이 남게 되었다.

계림군의 계통에서 무관 관료가문으로 성장한 것은 연양부정 이시의 양자 적선정 이득인 가계와 은양정 이량의 아들 중 회의군 이철남 가계이다. 특히 회의군 이철남의 가계는 친진되어 종친의 지위를 가질 수 없는 이정형·이익형부터 9대 동안 지속적으로 무과 합격자를 배출하여 무관직에 진출하였다. 계성군파의 무과 합격자 43명 가운데 이철남의 자손이 30명으로 거의 70%에 달하고 있다.

이철남은 은양수 이량의 첩 양녀 춘향(春香)에게서 난 서2남이다. 이철남은 의관 동지중추부사 신득일(申得一)의 딸과 혼인하였다. 그는 종반직으로 종5품 회의령을 제수받았고, 1630년(인조 8) 종2품 정의대부 회의군(懷義君)

---

207 『인조실록』 권41, 인조 18년 11월 24일(신축).
208 이감은 이덕인의 장녀 李瑞惠가 李昌炫(본관 평창, 문과 합격, 좌랑)과 혼인하여 낳은 장남이다.

에 제수되었다.[209] 회의군 이철남은 서자로서 의관(醫官) 집안과 혼인하였는데, 어떻게 승진하여 봉군에까지 이르게 되었는지 확인되지 않는다. 이철남은 4명의 아들을 두었다. 그중 차남 이태형(李泰亨)을 자신의 적형인 이순인(李純仁)의 계후로 보냈다. 이철남의 아들 4명은 모두 무과에 합격하여 무관으로 진출하였다.

이철남의 아들들은 그의 외가가 기술직 중인이라는 이유로 관직생활 중에 어려움을 겪었던 것 같다. 이철남의 3남 이익형은 무과 출신이지만, 사헌부 감찰에 제수되었다. 그러나 사헌부에서 이익형의 외가가 분명하지 않다는 이유로 서경을 해 주지 않았다. 서경은 사헌부에서 제수 대상 관료의 부친 4조와 모친 4조를 조사하여 혈통과 범죄 유무 등에 문제가 없을 때에 서명해 준다. 이익형은 외조부가 의관으로, 선대가 분명치 않아서 사헌부의 서경을 받지 못하였다. 종부시에서는 종실은 외가를 논하지 않는다는 규례가 있음을 들어서 탄원하여, 오히려 사헌부 관원이 파직된 후에 추고를 당하였다.[210]

회의군 이철남의 가계는 이러한 차별 속에서도 계속 무과 합격자를 배출하고, 무관 관료가문으로 성장하였다. 이철남의 가계에서 배출된 무과 출신 무관들의 가계는 다음과 같다.

회의군 이철남의 가계에서 배출된 무과 출신의 무관 30명 가운데 무과 단회방목이 있거나, 연대기 자료에서 전력이 확인되는 사람은 16명이다. 16명의 전력을 살펴보면, 생원 1명, 한량 2명, 권무군관 2명, 관품 소유자 4명, 관직 소유자 7명이다. 관품은 통덕랑 3명, 적순분위 1명이다. 관직은 남항선전관이 4명, 부장 1명, 내승 1명, 수문장 1명이다.

회의군 이철남의 가계, 화의군과 이한규 가계 그리고 조선 후기 무과 합

---

209 『승정원일기』, 인조 8년 3월 12일(임진).
210 『효종실록』 권9, 효종 3년 8월 23일(임술).

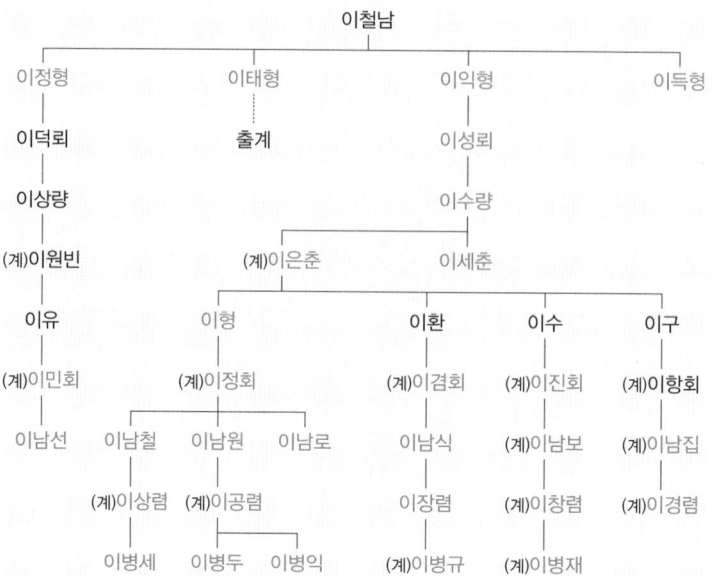

격자 전력을 비교함으로써 이철남 가계의 특성을 살펴보자. 〈표 29〉를 보면, 이철남 가계의 전력 중 점유율이 가장 큰 것은 관직 소유자이다. 이철남 가계 출신 무과 합격자가 전력으로 소유한 관직은 모두 서반직이다. 그들 관직은 내승 1명을 제외하곤 선전관·부장·수문장이다. 무과 합격 전에 선전관이 되기 위해서는 선천을, 부장이 되기 위해서는 부장천(部將薦)을, 수문장이 되기 위해서는 수문장천(守門將薦)을 받아서 금군으로 6개월을 근무한 후에 제수되었다. 이철남의 3남 이익형 가계가 선천을 통한 남항선전관의 비중이 높았다. 전력이 내승이었던 이형(李炯)도 남항선전관을 거쳐서 내승직에 제수되었다.[211] 그 외 부장천을 통한 부장과 수문장천을 통한 수문장

---

211 『승정원일기』, 영조 40년 9월 25일(갑술).
　　이형은 남항선전관을 거쳐 내승에 제수되었다. 그는 내승·선전관 춘등시사에서 내승직 중에서 居首하여 직부전시를 받아 무과에 합격하였다[『승정원일기』, 영조 41년 1월 29일(을해)].

도 있다. 부장의 전력을 가진 이득형(李得亨)은 이철남의 4남으로 이익형의 동생이나, 후사가 없었다. 부장의 전력을 가진 이경렴(李敬濂)은 이익형의 가계이나 가장 세전성(世傳性)이 떨어지는 계통이다. 즉 이철남의 가계 내에서도 세전성이 떨어지는 계통의 인물은 선천을 받지 못하고 부장천이나 수문장천을 받아 음관에 나갔음을 알 수 있다. 그렇다고 하더라도 서반직 소유자 점유율이 40%에 이른다는 것은 이철남의 가계가 명문 무관가문이라는 증거이다.

표 29   조선 후기 무과 합격자·이철남 가계·이한규 가계의 전력 분포 점유율(%) 비교

	한량	군직 소유자	관직 소유자	관품 소유자	기타
무과 합격자	34.1%	33.3%	13.6%	10.5%	8.5%
이철남 가계	12.5%	12.5%	43.8%	25%	6.3%
이한규 가계	20%	20%	30%	30%	

　　이철남 가계에서 관직 소유자 다음으로 점유율이 높은 것은 관품 소유자이다. 이철남의 아들 이익형이 적순부의라는 관품을 소유한 것은 성종의 5대손으로서 충의위에 입속되었기 때문으로 여겨진다. 친진이 된 종실 후손은 국왕의 9대손까지 충의위나 족친위에 입속된다. 입속 대상자가 16세가 되면 종부시에서 병조로 명단을 보내서 본인에게 통보한다. 이익형은 아마도 충의위에서 근무하여 관품을 얻게 된 것으로 보인다. 나머지 관품은 통덕랑이다. 화의군과 이한규 가계에서 본 바와 같이 통덕랑은 대가제에 의거하여 획득한 관품으로서 관품 소유자가 관료가문 출신임을 보여 준다.

　　군직으로는 권무군관이 있다. 권무군관은 양반 군종이며, 장교로서 여러 군직자 가운데 무과 합격이 많은 군종의 하나이다.[212] 이한규 가계와는 달리 금군 직종은 전혀 보이지 않는다. 오로지 장교직을 소유하고 있던 이들이

무과에 합격하였던 것은 이철남의 가계와 이한규 가계의 지위가 다소 달랐기 때문으로 추측된다.

이한규 가계와는 달리 이철남 가계에는 기타 전력이 있는데, 생원이었다. 조선 후기 무과 합격자의 기타 전력군 가운데 생원·진사는 5명이었다.[213] 이철남 가계의 이태형이 5명 중의 1명이었다. 이태형은 이철남의 2남이었으나, 이철남의 형인 영선부수 이순인의 계후가 되었다.[214] 그는 1646년(인조 24) 생원시에서 3등 47위로 합격하였다. 그 후 1651년(효종 2) 무과에 합격하기까지 5년이 소요되었다.[215] 생원시 합격 이후 무과에 합격하기까지 그의 행적은 알 수 없다. 그의 형제인 이익형은 1648년(인조 26),[216] 이득형은 1637년(인조 16)[217]에 무과에 합격하였다. 이태형은 두 동생들보다 늦게 무과에 합격하였다. 이것으로 볼 때, 그는 무관으로서의 재능이 적어서 무과 합격이 늦어졌거나, 아니면 문과에 실패해서 결국은 진로를 바꾸어 무과로 진출한 것으로 생각된다.

이철남 가계는 조선 후기 무과 합격자 전체 전력 분포와 비교하면, 관직·관품 소유자의 점유율이 월등히 높다. 화의군파 이한규 가계와 비교해도 관직 소유자의 비율이 높다. 이것으로 이철남 가계는 같은 무관 관료가문보다도 세전성이 높고, 무관 관료가문으로서의 지위도 더 확고한 것을 알 수 있는데, 이것은 이철남 가계 내 무관의 최고 관직을 통해서도 확인된다.

30명의 무관 최고 관직 분포를 보면, 50%인 15명이 종2품 이상 관직을

---

212 『성종실록』 권52, 성종 6년 2월 19일(무술).
213 정해은(2002), 「조선후기 무과급제자 연구」, 한국학중앙연구원 한국학대학원 박사학위논문, 121쪽.
214 『선원록』 권3, 성종대왕종친록 계성군, 『조선왕조 선원록』 8, 민창문화사, 1992, 5428~5429쪽.
215 『신묘별시문[무]과방목』[하버드옌칭도서관 K 2291.7 1748 (1651.2)], 한국학중앙연구원 한국역대인물 종합정보시스템.
216 『무자식년문[무]과방목』[하버드옌칭도서관 K 2291.7 1748 (1708)], 한국학중앙연구원 한국역대인물 종합정보시스템.
217 『정축정시문[무]과방목』(想白古351.306-B224mn-1637), 한국학중앙연구원 한국역대인물 종합정보시스템.

제5장 왕실 원친(遠親)의 계층 분화

역임하였는데, 통제사·병사·수사·도총관·방어사·대장 등이다. 이철남의 3남 이익형-이성뢰-이수량-이은춘의 4대가 모두 종2품직을 역임했다. 게다가 이수량은 1728년(영조 4) 이인좌의 난이 있었을 때 역도들을 진압한 공으로 3등 수충갈성분무공신(輸忠竭誠奮武功臣)에 책봉되었으며,[218] 완춘군에 봉해졌다. 그의 아들 이세춘도 병사를 역임하고 완원군의 군호를 받았으며, 증손 이정회(李鼎會)도 통제사와 완평군의 군호를 받았다. 이수량의 5대손인 이장렴(李章濂)[219]은 무관이지만, 좌부승지와 수사·병사·포도대장을 거쳐서 금위영 대장을 지냈으며, 판서직까지 역임하였다.[220]

　화의군과 이한규 가계도 이한규의 장남 이여적 계통에서 부친 이한규 이하 5대에 이르기까지 종2품 무관직을 수행하였으나 그 이후에는 당상 무관직을 역임한 사람이 없었다. 반면 이철남의 가계는 3남 이익형 가계에서 4대가 연이어 종2품 무관직을 수행한 후에도 계속 당상 무관이 그 계통에서 배출되었고, 중앙 군영의 대장을 역임하여 『등단록』에까지 이름이 올랐다. 그뿐만 아니라 그 가운데 정공신까지 배출됨으로써 이철남 가계의 지위를 더욱 공고히 해 주었다.

218 『승정원일기』, 영조 4년 4월 26일(갑오).
219 그는 이름을 개명한 것 같다. 무과방목에는 이광렴으로 되어 있다[『숭정기원후4갑진증광별시문무과전시방목』(국립중앙도서관[일산古6024-47]), 한국학중앙연구원 한국역대인물 종합정보시스템].
220 『등단록선생안』(장서각 K2-520).

4 왕실 후손에서 기술직 중인가문으로 전환

1) 왕자군파의 기술직 중인가문 현황

종친으로서 중인가문으로 전락한 경우는 흔치 않다. 각 왕자군파 내에서 서자로서 중인가문과 혼인하거나, 혹은 잡과에 합격하여 중인의 신분으로 살아가는 경우는 간혹 있다. 그러나 앞에서 살펴본 문관 관료가문이나 무관 관료가문처럼 세전성을 띠면서 지속적으로 기술직 중인이 배출되는 경우는 적다.

중인이란 두 부류로 구분된다. 하나는 기술직 중인으로 역관·의관·산관·율관·음양관·화원·사자관 등이다. 다른 하나는 향리(鄕吏)·서리(書吏)·토관(土官)·장교(將校)·역리(驛吏) 등 서울과 지방의 행정실무를 담당하는 부류 그리고 서얼 등이 여기에 속하였다.[221] 이들 가운데 기술직 중인들은 잡과와 취재(取才)를 통해서 전문 기술직으로 진출하였다. 잡과는 역과·의과·음양과·율과 등이며, 그 외는 취재를 통해서 전문직으로 선발되었다.

잡과를 통해서 선발되는 역관·의관·음양관·율관 등은 잡과에 합격하면 기술관서의 6품 이상 참상관으로 승진할 수 있었으며, 당상관이 될 수도 있었다. 반면 산관·사자관·화원 등은 취재를 통해서 체아직을 받았다. 산관의 경우에는『주학입격안』이 남아 있다.

종친가문에서 중인으로 전락되기 쉬운 것은 서얼 출신 집안이다. 종친들은 모계의 혈통에 구애되지 않고, 사족(士族)과 혼인할 수 있다고 법제화되어 있

---

221 이성무(1978),「조선전기 중인층의 성립문제」,『동양학』8, 단국대학교 동양학연구원, 273~274쪽.

제5장 왕실 원친(遠親)의 계층 분화

었다. 그럼에도 사회 관습을 좇아서 중인가문과 혼인이 이루어지는 경우가 있었다. 첫째는 서얼 집안과의 혼인이다. 서자인 경우는 첩녀와 혼인하는 경우가 있다. 반면 서녀인 경우는 서자와 혼인하기도 하지만, 양반가의 첩으로 들어가는 경우도 더러 있다. 둘째는 중인가문과의 혼인이다. 역관·의관·음양관으로서 기술직 고위 관직에 오른 집안과의 혼인이 이루어지기도 하였다.

종친가문에서 서얼 계통이라서 중인가문이나 서얼 집안과 혼인하는 경우 외에 기술직 중인으로 전락하는 경우는 많지 않다. 현재 가계가 확인되지 않는 사자관이나 화원을 제외하고, 잡과방목과 『주학입격안』을 바탕으로 하여 종친가문의 기술직 중인 배출 현황을 정리하면 〈표 30〉과 같다.

추증된 사왕(四王)의 자손을 포함하여 조선 왕자군파는 총 113개이다. 그중 6.2%에 해당되는 7개 왕자군파에서 역과·의과·음양과·율과 등 잡과와 주학 취재 합격자 총 432명이 배출되었다. 시험별로 보면, 주학 취재 158명, 역과 154명, 음양과 59명, 의과 55명, 율과 6명 등이다.

잡과에 있어서 왕자군파의 특징은 합격자의 순위가 역과·음양과·의과·율과 순으로 나타난다는 점이다. 잡과 합격자 중 전주이씨의 과별 순위를 보면, 역과·의과·음양과에서 최대 합격자를 배출하였다. 그중 전주이씨의 합격 점유율이 높은 것은 음양과로, 합격자의 9%를 점유하였다. 그다음으로 전주이씨 합격자의 점유율이 높은 것은 의과로 전체 합격자의 4.7%이며, 역과의 전주이씨 합격자는 전체 합격자의 4.1%이다.[222] 역과가 합격 인원수는 가장 많지만, 합격 점유율은 음양과나 의과보다는 낮다. 왕자군파 잡과 합격자 인원 중에 역과 출신이 수적으로는 가장 많지만, 음양과·의과에 합격하여 활동하는 기술직 중인의 비율이 더 많았음을 알 수 있다. 특히 왕자군파 가계에서 음양관에 종사하는 중인이 많았다.

---

222 이남희(2010), 「잡과중인과 전주이씨」, 『장서각 소장 왕실보첩자료와 왕실구성원』, 민속원, 209~210쪽.

주학 취재는 1498년(연산군 4)부터 1888년(고종 25)까지 총 150회가 시행
되었으며, 입격 인원은 총 1,627명이다. 그중 전주이씨는 169명의 합격자
를 내어 90개 성관 가운데 합격자 수 2위를 차지하였다.[223] 169명 가운데 왕
자군파로 명확히 판별된 인원이 160명이다.[224] 160명 가운데 157명이 완창
대군파에서, 나머지 3명은 수춘군파에서 배출되었다. 추존된 사왕의 자손이
종친으로 편입되어 추증된 것은 1872년(고종 9)이다. 고종은『선원계보기
략』수정 당시 사왕 내외 자손록을 별도로 1책으로 간행하라는 비망기를 내
렸다.[225] 사왕의 내외 자손록을 편찬하기 위해서는 추증된 왕의 자녀들도 왕
자·공주로 추증하지 않을 수 없었다. 따라서 이때에 목조·익조·도조·환조
사왕의 4대손까지 일괄 봉작하였다.[226]

완창대군파는 1872년 이전에는 왕자군파와는 별도로 사왕 자손이라 칭
하였다. 종부시에서 사왕 자손을 파악하기 위하여 사왕 자손록(四王子孫錄)을
작성하였는데, 사왕 자손은 이것에 의거하여 별도의 관리를 받았다. 그들에
게 주어진 혜택은 역의 면제였다. 사왕 자손은 대부분 북도 지방에서 거주
하였다. 완창대군파 가운데 기술직 중인 가계는 북도가 아니라 서울에 대대
로 거주하였다. 이들이 기술직 중인가문으로 지위를 굳히는 데에 산학(算學)
이 주요한 발판이 되었을 것으로 여겨진다.

역과는 1498년(연산군 4)부터 1891년(고종 28)까지 171회가 시행되었으
며, 2,973명의 합격자를 배출하였다. 전주이씨는 187명의 합격자를 배출하
여 1위를 하였지만,[227] 파계의 확인이 가능한 인원은 155명이다. 전주이씨 파

---

223 황정하(1988), 「조선 영조·정조시대의 산원 연구」, 『백산학보』 35, 백산학회, 234쪽 〈표 4〉 '조선시대
    각 시기별 주학합격자', 236~237쪽 〈표 5〉 '조선시대 성관별 주학합격자' 참조.
224 왕자군파별 주학 취재 인원은 『전주이씨 과거합격자총람』(2005)의 가계도를 참조하였다. 이 책에서
    는 왕자군파별 가계도를 제시하고, 과거시험 합격자를 표기하였다.
225 『승정원일기』, 고종 9년 11월 29일(경술).
226 『승정원일기』, 고종 9년 12월 4일(갑인).
227 역과방목에 의하면, 전주이씨 역과 합격자는 187명이지만(한국학중앙연구원 한국역대인물 종합정보시
    스템), 이 책에서는 파계가 확인되지 않은 32명에 대해서는 다루지 않았다.

표 30 종친가문의 기술직 중인 배출 현황

과명 \ 파명		도조	정종	태종		세종			합계
		완창대군파	장천군파	양녕대군파	혜령군파	임영대군파	수춘군파	담양군파	
역과	한어	64	34		5		5		108
	왜어	9	7		2	2			20
	몽어	3	6			3			12
	청어	1	7		3		1		12
	미상	3							3
의과		49	4		1	1	2	2	59
음양과	천문	15	4	1	9	4	1		34
	지리	1	2			1			4
	명과	6	6		4				16
	미상	3			2				5
율과		3	1						4
주학 취재		157					3		160
합계		314[228]	71	1	26	11	12	2	437

별 합격자를 보면, 완창대군파 80명, 장천군파 54명, 혜령군파 10명, 수춘파 6명, 임영대군파 5명 순이다. 역과 합격자를 배출한 성관 515개 가운데 50명 이상의 역과 합격자를 배출한 성관은 전주 이 187명, 남양 홍 112명, 초계 변 106명, 천녕 현 100명, 청주 한 86명, 경주 김 82명, 밀양 박 75명, 해주 오 57명 등 8개 성관으로 1.6%에 지나지 않는다. 그런데 성관 내 한 파계에서 50명 이상의 합격자를 낸 완창대군파나 장천군파는 역관가문으로 널리 알려졌을 것이다. 완창대군파 내에 여러 기술직 중인의 분포를 보면 역과의 점유율이 26.8%이다.[229] 장천군파 내 기술직 중인의 분포에서는 역과

228 완창대군파의 기술직 중인은 총 298명인데, 전공이 다른 두 개의 잡과에 합격한 사람들이 있어서 표의 합계는 314명이 되었다. 주학 취재 합격자 16명이 잡과에 중복 합격되어 이러한 결과를 초래한 것이다.
229 완창대군파의 역과 합격자 80명 중 역과에만 합격한 인원은 75명이며, 주학 취재에 합격하고 역과에

합격자가 76.1%이다. 장천군파 기술직 중인의 2/3가 역과 전공자인 셈이어서 장천군파 기술직 중인 가계는 역관가문이라고 칭해도 과언이 아니다.

의과는 1498년(연산군 4)부터 1894년(고종 31)까지 167회가 시행되었으며, 1,548명이 합격하였다. 전주이씨는 79명의 합격자를 배출하여 1위를 하였으나, 파계 확인이 가능한 것은 59명이다.[230] 조선시대 의과 합격자는 역과 합격자와는 달리 대량으로 합격자를 배출한 성관이 거의 없다. 50명 이상의 합격자를 낸 성관은 전주이씨와 경주최씨 두 성관이다. 전주이씨 의과 합격자는 완창대군파에 집중되어 있다. 완창대군파는 49명의 의과 합격자를 배출하여 전주이씨 전체 의과 합격자의 62%를 점유하였다. 그러므로 완창대군파는 의관가문으로도 정평이 나 있었을 것이다.

음양과는 1471년(성종 2)부터 1885년(고종 22)까지 100회가 시행되어서 865명의 합격자를 배출하였다. 전주이씨는 85명의 합격자를 배출하여 1위를 하였다. 왕자군파 중 완창대군파가 배출한 합격자는 25명으로 가장 많았다. 그러나 특별히 음양과 합격 점유율이 높은 왕자군파는 혜령군파이다. 26명의 잡과 합격자 가운데 음양과 합격이 15명으로 57.7%가 된다.

율과는 1507년(중종 2)부터 1861년(철종 12)까지 125회가 시행되어서 730명의 합격자를 배출하였다. 전주이씨는 19명으로 8위를 차지하였다. 7개 왕자군파 중에서 2개 파에서만 율과 합격자가 배출되었다. 완창대군파에서 3명의 율과 합격자가 배출되었는데, 완창대군파 기술직 중인의 분포에서 율과 합격자는 1%의 점유율을 차지하였다.

이렇듯 왕자군파 내의 기술직 중인 가계는 특정 전공에 치우쳐서 각 왕자군파의 특징도 나타난다. 완창대군파는 여러 전공에서 수적으로 우세하기

도 합격한 사례는 5명이다.

230 의과방목에 의하면, 전주이씨의 합격자는 79명이지만(한국학중앙연구원 한국역대인물 종합정보시스템), 이 책에서는 파계가 확인된 경우만 다룬다.

는 하지만 특히 산학(주학)에서, 장천군파는 역과에서, 혜령군파는 음양과에서 합격자가 집중 배출되었다.

〈표 30〉을 보면 기술직 중인의 세전성이 나타나는 왕자군파는 완창대군파·장천군파·혜령군파·임영대군파·수춘군파이다. 세전성이 강하게 나타나는 4개 왕자군파의 기술직 중인 가계를 살펴보면 공통점을 찾을 수 있다. 그것은 1900년 이전에 편찬된 왕실보첩에는 보이지 않는 가계가 포함되어 있다는 점이다.

완창대군파의 중인 가계는 완창대군의 장남 이천계의 아들 이섭(李攝)과 차남 이종룡(李從龍) 계통에 보인다.[231] 완창대군파가 왕실보첩 『선원계보기략』에 편입된 것은 1872년(고종 9)이었다. 이때 고종은 사왕의 자손록을 『선원계보기략』 내 역대 국왕의 자손록과는 별도로 편찬하게 하였다. 『선원계보기략』에 실린 도조자손록의 완창대군 가계에는 계후 이천계의 자손만 실려 있다. 완창대군 이자흥은 아들이 없어서 동생 이자춘의 아들 이천계를 계후로 삼았다. 따라서 이자흥 자손은 계후 이천계 가계가 전부였다.[232]

완창대군파에 이종룡 가계가 실리게 된 것은 1900년(광무 4) 이종룡이 운성군으로 추증되면서부터이다.[233] 이때는 『선원속보』가 중간(重刊)된 시기인데, 이때 이종룡의 가계가 편입된 것으로 보인다.

정종의 자손인 장천군파의 중인가문은 장천군(長川君) 이보생(李普生)의 4남 삼양부정(三陽副正) 이석동(李石童) 계통이다. 『공정대왕종친록(恭靖大王宗親錄)』에는 삼양부정 이석동의 이름만이 기재되어 있다.[234] 『공정대왕종친록』은 1639년(인조 17)에 필사된 것으로 추정된다. 임진왜란으로 전주 사고(史庫)를 제외한 선원보첩을 봉안했던 사고가 모두 소실되어서, 1603년(선조

---

231 이석호 편저(2005), 『전주이씨 과거합격자 총람』, 전주이씨대동종약원, 160~177쪽.
232 『선원계보기략』(장서각 K2-1023) 권3, 완창대군조, 1~5면.
233 『승정원일기』, 고종 37년 7월 20일(기미).
234 『공정대왕종친록』(장서각 K2-1105).

36) 선조의 명으로 선원단자를 받아 선원보첩을 다시 편찬하였다. 그 후 병자호란으로 종부시와 강화에 보관되었던 선원보첩의 원본과 중초본이 소실되어서 태백산 사고본을 등사하여 적상산 사고와 종부시에 보관하였다. 현재 장서각에 소장된 것은 적상산 사고본이거나 혹은 종부시의 것으로 추정된다. 왜냐하면 장서각에 소장된 왕실보첩은 고종대 종친부로 이관되었던 종부시 왕실보첩과 적상산 사고에 보관되었던 왕실보첩이기 때문이다.

인조대에 필사되었던 『공정대왕종친록』에는 삼양부정 이석동의 아들과 그 후손이 전혀 없었다. 삼양부정의 남계(男系) 자손뿐만 아니라 여계(女系) 자손도 실려 있지 않다.[235] 전란으로 다시 등사된 보첩에 오류가 많아서 결국 1681년(숙종 7) 역대 국왕의 『종친록』·『유부록』를 수정 증보하고, 하나로 합하여서 『선원록』이 편찬되었다. 『선원록』에 의하면 장천군 이보생의 4남 삼양부정 이석동에게는 딸 둘만이 기재되어 있다. 장녀는 이선장(李善長)과 혼인하였고, 차녀는 최보한(崔輔漢)과 혼인하였다.[236]

1679년(숙종 5) 처음 편찬되기 시작한 『선원계보기략』에 정종의 자손록이 기재되기 시작한 것은 1760년(영조 36)부터이다. 그 후 1908년(융희 2)까지 계속 수정 증보되었다. 1760년에 편찬된 것부터 1892년(고종 29)에 편찬된 『선원계보기략』까지는 삼양부정에게는 딸만 기재되어 있다. 그러다가 1905년(광무 9)에 편찬된 보첩에 처음 삼양부정의 아들 이름이 등장하는데, 이은동(李殷同)·이세영(李世榮)·이신충(李信忠)이다.[237] 이들 가운데 장남 이은동과 삼남 이신충 가계가 기술직 중인가문이다.

태종의 자손인 혜령군파의 경우를 살펴보면, 혜령군(惠寧君) 이지(李祉)

---

235 『공정대왕유부록』(장서각 K2-1517).
　『유부록』은 국왕의 여계 후손이 수록된 왕실보첩이다. 여계는 공주·옹주 후손과 왕자의 딸 계통이 실려 있다. 이 책에는 장천군의 3남의 여계까지만 실려 있다.
236 『선원록』 권10, 장천도정.
237 『선원계보기략』(장서각 K2-1027) 권2, 정종자손록, 78면.

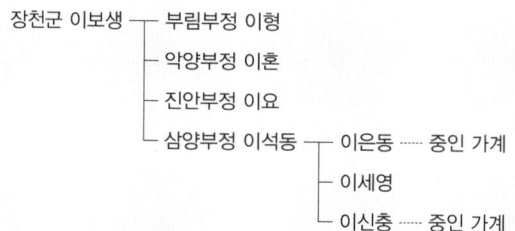

의 장남 예천군(醴泉君) 이수(李洙) 가계에서 중인 집안이 배출되었다. 이수의 장남 축산부정(竺山副正) 이효식(李孝植)의 서2남 수등령(首登令) 이순년(李舜年) 가계이다. 1639년(인조 17) 등사된 『태종대왕종친록』에는 이순년의 자녀는 기재되어 있지 않다. 이순년의 동생일 것으로 추정되는 이송년(李松年)은 아들, 손자까지 기재되어 있어서 이순년에게는 자녀가 없었던 것은 아닐까 하는 의구심이 든다.[238] 1681년(숙종 7)에 수정 증보된 『선원록』에도 이순년까지만 기재되어 있다. 『선원계보기략』에는 장천군파와 마찬가지로 1905년에 편찬된 보첩에 처음 이순년의 아들 이름이 등장한다. 장남 이윤충(李允忠), 차남 이윤성(李允誠) 그리고 최봉(崔蓬)과 혼인한 장녀가 기재되어 있다.[239]

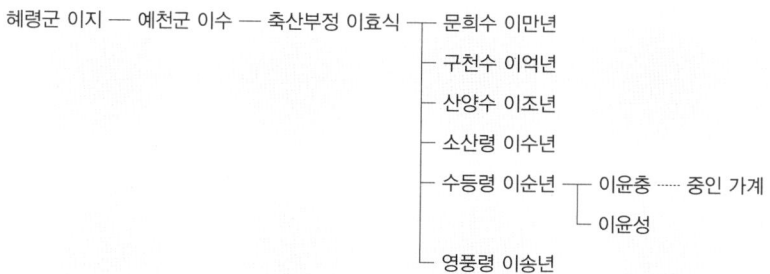

238 『태종대왕종친록』(장서각 K2-1230).
239 『선원계보기략』(장서각 K2-1027) 권3, 태종자손록, 91~92면.

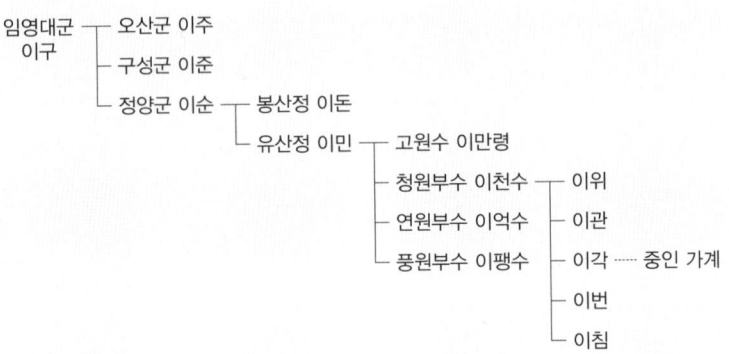

세종의 자손인 임영대군파는 임영대군의 3남 정양군(定陽君) 이순(李淳)의 가계에서 중인 집안이 나왔다. 이순의 2남 유산정(幽山正) 이민(李敏)에게는 서자가 4명이 있었다. 그중 창원부수(昌原副守) 이천수(李千壽)는 진천송씨 부인에게서 5명의 아들을 두었다. 그중 3남 이각(李珏)의 후손이 중인 가계이다. 1639년(인조 17)에 등사된 『세종대왕종친록』이나 1681년(숙종 7)에 편찬된 『선원록』에는 이각의 후사가 없다.[240] 종부시에서 공적으로 편찬한 왕실 보첩에서는 이각의 후손을 확인할 길이 없다. 『선원계보기략』은 국왕의 5대손까지만 기재되기 때문에 세종의 5대손인 이각은 기재되어 있으나, 6대손 이하는 기재되지 않아서 확인되지 않는다.

세종의 자손인 수춘군파는 수춘군(壽春君) 이현(李玹)에게 후사가 없어서 이복형 밀성군 이침(李琛)의 3남 수안정(遂安正) 이상(李䛱)을 계후로 삼았다.[241] 수안정 이상은 의인부정 이흠(李欽)·안흥부정 이수(李銖)·적성부수 이석(李錫) 등 3명의 아들을 두었다. 이석의 장남 함양령 이기(李機)의 가계에

---

240 『세종대왕종친록』(장서각 K2-1211).
　　『선원록』 권27, 임영대군.
241 『선원록』 권31, 수춘군.

중인 집안이 있는데, 그의 손자 이중화(李重華) 계통이다.

1681년(숙종 7)에 편찬된 『선원록』에는 이중화의 후손이 기재되어 있지 않다.[242] 이중화의 후손은 『세종대왕종친록』·『선원계보기략』의 기재 대상이 아니기 때문에 사실을 확인할 수 없다. 1902년(광무 6)에 종친부가 간행한 『선원속보』의 수춘군파보를 보면, 왕실보첩에는 없었던 이중화의 장남 이영(李暎)과 차남 이엽(李曄)이 기재되어 있다. 그러나 실제 중인 가계인 장남 이영 집안은 후손이 전혀 기재되어 있지 않다.[243]

이처럼 장천군파·혜령군파·임영대군파·수춘군파의 중인 가계는 종부시에서 편찬한 『종친록』·『선원록』에는 전혀 기재되어 있지 않고, 1905년에 편찬된 『선원계보기략』이나 1902년에 간행된 『선원속보』에 수록되어 있다. 이것으로 20세기 초에 중인 가계가 왕자군파에 들어갔음을 알 수 있다. 이러한 현상은 두 가지로 설명이 가능하다.

첫째, 중인 가계가 왕자군파 내의 절손된 계통에 끼어 들어갔다. 18세기 이후 족보의 간행이 성행되면서 양반으로 행세하기 위해서는 족보가 반드시 있어야 했다. 따라서 족보를 위조하는 일까지 발생하였다. 전주이씨의 성관으로 활동하던 중인 가계가 사회적 지위를 확보하기 위해서 왕자군파의 가계와 연결시킨 것으로 가정할 수 있다.

둘째, 왕실보첩은 국가 기관인 종부시가 선원단자를 받아서 편찬하였다. 그러나 가세가 기울었거나 형편상 선원단자를 내지 못했던 부류가 이때에 단자를 올려서 비로소 왕실보첩에 이름이 들어갔을 가능성도 있다. 실제 그러한 사례가 있었다. 1900년(광무 4) 궁내부 대신 겸 종정원경 이재완(李載完)이 유학 이세진(李世珍)의 상언에 의거하여 왕실보첩에 누락된 장천군파 삼양부정의 세 아들에 대하여 이연(李烟) 집안 족보와 『만성보』를 근거로 왕실

---

242 『선원록』 권31, 수춘군.
243 『선원속보』(장서각 K2-1155) 권1, 43~44면.

보첩에 추록해 줄 것을 청하였다.[244] 고종은 이들을 왕실보첩에 추록해 주었을 뿐만 아니라 종친으로서 봉작을 추증해 주었다.[245]

선조 후반부터 미처 선원보첩에 이름이 등재되지 못한 왕실 친족을 조사하여 따로 『가현록(加現錄)』을 작성하였다. 『가현록』 역시 식년마다 작성되었기 때문에 혹시 누락되었다고 하더라도 왕실 자손이라는 것을 증명할 수만 있다면 이름이 등재될 수 있었다.[246] 그런데 『가현록』에도 전혀 등재되지 않다가 1900년대에야 세계(世系)를 밝히게 되었다고 하기에는 석연치 않은 점들이 있다. 삼양부정의 후손이 제시한 족보들이 왕실보첩보다 신빙성이 있는지 확신할 수 없다. 또한 삼양부정의 아들과 손자는 종친이기 때문에, 만일 자손이 있었다면 이들은 종반직 제수 대상이 된다. 종반직 제수 대상인데도 선원단자를 내지 않았다는 것은 이해하기 힘들다. 하지만 고종과 종친부에서 그들을 왕실 후손으로 인정하였다.

2) 기술직 중인가문 사례: 완창대군파 이정숙(李貞肅) 가계

여기서는 완창대군파의 이정숙 가계에 대해서 살펴보고자 한다. 완창대군 이자흥(李子興)은 도조(度祖) 이춘(李椿)의 장남이다. 도조는 알동(斡東)의 백호(百戶) 박광(朴光)의 딸과 혼인하여 이자흥과 이자춘을 낳았다. 이자춘은 환조로 추증된 이성계 부친이니, 이자흥은 이성계에게는 큰아버지가 된다. 도조는 박씨 부인이 사망한 이후에 화주로 옮겨 가 쌍성총관인 조위의 딸과 혼인하여 2남 3녀를 두었다. 도조가 풍질로 사망하자, 조씨 부인은 몽골에

---

244 『승정원일기』, 고종 37년 5월 11일(신해).
245 『승정원일기』, 고종 37년 5월 19일(기미).
246 현전하는 『가현록』은 1606년(선조 39)부터 철종대에 이르기까지 남아 있다.

서 도조에게 하사한 관직을 자신이 낳은 아들에게 승습되도록 하였다.

그때 도조의 장남 이자흥은 안변 사람 박득현의 딸과 혼인하여 이천계(李天桂)를 낳았다. 이자흥은 이천계가 어렸을 때에 사망하였다. 도조의 차남 이자춘은 아버지의 관직이 이복동생에게 돌아가자 원나라 중서성에 정소하여 장남인 이자흥의 아들 이천계에게 아버지의 관직이 돌아가도록 하였다. 원나라에서는 이천계가 어리므로 이자춘에게 그 관직을 승습하라고 하였다.

그 후 이천계가 장성하자, 이자춘은 도조의 관직이 조카에게 승습되게 하였으나, 이천계는 그 직을 사양하였다. 이천계는 작은아버지 이자춘을 따라 고려의 공민왕을 만났는데, 공민왕은 이천계를 우다치에 소속시켰다. 그의 관직은 중순군기윤(中順軍器尹)에까지 이르렀다. 조선이 건국된 이후 이성계는 이천계와 그 아들에게 관직을 주고 대우하였다.[247]

이천계는 이난(李蘭)·이섭(李攝)·이분(李芬)·이척(李陟)·이실(李實)·이종(李種) 등 6남을 두었다. 이난은 동지총제 전라도 처치사,[248] 이섭은 상호군,[249] 이척은 태조의 원종공신으로 부사직에 재임하였음을 확인할 수 있다.[250] 나머지 이분·이실·이종의 가계에 대한 기록은 연대기에서 찾을 수 없다. 조선 전기 이천계의 장남 이난 계통에서 유일하게 문관이 배출되었다. 이난의 아들 가운데 3남 이사철이 1432년(세종 14) 문과에 합격하여 문관으로 진출하여 집현전 박사·지사간원사를 거쳐 승지로 재직하였으며, 의정부 좌찬성에 이르렀다. 그는 세조가 수양대군 시절 명나라에 사신으로 갈 때 수행하였으며, 계유정난에 공이 있어 정난공신에 책봉되었다.[251] 그 덕분에 그는 세조 즉위 후에 우의정에 제수되었으며,[252] 좌익공신 2등에도 책봉되었다.[253] 그

---

247 『태조실록』 권1, 총서.
248 『세종실록』 권41, 세종 10년 8월 5일(갑신).
249 『세종실록』 권16, 세종 4년 7월 28일(계미).
250 『태종실록』 권33, 태종 17년 6월 16일(경자).
　　 『세종실록』 권60, 세종 15년 6월 15일(경신).
251 『세조실록』 권5, 세조 2년 12월 16일(신해).

러나 이사철은 애석하게도 후사가 없어서 이섭의 손자이자 이수의(李守義)의 아들인 이공(李公)을 계후로 삼았다.[254]

이사철 외에는 대부분이 서반직에 제수되었다. 함흥을 중심으로 영안도(함경도)에 거주하던 사왕 자손들은 충순위 등의 특수 병종에 입속되었다. 1494년(성종 25) 병조판서 성준(成俊)에 의하면 함경도 군관의 절반 이상이 사왕의 자손으로 별시위(別侍衛)·친군위(親軍衛)·충찬위(忠贊衛)·충순위(忠順衛) 등의 군에 소속되었다.[255] 또한 1528년(중종 23) 조강에서 정광필도 사왕의 자손들이 모두 충순위에 소속되어 잡역을 면제받아서 폐단이 많다고 진언하였다.[256] 이자흥의 후손들도 대부분 영안도에 거주하면서 특수 병종에 들어가서 서반직을 받았을 것으로 추정된다.

기술직 중인 가계로 정착한 이섭 계통 역시 함흥에 거주하였을 것으로 추정된다. 1455년(세조 1) 이섭의 손자 이숭례(李崇禮)는 수의부위로서 정난원종공신 3등에 책봉되었다.[257] 이숭례가 계유정난 때의 공으로 세조 즉위 후 원종공신으로 책봉된 것으로 보아, 아마도 잠시 그가 서울에 거주하였을 가능성이 있다. 그러나 1496년(연산군 2)에 그는 함흥에 거주하면서 군호(郡號) 문제로 연산군에게 상언을 하였다.[258] 그의 행적을 추적해 보면, 이숭례는 서울에 있다가 다시 함흥으로 돌아간 것으로 보인다.

이숭례는 이의숙(李義肅)·이문숙(李文肅)·이증숙(李曾肅)·이의복(李義福)·이정숙(李貞肅) 등 5명의 아들을 두었다. 그중 5남 이정숙의 가계가 세전성이 강한 기술직 중인가문이 되었다. 이정숙의 가계 중에서도 그의 차남인

252 『세조실록』 권1, 세조 1년 윤6월 23일(정묘).
253 『세조실록』 권2, 세조 1년 9월 5일(정축).
254 『선원계보기략』(장서각 K2-1023) 권3, 완창대군조, 1~2면.
255 『성종실록』 권295, 성종 25년 10월 1일(병진).
256 『중종실록』 권64, 중종 23년 11월 3일(신축).
257 『세조실록』 권2, 세조 1년 12월 27일(무진).
258 『연산군일기』 권15, 연산군 2년 5월 15일(신유).

이중지(李仲枝) 집안이 기술직 중인가문이다. 이중지에게는 이세형(李世亨)·이세근(李世根) 두 아들이 있었는데, 이들의 후손들이 잡과와 취재를 통해서 기술직 중인으로 진출하였다. 완창대군파의 잡과 합격자와 주학 취재 합격자는 총 298명인데, 이정숙 가계에서 146명의 잡과 합격자와 주학 취재 합격자가 배출되었다. 완창대군파의 잡과 합격자와 주학 취재 합격자의 49%에 달하고 있다.

먼저 이세형 가계의 기술직 중인에 대해서 살펴보자. 이세형의 가계에서 처음 기술직 중인이 된 사람은 이정숙의 증손이며 이세형의 아들인 이정(李貞)이다. 이정은 1549년(명종 4) 역과에 합격하였다. 잡과는 문과, 무과, 생원·진사시와는 달리 초시를 지방에서 치르는 향시가 거의 없이 모두 서울에 있는 주관 관서에서 시험을 치른다. 그러나 잡과 가운데 유일하게 초시를 지방에서 치르는 향시가 있는 것이 역과 한학 전공이다. 역과는 사역원에서 실시하는 초시에서 한학 23인, 몽학·여진학·왜학 각 4인을 선발한다. 이때 한학 전공만 특정 지방에서 초시가 시행되는데 황해도에서 7명, 평안도에서 15명을 선발한다. 이때 향시의 시관은 관찰사가 정한 차사원이 된다. 이렇게 초시에서 선발된 57명을 대상으로 서울 사역원에서 시험하여서 한학 13인, 몽학·여진학·왜학 각 2인이 선발되어 총 19명이 역과에 합격된다.[259]

이정이 초시를 어디에서 응시했는지 알 수는 없다. 그의 거주지를 추적할 수 있는 유일한 단서는 묘의 위치이다. 이자흥·이천계·이섭·이중경·이숭례·이정숙의 묘는 모두 함흥에 위치하고 있다. 그런데 이정숙의 장남 이일지의 묘는 강음에, 차남 이중지의 묘는 양주에 있었다.[260] 묘의 위치로 보아 이정숙 가계가 계속 함흥에 거주하지 않고, 황해도·경기도 지역으로 남하

---

259 『경국대전』 권3, 예전, 역과조.
　　　조선 후기에는 여진학 대신 청학으로 대치된다.
260 『선원속보』(장서각 K2-1169) 권1, 1면, 21~22면.

하였을 가능성이 있다. 따라서 이정은 지방에서 향시를 치르지 않고 서울에서 초시를 보았을 수도 있다.

이정의 뒤를 이어서 이정의 증손이며 이승전의 아들인 이충일(李忠一)·이성일(李誠一)·이신일(李信一) 형제가 모두 주학 취재에 합격하였으며, 이들 집안 대부분이 잡과와 취재를 통해서 기술직 중인으로 나갔다. 이정숙의 가계에서 잡과와 주학 취재에 합격한 인원이 146명이었는데, 그중 86명이 이정 집안 출신으로, 주학 취재 합격자 44명, 의과 합격자 17명, 음양과 합격자 13명, 역과 합격자 11명, 율과 합격자 1명 등이다. 즉 완창대군파 잡과와 주학 취재 합격자 146명 가운데 이정 집안이 58.9%를 점하고 있다. 이충일 집안은 후손이 적어서 기술직 중인은 4명에 지나지 않는다. 이신일 집안 역시 후손이 번성하지 않으나, 14명이 잡과와 주학 취재에 합격하였다. 그 나머지 68명이 이성일 집안 출신이다. 이성일 집안도 주학이 주된 과목이긴 하지만, 지손(支孫) 집안들이 각기 다른 특색을 보이는데, 정리하면 다음과 같다.

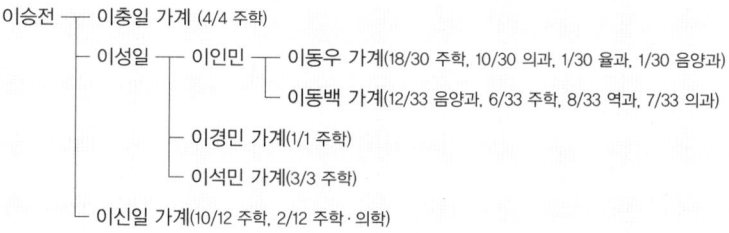

위의 가계도에서 이충일 가계와 이신일 가계는 거의 주학을 전공하였다. 이성일 가계의 경우 이동우 계열은 주학이 주된 전공이지만, 새로운 전공도 조금씩 나타난다. 이동백 계열은 주학을 발판으로 새로운 전공으로의 전환이 성공적으로 이루어진 경우이다. 이동백 계열은 음양과가 주 전공이면서, 역과와 의과에도 진출하였다. 또한 특정 전공이 한 집에 몰려서 나타나

제5장 왕실 원친(遠親)의 계층 분화

는 경향이 매우 강하다. 주학을 전공하다가 한 명이 의과나 역과 혹은 음양과로 전공을 바꾸면, 그 집안은 동일한 과목을 전공하는 경향을 보인다.

이정 집안이 기술직 중인가문이 되는 데 발판이 되었던 주학은 조선 초기에는 산학(算學)으로 불리었다가 정조가 주학(籌學)으로 명칭을 바꾸었다. 『경국대전』에 의하면, 호조에 속한 산원(算員)은 종6품 산학교수 1명, 종6품 별제 2명, 종7품 산사(算士) 1명, 종8품 계사(計士) 2명, 정9품 산학훈도 1명, 종9품 회사(會士) 2명 등 총 9명이었다. 산원 가운데 종7품 이하는 체아직으로 6월과 12월 양도목에 교체되었다. 514일을 근무하면 품계를 올려 주지만, 종6품이 되면 거관해야 했다. 다만 산원으로 더 근무하고 싶은 사람은 900일을 근무해야 품계를 올려 주지만 정3품 당하관으로 거관했다. 이들에게는 시험을 통하여 체아직을 주었다. 특별히 교수·별제·훈도는 산학 전공자에 제수되었다. 산학 전공자 관직의 경우 종7품 이하는 체아직으로 운영되면서 종6품에 거관해야 하는데 산학 전공자의 최고 관직은 정3품 당하관이다. 이들 이외에도 호조의 판적사, 회계사, 경비사에 총 30명의 계사가 배치되었다. 그러던 것이 정조대에 산원이 증원되면서 관제도 개혁되었다. 기존 정원이 2명이었던 별제는 1명을 줄이고 주사(籌士) 1명을 두었다. 또한 부료계사(付料計士) 44명, 여러 곳에 나누어 파견하는 계사 10명 등 60명의 산원으로 증원되었다.[261]

이정 집안의 주학 전공자의 지위는 어떠하였는지 살펴보자. 총 44명의 주학 합격자 가운데 11명의 관직을 확인할 수 없다. 33명의 관직은 주부 1명, 교수 4명, 별제 3명, 훈도 7명, 계사 17명, 내침의 1명이다. 교수·별제·훈도는 주학 전공자에게 제수되는 직임인데도 33명 가운데 42.4%를 차지할 뿐이다. 계사로 통칭되는 직임이 종8품직인지 아니면 호조의 세 관

---

261 황정하(1988), 「조선 영조·정조시대의 산원 연구」, 『백산학보』 35, 백산학회, 229~233쪽.

서에서 실무를 담당하는 산원인지 알 수 없다. 주부 1명은 선공감 주부로서, 다른 관서의 직임으로 진출하기도 했다는 것을 알 수 있다. 또한 의술을 익혀서 내침의로 활동한 인물도 있다.

주학 전공자의 특징은 주학에 관련된 직임에만 차정되고, 다른 관서의 직임에 차임되기가 쉽지 않았다는 점이다. 다른 전공자들은 당상관으로 승진하여 서반의 중추부 관직에 제수되거나, 외관직에 나가는 예가 있었다. 기술직 중인의 관직은 최고 관직이 정3품 당하관으로 한품서용이다. 그럼에도 당상관으로 승진되는 경우에는 서반직 중추부 관직에 제수되었다. 역과 합격자는 전체의 14.8%, 의과는 전체의 14.6%, 음양과는 전체의 6.8%, 율과는 전체의 4%가 당상관직으로 승진되었다.[262] 주학 전공자가 다른 관서로 옮긴 경우는 선공감과 예빈시 두 곳이었으며, 당상관이 전혀 배출되지 않았다. 이러한 점이 잡과 출신과 취재 출신의 차이점이라고 생각된다.

이정 집안의 주학 전공자와 혼인한 가문도 거의가 기술직 중인이다. 전공별로 보면, 역과 7명, 주학 7명, 의과 2명, 무과 1명, 진사 1명 등이다. 전공을 알 수 없는 경우는 26명이다. 이들의 관직을 보면, 주학 종사자가 5명, 음양과 관련자 1명, 의과 관련자 1명, 사역원 관련자 1명, 서반직 소유자 4명, 외관직 소유자 1명, 동반직 소유자 2명, 관품 소유자 1명, 관직 미확인자 10명이다. 주학 전공자의 혼인 집안 전공이 다양한데, 역과와 주학 출신 집안과의 혼인이 가장 많았다.

처부의 관직을 보면, 관직 소유자와 관품 소유자로 구분된다. 관직 소유자는 서반 당상관 3명, 동반 정3품 2명, 동반 종3품 1명, 동반 종4품 1명, 동반 정5품 3명, 서반 정5품 1명, 동반 종6품 3명, 동반 정7품 2명, 동반 종7품 8명, 서반 정9품 1명, 동반 종9품 2명 등이다. 관품 소유자는 동반 당상 품계

---

262 이남희(1998), 「조선시대 잡과입격자 연구」, 한국학중앙연구원 한국학대학원 박사학위논문, 92쪽 〈표 3-15〉 '잡과별 최고관직 분포' 참조.

3명, 서반 당상 품계 1명 등이다. 처부의 관직을 볼 때, 6품 이상의 관직·관품 소유자가 18명이나 된다. 관직·관품을 확인할 수 있는 사람은 31명인데, 그중 6품 이상의 관직·관품 소유자가 61.3%이다. 이정 집안의 주학 전공자들은 자신보다 사회적 지위가 높은 잡과 출신 집안과 혼인하였다.

이정 집안의 음양과 전공자들의 실태를 살펴보자. 이정 집안의 음양과 전공자는 이동백 계통에서 배출되었다. 이동백 계통에서는 주학 전공자 외에 타과 전공자들이 많이 배출되었다. 그중 음양과 전공자는 이동백의 손자 이태창(李泰昌)의 아들·손자·증손·현손에서 집중 배출되었다. 이태창은 역과 출신이지만, 그의 2남 이경심(李景深)을 필두로 해서 4대에 걸쳐 음양과 전공자가 지속적으로 배출되어 음양과 전공자 13명 중 10명이 여기에서 배출되었다.[263]

음양과 전공자는 관상감에 속하였다. 관상감 관직은 영의정이 겸임하는 영사(領事) 1명, 정3품 당하관 정(正) 1명, 종3품 부정 1명, 종4품 첨정 1명, 종5품 판관 1명, 종6품 주부 2명, 천문학·지리학·명과학 교수 각 1명, 종7품 직장 2명, 종8품 봉사 2명, 정9품 부봉사 3명, 천문학·지리학 훈도 각 1명, 명과학 훈도 2명이다. 관상감의 관직은 판관 이상의 구임관, 교수, 훈도 외에는 체아직으로 6월·12월 양 도목에 교체되었다. 체아직은 취재를 통해서 점수가 많은 자들을 임용하였다. 관상감 6품 이상은 음양과 출신자만이 제수될 수 있었다.[264]

이정 집안의 음양과 전공자의 사회적 지위를 알아보기 위해서 음양과 전

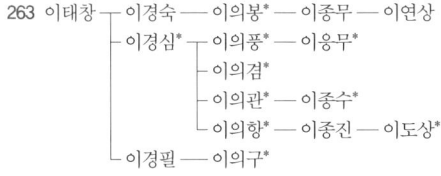

263 이태창 ┬ 이경숙 ── 이의봉* ── 이종무 ── 이연상
　　　　　├ 이경심* ┬ 이의풍* ── 이응무*
　　　　　│　　　　├ 이의겸*
　　　　　│　　　　├ 이의관* ── 이종수*
　　　　　│　　　　└ 이의항* ── 이종진 ── 이도상*
　　　　　└ 이경필 ── 이의구*

264 『경국대전』 권1, 이전, 관상감조.

공자의 관직을 살펴보았다. 13명의 음양과 합격자 가운데 4명은 관직을 확인할 수 없다. 관직이 확인된 9명은 정3품 당상관 첨지중추부사 1명, 정3품 당하관 정(正) 6명, 정5품 판관 1명, 정9품 훈도 1명 등이다. 6품 이상의 참상관이 8명으로 89%에 이른다. 조선시대 음양과 합격자 가운데 참상관 이상의 관직에 오른 사람은 74.2%이다.[265] 그렇다면 이승전 집안의 음양과 출신자들은 참상관 이상 관직 점유율이 매우 높다는 것을 알 수 있다.

음양과 출신자의 부친 전공을 살펴보면, 음양과 전공자 이외에도 역과 합격자로서 정3품 당하관 정(正)을 역임한 이들이 눈에 띈다. 더욱이 혼인한 가문을 보면, 역과 합격자의 비율이 매우 높으며, 무과 출신자들도 있다. 반면 음양과 합격자 집안은 거의 보이지 않는다. 이것을 통해서 이정 집안의 음양과 출신의 기술직 중인들은 동일 전공자보다는 타과 합격 집안과의 혼인을 선호하였음을 알 수 있다.

다음으로는 이정숙 가계에서 배출된 또 하나의 기술직 중인 집안인 이세근 집안을 살펴보자. 이세근 집안의 기술직 중인은 총 60명이다. 과별로 살펴보면, 역과 합격자 42명, 의과 합격자 10명, 음양과 합격자 7명, 율과 합격자 1명 등이다. 위에서 살펴본 이세형 집안의 전공 분포는 주학 50.6%, 의과 21.3%, 음양과 14.6%, 역과 12.4%, 율과 1.1%이다. 반면 이세근 집안의 전공 분포는 역과 69.5%, 의과 16.9%, 음양과 11.9%, 율과 1.7%이다.

이세근 집안은 이세형 집안에 비해 첫째, 기술직 중인 전원이 잡과 합격자로 구성되어 있고 주학 전공자가 전혀 없다. 둘째, 역과 점유율이 70%에 달하고 있다. 전공별 분포만 보더라도 이세형 집안보다는 이세근 집안이 기술직 중인가문으로서의 지위가 높다는 것을 알 수 있다. 이미 이세형 집안의 사례를 통해서 확인한 것처럼 취재 합격자는 잡과 합격자보다 참상관 점유

---

265 주 262 참조.

　　　　　　　　　　　　　　　제5장 왕실 원친(遠親)의 계층 분화

율이 매우 낮았다. 그래서 주학 취재 합격 집안은 다른 잡과 전공으로 옮겨 가서 지위를 상승시키고자 하였다. 그러므로 잡과 합격자로만 구성된 이세근 집안 기술직 중인의 사회적 지위는 이세형 집안보다 높을 수밖에 없다.

실제 이세근 집안의 사회적 지위를 확인하기 위해서 역과 출신자의 관직 실태와 혼인 관계를 살펴보도록 하자. 이세근 집안의 역과 합격자의 전공을 보면, 한학 34명, 왜학 6명, 청학 1명, 몽학 1명으로 한학 전공자가 81%에 이른다. 한학을 전공한 34명 중에서 관직이 확인되지 않은 4명을 제외한 30명의 관직 분포는 당상관 9명(30%), 참상관 18명(60%), 참하관 3명(10%)이다. 이세근 집안의 한어 전공 역관은 90%가 참상관 이상의 관직에 재임하였다. 조선시대 역과 합격자의 관직 분포를 보면, 당상관 14.8%, 참상관 45.6%, 참하관 23.5%, 기타 16.1%이다.[266] 참상관 이상 관직자는 60.4%이다. 한학 전공 출신으로 참상관 이상 관직자가 90%인 것으로 보아 명문 역관 집안이라고 할 만하다.

당상관직의 종류는 중추부 당상관직이 7명이고, 당상 체아직이 2명이다. 사역원 관제상 역과 출신이 승진할 수 있는 최고 관직은 정3품 당하관 정(正)이다. 당상관은 서반직으로 진출하였기 때문에 중추부 당상관이 배출된 것이다. 7명 중 4명이 사역원 정을 거쳐서 서반직 당상관으로 승진했다. 당상 체아직이란 당상 품계를 가진 자가 중국 사행 때에 가졌던 직임이다. 참상관직은 정 6명, 첨정 8명, 주부 4명이다. 참상관으로 사역원의 최고 관직인 정까지 승진한 사람은 33%에 이른다.

왜학 전공자 6명 중 5명만이 관직이 확인된다. 당상관 1명, 당상 체아직 2명, 봉사 1명, 부봉사 1명 등이다. 왜학 전공자 중에는 사역원의 참상직을 가진 사람이 없다. 청학 전공자 1명은 봉사를 역임했으며, 몽학 전공자 1명

---

266 주 262 참조.

은 당상 원체아였다. 한학 전공자를 제외한 다른 언어 전공자 8명 가운데 3명만이 사역원 참하관이고, 나머지는 체아직 소유자이다.

　이들 부친의 전공은 역과 29명, 무과 2명, 의과 2명, 음양과 1명 등이다. 이세근 집안의 역관은 세전성이 매우 강해서 지속적으로 역과 출신자들이 배출되었다. 부친의 관직을 확인할 수 있는 경우는 40명이다. 서반 당상관 14명, 참상관 17명(동반 14, 서반 3), 참하관 3명(동반 2, 서반 1), 체아직 4명, 당상 품계 소유자 2명(동반 1, 서반 1) 등이다. 역관부친도 참상직 이상의 소유자가 79.5%에 달하고 있다.

　42명의 역관 중에서 처가가 확인되지 않는 경우가 3명이다. 확인된 처부 39명 가운데 잡과 출신으로 확인되는 사람은 21명이다. 이들의 전공은 역과가 17명이고 나머지 4명은 의과 출신이다. 역과 출신 17명 중 12명은 체아직 소유자이며, 동지 1명, 첨정 1명, 사역원 주부 1명 등 관직 소유자는 3명이며, 1명은 동반 당상 품계 소유자이며, 1명은 관직이 확인되지 않는다. 의과 출신자는 내의 2명, 전의감 정 2명이다. 전공이 확인되지 않은 18명 중 8명만이 관직을 가지고 있는데, 동반 당상 품계 소유자 2명, 서반 당상 품계 소유자 1명, 동반 참상직 1명, 서반 참상직 2명, 동반 참하직 1명, 서반 참하직 1명이다. 이들은 아마 무관이거나 역관일 것으로 추정된다. 만호나 첨절제사와 같은 관직은 서반 외관직이다. 사역원 관직이나 동반 품계 소유자는 역관 집안일 가능성이 있다.

　이세근 집안은 한학 전공 역관은 90%가 참상직 이상 소유자였고, 그 외 전공자들을 포함해도 73.7%가 참상직 이상이었다. 그런데 처부의 관직이 체아직이 주류를 이루는 것은 의외의 결과였다. 의과 출신자나 서반직을 소유한 경우에는 참상직 소유자가 있었다. 이세근 집안은 명문 역관 집안이라고 할 만큼 참상관 이상의 관직자를 많이 배출하였는데, 혼인 가문은 그에 미치지는 못하였다.

제 6 장

결론

이 책은 국왕·왕후·왕자·공주에 국한하지 않고 이들로 인해 파생되는 친인척까지 왕실구성원의 범위를 확장하여 다루었다. 국왕 친족은 동성 9촌, 이성 6촌까지이며, 왕후 친족은 동성 8촌, 이성 6촌까지이다. 이러한 친족 범위가 실제 왕실에서는 어떻게 적용되었는지 각종 왕실보첩을 통해서 실증하였다. 왕실 친족 의식은 성리학적 사고가 심화되어 감에 따라서 부계와 모계를 모두 중시하던 의식이 부계 중심으로 변화되어 갔다. 그러나 조선 건국 후 성리학적 이념 속에서 친족 제도를 법제화하였음에도 부계 중심의 친족 의식이 일상에 적용되기까지는 약 200년이라는 오랜 시간이 필요했다는 것을 확인할 수 있었다.

왕실구성원은 정치적인 상황과 밀접한 관계를 맺으면서 변화되었다. 봉작제 하나만을 놓고 보더라도, 태조·정종·태종·세종대의 정치적 상황에 따라서 봉작 범위, 친족 기구 등이 정비되었다. 대군·군·공주·옹주 그리고 의빈 칭호도 여러 왕대를 거치면서 정착되었다. 또한 왕실구성원과 국왕과의 친족 관계가 멀어짐으로써 생기는 국왕 친족의 계층 분화 양상을 구체적으로 살펴보았다. 봉작을 받았던 종친이 그 지위에서 벗어났을 때, 왕실의 원친(遠親)은 어떠한 양상으로 분화되어 가는지를 추적해 보았다. 진주이씨로 통칭되는 왕실 후손에 대해서는 친진된 후에 원친으로 불릴 수 있는 5대손에서 9대손까지, 10대손 이후로 나누어서 관직 진출 양상을 분석함으로써 왕실 후손들이 종친에서 어떻게 분화되어 가는지를 확인하였다. 이러한 작업은 조선 사회의 계층 분화 양상을 실증해 주는 좋은 모델이 되었다. 더욱이 구체적인 사례를 통해서 계층의 분화 요소를 살펴봄으로써 조선 사회의 특성까지도 들여다볼 수 있었다.

1) 조선 초기 왕실구성원의 정비

조선 초기 왕실구성원의 정비는 태조에서 태종대까지의 왕실구성원의 정비 과정을 살핀 것이다. 고려의 유제가 그대로 적용된 봉작을 시행한 태조대로부터 정종을 거쳐 태종대까지 세 차례에 걸쳐 봉작제 정비가 이루어졌다. 조선 초기의 봉작제 정비는 고려의 것을 조선에 맞게 정비한 것이 아니라 봉작할 사안이 생길 때마다 그에 맞추어 제도를 만든 것이다. 정종대의 봉작제 정비는 태조의 방계친을 봉작함으로써 그들의 정치 세력을 축소하려는 데에 목적이 있었다. 태종대의 정비는 태종 자신의 아들과 손자, 천첩소생에 대한 봉작 문제를 해결해야 할 필요에 따른 것이다.

세종대에는 중국의 오복제에 의거하여 종친 봉작제를 재정비하고 봉작 칭호와 품계, 자(資)의 명칭 등을 새롭게 정하였다. 그리고 조선 건국 후에 전혀 관심을 두지 않았던 왕녀와 사위에 대한 봉작 칭호와 품계를 정하였다. 세종대에 정비된 봉작제의 내용은 『경국대전』의 기본이 되었다. 세종대에 정해진 봉작제는 일부 수정되어 『경국대전』에 실리게 되었다. 『경국대전』에 실린 봉작제는 오복제(五服制)를 근간으로 봉작 대상인 종친, 돈녕부에 소속되는 원친, 외손, 외척으로 구별하여 대우하도록 규정되었다.

오복제를 근간으로 한 왕실구성원의 범위는 당시 그대로 받아들여지기 어려웠다. 국왕의 근친(近親)은 문제가 없었으나, 원친 그리고 외손에 대해서는 법전을 그대로 준수하지 않았다. 특히 부계 친족과 모계 친족에 대한 비중이 거의 같았던 조선 전기 사회에서 이것을 받아들이기 쉽지 않았다. 외손자까지 복친에 들어가지만 외증손 이하는 친족 범위에 있지 않은 것에 대해 반발이 있었다. 조선 전기 사회의 분위기를 그대로 수용한 것이 국왕의 친족만을 수록하던 역대 국왕의 왕실보첩인『종친록』과『유부록』이다. 남계(男系)를 수록한『종친록』도 복친을 넘어서 국왕의 6대손까지, 여계(女系)를 수록한『유부록』역시 복친을 넘어선 국왕의 6대손까지 기록하였다.

전란 이후 17세기에 들어서자 국왕의 원친과 외손을 몇 대까지 왕실보첩에 수록할 것인가에 대한 논의가 있었다. 논의 관점은 이미 국왕 친족의 범위를 넘었는데도 왕실보첩에 수록된 인물의 처리 문제와 남계와 여계 친족 차별 문제였다. 왕실임을 감안하여 왕실보첩에 이미 수록된 인물을 제외하기는 어렵지만, 남계와 여계 모두 국왕의 6대손까지 기록되는 것은 바람직하지 않다는 결론을 내렸다. 이 문제는 9촌까지 친족으로 인정한 국왕의 남계손은 9대손까지, 여계는 그대로 6대손까지 수록하는 것으로 일단락을 지었다. 이것을 반영한 새로운 왕실보첩이『종친록』과『유부록』을 합쳐서 수정 편찬한『선원록』이었다.

『선원록』은 조선 후기에 변화된 친족 의식을 반영한 것이었다. 16세기 이후 예학의 연구가 심화되어 오복제를 바탕으로 한 친족 의식이 사대부 가문 내에서는 어느 정도 실천되고 있었다. 그럼에도 전통적인 친족 의식이 완전히 배제된 것은 아니며, 조선 전기보다 부계 친족을 중시하는 경향이 강화되었다. 이러한 친족 의식의 변화가 왕실보첩에도 그대로 적용되어 국왕의 남계손은 9대손까지, 여계손은 6대손까지 왕실구성원으로 예우하게 되었다.

18세기 이후 국왕 자손이 귀해져서 종친의 규모가 급격히 축소되었다. 세도정치하에서 국왕은 왕실 후손의 단합된 모습으로 왕실의 권위를 지키고자 하였다. 이를 위하여 그간 왕실구성원 중심으로 왕실보첩을 편찬하던 것을『선원속보』라는 형식으로 고쳐 대수에 제한 없이 왕실 후손 모두를 등재하고자 하였다. 그뿐만 아니라 고종은 조선 초 왕실 후손에서 의도적으로 제외했던 사왕(四王) 자손까지 왕실 후손으로 인정하기에 이르렀다.

2) 종친 계보 실태, 종친의 역할, 종친 관리 기구

종친은 왕세자를 제외한 역대 국왕의 왕자군과 그들의 증손까지이다. 『선원계보기략』·『선원록』을 토대로 조사한 조선왕실의 종친은 96명의 왕자와 그들의 자손으로 총 2,558명에 달한다. 종친에게는 품계가 없는 왕자를 제외하고는 자품에 따른 종반직이 수여되었다. 종반직은 국왕과의 촌수와 적서에 따라 차등적으로 초직(初職)이 주어졌다. 종친 내에 적서의 구분이 엄격하여 서자도 모계에 따라 양첩 자손과 천첩 자손으로 구분하였다. 2,558명 가운데 처에게서 난 적자는 1,622명으로 63.4%이며, 양첩과 천첩에게서 난 서자는 936명으로 36.6%이다. 936명의 서자 중 74.7%에 달하는 699명의 모계 신분을 확인할 수 있다. 699명 가운데 모계가 양녀로 기록된 종친은 254명(36.3%)이며, 비(婢)로 기록된 종친은 438명(62.7%)으로 종친 서자의 상당 인원은 천첩 소생이다.

종친의 지위는 혼인가문을 통해서 확인될 수 있다. 국가에서는 왕실의 권위가 실추되지 않도록 종친의 적서를 막론하고 사족가문과 혼인하도록 규정하였다. 천첩 자손이 많은 서자 계통 종친은 명문 양반가문과 혼인하기가 쉽지 않았다. 왕실보첩에서 확인된 처와 처부의 신분을 통해서 서얼 집안, 혹은 관료의 서녀 그리고 중인과의 혼사가 이루어졌음을 알 수 있다. 이러한 혼인은 혼인 당사자가 적자라 하더라도 부·조부 등이 서자인 경우에 이루어졌다. 또한 적자 계통의 종친은 사족 집안과 혼인이 이루어졌다. 그러나 적종친 집안 계통의 종친일지라도 정치적 지위나 왕실과의 친밀도에 따라 혼인가문의 문지가 달랐다.

종친의 주요 역할은 국가의례에 참석하는 것이다. 선농·사직·종묘에서 지내는 각종 제사에 참여하거나 국왕·왕후가 거둥할 때 배행하였다. 외교 의례에도 참여하였으며, 왕실 혼례 때에는 혼주의 역할을 하였다. 종친의 역할이 가장 많았던 것은 흉례였다. 국상 장례의 모든 절차에 참석했으며, 졸곡제 이후 삼년상을 치르고 부묘례를 행할 때까지의 모든 제사에 참석했다. 국가의례 이외에 사신으로 중국에 파견되거나 종친부 이외의 관서의 관직을 겸임할 수 있었다. 겸임 관직은 종부시 도제조·제조, 사옹원 도제조·제조, 상의원 도제조·제조, 도총부 도총관 등이다.

　조선은 종친 개개인의 관부를 설치하였던 고려와는 달리 모든 종친을 종친부에 소속하게 했다. 종친부는 이중 구조로 되어 있어 종반직과 일반 관료로 구성되어 있다. 종친부는 예우 관서이므로 소속 관서나 직임이 따로 없으나 종친 가운데 유사당상을 두어 종친의 일을 총괄하게 하였다. 유사당상으로는 1차적으로는 왕자군이, 왕자군이 없는 경우에는 그 외의 종친 중에서 차정되었다. 선생안을 참조하면, 실제 유사당상을 역임한 것은 세종·성종·중종·선조·원종·인조·숙종·영조의 종친이었다. 조선 후기에는 왕세자를 제외한 왕자군이 거의 없어서 주로 선조·원종·인조의 종친이 역할을 담당하였다. 특히 선조의 아들 인성군 계통의 종친 다수가 유사당상을 담당하였다.

　고종이 즉위하자 흥선대원군은 왕실의 권위를 높이고 부족한 종친으로 인한 종친부의 구조적 문제를 해결하기 위하여 종친부를 개편하였다. 종친부는 종부시를 통합하여 종친에 관련된 모든 업무를 관장하였다. 다수의 당상관직을 두었는데 그간 법제화되지 못하였던 유사당상을 제도화하고, 종정경을 신설하였다. 또한 종친의 인사권과 왕실 후손의 음관 차정 등에 관한 권한을 가질 수 있도록 종친부 조례를 마련하였다. 종친 부족 문제를 해결하기 위해서 종친이 맡아야 할 직무를 국구나 왕실 후손 등에게도 제수할 수 있게 하였다.

조선은 종친 교육에 비중을 두어 종학을 별도의 관서로 두어 운영하였다. 종학의 교수관은 성균관의 관원이 겸임하고, 종학 관리는 종친부의 전첨과 종부시에서 담당하였다. 종친은 기본적으로 『소학』과 『통감』을 이수해야 하였다. 종친은 교육은 받되, 교육받은 종친이 시험을 통해서 관직에 나갈 수는 없었다. 성종은 종학에서 교육을 받은 종친들도 과거에 응시하게 하고자 시도하였으나, 관료들에 의해서 좌절되었다. 그 대신 종친의 교육열을 높이고 교육을 장려하기 위해서 식년 다음 해에 종친시예(宗親試藝)를 설치하여 종친의 자급을 승진시키는 제도를 마련하여 시행하였다. 그러나 국가에 가뭄이 들었거나 국가 재정이 여의치 않을 경우 비용 절감을 위해서 종학을 방학하는 일이 빈번해졌고, 전란 이후에는 아예 종학이 폐지되었다.

종학이 독립 관서로 존재했던 것은 조선의 특징적인 제도였으나, 조선 후기에는 종친 교육을 종부시에서 전담하게 하였다. 그 결과 종부시의 참하관인 주부와 직장은 종친 교육을 전담할 수 있는 있는 자질을 가진 관원으로 차출하여야 했다. 주부는 문과 출신자로, 직장은 생원·진사시 출신자로 차정하도록 법제화되었다. 실제 『종부시낭청선생안』을 검토하면 주부는 문과 합격자 출신이 약 80%, 생진시 출신자가 17%를 차지하고, 직장은 문과 출신자가 12%, 생진시 출신자가 78%를 점유하고 있다. 특히 조선 후기에는 종친에게도 전강을 실시하여 시상하였다.

조선의 종친이 종친답게 살 수 있도록 관리하는 기구는 종부시였다. 법제적으로 종부시는 왕실보첩을 편찬하고 종친을 규찰한다고 되어 있다. 여기에서 규찰이란 종친의 잘못을 찾아내서 처벌하는 데에 목적이 있는 것이 아니라 종친의 품위를 지킬 수 있도록 관리하는 차원에서의 규찰이다. 종부시의 도제조와 제조는 종친이 주로 담당하게 하였다. 그러나 규찰 업무가 강화되면서 종친이 아닌 관료 당상관 1명이 종부시 제조에 차임되도록 하였다. 종부시 제조로 차정되는 관료들 역시 왕실과 관련 있는 인물들이 65%를 차지하고 있었다.

3) 의빈, 외척, 외손의 실태와 그 역할

의빈은 공부·옹주의 부마이다. 조선의 부마는 총 88명이다. 의빈의 봉작명인 '위(尉)'는 세종대의 논의를 거쳐 『경국대전』에서 법제화되었다. 그 이전에는 의빈을 봉군하였다. 의빈 가운데 봉군되지 않은 부류가 있는데, 그것은 정종의 사위들이다. 당대에는 정종의 딸을 왕녀로 인정하지 않고 왕자의 딸에 준하는 봉작을 하였다. 따라서 정종의 부마는 의빈으로서 대접을 받지 못하였다. 의빈 88명의 성관은 총 48개이다. 의빈이 많은 성관은 파평윤씨 (7), 남양홍씨(5), 안동권씨(4), 청주한씨(4), 청송심씨(4), 의령남씨(3), 해평윤씨(3), 능성구씨(3), 연일정씨(3), 나주박씨(3), 청주이씨(2), 경주김씨(2), 원주변씨(2), 평양조씨(2), 전의이씨(2), 양주조씨(2), 풍천임씨(2), 고령신씨(2), 평산신씨(2), 안동김씨(2), 풍산홍씨(2) 등 21개이다. 의빈가문은 공신가문이거나 핵심 관료가문이다. 의빈은 종친과 마찬가지로 국가의례에 참여하였으며, 중국 사신으로 파견되었다. 의빈 역시 의빈부에 소속되었다. 의빈부는 의빈과 관료의 이중 구조를 가졌다. 의빈에게는 예우를 받는 만큼의 규제도 있었다. 의빈은 정치에 참여할 수 없었으며, 첩을 들이거나 공주가 사망하여도 특별한 경우가 아니면 재취할 수 없었다.

외척은 조선 역대 왕후 42명의 친인척이다. 외척의 범주는 왕후의 동성 8촌, 이성 6촌이며, 『돈녕보첩』에 수록된 인원은 약 11,249명이다. 외척 가운데는 국왕의 외손인 경우도 다수 있는데, 왕실과 중첩되고 지속적인 혼인관계를 맺었기 때문이다. 42명의 왕후 성관은 21개인데, 왕후를 2명 이상 배출한 성관은 청주한씨(5), 파평윤씨(4), 여흥민씨(4), 청송심씨(3), 경주김씨(3), 안동김씨(3), 청풍김씨(2), 나주박씨(2), 풍양조씨(2) 등이다. 의빈의 성관과 비교하면, 파평윤씨·청주한씨·청송심씨·경주김씨·나주박씨·안동김씨 등은 주요 왕실 혼인 성관이다.

외척은 문과를 통해서 관료가 되는 데에 제약이 없었다. 이러한 사실은 외척의 직역을 통해서 확인된다. 외척의 직역 분포를 보면, 당상관이 36%, 참상관이 52%, 참하관 11%, 특수 병종과 종반직 1%이다. 왕후별로 나타나는 외척의 직역 분포에 있어 명종비인 인순왕후 이후로 당상관 점유율이 급격히 높아지고 있다. 이러한 현상은 조선 전기 태종의 외척 견제 정책이 효력을 상실한 것이며, 또 한편으로는 왕실이 핵심 관료가문과 혼인 관계를 맺었기 때문으로 해석된다. 그러나 핵심 관료가문이었다고 하더라도 왕후를 배출한 가문에서 당상관이 양산된다는 것은 결국 외척이 주요 정치 세력이었음을 보여 주는 것이라고 하겠다.

왕후가문에서 왕후를 배출한 이후에 가문의 부침을 확인하기 위해서 왕후가문의 부계 친족으로 왕후 세대 이후 6대손까지 3,638명을 대상으로 관직 진출 여부와 관력을 알아보았다. 이들 가운데 1,041명(28.6%)이 관계(官界)에 나와서 활동하였다. 활동한 1,041명의 관료 가운데 문과에 합격한 인원은 235명(22.6%)이고, 나머지 77.4%에 해당되는 806명은 무과 합격자와 음관이었다. 이들의 관직 분포는 당상관 354명(34%), 참상관 558명(53.7%), 참하관 128명(12.3%)이다.

왕후가문의 관직 분포를 다른 왕실 친인척과 비교하면 당상관 점유율은 높은 편이지만 참상관의 점유율은 가장 낮다. 참하관의 경우는 다른 왕실 친인척과 비슷한 수준이었다. 왕실 친인척은 문음으로 외관직을 많이 받았는데, 외관직이 종6품 이상이기 때문에 참상관의 비율이 높았다. 그러나 왕후가문의 참상직 점유율이 낮은 것은 다른 왕실 친인척에 비해 문음으로 외관직에 적게 나갔다는 것을 의미한다.

조선 전기 왕후가문에서는 문과 합격자 배출이 매우 저조하지만, 16세기 이후에는 왕후가문에서도 문과 합격자 배출이 많아지고 있다. 이것은 첫째, 문과 합격 이후 관계에 진출하는 것이 청요직을 획득하고 아경(亞卿) 이상의 대신으로서 정국 운영에 핵심이 되는 관료 시스템이 정착되었기 때문이다. 둘째, 왕후가문이나 국왕 외손이 적극적으로 정치에 참여하였기 때문이다. 태종의 외척 억제 정책이 지속되다가 중종·명종대에 이르면서 완화되기 시작하였다. 척족정치가 행해진 문정왕후 가문의 관직 점유율이 14.5%이다. 그 이후 인순왕후 가문의 관직 점유율은 25.7%, 선조비 의인왕후 가문의 관직 점유율은 34.8%에 이르고 있다. 이처럼 16세기 이후로 왕후가문에서의 정치 참여가 많아졌다. 17세기에는 왕후가문의 관직 점유율이 대부분 25%를 넘으며, 특히 세도정치기에는 70% 이상으로 확대되기도 하였다.

국구를 제외한 외척은 봉작 대상이 아니다. 외척으로의 예우는 돈녕부 관원으로 차정되거나, 족친위에 입속되는 것이었다. 외척을 관리하고 관직이나 족친위에 입속될 후보자들을 이조와 병조에 통보하는 일을 담당한 부서로 돈녕부가 있었다. 돈녕부는 물론 왕후의 친인척만을 관리하는 부서는 아니다. 국왕의 원친과 더불어 왕후의 친인척을 관리하기 위해서 『돈녕보첩』을 편찬하고 이에 준하여 관직자와 족친위 입속 대상자를 이조와 병조에 통보하였다. 국왕의 원친 관리는 종부시와 중복된 업무이며 왕후 친인척 관리는 돈녕부에서만 담당하였다.

국왕의 외손은 왕자의 후손과 왕녀의 후손으로 구분된다. 법제화된 복친(服親)으로서 국왕의 외손은 왕자의 후손인 경우 종친 범위 내에 있는 여계이며, 왕녀의 후손인 경우는 왕녀의 아들이다. 왕자 계통의 외손은 1,524명이며, 왕녀 계통의 외손은 209명이다. 왕녀 계통의 외손은 매우 적다. 왕녀 계통의 외손이 적은 것은 복친으로 규정에 따르면 외손자는 시마친에 해당되며 그 이하의 친족은 없기 때문이다. 조선 전기에는 사회적 통념상 복친에 의거한 외손의 범위를 받아들이기 어려웠으나, 17세기 이후에는 부계 중심의 친족 사회로 변모해 감으로써 복친으로서의 외손 범위를 인정하지 않을 수 없었던 것 같다. 그것은 왕실보첩에서 여실히 드러나고 있다.

국왕 외손들에 대한 제약은 없었다. 여기에서 언급되는 왕자 계통의 외손은 여자이므로 이들에 대한 사회적 제약은 없었으며 외손서(外孫壻)에 대한 제약은 더더욱 없다. 국왕의 외손자 즉 공주의 자녀들도 문과를 통해서 관직에 나갈 수 있었다. 실제 209명의 왕녀의 자녀 중에는 73.2%인 153명이 관직에 나갔다. 이들의 관직 분포는 당상관이 58명(37.9%), 참상관 77명(50.3%), 참하관 18명(11.8%)으로 약 88.2%가 참상관 이상의 관직을 가지고 있었다. 이것은 국왕의 외손 역시 관료 진출이 활발하였고, 국가의 정책 결정에 영향을 끼칠 수 있는 당상관에도 포진될 수 있었음을 보여 주는 것이다.

국왕의 외손자를 출산한 공주·옹주는 공주가 21명이며, 옹주는 54명이다. 75명의 공주·옹주의 아들은 총 137명이었다. 공주·옹주의 아들 137명 가운데 19명은 양자였다. 역대 국왕의 외손 137명의 관력은 문과 합격자 출신 16명(11.7%), 무과 출신 3명(2.2%), 생원·진사시 출신 21명(15.3%)이다. 외손 가운데 문음으로 관직에 진출한 이들이 89명인데, 이들 중 당상관까지 승진한 사례가 25.8%나 된다. 음관으로 당상관까지 승진하기는 쉬운 일이 아닌데, 국왕의 외손이기에 가능한 것이라고 여겨진다.

외손에 대한 관직 제수 역시 종친과 마찬가지로 초입사가 가능한 나이인 15~16세가 되면 관직에 나갔다. 원친(遠親)은 충의위·족친위란 특수 병종에 입속시켰으나, 외손은 바로 경관 참하직에 제수되었다. 외손에게는 음직에 나가는 것이 의무 사항은 아니다. 그들은 생원·진사시, 문과, 무과에 응시할 수 있었다. 과거를 통해서 관직에 나갈 수도 있고, 음관으로 초입사하였다가 과거에 응시할 수 있었다. 문과에 합격한 이후에는 승진에 어떠한 장애도 없이 아경 이상까지 승진할 수 있었다. 국왕의 외손은 과거가 아니

라도 25.8%는 당상관직까지 승진할 수 있었다. 국왕의 외손이야말로 핵심
관료로 승진할 수 있는 부류였다.

4) 원친(遠親)의 계층 분화

　전주이씨 문과 합격자 849명 가운데 815명만 가계(家系)를 확인할 수 있
다. 815명 가운데 국왕의 5대손에서 9대손에 이르는 원친은 총 353명으로
왕자군파 문과 합격자의 41.6%에 이르고 있다. 70개의 왕자군파 중에 원친
이 문과에 합격한 파계는 총 58개이다. 각각의 왕자군파에서 문과에 합격한
인원의 50% 이상이 원친인 경우는 42개 왕자군 파계이다. 원친의 문과 합
격 점유율이 50% 이상인 왕자군 파계가 72.4%이다. 이것은 왕실의 친족으
로 있는 동안 문과에 합격할 확률이 높았음을 보여 주는 것이다.

　친진된 이후의 원친이 어떠한 사회적 지위에서 문과에 합격하였는지는
전력을 통해서 확인할 수 있다. 원친 문과 합격자 353명은 유학 76명, 생
원 53명, 진사 66명, 관직 소유자 82명, 관품 소유자 66명, 전 관직 소유자
10명 등이다. 원친 문과 합격자 중에는 이미 관직이나 관품을 받은 경우가
158명으로 가장 많다.

　원친 출신 문과 합격자 353명의 최고 관직을 정리하면 당상관 162명
(45.9%), 참상관 170명(48.1%), 참하관 8명(2.3%), 관직 미확인자 13명(3.7%)
이다. 원친 출신의 문과 합격자로서 당상관까지 승진한 사람은 약 45.9%이
다. 원친의 경우는 전체 문과 합격자의 당상관 승진율보다 4.3% 정도 높다.
원친으로서 당상관으로 승진한 인물이 다소 많다는 것을 보여 주는 것이다.

　당상관 분포는 정1품 정승 12명, 종1품 5명, 정2품 32명, 종2품 54명, 정
3품 59명이다. 공경을 역임한 사람이 49명으로 30.2%에 달하고 있다. 아경
역시 55명으로 34%에 달하고 있다. 원친은 아경 이상의 대신직까지 지낸

사람이 64.2%에 이르고 있다. 즉 원친으로 관계에 진출한 사람들은 어떠한 제약도 없이 정국 운영에 참여하였다.

친진된 이후에 원친과 그 후손들의 계층이 어떻게 분화되어 갔는지 사례를 통해서 확인하였다. 왕실 후손은 원친으로서 음관직을 받거나 문과에 합격하여 관직에 나가는 것을 가장 선호하였을 것이다. 원친이 문과 시험에 합격하고, 지속적으로 문관 관료가문이 되기 위해서는 종친이지만 정치적인 활동 영역을 넓혀야 한다. 종친은 원칙적으로 정치활동이 금지되어 있지만, 반정이 있을 때마다 종친이 개입되어 있었다. 적절한 정치 참여를 통해서 그들의 정치적·사회적 지위를 확보해야만 명문가와의 혼인이 이루어질 수 있었다.

종친의 지위에 있을 때에 정치적 기반이 확고해야 친진된 이후에도 왕실 후손이 기댈 수 있는 기반이 된다. 그 기반이란 다름이 아닌 문관 혹은 음관으로라도 관직에 나갈 수 있는 여건 형성이다. 예를 들면 덕천군파의 이유간은 생원·진사시에 합격한 이후 음관으로 관직에 나갔다. 다행히도 그의 두 아들이 문과에 합격하면서 관료가문으로 기반을 마련하였다. 특히 이유간의 경우 왕실의 친인척, 학맥 등의 네트워크가 폭넓어서 다양한 부류의 사람들과 교유하였다. 그중 가장 비중이 컸던 것은 서인계 인사였다. 인조반정이 성공하자, 그 가문의 출셋길이 열렸다.

문관 관료가문으로 정착하지 못한 경우들도 발생한다. 예를 들면 화의군은 계유정난에 연루되면서 가산이 몰수되었다. 다행히도 성종과 중종대를 거치면서 신원되었으나, 그의 자손들은 그들의 사회적 지위를 유지할 수 없어 문관의 길을 버리고 무반으로 나갔다. 그의 집안은 후손들이 한결같이 무과에 응시하여 5대 이상 종2품 병마절도사의 직임을 맡기도 하였다. 그러나 이 가문이 무반 벌열가문으로 성장하지는 못하였다. 그것은 화의군이 정변에 연루되면서 가문의 문지가 약해서 무반 벌열가문과의 혼인이 이루어지지 못했을 뿐만 아니라 파계 내에 문관이 전혀 없었기 때문이다. 무반 벌열로 발전한 효령대군파 같은 경우는 갈래는 같지 않더라도 문관이 왕성히 배출되는 친족들이 있었다. 문관들의 후원이 전혀 없는 화의군파는 지속적으로 무관 관료가문이긴 했으나, 벌열가문으로 발전되지 못하였다.

왕자군파 내에서 기술직 중인가문을 형성하는 사례는 거의 없다. 모계가 천인이거나, 서얼인 경우 일시적으로 중인의 지위에 있을 수는 있다. 실제로 중인 가계와의 혼사가 이루어지기도 하였다. 그러나 왕실이나 다른 종친 가문에서 왕실의 지위를 실추시킨다는 비난을 받았다. 그럼에도 기술직 중인가문으로 살아간 경우는 추증된 도조의 아들 함창대군파이다. 함창대군은 1872년(고종 9)에야 봉작이 추증되었기 때문에, 사실 조선시대에 종친으로 살지 못하였다. 함흥을 근거지로 살다가 남하하면서 기술직 역관가문으로 정착한 경우이다.

참고문헌

『經國大典』,『大典續錄』,『續大典』,『大典會通』,『宗府條例』,『國朝五禮儀』,『高麗史』,『朝鮮王朝實錄』,『承政院日記』,『世宗實錄五禮』,『璿源錄』,『璿源錄事目』,『璿源十代錄』,『璿源系譜記略』,『敦寧譜牒』,『國朝御牒』,『王妃世譜』,『璿源續譜序』,『璿源續譜』,『撫安大君派譜』,『通典』,『璿源錄釐整廳儀軌』,『璿源譜略修正儀軌』,『宗簿寺提調先生案』,『宗親府有司堂上先生案』,『宗簿寺謄錄』,『地字謄錄(宗簿寺謄錄)』,『宗親府謄錄』,『殿講謄錄』,『宗班行蹟』,『世舊錄』,『愚谷日記』,『登壇錄』

권기석(2007),「15~17세기 족보 편제 방식과 성격─서발문의 내용 분석을 중심으로」,『규장각』30, 서울대학교 규장각.

김기덕(1999),『고려시대 봉작제 연구』, 청년사.

김병우(2003),「대원군의 종친부 강화와 대원위분부(大院位分付)」,『진단학보』96, 진단학회.

김성준(1964),「종친부고」,『사학연구』18, 한국사학회.

김은영(2002),「고려 중기의 부마」, 숙명여자대학교 석사학위논문.

남지대(1994),「조선초기 예우아문의 성립과 정비」,『동양학』24, 단국대학교 동양학연구원.

박 진(2004),「조선초기 돈녕부의 성립」,『한국사학보』18, 고려사학회.

_____(2007),「족친위의 설치와 성격─족친위를 통해 본 왕실 구성원 소속 특수군」,『사총』65, 역사학연구회.

_____(2009),「조선 세조의 종친 양성과 군사적 역할」,『군사』72, 국방대학교 군사편찬연구소.

_____(2014),「조선전기 왕실혼인 연구─선원록에 보이는 국왕 후손의 통혼범위와 적서차별」, 고려대학교 박사학위논문.

박현순(1999), 「16세기 사대부가의 친족 질서—이황 집안을 중심으로」, 『한국사연구』 107, 한국사연구회.

원창애(1996), 「조선시대 문과급제자연구」, 한국학중앙연구원 한국학대학원 박사학위논문.

_____(2003), 「문과 급제자의 전력 분석」, 『조선시대의 과거와 벼슬』, 집문당.

_____(2007), 「조선 후기 선원보첩류의 편찬체제와 그 성격」, 『장서각』 17, 한국학중앙연구원.

_____(2008), 「Royal Genealogical Records of the Joseon Royal Family」, 『The Review of Korean Studies』, Volume 11, 한국학중앙연구원.

_____(2009), 「조선 후기 『돈녕보첩』 연구」, 『조선시대사학보』 48, 조선시대사학회.

_____(2010), 「왕실구성원의 계층분화 양상—종친에서 관료가문으로」, 『장서각 소장 왕실보첩자료와 왕실구성원』, 민속원.

_____(2011), 「조선시대 예문관 분관 실태와 한림의 관직 승진 양상」, 『조선시대사학보』 57, 조선시대사학회.

윤인숙(2011), 「조선 전기 사림의 사회 정치적 구상과 소학운동」, 성균관대학교 박사학위논문.

이남희(1998), 「조선시대 잡과입격자 연구」, 한국학중앙연구원 한국학대학원 박사학위논문.

_____(2010), 「잡과중인과 전주이씨」, 『장서각 소장 왕실보첩자료와 왕실구성원』, 민속원.

이석호 편저(2005), 『전주이씨 과거합격자 총람』, 전주이씨대동종약원.

이성무(1978), 「조선초기 중인층의 성립문제」, 『동양학』 8, 단국대학교 동양학연구원.

이수건(1994), 「조선후기 성관의식과 편보체제의 변화」, 『구곡 황종동교수 정년기념 사학논총』.

_____(2003), 『한국의 성씨와 족보』, 서울대학교출판부.

이정란(2003), 「고려시대 서얼 연구」, 고려대학교 박사학위논문.

_____(2010), 「고려·조선전기 왕실부의 재정기구적 면모와 운영방식의 변화」, 『한국사학보』 40, 고려사학회.

이종서(2003), 「11세기 이후 금혼 범위의 변동과 그 의미」, 『사회와 역사』 64, 한국사회사학회.

_____(2003), 「14세기 이후 친족용어의 변천과 친족관계」, 『역사비평』 64, 역사비
    평사.

임혜련(2014), 「19세기 국혼과 안동 김문 가세」, 『한국사학보』 57, 고려사학회.

장필기(2004), 『조선후기 무반벌열가문 연구』, 집문당.

정해은(2001), 「조선후기 선천의 운영과 선천인의 서반직 진출 양상」, 『역사와 현실』
    39, 한국역사연구회.

_____(2002), 「조선후기 무과급제자 연구」, 한국학중앙연구원 한국학대학원 박사학
    위논문.

지두환(1984), 「조선전기의 종법제도 이해과정」, 『태동고전연구』 1, 한림대학교 태동
    고전연구소.

최진옥(2010), 「조선시대 전주이씨 생원 진사시 합격자 실태」, 『장서각 소장 왕실보첩
    자료와 왕실구성원』, 민속원.

한국역사연구회 19세기 정치반 연구반(1990), 『조선 정치사 1800~1863 (상)』, 청년사.

한국학중앙연구원, 한국역대인물 종합정보시스템(people.aks.ac.kr/index.aks).

한기범(1989), 「사계 김장생의 생애와 예학사상」, 『백제연구』 20, 충남대학교 백제연
    구소.

_____(1998), 「조선중기 호서·영남 예가의 예설교류―『의례문해』의 분석을 중심으
    로」, 『조선시대사학보』 4, 조선시대사학회.

洪順敏(1990), 「조선후기 王室의 구성과 璿源錄―1681년(숙종 7) 『璿源系譜紀略』의
    편찬을 중심으로」, 『한국문화』 11, 서울대학교 한국문화연구소.

황정하(1988), 「조선 영조·정조시대의 산원 연구」, 『백산학보』 35, 백산학회.

Chaffee, John W.(1999), *Branches of Heaven – A History of the Imperial Clan of
    Sung China*, Harvard University Press.

찾아보기